WILLIAM BARCLAY

COMENTARIO
AL NUEVO TESTAMENTO
— Tomo 14 —

Santiago y Pedro

WILLIAM BARCLAY

COMENTARIO
AL NUEVO TESTAMENTO
— Tomo 14 —

Santiago y Pedro

editorial clie

Editorial CLIE
Galvani, 113
08224 TERRASSA (Barcelona)

COMENTARIO AL NUEVO TESTAMENTO
Volumen 14 - Santiago y Pedro

Traductor de la obra completa: Alberto Araujo

© por C. William Barclay. Publicado originalmente en 1958
   y actualizado en 1976 por The Saint Andrew Press,
   121 George Streeet, Edimburg, EH 2 4YN, Escocia.
© 1994 por Clie para la versión española.

Depósito Legal: SE-3415-2004
ISBN 84-7465-749-9 Obra completa
ISBN 84-7645-916-5 Volumen 14

Impresión: Publidisa

PRESENTACIÓN

William Barclay dedica a las tres cartas que comenta en este volumen las introducciones más extensas y detalladas. En cuanto empezamos a leerlas nos damos cuenta de que es porque suscitan algunos problemas de autoría, lugar y tiempo a los que se han dado respuestas diversas. William Barclay, como en todas sus obras, se decanta por las explicaciones clásicas; pero no por mero tradicionalismo, sino después de cuidadoso estudio de los textos, de las circunstancias históricas y de los datos y las opiniones que nos han llegado de los primeros intérpretes de las Escrituras de la Iglesia Cristiana. Pero, eso sí: aunque William Barclay no nos deja en la menor duda en cuanto a cuál es su posición, presenta con cortesía académica las demás, dejando, como era siempre su costumbre, que el lector, debidamente informado, adopte su postura, aunque no coincida con la de Barclay.

Si cita frecuentemente a otros comentaristas, no es para hacer alarde de erudición, sino todo lo contrario: en su honradez no consentiría que se le atribuyeran como propias ideas y explicaciones que ha tomado prestadas de otros. Esa era la cualidad que William Barclay se reconocía por encima de ninguna otra: la de ser un mero transmisor de los hallazgos de las ciencias bíblicas, que rara vez llegan a los cristianos de a pie, que fue a los que *nos* dedicó casi todas sus obras. Lo mismo hace con los autores clásicos contemporáneos del *Nuevo Testamento,* imprescindibles para comprender las circunstancias y las ideas de sus autores y primeros lectores. Casi nunca da las referencias de sus citas; pero, cuando lo hace, es para dejar bien claras las que son casi de dominio público aunque no se conocen textualmente, como es el caso de la opinión de Lutero sobre la *Epístola de Santiago*.

Tal vez no sea ya, afortunadamente, tan grave causa de separación entre católicos y protestantes la supuesta discrepancia entre Santiago y Pablo acerca de la justificación por la fe o por las obras; pero su recta comprensión sigue siendo un desafío para todos los cristianos, y Barclay nos plantea la cuestión con su característica claridad, haciéndonos ver que Santiago no se oponía al verdadero Pablo, y que Santiago y Pablo están totalmente de acuerdo en que la fe viva siempre produce obras, y ambos condenan por igual la fe muerta.

William Barclay hace comprensibles y actuales las Escrituras y presenta el mensaje del Evangelio para nosotros y para nuestro tiempo. De ahí que sus referencias no sean sólo al pasado, sino a nuestras circunstancias, necesidades y luchas actuales, en las que podemos aplicar los mismos principios que nos dejaron el Señor Jesucristo y Sus primeros testigos. Aprovecha la aparición de los grandes temas en el pasaje que comenta para darnos un verdadero estudio bíblico, como hace con el nuevo nacimiento, la Segunda Venida, la importancia de los ancianos en la Iglesia Primitiva y en el mundo antiguo, las diversas formas de predicación en el judaísmo y el helenismo, y tantos otros temas importantes.

Pero el propósito principal de Barclay, como deja bien claro en todas sus obras, es dar testimonio de que Jesucristo no es el personaje de un libro, que vivió y murió hace mucho tiempo, sino Alguien Que está presente; y que no hay mejor manera de emplear la vida que en «conocer a Jesucristo más íntimamente, amarle más entrañablemente y seguirle más fielmente,» como decía un hombre de Dios inglés del siglo XIII al que William Barclay cita en las introducciones a sus libros.

Alberto Araujo

ÍNDICE

SANTIAGO

1 PEDRO

2 PEDRO

SANTIAGO

INTRODUCCIÓN A LA CARTA DE SANTIAGO

Santiago es uno de los libros que tuvieron dificultades para entrar en el Nuevo Testamento. Hasta después de reconocerse como parte de la Sagrada Escritura se seguía tratando con reserva y suspicacia; y, hasta en el siglo XVI, Lutero lo habría excluido con gusto del Nuevo Testamento.

LAS DUDAS DE LOS PADRES

En la parte de la Iglesia que usaba el latín no aparecen citas de *Santiago* hasta mediado el siglo IV en los escritos de los padres. La primera lista de los libros del Nuevo Testamento que se trazó fue el llamado *Canon de Muratori,* fechado alrededor del año 170 d.C., y en él no figura *Santiago.* Tertuliano escribía a mediados del siglo III, y citaba profusamente la Escritura; se encuentran en sus escritos 7,258 citas del Nuevo Testamento, pero ni una sola de ellas es de *Santiago.* La primera vez que se encuentra *Santiago* en la literatura cristiana en latín es en un manuscrito llamado *Códice corbeiense,* que es de alrededor de 350 d.C., que atribuye su autoría a Santiago hijo de Zebedeo; y lo incluye, no entre los libros indiscutibles y universalmente aceptados del Nuevo Testamento, sino entre otros tratados religiosos escritos por los antiguos padres. Así salió a la luz *Santiago,* pero no se aceptaba sin reservas. El primer escritor latino que lo cita es Hilario de Poitiers, en su obra *Sobre la Trinidad,* escrita hacia el año 357 d.C.

Entonces, si se tardó tanto en reconocer *Santiago* en la iglesia latina, y si, hasta después de reconocerlo, se miraba con cierto recelo, ¿cómo llegó a ser incluido en el Nuevo Testamento? Fue decisiva la influencia de Jerónimo, que no tuvo reparos en incluirlo en la Vulgata. Pero hasta entonces hay ciertas dudas. En su libro *Sobre hombres famosos,* escribía Jerónimo: «Santiago, al que se llama el hermano del Señor... no escribió más que una epístola, que es una de las siete epístolas católicas, y que algunos dicen que fue otro el que la publicó bajo el nombre de Santiago.» Jerónimo aceptaba plenamente esta carta como Escritura, pero percibía que había ciertas dudas en cuanto a su autoría. Esas dudas se disiparon definitivamente por el hecho de que Agustín aceptara *Santiago* sin reservas, y no dudara de que el Santiago en cuestión fuera el hermano del Señor.

El reconocimiento de *Santiago* fue tardío en la iglesia latina; durante mucho tiempo se le colocaba una especie de signo de interrogación; pero, el que Jerónimo lo incluyera en la Vulgata y Agustín lo aceptara sin reservas puso punto final a la cuestión, aunque después de no poca lucha.

LA IGLESIA SIRÍACA

Se habría supuesto que la iglesia siríaca habría sido la primera en aceptar *Santiago,* si es verdad que se escribió en Palestina y que fue la obra del hermano del Señor; pero en la iglesia siríaca hubo las mismas oscilaciones. La Biblia oficial de la iglesia siríaca se llama la *Pesitta*, que quiere decir «la simple», como en latín «vulgata». La tradujo Rábbula, obispo de Edesa, hacia el año 412, y fue entonces cuando se tradujo por primera vez *Santiago* al siríaco. Y hasta el año 451 no hay rastro de *Santiago* en la literatura cristiana siríaca. Desde entonces se aceptó *Santiago* ampliamente; pero en 545 d.C. Pablo de Nisibis todavía ponía en duda su derecho a formar parte del Nuevo Testamento. De hecho, no fue sino hacia mediados del siglo VIII cuando la gran autoridad de Juan Damasceno hizo por *Santiago* en la iglesia siríaca lo que había hecho Agustín en la latina.

LA IGLESIA GRIEGA

Aunque *Santiago* surgió antes en la iglesia griega que en la latina o siríaca, no obstante fue también bastante tarde. El primero en citarlo por nombre fue Orígenes, el cabeza de la escuela de Antioquía. Escribiendo a mediados del siglo III dice: «Si la fe se llama fe, pero existe aisladamente de las obras, tal fe está muerta, como leemos en la carta que se atribuye a Santiago.» Es verdad que en otras obras la cita como si no tuviera duda que fuera de Santiago, el hermano del Señor; pero otra vez aparece la sombra de la duda. Eusebio, el gran maestro de Cesarea, investigó la posición de los diferentes libros del Nuevo Testamento y sus aledaños a mediados del siglo IV. Coloca *Santiago* entre los libros «disputados»; y escribe: «La primera de las epístolas llamadas católicas se dice que es suya (de Santiago); pero debe tenerse en cuenta que algunos la consideran espuria; y no cabe duda que es cierto que son pocos los escritores antiguos que la citan.» De nuevo la sombra de la duda. Eusebio mismo aceptaba *Santiago,* pero se daba cuenta de que había otros que no. El momento decisivo en la iglesia de habla griega llegó el 367 d.C., cuando Atanasio publicó su famosa *Carta de Pascua de Resurrección* en Egipto. Su intención era informar a los cristianos de qué libros eran Sagrada Escritura y cuáles no, porque parece que había muchos que se leían y se consideraban Sagrada Escritura sin serlo. En esa carta se incluye *Santiago* sin reservas, y desde entonces su posición quedó asegurada.

Así que en la Iglesia Primitiva no se ponía en duda el valor de *Santiago;* pero apareció tardíamente en todas las ramas de la Iglesia, y tuvo que pasar un tiempo en que se discutía su derecho a formar parte del Nuevo Testamento.

De hecho, la historia de *Santiago* tiene que verse todavía en relación con la Iglesia Católica Romana. En 1546, El Concilio de Trento estableció de una vez para siempre la composición de la biblia católica. Se dio una lista de libros a la que no se podía añadir ni sustraer ninguno, y que había que leer exclusivamente en la Vulgata. Los libros aparecían en dos categorías: los *protocanónicos,* es decir, los que se han aceptado incondicionalmente desde el principio; y los *deuterocanónicos,* es decir, los que gradualmente se ganaron la inclusión en la biblia católica. Aunque la Iglesia Católica Romana nunca tuvo dudas acerca de *Santiago,* sin embargo lo puso en la segunda categoría.

LUTERO Y SANTIAGO

En nuestro tiempo es cierto que *Santiago,* por lo menos para la mayoría, no está entre los libros más importantes del Nuevo Testamento. Pocos le atribuirían la misma autoridad que a *Juan,* o *Romanos,* o *Lucas,* o *Gálatas.* Todavía hay muchos que tienen reservas en relación con *Santiago.* ¿Por qué? No puede tener nada que ver con las dudas de la Iglesia Primitiva, porque no son muchos los que conocen esas cuestiones históricas en las iglesias evangélicas modernas. La razón parece ser la siguiente: en la Iglesia Católica Romana, la posición de *Santiago* se zanjó definitivamente con el edicto del Concilio de Trento; pero en el Protestantismo su historia siguió siendo turbulenta, y hasta más que eso, porque Lutero lo atacó y lo habría excluido del Nuevo Testamento. En su edición del Nuevo Testamento en alemán, Lutero puso un índice en el que se asignaba un número a los libros principales. Al final de la lista estaban *Santiago, Judas, Hebreos* y *Apocalipsis,* sin número, por considerarlos secundarios.

Lutero fue especialmente severo con *Santiago,* y el juicio adverso de un gran hombre puede ser como colgarle al libro una piedra de molino de la que ya no se libre nunca. En el último párrafo de su *Prefacio al Nuevo Testamento* es donde se encuentra el famoso veredicto de Lutero sobre *Santiago:*

> *En resumen: El evangelio y la primera epístola de san Juan, las epístolas de san Pablo, especialmente Romanos, Gálatas y Efesios, y la primera epístola de Pedro son los libros que os presentan a Cristo. Os enseñan todo lo que necesitáis saber para vuestra salvación, aunque no vierais u oyerais ningún otro libro o enseñanza. En comparación con estos, la epístola de Santiago es una epístola llena de paja, porque no contiene nada evangélico. Más sobre este asunto en otros prefacios.*

Cumpliendo su palabra, Lutero desarrolló este veredicto en el *Prefacio a las Epístolas de Santiago y san Judas.* Empieza diciendo: «Tengo en alta estima la epístola de *Santiago,* y la considero muy valiosa, aunque fue rechazada en los primeros días. No desarrolla doctrinas humanas, sino hace mucho hincapié en la ley de Dios. Sin embargo, para dar mi parecer sin prejuicios contra lo que pueda opinar otro, yo no la considero apostólica.» Y a continuación pasa a dar sus razones para rechazarla.

La primera es que, en oposición a Pablo y al resto de la Biblia, *Santiago* atribuye la justificación a las obras, citando equivocadamente a Abraham como si hubiera sido justificado por medio de ellas. Esto ya prueba que la epístola no puede tener un origen apostólico.

La segunda es que ni una sola vez da a los cristianos ninguna instrucción ni hace ninguna referencia a la Pasión, Resurrección o Espíritu de Cristo. No Le menciona más que dos veces. De ahí pasa Lutero a exponer su principio para probar la apostolicidad de un libro: «La verdadera piedra de toque para probar cualquier libro es descubrir si hace hincapié en la soberanía de Cristo o no... Lo que no enseña acerca de Cristo no es apostólico, aunque lo hayan escrito Pedro o Pablo. Por otra parte, lo que presenta a Cristo es apostólico, aunque lo haya dicho Judas, Anás, Pilato o Herodes.» En ese examen *Santiago* no obtiene el aprobado; así es que Lutero prosigue: «La epístola de *Santiago* no hace más que guiarnos a la ley y a sus obras. Mezcla una cosa con otra hasta tal punto que me hace sospechar que algún hombre bueno y piadoso compiló unas cuantas cosas que dijeron los discípulos de los apóstoles, y las puso por escrito; o tal vez esta epístola la escribió con notas que había tomado de un sermón de Santiago. Llama a la ley «ley de la libertad» *(Santiago 1:25; 2:12)*, aunque san Pablo la llama «ley de esclavitud, ira, muerte y pecado» *(Gálatas 3:23s; Romanos 4:15; 7:10s)*.

Así es que Lutero llega a la siguiente conclusión: «En resumen: *Santiago* quiere hacer que se esté en guardia contra los que dependen de la fe sin pasar a las obras; pero no tiene ni el espíritu ni el pensamiento ni la elocuencia que requeriría tal empresa. Hace violencia a la Escritura, y así contradice a Pablo y toda la Escritura. Trata de conseguir haciendo hincapié en la ley lo que los apóstoles logran atrayendo a las personas al amor. Por tanto, no le concedo un puesto entre los escritores del verdadero canon de la Biblia; pero no me opongo a que otro lo coloque o eleva hasta donde guste, porque la epístola contiene muchos pasajes excelentes. Una persona aislada no cuenta ni siquiera a los ojos del mundo; ¿cómo va a contar este escritor único y aislado frente a Pablo y todo el resto de la Biblia?»

Lutero no tiene compasión de *Santiago;* y puede que, cuando hayamos estudiado esta carta, pensemos que, por una vez, Lutero dejó que el prejuicio personal afectara el sano juicio.

Tal fue la historia turbulenta de *Santiago*. Ahora debemos tratar de contestar las cuestiones que plantea en relación con el autor y la fecha.

LA IDENTIDAD DE SANTIAGO

El autor de esta carta no nos da prácticamente ninguna información acerca de sí mismo. Se llama a sí mismo sencillamente «Santiago, siervo de Dios y del Señor Jesucristo» *(Santiago 1:1)*. ¿Quién era? En el Nuevo Testamento parece que hay por lo menos cinco personas con ese nombre.

(i) Está el Santiago que era el padre del miembro de los Doce que se llamaba Judas, no el Iscariote *(Lucas 6:16)*. De ese no sabemos más que el nombre, y no puede haber tenido ninguna relación con esta carta.

(ii) Está el Santiago hijo de Alfeo, que era uno de los doce *(Mateo 10:3; Marcos 3:18; Lucas 6:15; Hechos 1:13)*. La comparación de *Mateo 9:9* con *Marcos 2:14* nos lleva a la conclusión de que Mateo y Leví eran la misma persona. De Leví también leemos que era hijo de Alfeo, así es que Mateo y este Santiago deben de ser hermanos. Pero de Santiago hijo de Alfeo no sabemos nada más; así es que tampoco sería este el autor de nuestra carta.

(iii) Está el Santiago que se llama *Santiago el Menor,* y que se menciona en *Marcos 15:40* (cp. *Mateo 27:56; Juan 19:25)*. Tampoco de este sabemos nada más, así es que no debe de ser el autor de esta carta.

(iv) Está el Santiago, hermano de Juan e hijo de Zebedeo, miembro de los Doce *(Mateo 10:2; Marcos 3:17; Lucas 6:14; Hechos 1:13)*. En la historia evangélica nunca se menciona a Santiago independientemente de su hermano Juan *(Mateo 4:21; 17:1; Marcos 1:19, 29; 5:37; 9:2; 10:35, 41; 13:3; 14:33; Lucas 5:10; 8:51; 9:28, 54)*. Fue el primero de la compañía de los apóstoles que sufrió el martirio, porque fue decapitado por orden de Herodes Agripa I el año 44 d.C. Se le ha relacionado con la carta. El *Códice latino corbeiense* del siglo IV, al final de la epístola tiene una nota en la que la adscribe claramente a Santiago hijo de Zebedeo. El único lugar en el que se tomó en serio esta adscripción de autoría fue la iglesia española, que le siguió considerando el autor hasta el fin del siglo XVII. Esto fue debido al hecho de que Santiago de Compostela, el santo patrón de la católica España, se identificaba con Santiago hijo de Zebedeo; y era natural que la iglesia española estuviera predispuesta a querer que el patrón de su país fuera el autor de un libro del Nuevo Testamento. Pero el martirio de Santiago se produjo demasiado pronto para que tuviera tiempo de escribir la carta, y además no hay más alusión que la del *Códice corbeiense* que le relacione con ella.

(v) Por último, está el Santiago al que se llama hermano de Jesús. Aunque la primera vez que se establece una conexión entre él y la carta no surge hasta Orígenes, en la primera mitad del siglo III, esta es la hipótesis que se mantiene tradicionalmente. La Iglesia Católica Romana está de acuerdo con ella, porque en 1546 el Concilio de Trento estableció que *Santiago* es un libro canónico y fue escrito por un apóstol.

Vamos a reunir la evidencia acerca de este Santiago. Por el Nuevo Testamento sabemos que era uno de los hermanos de Jesús *(Marcos 6:3; Mateo 13:55)*. Más adelante discutiremos en qué sentido se ha de tomar la palabra *hermano*. Durante el ministerio de Jesús está claro que su familia no Le comprendía ni simpatizaba con Él, y habría querido impedirle que cumpliera Su obra *(Mateo 12:46-50; Marcos 3:21, 31-35; Juan 7:3-9)*. *Juan* dice claramente que «Sus hermanos no creían en Él» *(Juan 7:5)*. Así que, durante el ministerio terrenal de Jesús, Santiago era uno de Sus opositores.

Con *Hechos* se presenta un cambio repentino e inexplicado. Cuando empieza *Hechos,* la Madre y los hermanos de Jesús forman parte del pequeño grupo de cristianos *(Hechos 1:14)*. Desde entonces, está claro que Santiago ha llegado a ser el líder de la iglesia de Jerusalén, aunque no se nos explica cómo se produjo esa situación. Es a Santiago a quien Pedro manda la noticia de que está fuera de la cárcel *(Hechos 12:17)*. Santiago preside el concilio de Jerusalén que abrió las puertas de la Iglesia Cristiana a los creyentes gentiles *(Hechos 15)*. Fue con Santiago y Pedro con los que se reunió Pablo cuando fue por primera vez a Jerusalén después de su conversión; y fue con Santiago, Pedro y Juan, las columnas de la Iglesia, con los que Pablo decidió la esfera de su trabajo *(Gálatas 1:19; 2:9)*. Fue a Santiago a quien se dirigió Pablo con la colecta de las iglesias gentiles en su visita a Jerusalén que habría de ser la última y que habría de conducir a su detención y envío a Roma para ser juzgado por el césar *(Hechos 21:18-25)*. Este último episodio es importante, porque nos presenta a Santiago en tal simpatía con los judíos cristianos que todavía cumplían la ley judía, y tan interesado en que los escrúpulos de estos no se exacerbaran, que convenció a Pablo para que diera muestras de su lealtad a la ley asumiendo responsabilidad por los gastos de algunos cristianos judíos que estaban cumpliendo el voto de los nazareos.

Como se ve, está claro que Santiago era el líder de la iglesia de Jerusalén. Como sería de esperar, eso era algo que la tradición desarrollaría considerablemente. Hegesipo, el historiador tempranero, dice que Santiago fue el primer obispo de la iglesia de Jerusalén. Clemente de Alejandría añade que le escogieron para ese ministerio Pedro y Juan. Jerónimo, en su libro *Sobre hombres famosos,* dice: «Inmediatamente después de la pasión del Señor, los apóstoles consagraron a Santiago como obispo de Jerusalén... cuya iglesia gobernó durante treinta años, es decir, hasta el año séptimo del reinado de Nerón.» Las *Recognitiones clementinae* dan el último paso del desarrollo de la leyenda al decir que Santiago fue ordenado obispo de Jerusalén nada menos que por el mismo Jesús. Clemente de Alejandría refiere una extraña tradición que aplica al principio de la Iglesia lo que decían los judíos sobre la Torá *(Dichos de los padres,* de la *Mishná):* «El Señor impartió conocimiento después de la Resurrección a Santiago el Justo, a Pedro y a Juan; ellos se lo transmitieron a los demás apóstoles, y estos a los setenta.» El desarrollo posterior no hay por qué aceptarlo; pero queda el hecho escueto de que Santiago fue el cabeza indiscutible de la iglesia de Jerusalén.

SANTIAGO Y JESÚS

Tal cambio debe tener alguna explicación. Bien puede ser que la tengamos en una frase del Nuevo Testamento. En la primera lista de las apariciones del Señor Resucitado, que es la que escribió Pablo, encontramos estas palabras: «Después Le vio Santiago» *(1 Corintios 15:7)*. A esto puede ser que se hiciera referencia en el *Evangelio según los hebreos,* que fue uno de los primeros evangelios, que no se incluyó en el Nuevo Testamento pero que, a juzgar por los fragmentos que se conservan, tenía un valor indudable. Jerónimo nos transmite el siguiente pasaje:

> *Ahora bien: el Señor, después de darle el paño de lino al siervo del sumo sacerdote, Se dirigió a Santiago y se le apareció. (Porque Santiago había jurado que no tomaría alimento desde el momento en que tomó la copa del Señor hasta que Le viera resucitado de entre los que duermen). Y después de un poquito, dijo el Señor: «Poned la mesa y traed pan.» E inmediatamente después se añade que «tomó el pan, y lo bendijo, y lo partió, y se lo dio a Santiago el Justo mientras le decía: «Hermano, come tu pan; porque el Hijo del Hombre ha resucitado de entre los que duermen.»*

Ese pasaje no carece de dificultades. Al principio parece querer decir que Jesús, después de resucitar y de salir de la tumba, entregó el sudario de lino con el que había sido sepultado al siervo del sumo sacerdote, y fue a reunirse con Su hermano Santiago. También parece implicarse que Santiago estuvo presente en la Última Cena. Pero, aunque el pasaje está confuso, una cosa sí está clara: Algo acerca de Jesús en Sus últimos días u horas en la Tierra había impactado el corazón de Santiago de tal manera que este había jurado no probar bocado hasta que Jesús resucitara; así que Jesús volvió a él, y le dio la seguridad que esperaba. Que hubo un encuentro entre el Señor Resucitado y Santiago es indudable. Los detalles, tal vez no los sabremos nunca. Pero sí sabemos que a partir de ese momento Santiago, que había estado tan en contra de Jesús, fue Su servidor durante todo el resto de su vida, y Su mártir en el momento de su muerte.

SANTIAGO, MÁRTIR DE CRISTO

Que Santiago murió mártir es una afirmación consecuente en la tradición antigua. Los relatos presentan variantes en las circunstancias y en los detalles, pero coinciden en que acabó su vida como mártir de Cristo. El relato de Josefo es muy breve *(Antigüedades 20:9.1):*

> *Así es que Anano, como era esa clase de hombre y creía que se le ofrecía una buena oportunidad después de la muerte de Festo y antes de la llegada de Albino, convocó un consejo judicial, le presentó al hermano del Jesús al que llamaban el Cristo, que se llamaba Santiago, y a algunos otros, acusándolos de violar la ley, y los entregó para que los lapidaran.*

Anano era el sumo sacerdote judío; Festo y Albino eran los procuradores de Palestina, en el puesto que había ostentado Pilato. El detalle de la historia es que Anano aprovechó el interregno entre la muerte de uno y la llegada de su sucesor para eliminar a Santiago y a otros líderes de la Iglesia Cristiana. Esto coincide perfectamente con el carácter de Anano por lo que sabemos de él, y supondría que el martirio de Santiago tuvo lugar en el año 62 d.C.

Hegesipo nos dejó en su historia un relato mucho más extenso. La obra de Hegesipo se ha perdido, pero Eusebio nos ha conservado su relato de la muerte de Santiago en su totalidad *(Historia Eclesiástica 2:23).* Es largo; pero de tal interés que debe citarse completo.

Jacobo, el hermano del Señor, es el sucesor, con los apóstoles, del gobierno de la iglesia. A éste todos le llaman «Justo» ya desde el tiempo del Señor y hasta nosotros, porque muchos se llamaban Jacobo.

No obstante, sólo él fue santo desde el vientre de su madre; no bebió vino ni bebida fermentada; ni tocó carne; no pasó navaja alguna sobre su cabeza ni fue ungido con aceite; y tampoco usó del baño.

Sólo él tenía permitido introducirse en el santuario, porque su atuendo no era de lana, sino de lino. Asimismo, únicamente él entraba en el templo, donde se hallaba arrodillado y rogando por el perdón de su pueblo, de manera que se encallecían sus rodillas como las de un camello, porque siempre estaba prosternado sobre sus rodillas humillándose ante Dios y rogando por el perdón de su pueblo.

Por la exageración de su justicia le llamaban «Justo» y «Oblías», que en griego significa protección del pueblo y justicia, del mismo modo que los profetas dan a entender acerca de él.

Algunas de las siete sectas del pueblo, las que ya mencioné antes (en las Memorias*), procuraban aprender de él acerca de la puerta[1] de Jesús, y él les decía que se trataba del Salvador. Unos cuantos de ellos creyeron que Jesús era el Cristo. Pero las sectas, a las que hemos aludido, no creyeron en la resurrección ni en su inminente regreso para pagar a cada uno según sus obras; no obstante, todos los que creyeron lo hicieron por medio de Jacobo.*

Muchos fueron los convertidos, incluso entre los principales, y por ello hubo alboroto entre los judíos, los escribas y los fariseos, y decían que el pueblo peligraba aguardando al Cristo. Reuniéndose entonces ante Jacobo

---

[1] La palabra *puerta* usada aquí por Eusebio significa el medio cristiano de acceso a Dios por Jescristo.

le decían: «Te lo rogamos: sujeta al pueblo, pues se encuentran engañados acerca de Jesús y creen que él es el Cristo. Te rogamos que aconsejes, acerca de Jesús, a cuantos acudan el día de la Pascua, pues todos te obedecemos. Porque nosotros y todo el pueblo damos testimonio de que tú eres justo y no haces acepción de personas. Así pues, persuade a la multitud para que no yerre acerca de Cristo. Pues todo el pueblo y nosotros te obedecemos. Mantente en pie sobre el pináculo del templo, para que desde esa altura todo el pueblo te vea y oiga tus palabras. Ya que por la Pascua se unen todas las tribus, incluyendo a los gentiles.»

De este modo los aludidos escribas y fariseos colocaron a Jacobo sobre el pináculo del templo, y estallaron a gritos diciendo: «¡Tú, el Justo!, al que todos nosotros debemos obedecer, explícanos cuál es la puerta de Jesús, pues todo el pueblo está engañado, siguiendo a Jesús el Crucificado.»

Entonces él contestó con voz potente: «¿Por qué me interrogáis acerca del Hijo del Hombre? ¡Él está sentado a la diestra del gran Poder, y pronto vendrá sobre las nubes del cielo!»

Y muchos creyeron de corazón y, por el testimonio de Jacobo, alabaron diciendo: «¡Hosanna al Hijo de David!»; pero entonces de nuevo los mismos escribas y fariseos comentaban: «Hemos actuado erróneamente al procurar un testimonio tan grande en contra de Jesús, pero subamos y arrojemos a éste, para que se confundan y no crean en él.»

Así, gritaban diciendo: «¡Oh!, ¡oh!, tambiém el Justo anda en error,» y con este acto cumplieron la escritura en Isaías: «(Saquemos al Justo, porque nos es embarazoso.) Entonces cometerán los frutos de sus obras.»[2]

Entonces subieron y lanzaron abajo al Justo. Luego co-

---

[2] Isaías 3:10

*mentaban: «Apedreemos a Jacobo el Justo,» y empezaron
a apedrearlo, pues no había muerto al ser arrojado. Pero
él, volviéndose, hincó las rodillas diciendo: «Señor, Dios
Padre, te lo suplico: perdónalos, porque no saben lo que
hacen.»*

*Mientras lo apedreaban, un sacerdote de los hijos de
Recab, hijo de Recabín, de los que el profeta Jeremías dio
testimonio, rompió a gritar diciendo: «¡Deteneos!, ¿qué
hacéis? El Justo pide por nosotros.»*

*Y cierto hombre entre ellos, un batanero, golpeó al
Justo en la cabeza con el mazo que usaba para batir las
prendas, y de este modo fue martirizado Jacobo. Y allí le
enterraron al lado del templo, y su columna todavía permanece cerca del templo. Fue un testigo verdadero para los
judíos y griegos de que Jesús es el Cristo. E inmediatamente
Vespasiano asedió Jerusalén.»*

(Eusebio de Cesarea, *Historia Eclesiástica*, 2. 23. Texto
y notas de la edición CLIE, 1988).

EL HERMANO DEL SEÑOR

Hay otra cuestión acerca de la personalidad de Santiago que
debemos tratar de resolver. En *Gálatas 1:19* Pablo habla de él
como *el hermano del Señor.* En *Mateo 13:55* y en *Marcos 6:3*
se menciona a un Santiago (R-V: Jacobo) entre los hermanos
de Jesús; y en *Hechos 1:14,* aunque no se dan los nombres,
se dice que los hermanos de Jesús estaban entre los primeros
cristianos en la iglesia de Jerusalén. Hemos de plantear la
cuestión de lo que quiere decir aquí la palabra *hermano,* porque
la Iglesia Católica Romana le da una gran importancia a la
respuesta que se dé. Desde los tiempos de Jerónimo ha habido
en la Iglesia mucha discusión sobre esta cuestión. Hay tres
teorías en relación con el parentesco de estos «hermanos» de
Jesús que vamos a considerar una tras otra.

LA TEORÍA JERONIMIANA

Recibe su nombre del de Jerónimo, el traductor de la Vulgata latina. Fue él el que desarrolló la teoría de que los «hermanos» de Jesús eran en realidad Sus *primos;* y es lo que se cree en la Iglesia Católica Romana, que lo tiene como artículo de fe. La expuso Jerónimo en el año 383 d.C., y captaremos mejor su complicado razonamiento si lo vamos siguiendo en una serie de pasos.

(i) Santiago el hermano del Señor se incluye entre los apóstoles. Pablo escribe refiriéndose a él: «Pero no vi a ninguno de los demás apóstoles salvo a Santiago el hermano del Señor» *(Gálatas 1:19).*

(ii) Jerónimo insiste en que el título de *apóstol* se usaba sólo con los Doce. En tal caso debemos buscar a Santiago entre ellos. No puede ser el mismo que el hermano de Juan e hijo de Zebedeo porque, entre otras razones, ya había sufrido el martirio cuando se le menciona en *Gálatas 1:19* y en *Hechos 12:2.* Por tanto, habrá que identificarle con el otro Santiago que formaba parte de los Doce, Santiago hijo de Alfeo.

(iii) Jerónimo pasa a hacer otra identificación. En *Marcos 6:3* leemos: «¿No es este el carpintero, el hijo de María y hermano de Santiago y de José?» Y en *Marcos 15:40* encontramos al pie de la Cruz a María, la madre de Santiago el Menor y de José. Como Santiago el Menor es hermano de José e hijo de María debe de ser la misma persona que el Santiago de *Marcos 6:3* que es el hermano del Señor. Por tanto, según Jerónimo, Santiago el hermano del Señor, Santiago hijo de Alfeo y Santiago el Menor son la misma persona en relación con otras tantas.

(iv) Jerónimo basa el siguiente y final paso de su razonamiento en la deducción de la lista de mujeres que estaban al pie de la Cruz de Jesús. Vamos a considerar esa lista como nos la dan tres evangelistas.

En *Marcos 15:40* incluye a María Magdalena, María la madre de Santiago y José, y Salomé.

En *Mateo 27:56* se menciona a María Magdalena, María la madre de Santiago el Menor y de José, y la madre de los hijos de Zebedeo.

En *Juan 19:25* tenemos a la Madre de Jesús, la hermana de Su Madre, María la mujer de Cleofás y María Magdalena.

Analicemos ahora estas listas. En cada una de ellas se nombra a María Magdalena. Es segura la identificación de Salomé con la madre de los hijos de Zebedeo. Pero el verdadero problema es *cuántas mujeres hay en la lista de Juan.* Se puede leer de la manera siguiente:

   (i)   La Madre de Jesús;
   (ii)   La hermana de la Madre de Jesús;
   (iii) María, mujer de Cleofás;
   (iv) María Magdalena.

O se puede leer de esta otra manera:

   (i)   La Madre de Jesús;
   (ii)   La hermana de la Madre de Jesús, María, mujer de Cleofás;
   (iii) María Magdalena.

Jerónimo insiste en que la segunda manera es la correcta; y por tanto la hermana de la Madre de Jesús y María la mujer de Cleofás son la misma persona. En ese caso tiene que ser la misma que en las otras listas figura como la madre de Santiago y de José. El Santiago que es su hijo es el que se conoce como Santiago el Menor, y como Santiago el hijo de Alfeo, y como Santiago el hermano del Señor. Esto quiere decir que Santiago es el hijo de la hermana de María, y por tanto primo de Jesús.

Hasta aquí el argumento de Jerónimo, al que se pueden oponer por lo menos cuatro objeciones.

(i) Una y otra vez se llama a Santiago *hermano* de Jesús, o se le cuenta entre los *hermanos* de Jesús. La palabra que se usa en todos los casos es *adelfós,* que generalmente quiere decir *hermano.* Es verdad que puede describir a personas que pertenecen a una cierta comunión, como hacemos corrientemente entre cristianos. Y también es verdad que se puede usar afectuosamente con una persona con la que nos une una gran intimidad personal. Pero cuando se usa dentro de la familia es, para decir lo menos, muy dudoso que quiera decir *primo.* Si Santiago era *primo* de Jesús, es muy poco probable, por no decir imposible, que se le conociera como el *adelfós* de Jesús.

(ii) Jerónimo se equivocó al suponer que el término *apóstol* sólo se les aplicaba a los Doce. Pablo era un apóstol *(Romanos 1:1; 1 Corintios 1:1; Gálatas 1:1).* Bernabé era un apóstol *(Hechos 14:14; 1 Corintios 9:6).* Silas también era apóstol *(Hechos 15:22).* Andrónico y Junias eran apóstoles *(Romanos 16:7).* Es imposible limitar el título de *apóstol* a los Doce; y si no hace falta buscar a Santiago el hermano del Señor entre los Doce, el argumento de Jerónimo se viene abajo.

(iii) A la vista de los hechos es mucho más probable que *Juan 19:25* sea una lista de cuatro mujeres y no de tres; porque, si María de Cleofás fuera hermana de María la Madre de Jesús, habría dos hermanas con el mismo nombre, lo cual es sumamente improbable.

(iv) Hay que recordar que la Iglesia no sabía nada de esta teoría hasta el año 383 d.C. cuando Jerónimo la pergeñó. Y es absolutamente cierto que la propuso por la única razón de garantizar la doctrina de la virginidad perpetua de María. La teoría de que los llamados hermanos de Jesús eran de hecho Sus primos tiene que descartarse a la vista de los hechos.

LA TEORÍA EPIFÁNICA

La segunda de las grandes teorías acerca del parentesco de Jesús con Sus «hermanos» propone que estos eran, de hecho, Sus «hermanastros» si acaso, hijos de José de un matrimonio anterior pero no de María, mientras que Jesús era hijo de María pero no de José. El nombre de esta teoría se deriva del de

Epifanio, que la propuso enfáticamente hacia el año 370 d.C. No fue él quien la diseñó. Ya existía desde bastante antes, y puede decirse que era la opinión más corriente en la Iglesia Primitiva.

En líneas generales ya aparece en un libro apócrifo llamado el *Libro de Santiago* o el *Protoevangelio,* que data de mediados del siglo II. Ese libro cuenta que había una pareja piadosa, Joaquín y Ana, cuyo único dolor era que no tenían hijos. Para su gran alegría, les nació en su ancianidad una niña, cosa que, al parecer, se consideró un nacimiento virginal. Llamaron a la niña María, la que habría de ser la Madre de Jesús. Joaquín y Ana consagraron a su hija al Señor; y, cuando llegó a los tres años de edad, la llevaron al templo y la dejaron allí a cargo de los sacerdotes. María creció en el templo; y, cuando llegó a la edad de doce años, los sacerdotes hicieron planes para casarla. Reunieron a los viudos del pueblo, diciéndoles que trajera cada uno su bastón. Entre ellos vino José el carpintero. El sumo sacerdote recogió los bastones, y el de José fue el último. Con los demás no pasó nada, pero del de José salió volando una paloma que fue a posarse sobre su cabeza. De esta manera reveló Dios que José había de tomar a María por esposa. Al principio, José no estaba muy conforme. «Tengo hijos —dijo— y ya soy un anciano, mientras que ella es una joven; no quiero ser el hazmerreír de los hijos de Israel» *(Protoevangelio 9:1).* Pero, por último, la tomó por esposa en obediencia a la voluntad de Dios, y a su debido tiempo nació Jesús. El contenido del *Protoevangelio* es, por supuesto, legendario; pero es señal de que a mediados del siglo II ya existía la teoría que había de conocerse bajo el nombre de Epifanio.

No hay ninguna evidencia directa que apoye esta teoría, y todas las razones a su favor tienen un carácter indirecto.

(i) Se pregunta: ¿Habría confiado Jesús Su Madre al cuidado de Juan si ella hubiera tenido otros hijos además de Él? *(Juan 19:26s).* La respuesta sería que, por lo que sabemos, la familia de Jesús no simpatizaba con Él lo más mínimo, y no habría tenido ningún sentido el confiársela.

(ii) Se objeta que el comportamiento de los «hermanos» de Jesús para con Él parecía el de los hermanos mayores para con el menor entre ellos. Pusieron en duda Su sensatez, y quisieron llevársele a casa *(Marcos 3:21, 31-35);* Le eran hostiles *(Juan 7:1-5)*. Pero también podría entenderse que pensaban que estaba metiendo a la familia en líos, independientemente de Su edad o la de ellos.

(iii) Se da por supuesto que José tiene que haber tenido más edad que María porque desaparece totalmente de la historia evangélica, lo que hace suponer que ya habría muerto cuando empezó el ministerio público de Jesús. La Madre de Jesús estaba en las bodas de Caná de Galilea, pero no se menciona a José *(Juan 2:1)*. A Jesús se Le llama, por lo menos a veces, el hijo de María, lo que hace suponer que José ya había muerto y María era viuda *(Marcos 6:3;* pero cp. *Mateo 13:55)*. Por último, la permanencia de Jesús en Nazaret hasta la edad de treinta años *(Lucas 3:23)* se explica suponiendo que José había muerto, y Jesús quedó a cargo de una familia en la que había varios de menos edad que Él. Pero el hecho de que José fuera mayor que María (lo que no deja de ser una suposición, aun en el caso de que muriera mucho antes), no demuestra que no tuviera otros hijos de ella; y el hecho de que Jesús se quedara en Nazaret a cargo del taller de carpintero para mantener a Su familia parecería indicar mucho más naturalmente que Él era el hijo mayor, y no el más pequeño de todos.

A estos argumentos Lightfoot añade dos más de carácter general. El primero es que esta es la teoría de la tradición cristiana; y el segundo, que cualquier otra explicación sería «escandalosa para el sentimiento cristiano.» Pero lo básico de esta teoría procede del mismo origen que la teoría jeronimiana. Su intención es garantizar la virginidad perpetua de María, de la que no hay ni evidencia ni sugerencia en el Nuevo Testamento, y es la razón por la cual surgieron estas explicaciones posteriores.

LA TEORÍA HELVIDIANA

Así se llama la tercera teoría. Afirma sencillamente que los hermanos y hermanas de Jesús eran en realidad Sus hermanos y hermanas en el sentido más pleno de la palabra; que, para usar el término técnico, eran Sus hermanos uterinos. No se sabe nada del Helvidius de quien toma nombre esta teoría, excepto que escribió un tratado en su defensa al que contestó Jerónimo con otro en el que la rebatía enfáticamente. ¿Qué se puede decir en su favor?

(i) Ninguna persona que leyera el Nuevo Testamento sin presuposiciones teológicas sacaría otra conclusión. A la vista de los hechos, la historia evangélica no da a entender que hubiera ningún misterio en el parentesco de los hermanos y hermanas de Jesús.

(ii) Los relatos de la Navidad, tanto en *Mateo* como en *Lucas,* dan por sentado que María tuvo otros hijos. Mateo escribe: «Y despertando José del sueño, hizo como el ángel del Señor le había mandado, y recibió a su mujer. Pero no la conoció hasta que dio a luz a su hijo primogénito; y le puso por nombre Jesús» *(Mateo 1:24s, R-V;* la palabra *primogénito* falta en algunos manuscritos y traducciones). La implicación obvia es que José hizo vida marital normal con María después del nacimiento de Jesús. De hecho Tertuliano cita este pasaje para demostrar que tanto la virginidad como el matrimonio están santificados en Cristo por el hecho de que María fue primero virgen y luego esposa en el sentido pleno de la palabra. Lucas, escribiendo acerca del nacimiento de Jesús dice: «Y dio a luz a su hijo primogénito» *(Lucas 2:7).* Al llamar a Jesús su hijo primogénito se indica claramente que tuvo otros hijos después.

(iii) Como ya hemos dicho, el hecho de que Jesús se quedara en Nazaret como carpintero hasta la edad de treinta años es por lo menos una indicación de que era el hijo mayor y tenía que asumir la responsabilidad del mantenimiento de la familia después de la muerte de José.

Creemos que los hermanos y hermanas de Jesús eran realmente Sus hermanos y hermanas. Cualquier otra teoría surge
de un deseo de glorificar el ascetismo y de demostrar que María
permaneció siempre virgen. Es indudablemente más hermoso
creer en la santidad del hogar que creer en el celibato como
un estado superior al matrimonio. Así pues, creemos que
Santiago, al que llamaban el hermano del Señor, era en todos
los sentidos Su hermano.

SANTIAGO, EL AUTOR DE ESTA CARTA

¿Podemos decir entonces que fue este Santiago el autor de
esta carta? Vamos a recoger la evidencia a favor de esta idea.

(i) Si es verdad que Santiago escribió una carta, sería de
esperar que fuera una epístola general, como lo es esta. Santiago no era como Pablo, viajero y hombre de muchas congre-
gaciones. Era el moderador de la sección judía de la Iglesia;
y la clase de carta que esperaríamos de él sería una especie de
encíclica dirigida a todos los cristianos judíos.

(ii) Nos costaría encontrar nada en esta carta que no fuera
aceptable para cualquier buen judío; hasta tal punto que hay
intérpretes que dicen que se trata de hecho de un tratado ético
judío que se ha introducido en el Nuevo Testamento. A. H.
McNeile indica que se encuentran en *Santiago* frases tras frases
que se podrían tomar tanto en un sentido cristiano como judío.
Las Doce Tribus de la Diáspora (1:1) se podría referir tanto
a los judíos exiliados esparcidos por todo el mundo como a la
Iglesia Cristiana, el nuevo Israel de Dios *(Gálatas 6:16;* cp.
Apocalipsis 21:12 y 14). «El Señor» se puede entender una y
otra vez en esta carta tanto refiriéndose a Jesús como a Dios.
(1:7; 4:10, 15; 5:7, 8, 10, 11, 14, 15). El que Dios nos engen-
drara o hi-ciera nacer por la Palabra de Su Verdad para que
fuéramos   los primeros frutos de Su Creación (1:18) se puede
entender igualmente bien en relación con la primera Creación
de Dios y con la re-creación en Jesucristo. La perfecta ley y

la ley regia (1:25; 2:8) se pueden entender igualmente bien como la ley ética de los Diez Mandamientos o como la nueva ley de Cristo (Cp. *1 Corintios 9:21)*. Los ancianos de la iglesia, la *ekklêsía* (5:14), se pueden entender igualmente bien como los ancianos de la iglesia cristiana o como los ancianos judíos, porque en la *Septuaginta, ekklêsía* es el título del pueblo escogido de Dios. En 2:2, «vuestra congregación» traduce *synagogue,* que puede querer decir *sinagoga* más normalmente que *congregación cristiana.* La costumbre de dirigirse a sus lectores como *hermanos* es totalmente cristiana, pero también totalmente judía. La venida del Señor y la descripción del Juez esperando a la puerta (5:7, 9) son tan corrientes en el pensamiento cristiano como en el judío. La acusación de haber matado al justo (5:6) es una frase que aparece una y otra vez en los profetas, pero que los cristianos entenderían como una referencia a la Crucifixión de Cristo. No hay nada en esta carta que un judío ortodoxo no pudiera aceptar cordialmente si la leía desde su entorno.

Se podría decir que todo esto le va perfectamente a Santiago: era el líder de lo que podríamos llamar la cristiandad judía, y el cabeza de la parte de la Iglesia con sede en Jerusalén. Tiene que haber habido un tiempo en que la Iglesia estaba muy próxima al judaísmo y parecía un judaísmo reformado más que otra cosa. Hubo una clase de cristianismo que no tenía la amplitud universalista que aportó la mente de Pablo. El mismo Pablo decía que la esfera gentil le correspondía a él, y la judía a Pedro, Santiago y Juan *(Gálatas 2:9).* La carta de Santiago puede que represente una clase de cristianismo que se mantenía en su forma más primitiva. Esto explicaría dos cosas.

(*a*) Explicaría la frecuencia con que *Santiago* repite la enseñanza del Sermón del Monte. Podríamos, entre muchos otros ejemplos, comparar *Santiago 2:12s* con *Mateo 6:14s; Santiago 3:11-13* con *Mateo 7:16-20; Santiago 5:12* con *Mateo 5:34-37.* Sería normal esperar que cualquier cristiano judío mostrara un interés especial en la enseñanza ética de la fe cristiana.

(*b*) Ayudaría a explicar la relación de esta carta con la enseñanza de Pablo. En una primera lectura, *Santiago 2:14-26* parece un ataque frontal al paulinismo. «Toda persona se justifica por las obras, y no por la fe exclusivamente» *(Santiago 2:24)* parece estar en flagrante oposición a la doctrina paulina de la justificación por la fe sola. Pero lo que *Santiago* está atacando es una mal llamada fe que no tiene resultados éticos; y una cosa está meridianamente clara: que cualquiera que acusara a Pablo de haber predicado tal «fe» no es posible que hubiera leído sus cartas sin prejuicios. Estas están llenas de exigencias éticas, como ilustra, por ejemplo, el capítulo 12 de *Romanos.* Ahora bien: Santiago murió el año 62 d.C., y por tanto no podía haber leído las cartas que no llegaron a ser propiedad universal de la Iglesia hasta el año 90 d.C. Por tanto, lo que *Santiago* ataca no es sino un malentendido de lo que Pablo decía, y una tergiversación de ello; y en ningún sitio era más probable que surgiera ese malentendido o esa tergiversación que en la misma Jerusalén, donde el hincapié que hacía Pablo en la fe y en la gracia, y su presentación del Evangelio como opuesto al legalismo judío se mirarían con más suspicacia que en ningún otro sitio.

(iii) Se ha hecho notar que *Santiago* y la carta del Concilio de Jerusalén a las iglesias gentiles tienen por lo menos dos curiosas semejanzas. Las dos empiezan con la palabra *Saludos (Santiago 1:1; Hechos 15:23).* La palabra griega es *jairein,* que era la manera corriente de empezar una carta en griego, pero que no aparece en ningún otro lugar del Nuevo Testamento salvo en la carta del jefe militar Claudio Lisias al gobernador de la provincia *(Hechos 23:26-30).* La segunda coincidencia es la frase que se aplica a *todos los gentiles sobre los cuales es invocado mi nombre (Hechos 15:17), el buen nombre que fue invocado sobre vosotros (Santiago 2:7).* Es curioso que la carta del Concilio de Jerusalén, que redactaría probablemente Santiago, y la epístola que lleva su nombre, sean los únicos lugares del Nuevo Testamento en los que aparecen estas dos frases características.

Así es que hay evidencias que le dan credibilidad a la creencia de que *Santiago* fue la obra de Santiago, hermano del Señor y cabeza de la iglesia de Jerusalén.

Por otra parte, hay hechos que nos hacen ponerlo en duda.

(i) Si el autor fue el hermano del Señor, habríamos esperado que hiciera alguna referencia a ese hecho. El único título que se aplica es «siervo de Dios y del Señor Jesucristo» (1:1). Tal referencia no habría sido para su gloria personal en nin-gún sentido, sino sencillamente para prestarle autoridad a su carta. Y tal autoridad habría sido especialmente útil fuera de Palestina, en países en los que no se le conocería. Si el autor era de veras el hermano del Señor, nos sorprende que no haga referencia a ese hecho, directa o indirectamente.

(ii) Faltando la referencia a su parentesco con Jesús, se habría esperado que se la hiciera al hecho de que era un apóstol. Era costumbre de Pablo el empezar sus cartas haciendo referencia a su apostolado. No se trata de una cuestión de prestigio personal, sino de garantía de autoridad para escribir. Si este Santiago era el hermano del Señor y el cabeza de la iglesia de Jerusalén, habríamos esperado que mencionara al principio de su carta que la escribía en calidad de apóstol.

(iii) Lo más sorprendente de todo es lo que hizo que Lutero pusiera en duda el derecho de esta carta a estar en el Nuevo Testamento: la casi total carencia de referencias al Señor Jesucristo mismo. Sólo dos veces en toda la carta se menciona Su nombre, y las dos veces son casi idénticas (1:1; 2:1).

No hace la menor referencia a la Resurrección de Cristo. Sabemos muy bien que la Iglesia Primitiva se levantaba sobre la base de la fe en el Cristo Resucitado. Si esta carta era la obra de Santiago, es contemporánea de los acontecimientos de *Hechos,* donde la Resurrección se menciona no menos de veinticinco veces. Lo que lo hace todavía más sorprendente es que Santiago tenía un motivo personal para escribir acerca de las apariciones de Jesús, una de las cuales cambió radicalmente el curso de su vida. Es sorprendente que nadie que escribiera en ese tiempo de la historia de la Iglesia no hiciera referencia a la Resurrección de Jesús; y doblemente si el autor era Santiago el hermano del Señor.

Tampoco hace referencia a Jesús como el Mesías. Si Santiago, el cabeza de la iglesia de Jerusalén, estaba escribiendo a los judíos cristianos en aquellos días tempraneros, uno habría creído que su objetivo principal habría sido presentar a Jesús como el Mesías, o que por lo menos habría dejado bien clara su fe en ello; pero la carta ni lo menciona.

(iv) Está claro que el autor de esta carta está empapado del Antiguo Testamento; y también que conoce íntimamente la literatura sapiencial, cosas ambas que se podían esperar en Santiago. Hay en su carta veintitrés posibles citas del Sermón de la Montaña, cosa que también se puede entender fácilmente porque, desde el principio, desde antes que se escribieran los evangelios, deben de haber circulado compendios de las enseñanzas de Jesús. Algunos suponen que tiene que haber conocido las cartas de Pablo a los Romanos y a los Gálatas para decir lo que dice acerca de la fe y las obras, pero a eso se objeta razonablemente que un judío que nunca hubiera salido de Palestina y que hubiera muerto el año 62 d.C. no tendría por qué haber conocido esas cartas. Como ya hemos visto, esas suposiciones no se pueden mantener, porque la crítica de la doctrina de Pablo en *Santiago* podría haber surgido sólo de alguien que no había leído esas cartas de primera mano, y que estaba enfrentándose con algo que no era más que un malentendido o una tergiversación de la doctrina paulina. Pero la frase en 1:17: «Toda buena dádiva y todo don perfecto,» es un perfecto verso exámetro que tiene todo el aspecto de ser una cita de algún poeta griego; y la frase en 3:6: «el ciclo de la naturaleza» puede ser una expresión órfica procedente de las religiones misteriosas. ¿De dónde se habría sacado un judío que no hubiera salido de Palestina tales citas?

Hay cosas difíciles de explicar si se da por seguro que Santiago el hermano del Señor fue el autor de esta carta. La evidencia a favor o en contra está muy equilibrada. Dejamos este asunto para tratar de otras cuestiones.

LA FECHA DE LA CARTA

Cuando consideramos la evidencia para la fecha de la carta la encontramos igualmente equilibrada. Es posible deducir que es muy temprana, e igualmente que es tardía.

(i) Cuando Santiago estaba escribiendo, está claro que la esperanza de la Segunda Venida de Cristo era aún muy real (5:7-9). Esta esperanza no se perdió nunca en la Iglesia Primitiva, pero sí se desvaneció en parte del centro de su pensamiento cuando parecía que se atrasaba considerablemente. Esto sugeriría una fecha temprana.

(ii) En los primeros capítulos de *Hechos* y en las cartas de Pablo hay un trasfondo continuo de controversia con los judeocristianos para aceptar a los gentiles en la Iglesia sobre la base de la sola fe. Dondequiera que iba Pablo le seguían los judaizantes, y la aceptación de los gentiles no fue una batalla que se ganara fácilmente. En *Santiago* no hay ni una sugerencia de esta controversia judeo-gentil, hecho doblemente sorprendente si recordamos que Santiago el hermano del Señor representó un papel decisivo en la decisión del Concilio de Jerusalén. En ese caso, esta carta podría ser o muy temprana, anterior a la mencionada controversia, o tardía y escrita cuando ya se había acallado el último eco de la controversia. El hecho de que esta no se mencione se puede usar a favor de cualquiera de las dos fechas.

(iii) La evidencia del orden eclesiástico que se refleja en la carta también es conflictiva. El lugar donde se reúne la iglesia todavía se llama *synagôguê* (2:2), lo que indicaría una fecha temprana; más tarde los cristianos usaron sistemáticamente *ekklêsía,* porque el término judío se había descartado. Los ancianos de la iglesia se mencionan (5:14), pero no los obispos ni los diáconos, cosa que parece indicar fecha temprana otra vez, y posiblemente la continuación del orden judío, ya que los ancianos eran una institución judía antes de serlo cristiana. Santiago está preocupado con la existencia de *muchos maestros* (3:1), que es otro detalle que puede apuntar a una situación

muy temprana, antes de que la Iglesia sistematizara su ministerio e introdujera ningún tipo de orden; aunque también podría
indicar una fecha tardía, en la que los falsos maestros habían
invadido la Iglesia como una plaga.

Hay dos hechos de carácter general que parecen indicar más
bien una fecha tardía. El primero que, como ya hemos visto,
apenas se menciona a Jesucristo. El tema de esta carta son, de
hecho, las inconveniencias e imperfecciones, y los pecados y
errores de los miembros de la iglesia. Esto parece apuntar a una
fecha bastante tardía. La predicación original irradiaba la gracia y la gloria del Cristo Resucitado; la posterior pasó a ser,
como sucede ahora, una diatriba contra las imperfecciones de
los miembros de la iglesia. El segundo hecho general es la
condenación de los ricos (2:1-3; 5:1-6). La discriminación a su
favor y su arrogancia parecen haber sido un verdadero problema cuando se escribió esta carta. Ahora bien: en la Iglesia
original había muy pocos ricos, si es que había alguno *(1
Corintios 1:26s). Santiago* parece ser el exponente de un tiempo en que la Iglesia, antes pobre, se veía amenazada por la
mundanalidad.

LOS PREDICADORES DEL MUNDO ANTIGUO

Nos ayudará a fechar esta carta llamada de Santiago, y a
identificar a su autor, el colocarla en su contexto del mundo
antiguo.

El sermón se identifica con la Iglesia Cristiana, pero no fue
ni mucho menos su invención. Tenía sus raíces tanto en el
mundo helenístico como en el judío; y cuando comparamos
Santiago con los sermones helenísticos y judíos no podemos
por menos de sorprendernos de sus semejanzas.

1. Consideremos en primer lugar a los predicadores griegos
y sus sermones. El filósofo ambulante era una figura corriente
en el mundo antiguo. Algunas veces era estoico, pero las más
de las veces cínico. Dondequiera se reunía la gente, se le podía

encontrar exhortando a la virtud, ya fuera en una esquina o en una plaza, en las grandes concentraciones de público que se reunían para los juegos, hasta en las luchas de gladiadores, y a veces hasta dirigiéndose al emperador para reprenderle por su lujo o tiranía y exhortarle a la virtud y a la justicia. El antiguo predicador, el filósofo-misionero, era una figura frecuente en el mundo antiguo. Había habido un tiempo cuando la filosofía era asunto de escuelas, pero en este su voz y sus exigencias éticas se podían oír diariamente en las plazas públicas.

Estos sermones antiguos tenían ciertas características. El método era siempre el mismo; y ese método había influido profundamente en la presentación que hacía Pablo del Evangelio, y Santiago tenía los mismos precursores. Alistaremos algunos de los trucos comerciales de esos predicadores antiguos advirtiendo cómo se presentan en *Santiago,* y tendremos presente cómo escribía Pablo a las iglesias. El principal objetivo de esos predicadores antiguos, debe recordarse, no era descubrir ninguna nueva verdad, sino despertar a los pecadores del error de su camino, e impulsarlos a mirar las verdades que ya conocían pero habían olvidado o abandonado. Su propósito era desafiar a la gente con la vida noble para apartarla de la vida irresponsable e impía.

(i) Frecuentemente sostenían una conversación imaginaria con oponentes imaginarios, manteniendo lo que se llamada una especie de «diálogo trucado». Santiago también usa ese método en 2:18s y 5:13s.

(ii) Solían efectuar la transición de una parte del sermón a otra mediante una pregunta que introducía un tema nuevo. También Santiago lo hace en 2:14 y 4:1.

(iii) Eran muy aficionados a los imperativos, con los que mandaban a sus oyentes que abandonaran sus errores e iniciaran la acción correcta. En los 108 versículos de *Santiago* hay casi 60 imperativos.

(iv) Eran muy aficionados a lanzar preguntas retóricas a sus audiencias. Santiago emplea frecuentemente tales preguntas (cp. 2:4, 5, 14-16; 3:11, 12; 4:4).

(v) Solían apostrofar a menudo, dirigiéndose en particular a sectores de su audiencia. Así hace Santiago con los comerciantes ávidos de negocios y con los ricos arrogantes (4:13; 5:6).

(vi) Les gustaba personificar las virtudes y los vicios, los pecados y las gracias. Así personifica Santiago el pecado (1:15); la misericordia (2:13) y la roña (5:3).

(vii) Buscaban despertar el interés de sus audiencias con anécdotas y tipos de la vida cotidiana. La figura de la rienda, el timón y el fuego del bosque son lugares comunes en los sermones antiguos (cp. 3:3-6). Entre muchas otras, Santiago presenta gráficamente la figura del paciente granjero (5:7).

(viii) Solían poner ejemplos de hombres y mujeres famosos para ilustrar su enseñanza moral. Eso es lo que hace Santiago al presentar los ejemplos de Abraham (2:21-23); de Rahab (2:25); de Job (5:11), y de Elías (5:17).

(ix) Los antiguos predicadores tenían la costumbre de empezar sus sermones con una paradoja que llamara la atención de sus oyentes. Santiago lo hace diciéndole a la gente que se considere afortunada cuando se encuentre rodeada de problemas (1:2). Así era como los antiguos predicadores presentaban a menudo la verdadera bondad como el reverso de lo que pensaba la gente. Así Santiago insiste en que la felicidad de los ricos consiste en venir a menos (1:10). Usaban el arma de la ironía como hace Santiago (2:14-19; 5:1-6).

(x) Los antiguos predicadores sabían hablar con dureza y seriedad. Santiago también se dirige a su lector llamándole «¡Estúpido!», y moteja a los que le escuchan «vacíos de mollera» y «almas adúlteras.» Los antiguos predicadores azotaban con la lengua, y Santiago hace lo mismo.

(xi) Los predicadores antiguos tenían ciertas formas estándar de construir sus sermones.

(*a*) A menudo concluían una sección con una antítesis gráfica, colocando el bien y el mal frente a frente. Santiago tiene la misma costumbre (cp. 2:13, 26).

(*b*) A menudo probaban su razonamiento mediante una pregunta inquietante que les disparan a los oyentes (cp. 4:12).

(*c*) A menudo hacían citas en sus predicaciones. También Santiago (5:20; 1:11, 17; 4:6; 5:11).

Es verdad que no encontramos en *Santiago* la amargura, el sarcasmo, el humor frívolo y hasta soez de los predicadores griegos; pero está a la vista que usa todos los otros trucos y métodos que usaban los predicadores ambulantes helenísticos para abrirse camino hasta llegar a la mente y el corazón de sus audiencias.

2. El mundo judío también tenía su tradición de predicación. Los que predicaba en los cultos de la sinagoga solían ser los rabinos. Tenían muchas de las características de la predicación de los filósofos ambulantes griegos. Usaban las preguntas retóricas, los imperativos y los ejemplos tomados de la vida diaria, y las citas de los héroes de la fe. Pero la predicación judía tenía una característica curiosa: era deliberadamente dispersa y desconectada. Los maestros judíos enseñaban a sus discípulos a no permanecer durante mucho tiempo tratando el mismo asunto, sino a pasar rápidamente de uno a otro para mantener el interés de los oyentes. De ahí que uno de los nombres que daban a la predicación era *jaraz,* que quiere decir *sarta de perlas.* El sermón judío era frecuentemente una sucesión de verdades morales y de exhortaciones aisladas. Este es precisamente el estilo de *Santiago.* Es difícil, si no imposible, discernir en él un tema continuo y coherente. Sus secciones se siguen sin aparente conexión. Goodspeed dice: «El desarrollo se ha comparado con una cadena en la que cada eslabón va unido al anterior y al siguiente. Otros han comparado su contenido con las cuentas de un collar... Y tal vez *Santiago* no es tanto una cadena de pensamientos o cuentas como un manojo de perlas que se dejan caer una a una en la mente del lector.»

Santiago, ya lo miremos desde el trasfondo helenístico o desde el judío, es un buen ejemplo de un sermón antiguo. Y ahí está probablemente la clave de su autoría. Con todo esto en mente, volvamos ahora a preguntarnos quién fue su autor.

EL AUTOR DE *SANTIAGO*

Hay cinco posibilidades.

(i) Empezamos con una teoría que desarrolló en detalle Meyer hace cosa de un siglo, y que reavivó Easton en la nueva *Interpreter's Bible*. Una de las cosas más corrientes en el mundo antiguo era publicar libros bajo el nombre de alguna gran figura del pasado. La literatura judía entre los dos Testamentos estaba llena de obras seudoepigráficas; es decir, que se atribuían a Moisés, los Doce Patriarcas, Baruc, Enoc, Isaías y otros de posición semejante, para que esa autoridad adicional atrajera a más lectores. Esta era una práctica aceptada. Uno de los libros más famosos de los Apócrifos es la *Sabiduría de Salomón,* en la que un sabio de época posterior atribuye nueva sabiduría al más sabio de los reyes.

Recordemos tres cosas de *Santiago.*

(*a*) No contiene nada que un judío ortodoxo no pudiera aceptar, si se omiten las dos menciones del nombre de Jesús en 1:1 y 2:1, cosa que podría hacerse sin que se notara.

(*b*) El nombre griego de Santiago es *Iakôbos,* que no es más que una transcripción del *Jacob* del Antiguo Testamento.

(*c*) El libro va dirigido a «las doce tribus que están diseminadas por el extranjero.» Esta teoría sostiene que *Santiago* no es otra cosa que un escrito judío, publicado bajo el nombre del patriarca Jacob y dirigido a los judíos de la Diáspora para animarlos a la fe en medio de las pruebas que tienen que pasar en tierra de gentiles.

Esta teoría se elabora más detalladamente como sigue. En *Génesis 49* encontramos el último discurso de Jacob a sus hijos. Consiste en una serie de descripciones breves en las que los hijos se caracterizan sucesivamente. Meyer profesaba ser capaz de encontrar en *Santiago* alusiones a las descripciones de cada uno de los patriarcas, y por tanto de cada una de las doce tribus, del discurso de Jacob. Veamos algunas de las identificaciones propuestas.

Aser es el rico mundano; *Santiago 1:9-11; Génesis 49:20.*
Isacar es el que hace buenas obras; *Santiago 1:12; Génesis 49:14s.*
Rubén es las primicias; *Santiago 1:18; Génesis 49:3.*
Simeón representa la ira; *Santiago 1:19s; Génesis 49:5-7.*
Leví es la tribu especialmente relacionada con la religión, y a la que se alude en *Santiago 1:26s.*
Neftalí se caracteriza por la paz; *Santiago 3:18; Génesis 49:21.*
Gad simboliza las guerras y las luchas; *Santiago 4:1s; Génesis 49:19.*
Dan representa la espera de la salvación; *Santiago 5:7; Génesis 49:18.*
José representa la oración; *Santiago 5:13-18; Génesis 49:22-26.*
Benjamín es el nacimiento y la muerte; *Santiago 5:20; Génesis 49:27.*

Es una teoría sumamente ingeniosa. No parece que se puede ni aceptar ni rechazar del todo. Sin duda explicaría de una manera muy natural la referencia de 1:1 a las doce tribus de la Diáspora. Se completaría diciendo que algún cristiano encontró este tratado judío escrito bajo el nombre de Jacob a todos los exiliados judíos, y le impresionó tanto su valor moral que le hizo algunos ajustes y adiciones y lo publicó como libro cristiano. No cabe duda de que esta es una teoría atractiva... pero tal vez se pasa de ingeniosa.

(ii) Lo mismo que los judíos, los cristianos escribieron también muchos libros bajo los nombres de las grandes figuras de la Iglesia Cristiana. Hay evangelios que se publicaron bajo los nombres de Pedro, de Tomás y del mismo Santiago; hay una epístola de Bernabé; hay evangelios de Nicodemo y de Bartolomé; y hay hechos de Juan, de Pablo, de Andrés, de Pedro, de Tomás, de Felipe y de otros. El término técnico que se da a estos libros es el de *seudónimos,* es decir, escritos bajo un *nombre falso.*

Se ha sugerido que *Santiago* fue escrito por alguien bajo el nombre del hermano del Señor. Eso parece haber sido lo que pensó Jerónimo cuando dijo que esta carta «la publicó alguno bajo el nombre de Santiago.» Pero, independientemente de la obra en sí, esa suposición no puede mantenerse; porque, cuando alguien escribía bajo un seudónimo, ponía empeño en dejar bien claro quién era el que había de suponerse que lo había escrito; es decir, que habría dejado más claro que el autor era Santiago *el hermano del Señor,* cosa que ni se insinúa en el texto.

(iii) Moffatt se inclinaba a favor de la teoría de que el autor no era el hermano del Señor, ni ningún otro Santiago conocido, sino simplemente un maestro llamado Santiago de suya vida no tenemos la menor información. Eso no es ni mucho menos imposible, porque el nombre de Jacobo o Santiago era tan corriente entonces como ahora; pero sería difícil entender cómo tal libro consiguió entrar en el Nuevo Testamento, y cómo se relacionó con el hermano del Señor.

(iv) El punto de vista tradicional es que fue Santiago el hermano del Señor el que escribió esta carta. Ya hemos visto que parece extraño que no contenga más que dos referencias accidentales a Jesús, y ninguna a Su Resurrección o a Él como el Mesías. Otra dificultad aún más seria es la siguiente. *Santiago* está escrito en buen griego. Ropes dice que el griego tiene que haber sido la lengua materna del que lo escribió; y Mayor, que era un gran experto en griego, dice: «Yo me inclinaría a calificar el griego de esta epístola como el que más se acerca a la pureza clásica de todos los libros del Nuevo Testamento con la excepción tal vez de la Epístola a los Hebreos.» Sin embargo, no cabe duda de que la lengua materna de Santiago era el arameo, y no el griego; y podemos estar seguros de que no dominaría el griego clásico. Su educación ortodoxa judía le haría despreciarlo y evitarlo, como lengua gentil y, además, como la de los perseguidores de su pueblo. Es casi imposible creer que Santiago fuera el autor de esta carta.

(v) Y llegamos a la quinta posibilidad. Recordemos cuánto se parece *Santiago* a un sermón. Es posible que sea, en esencia, un sermón predicado por Santiago, que otro tomó, diríamos, casi taquigráficamente, y luego tradujo al griego, puliéndolo y decorándolo ligeramente, y publicándolo después para que toda la Iglesia pudiera beneficiarse. Eso explicaría su forma, y cómo llegó a adscribirse a Santiago. También explicaría la escasez de referencias a Jesús el Mesías y a Su Resurrección, porque tal vez en ese sermón no trató esos puntos. En un sermón es natural que no se toquen todos los temas fundamentales de la ortodoxia, sino que se insista más en los deberes morales que en la teología. Nos parece que esta es la única teoría que explica los hechos sin violentarlos.

Una cosa es segura: puede que nos aproximemos a esta breve carta creyéndola uno de los libros menos importantes del Nuevo Testamento; pero, si la estudiamos con interés, acabaremos dándole gracias a Dios porque se ha conservado para nuestra edificación e inspiración.

SANTIAGO

SALUDOS

Santiago 1:1

> *Santiago, el esclavo de Dios y del Señor Jesucristo,*
> *envía saludos a las doce tribus que están esparcidas por*
> *todo el mundo.*

Santiago se identifica al principio de su carta con el título
que encierra todo su honor y su única gloria, *el esclavo de Dios
y del Señor Jesucristo.* Con la excepción de Judas, es el único
autor del Nuevo Testamento que se atribuye ese término
(dulos) sin más cualificación. Pablo se describe como esclavo
y apóstol de Jesucristo *(Romanos 1:1; Filipenses 1:1).* Pero
Santiago no pasa de llamarse el esclavo de Dios y del Señor
Jesucristo. Este título tiene por lo menos cuatro implicaciones.

(i) Implica *una obediencia absoluta.* El esclavo no tiene más
ley que la palabra de su amo; no tiene derechos propios; es
propiedad absoluta de su amo, y está obligado a rendirle a su
amo una obediencia incondicional.

(ii) Implica *una humildad absoluta.* Es la condición de un
hombre que no piensa en sus privilegios sino en sus deberes,
no en sus derechos sino en sus obligaciones. Es la palabra que
describe a un hombre que se ha perdido a sí mismo en el
servicio de Dios.

(iii) Implica *una lealtad absoluta.* Es la posición de un
hombre que no tiene intereses propios, porque todo lo que hace

lo hace para Dios. Su provecho y sus preferencias personales no entran en sus cálculos: Le debe su lealtad a Dios.

(iv) Sin embargo, en esta palabra de encierra su *gloria*. Lejos de ser un título deshonroso es el que se aplicaba a las grandes figuras del Antiguo Testamento. Moisés era el *dulos,* en hebreo *'ébed,* de Dios *(1 Reyes 8:53; Daniel 9:11; Malaquías 4:4);* así se llamaban también Josué y Caleb *(Josué 24:29; Números 14:24);* así también los grandes patriarcas, Abraham, Isaac y Jacob *(Deuteronomio 9:27);* y Job *(Job 1:8);* e Isaías *(Isaías 20:5);* y *dulos* es el título distintivo por el que se conocían los profetas *(Amós 3:7; Zacarías 1:6; Jeremías 7:25).* Al tomar el título de *dulos,* Santiago se coloca en la gran línea sucesoria de los que hallaron la libertad y la paz y la gloria en la perfecta sumisión a la voluntad de Dios. La única grandeza a la que un cristiano puede aspirar es a la de ser esclavo de Dios.

Hay algo poco corriente en el saludo inicial de esta carta. Santiago manda saludos a sus lectores usando la palabra *jairein,* que es la que se solía usar en las cartas personales en griego. Pablo no la usa nunca, sino siempre el saludo distintivo de los cristianos «Gracia y paz» *(Romanos 1:7; 1 Corintios 1:3; 2 Corintios 1:2; Gálatas 1:3; Efesios 1:2; Filipenses 1:2; Colosenses 1:2; 1 Tesalonicenses 1:1; 2 Tesalonicenses 1:2; Filemón 3).* El saludo corriente griego sólo aparece dos veces en el resto del Nuevo Testamento: en la carta que dirige el oficial romano Claudio Lisias a Félix para garantizar la seguridad del viaje de Pablo *(Hechos 23:26),* y en la carta general que se mandó a todas las iglesias gentiles con la decisión del Concilio de Jerusalén que les garantizaba la admisión en la Iglesia *(Hechos 15:23).* Esto es interesante, porque fue Santiago el que presidió aquel Concilio *(Hechos 15:13).* Puede que usara el saludo más general porque la carta iba dirigida a un círculo muy amplio de gentiles.

LOS JUDÍOS ESPARCIDOS POR EL MUNDO

Santiago 1:1 *(continuación)*

La carta va dirigida a *las doce tribus que están esparcidas por el extranjero;* literalmente, *en la Diáspora,* que era la palabra técnica que designaba a los judíos que vivían fuera de Palestina. Todos los millones de judíos que había, por la razón que fuera, fuera de la Tierra Prometida, eran la *Diáspora.* Esta dispersión de los judíos por todo el mundo fue de importancia capital para la extensión del Cristianismo, porque quería decir que había sinagogas en todas las ciudades principales, que era donde empezaban su labor los predicadores cristianos; y también quería decir que había grupos de hombres y mujeres por todo el mundo que ya conocían el Antiguo Testamento, y que habían hecho que algunos gentiles se interesaran por la fe de Israel. Veamos cómo se había producido esa dispersión.

Algunas veces, y así fue como empezó todo el proceso, los judíos fueron exiliados de su tierra y obligados a vivir en otros lugares. Hubo tres grandes deportaciones.

(i) La primera tuvo lugar cuando el Reino del Norte, con su capital en Samaria, fue conquistado por los asirios, y sus habitantes fueron llevados cautivos a Asiria *(2 Reyes 17:23; 1 Crónicas 5:26).* Esos eran las diez tribus perdidas, que no volvieron a Palestina. Los judíos creían que, al final de todas las cosas, todos los judíos se reunirían en Jerusalén; pero creían que, hasta que llegara el fin del mundo, esas diez tribus no volverían. Fundaban esa creencia en una interpretación bastante fantástica de un texto del Antiguo Testamento. Los rabinos lo argüían de la siguiente manera: «Las diez tribus no volverán nunca, porque se dice de ellas: "Los arrojó a otra tierra, como hoy se ve" *(Deuteronomio 29:28).* Como "hoy" acaba y nunca vuelve, así ellos partieron y nunca volverán. Como "hoy" se oscurece y vuelve a amanecer otra vez, así también el día amanecerá para que vuelvan las diez tribus que ahora están en las tinieblas.»

(ii) La segunda gran deportación fue alrededor del año 580 a.C., después que los babilonios conquistaron el Reino del Sur, cuya capital era Jerusalén, y llevaron cautivos a Babilonia a los mejores del pueblo *(2 Reyes 24:14-16; Salmo 137)*. Aquellos judíos se comportaron en Babilonia de una manera muy diferente: se resistieron a ser asimilados y perder su identidad. Se dice que estaban principalmente en las ciudades de Nahardea y de Nisibis. Fue precisamente en Babilonia donde floreció el enciclopedismo judío y se produjo el *Talmud Bablí* o babilonio, exposición masiva de la ley judía en sesenta inmensos volúmenes. Cuando Josefo escribió su *Guerras de los judíos,* la primera edición no fue en griego sino en arameo, e iba dirigida a los judíos intelectuales de Babilonia. Él nos dice que los judíos alcanzaron tal poder allí que en un tiempo la provincia de Mesopotamia estaba gobernada por ellos. Sus dos gobernadores judíos fueron Asideo y Anileo; y al morir Anileo se dijo que fueron masacrados no menos de 50,000 judíos.

(iii) La tercera deportación tuvo lugar mucho más tarde. Cuando Pompeyo derrotó a los judíos y tomó Jerusalén en 63 a.C., se llevó esclavos a Roma a muchos judíos. Su adhesión rígida a su propia ley ceremonial y su inflexible cumplimiento de la ley del sábado hacían que fueran difíciles hasta como esclavos, por lo que fueron manumitidos. Se asentaron en una especie de barrio propio a la otra orilla del Tíber. Al poco tiempo se los vio florecer por toda la ciudad. Dión Casio dice de ellos: «Fueron oprimidos con frecuencia, pero a pesar de todo se multiplicaron hasta tal punto que consiguieron hasta que se les respetaran sus costumbres.» Julio César fue su gran protector, y leemos que se pasaron toda la noche de duelo junto a su ataúd. También leemos que estaban presentes en gran número cuando Cicerón estaba defendiendo a Flaco. En el año 19 d.C., toda la comunidad judía fue desterrada de Roma al ser acusada de haberle robado a una prosélita rica pretendiendo que el dinero era para el templo, y en aquella ocasión fueron llamados a filas para luchar contra los bandidos de Cerdeña; mas pronto regresaron. Cuando los judíos de Palestina enviaron su diputación a Roma para quejarse del gobierno de Arquelao, leemos que se les unieron 8,000 judíos que residían en la ciudad. La literatura latina está llena de referencias sarcásticas contra los judíos, porque el antisemitismo no es nada nuevo; y el mismo número de referencias es prueba del papel que representaban en la vida de la ciudad.

Las deportaciones llevaron millares de judíos a Babilonia y a Roma; pero aún fueron muchos más los que se marcharon de Palestina por su propia voluntad, en busca de tierras más cómodas y productivas. Dos países en particular recibieron a miles de judíos. Palestina estaba como en un bocadillo entre dos grandes poderes: Siria y Egipto; y estaba en peligro, por tanto, de convertirse en campo de batalla. Por esa razón, muchos judíos se fueron, ya a Siria, ya a Egipto.

En tiempos de Nabucodonosor hubo un éxodo voluntario de muchos judíos a Egipto *(2 Reyes 25:26)*. Allá para el año 650 a.C., el rey Samético se decía que tenía mercenarios judíos en sus ejércitos. Cuando Alejandro Magno fundó Alejandría, se ofrecieron privilegios especiales a los que se instalaran allí, y llegaron gran número de judíos. Alejandría se dividía en cinco distritos administrativos, y dos de ellos estaban habitados por judíos, que sumaban en esa sola ciudad más de un millón. Los asentamientos judíos en Egipto llegaron a tal punto que, hacia el año 50 a.C., se construyó una réplica del templo de Jerusalén en Leontópolis para los judíos egipcios.

Muchos judíos se trasladaron también a Siria. La concentración más importante fue en Antioquía, donde se predicó el Evangelio por primera vez a los gentiles, y los seguidores de Jesús recibieron el mote de *cristianos*. En Damasco leemos que masacraron a 10,000 judíos en una ocasión.

Así que Egipto y Siria tenían numerosas poblaciones judías. Pero otros se instalaron más lejos. En Cirene, al Norte de África, leemos que la población estaba dividida entre ciudadanos, agricultores, residentes extranjeros y judíos. Mommsen, el historiador de Roma, escribe: «Los habitantes de Palestina no eran más que una parte, y no la más importante, de los judíos; las comunidades judías de Babilonia, Siria, Asia Menor y Egipto eran muy superiores a la de Palestina.» La mención de Asia Menor nos conduce a otra esfera en la que los judíos eran numerosos. Cuando se desmembró el imperio de Alejandro Magno a su muerte, Egipto correspondió a los Tolomeos, y Siria y los territorios adyacentes a Seleuco y sus sucesores los seléucidas. Estos tenían dos características principales. Seguían una política deliberada de fusión de poblaciones con vistas a ganar seguridad y acabar con los nacionalismos. Y también eran inveterados fundadores de ciudades. En estas ciudades se necesitaban residentes, lo que hacía que se ofrecieran atractivos y privilegios especiales a los candidatos. Los judíos aceptaron a millares la nacionalidad de estas ciudades. Por toda Asia Menor, en las grandes ciudades de la costa del Mediterráneo y en los grandes centros comerciales, los judíos eran numerosos y prósperos. Hasta había trasplantes obligatorios: Antíoco el Grande se llevó a 2,000 familias judías de Babilonia y las reasentó en Lidia y en Frigia. De hecho, la salida de Palestina tomó tales proporciones que los judíos palestinos se quejaban de sus hermanos que abandonaban las austeridades de Palestina para disfrutar de los baños y de las fiestas de Asia y de Frigia; y Aristóteles nos cuenta que se encontró a un judío en Asia Menor que era «griego, no sólo en la lengua, sino también en el alma.»

Está claro que había judíos en todas las partes del mundo. El geógrafo griego Estrabón escribe: «Cuesta trabajo encontrar un lugar en todo el ancho mundo que no esté ocupado y dominado por judíos.» Y el historiador judío Josefo escribe: «No hay ciudad, ni tribu, ya sean griegas o bárbaras, en la que no hayan arraigado la ley y las costumbres judías.» Los *Oráculos sibilinos,* escritos hacia el año 140 a.C., dicen que todas las tierras y todos los mares están llenos de judíos. Hay una carta que se supone que le mandó Agripa a Calígula, que cita Josefo, en la que se dice que Jerusalén no es sólo la capital de Judea, sino de la mayor parte de los países, por las colonias que ha instalado en ocasiones propicias en los países cercanos de Egipto, Fenicia, Siria, Celesiria, y en los más remotos de Panfilia y Cilicia, en la mayor parte de Asia hasta llegar a Bitinia y el Ponto; también en Europa: Tesalia, Boecia, Macedonia, Etolia, Ática, Argos, Corinto y en las mejores partes del Peloponeso. Y no sólo estaba lleno de asentamientos judíos el continente, sino también las islas más importantes: Eubea, Chipre, Creta... y no digamos las tierras más allá del Éufrates, en todas las cuales había habitantes judíos.

La Diáspora judía era coextensiva con el mundo; y fue el factor más importante para la extensión del Cristianismo.

LOS DESTINATARIOS DE LA CARTA

Santiago 1:1 (conclusión)

Santiago escribe a *las doce tribus de la Diáspora.* ¿A quiénes tiene en mente al escribir? *Las doce tribus de la Diáspora* podría querer decir cualquiera de las tres cosas siguientes.

(i) Podría representar a todos los judíos de fuera de Palestina. Ya hemos visto que suponían millones. Había de hecho muchos más judíos por toda Siria y Egipto y Grecia y Roma y Asia Menor y todas las tierras del Mediterráneo y más allá de Babilonia, que en Palestina. En las condiciones del mundo antiguo sería totalmente imposible mandar un mensaje a una circunscripción tan extensa y desparramada.

(ii) Podría querer decir los judíos cristianos fuera de Palestina. En este caso incluiría probablemente a los judíos en los países alrededor de Palestina, tal vez particularmente los de Siria y Babilonia. No cabe duda de que si alguno hubiera de escribir una carta a esos judíos sería Santiago, porque era el líder reconocido de la cristiandad judía.

(iii) La frase podría tener un tercer significado. Para los cristianos, la Iglesia Cristiana era el Nuevo Israel. Al final de *Gálatas* Pablo manda su bendición al *Israel de Dios (Gálatas 6:16).* La nación de Israel había sido el pueblo escogido especialmente por Dios; pero se habían negado a aceptar su lugar, su responsabilidad y su tarea. Cuando vino el Hijo de Dios, Le rechazaron. Por tanto, todos los privilegios que les habían correspondido pasaron a la Iglesia Cristiana, que es el nuevo pueblo de Dios. Pablo *(Romanos 9:7s)* había desarrollado esta idea hasta sus últimas consecuencias. Era su convicción que los verdaderos descendientes de Abraham no eran los que podían remontar su ascendencia física hasta él, sino los que habían emprendido la misma aventura de fe que emprendió Abraham. El verdadero Israel se componía, no de ninguna nación o raza en particular, sino de los que habían aceptado a Jesucristo por la fe. Así pues, esta frase podría muy bien querer decir *la Iglesia Cristiana en general.*

Podemos escoger entre el segundo y el tercer significado, cada uno de los cuales hace perfecto sentido. Santiago puede que escribiera a los judíos cristianos esparcidos por las naciones circundantes; o al nuevo Israel, la Iglesia Cristiana.

PROBADOS Y APROBADOS

Santiago 1:2-4

> *Hermanos míos: considerad un gran privilegio siempre que os veáis involucrados en toda clase de pruebas; porque sabéis muy bien que la prueba de vuestra fe produce una constancia a toda prueba. Y dejad que esa constancia alcance su plenitud haciéndoos perfectos y completos y en nada insuficientes.*

Santiago no sugería nunca a sus lectores que el Cristianismo sería para ellos un camino fácil. Les advierte que se verán envueltos en lo que la antigua versión Reina-Valera llamaba *diversas tentaciones.* La palabra que se traducía por *tentaciones* es *peirasmós,* cuyo sentido hemos de entender bien para comprender la esencia misma de la vida cristiana.

Peirasmós no es *tentación* en el sentido que le damos a este término, sino *prueba* (como corrigen las revisiones posteriores). *Peirasmós* es una prueba que se hace con un fin, que no es sino que el que es sometido a la prueba surja de ella más fuerte y más puro. El verbo correspondiente, *peirázein*, que la versión antigua solía traducir por *tentar*, tiene el mismo sentido. La idea no es la de la seducir al pecado, sino la de fortalecer y purificar. Por ejemplo: se dice que un ave joven *prueba (peirázein)* las alas; o que la Reina de Seba vino a probar *(peirázein)* la sabiduría de Salomón. Se dice que Dios probó *(peirázein)* a Abraham, cuando pareció exigirle el sacrificio de Isaac *(Génesis 22:1)*. Cuando Israel entró en la Tierra Prometida, Dios no quitó del todo a los que la habían habitado antes. Los dejó para poner a prueba a Israel *(peirázein)* en su lucha contra ellos *(Jueces 2:22; 3:1,4)*. Las experiencias de Israel eran pruebas que contribuían a formar al pueblo de Dios *(Deuteronomio 4:34; 7:19)*.

Aquí tenemos un gran pensamiento alentador. Hort escribe: «El cristiano debe esperar que las pruebas le metan a empellones en la vida cristiana.» Se nos presentarán todas las experiencias imaginables. Habrá la prueba del dolor y de las desilusiones que tratarán de quitarnos la fe. Vendrá también la prueba de las seducciones que tratarán de inducirnos a dejar el buen camino. Estarán las pruebas de los peligros, los sacrificios, la impopularidad que supone muchas veces el camino cristiano. Pero nada de eso nos viene para hundirnos, sino para remontarnos. No pretenden vencernos, sino que las venzamos; ni debilitarnos, sino fortalecernos. La vida cristiana es como la de un atleta: cuanto más duro el entrenamiento, más animado está, porque sabe que así estará dispuesto para realizar un esfuerzo que le conduzca a la victoria. Como decía Browning, debemos «acoger con alegría cualquier revés que hace más áspero el camino suave;» porque si cuesta es porque vamos cuesta arriba, hacia la cima.

EL RESULTADO DE LA PRUEBA

Santiago 1:2-4 (conclusión)

Santiago describe el proceso de la prueba con la palabra *dokímion*. Es una palabra interesante. Es la palabra que se usa para *la moneda de curso legal,* genuina y sin aleaciones. La finalidad de la prueba es purificarnos de toda impureza.

Si nos enfrentamos con la prueba con la actitud debida, producirá en nosotros *una constancia (o firmeza) a toda prueba*. La palabra es *hypomonê,* que la Reina-Valera traduce (siguiendo, como tantas, a la Vulgata) por *paciencia;* pero la paciencia es demasiado pasiva. *Hypomonê* no es simplemente la actitud de soportar las cosas, sino la habilidad de transformarlas en grandeza y en gloria. Lo que alucinaba a los paganos en los siglos de la persecución era que los mártires no morían lúgubremente, ¡sino cantando! Uno sonreía en las llamas; le preguntaron a qué estaba sonriendo y contestó: «Veía la gloria de Dios, y me sentía feliz.» *Hypomonê* es la cualidad que hace capaz a una persona, no sólo de sufrir la adversidad, sino de conquistarla y vencerla. El resultado de la prueba soportada con la debida actitud es la fuerza para soportar aún más y conquistar en batallas todavía más duras.

Esta constancia a toda prueba consigue hacer a una persona tres cosas.

(i) La hace *perfecta*. En griego es *téleios,* y tiene generalmente el sentido de *perfección para un fin determinado*. Un animal para el sacrificio era *téleios* si era idóneo para ofrecerlo a Dios. Un estudiante era *téleios* ni estaba formado. Una persona era *téleios* si había llegado a su pleno desarrollo. Esta constancia que nace de la prueba debidamente aceptada hace a una persona *téleios* en el sentido de hacerla idónea y capaz para realizar la tarea para la que vino al mundo. Aquí tenemos una gran idea. Por la forma en que nos enfrentamos con las experiencias de la vida, nos estamos capacitando o incapacitando para la labor que Dios quiere que realicemos.

(ii) La hace *completa.* Es griego, *holóklêros,* que quiere decir *íntegra, perfecta en todas sus partes.* Se usa del animal que es idóneo para ofrecérselo a Dios en sacrificio, y del sacerdote que es apto para el ministerio. Quiere decir que el animal o la persona no tiene ningún defecto que le desfigure o descalifique. Gradualmente, esta constancia a toda prueba desplaza las debilidades y las imperfecciones del carácter de una persona; la capacita diariamente a conquistar antiguos pecados, a desembarazarse de viejas vergüenzas y a obtener nuevas virtudes; hasta que, al fin, llega a ser perfectamente idónea para el servicio de Dios y de la humanidad.

(iii) Hace que sea *en nada insuficiente.* En griego, *leípesthai,* que se usa de la derrota de un ejército, de la rendición en una contienda, del fracaso en alcanzar el nivel que se establece. Si una persona se enfrenta con la prueba con la debida actitud, si desarrolla de día en día esta constancia a toda prueba, vivirá de día en día más victoriosamente y llegará más cerca del nivel del mismo Jesucristo.

LO QUE LA PERSONA PIDE Y DIOS DA

Santiago 1:5-8

> *Si cualquiera de vosotros saca insuficiente en sabi-duría, que se la pida a Dios —Que da generosamente a todo el mundo sin humillar a nadie—, y se le dará. Que la pida con fe, sin albergar dudas en su mente; porque el que se debate entre dudas es como el oleaje del mar, impulsado por el viento de acá para allá. Que no se crea esa persona que va a recibir nada del Señor, una persona de mentalidad dividida, inconstante en todo lo que emprende.*

Hay una íntima relación entre este pasaje y el anterior. Santiago acaba de decirles a sus lectores que, si usan todas las experiencias que son pruebas en la vida de una manera debida, saldrán de ellas con la constancia a toda prueba que es la base de todas las virtudes. Pero, inmediatamente, surge la pregunta: «¿Dónde puedo yo encontrar la sabiduría y la inteligencia que necesito para usar estas experiencias probatorias de la manera debida?» La respuesta de Santiago es: «Si uno se da cuenta de que no tiene la sabiduría necesaria para usar debidamente las experiencias de la vida —y no hay nadie que la posea por sí mismo—, que se la pida a Dios.»

Hay algo que sobresale aquí. Para Santiago, el maestro cristiano con un trasfondo judío, la sabiduría es una cosa práctica. No es la especulación filosófica o el conocimiento intelectual; su esfera son las cosas de la vida. Los estoicos definían la sabiduría como «el conocimiento de lo humano y lo divino.» Pero Ropes define esta sabiduría cristiana como «la cualidad suprema y divina del alma que le permite a la persona conocer y practicar la integridad.» Hort la define como «ese talento del corazón y de la mente que se necesita para vivir como Dios manda.» En la sabiduría cristiana hay, desde luego, un conocimiento de las cosas profundas de Dios; pero es esencialmente práctico. Es un conocimiento tal que pasa a la acción en las decisiones y relaciones personales de la vida cotidiana. Cuando una persona Le pide a Dios esta sabiduría, debe tener presentes dos cosas.

(i) Debe recordar *cómo da Dios:* da generosamente y sin humillar a nadie. «Toda sabiduría —decía Jesús ben Sirá— viene del Señor y está con Él para siempre» *(Eclesiástico 1:1).* Pero los sabios judíos se daban perfecta cuenta de que el mejor regalo del mundo se puede echar a perder por la forma de darlo. Tenían mucho que decir acerca de la manera de dar que tienen los tontos. «Hijo mío, no estropees tus buenas obras, ni uses palabras impertinentes cuando das algo... Fíjate: ¿No es una palabra mejor que un regalo? Pero las dos cosas se encuentran en un hombre generoso. Un idiota reprende groseramente, y el regalo del envidioso consume los ojos» (=«produce lágrimas») *(Eclesiástico 18:15-18; cp. 20:14s).* El mismo escritor advierte contra «las reprimendas ante los amigos» *(Eclesiástico 41:22)*. Hay una clase de dar que se practica con la intención de obtener más de lo que se da. El que no da nada más que para satisfacer su propia vanidad y su complejo de superioridad, colocando al que recibe bajo una obligación que no podrá olvidar jamás; el que da, y luego no deja de echar en cara lo que ha dado.

Pero Dios da con generosidad. Filemón, el poeta griego, llamaba a Dios «el Que ama los regalos,» no en el sentido de que Le guste recibir regalos, sino de que Le encanta darlos. Y Dios no echa luego en cara nada de lo que da. Da con todo el esplendor de Su amor, porque Le es absolutamente natural el dar.

(ii) Debe recordar *cómo debe pedir el necesitado.* Debe pedir sin dudas. Debe estar seguro, tanto de que Dios puede, como de que tiene voluntad de dar. Si lo pide con dudas, su mente está como el oleaje, a merced del viento que lo impulsa de un lado para otro. Mayor dice que es como un corcho arrastrado por las olas, ahora cerca de la playa, luego cada vez más lejos. Tal persona es inestable en todas sus actuaciones. Hort sugiere que se trata de la imagen de uno que va borracho, dando traspiés de un lado a otro de la calle y sin que se pueda saber adónde va. Santiago dice claramente que tal persona es *dípsyjos,* que quiere decir literalmente que tiene dos almas, o dos mentes, en su interior: una cree, y la otra no cree; y es como una guerra civil en persona, porque la confianza y la desconfianza en Dios están librando una batalla continua la una contra la otra.

Si vamos a usar las experiencias de la vida como es debido para obtener un carácter íntegro, tenemos que pedirle a Dios sabiduría. Y cuando Se la pidamos, debemos tener presente la generosidad absoluta que Le caracteriza, y estar seguros de que pedimos creyendo que vamos a recibir lo que Dios sabe que es bueno y conveniente que tengamos.

SEGÚN LA NECESIDAD DE CADA CUAL

Santiago 1:9-11

*Que el hermano sencillo esté orgulloso de su digni-
dad; y el hermano rico, de su insignificancia —porque
se pasará como la florecilla del campo. Amanece el día
con viento solano, y se seca la hierba, y su flor se
marchita, y toda su hermosura queda en nada. Así se
ajará el rico con todas sus empresas.*

Según lo vio Santiago, el Evangelio le trae a cada uno lo
que necesita. Como decía Mayor: «Como el pobre desprecia-
do aprende a respetarse a sí mismo, así el orgulloso rico a
despreciarse.»

El Evangelio le trae al pobre un nuevo sentido de su propia
valía. (*a*) Aprende que él importa *en la iglesia.* En la Iglesia
Primitiva no había diferencia de clases. Podía suceder que un
esclavo fuera el pastor de la congregación, el que predicaba y
administraba los sacramentos, mientras que su amo no era más
que un simple miembro. En la Iglesia se borran las dignida-
des sociales del mundo, y ninguno importa más que otro.
(*b*) Aprende que él importa *en el mundo.* El Evangelio enseña
que todas las personas tienen una tarea que realizar en el
mundo. Cada uno Le es útil a Dios; y aunque esté confinado
en el lecho del dolor, el poder de su oración puede seguir
actuando en el mundo de la gente. (*c*) Aprende que Le importa
a Dios. Como dijo Mureto tiempo ha: «No llaméis indigno a
ninguno por quien Cristo murió.»

(ii) El Evangelio le trae al rico un sentido nuevo de
autodesprecio. El gran peligro de la riqueza es que tiende a
darle a la persona un falso sentido de seguridad. Se siente
segura; se cree que tiene los recursos para enfrentarse con todo
y para redimirse de cualquier situación adversa.

Santiago traza un cuadro pictórico que sería muy familiar
en Palestina. En los descampados, si hay un chubasco alguna

vez, brotan las delgadas hojas de la hierba verde; pero el ardor del sol la agosta en un solo día como si no hubiera existido. El viento solano es el *kausôn*, el viento abrasador del Sudeste, el simún. Venía derecho del desierto y se lanzaba sobre Palestina como la bocanada que sale de un horno ardiendo cuando se abre la compuerta. En una hora quemaba la vegetación como si fuera papel de fumar.

Esa es la descripción de lo que sucede con una vida que depende de la riqueza. El que pone su confianza en la riqueza confía en algo que le pueden arrebatar los azares y avatares de la vida en cualquier momento. La misma vida es incierta. Detrás de las palabras de Santiago se encuentra la expresión poética de Isaías: «Toda criatura es hierba, y toda su gloria como la flor del campo. La hierba se seca y la flor se marchita cuando el aliento del Señor sopla sobre ella; la gente no es más que hierba» *(Isaías 40:6s; cp. Salmo 103:15).*

El mensaje de Santiago es que, si la vida es tan insegura y el hombre tan vulnerable, las calamidades y los desastres se nos pueden echar encima en cualquier momento. En ese caso, es estúpido poner toda nuestra confianza en cosas, como la riqueza, que se pueden perder en cualquier momento. El sabio es el que pone su confianza en lo que no se puede perder.

Así que Santiago exhorta al rico a que deje de confiar en lo que puede atesorar por su propio esfuerzo, a que reconozca su humana indefensión y ponga su confianza humildemente en Dios, Que es el único que no cambia y es para siempre.

LA CORONA DE LA VIDA

Santiago 1:12

> *¡Feliz el que se enfrenta con la prueba con firme constancia! Porque, cuando haya dado muestra de su auténtica valía, recibirá la corona de la vida que Dios ha prometido a los que Le aman.*

El que se enfrenta con la prueba como es debido tiene la felicidad aquí y en el más allá.

(i) En esta vida da muestra de su auténtica valía. Es *dókimos;* el metal auténtico sin mezcla de impurezas. Se ha templado su carácter, y surge de la prueba fuerte y puro.

(ii) En la vida venidera recibe *la corona de la vida.* Aquí se esconde más de lo que se ve. En el mundo antiguo, la corona *(stéfanos)* tenía por lo menos cuatro grandes asociaciones.

(*a*) La corona de flores se usaba en los días alegres, en las bodas y en las fiestas (cp. *Isaías 28:1s; Cantares 3:11).*

(*b*) La corona era el signo de la realeza, y la usaban los reyes. Algunas veces era de oro, y otras consistía en una banda de lino alrededor de la frente *(Salmo 21:3; Jeremías 13:18).*

(*c*) La corona de laurel era el premio del vencedor en los juegos, el más codiciado por los atletas (cp. *2 Timoteo 4:8).*

(*d*) La corona era un emblema de honor y dignidad. La instrucción de los padres puede reportar una corona de gracia a los que la cumplen *(Proverbios 1:9);* la sabiduría proporciona una corona de gloria *(Proverbios 4:9).*

No tenemos que escoger entre esos sentidos; todos están incluidos. El cristiano tiene una *felicidad* que no tiene nadie más. La vida es para él como un estar siempre de fiesta. Participa de una *realeza* que nadie más conoce; porque, aunque sea humilde en la Tierra, es hijo de Dios. Tiene una *victoria* que otros no pueden ganar, porque se enfrenta con la vida y todas sus demandas con el poder conquistador de la presencia de Jesucristo. Tiene una nueva *dignidad,* porque se da cuenta de que Dios le valoró al precio de sangre de Jesucristo.

¿Qué es la corona? *La corona de la vida.* Y esa frase quiere decir *la corona que consiste en la vida.* La corona del cristiano es una nueva clase de vida que es la vida verdadera; mediante Jesucristo ha entrado en una vida más abundante.

Santiago dice que si el cristiano se enfrenta con las pruebas de la vida con la firme constancia que Cristo da, la vida se le convierte en algo infinitamente más espléndido que antes. La lucha es el camino a la gloria, y la misma lucha es ya gloria.

ECHARLE LAS CULPAS A DIOS

Santiago 1:13-15

> *Que nadie diga cuando es tentado: «¡Esta tentación es cosa de Dios!» Porque a Dios no Le puede tentar el mal, ni Él tienta a nadie. La tentación ataca a las personas cuando sus propios deseos les tienden la trampa y las seducen; luego el deseo concibe y da a luz el pecado, y cuando el pecado ha llegado a su pleno desarrollo genera la muerte.*

Tras este pasaje se encuentra una idea judía a la que somos propensos todos en cierta medida. Santiago está corrigiendo aquí a los que Le echan las culpas de la tentación a Dios.

La teología hebrea se debatía ante la división interior que se da en todas las personas. Era el problema que acechaba a Pablo: «Me encanta la Ley de Dios en lo más íntimo de mi ser, pero descubro otra ley en mis miembros que le hace la guerra a la ley de mi mente y que me lleva cautivo a la ley del pecado que habita en mis miembros» *(Romanos 7:22s).* Hay dos fuerzas que tiran de la persona en sentidos opuestos. Simplemente como una interpretación de su experiencia personal, los judíos llegaron a la doctrina de las dos tendencias. Las llamaban *yétser ha-tôb* y *yétser ha-rá, la tendencia al bien* y *la tendencia al mal.* Era una manera de plantear el problema, pero no de resolverlo. En particular, no decía de dónde procedía la tendencia al mal; así es que el pensamiento judío se propuso explicarlo.

El autor del *Eclesiástico* estaba profundamente impresionado con la confusión que crea la tendencia al mal. «¡Oh, *Yétser ha-Rá!,* ¿por qué se te permitió llenar la Tierra con tus engaños?» *(Eclesiástico 37:3).* Según su punto de vista, la tendencia al mal venía de Satanás, y la defensa del hombre era su propia razón. «Dios hizo al hombre en el principio, y le entregó en manos del que le hizo su presa. Le dejó en poder de su albedrío.

Si es tu voluntad, observarás los mandamientos, y la fidelidad depende de lo que tú quieras» *(Eclesiástico 15:14s)*.

Había autores judíos que remontaban esta tendencia al mal al Jardín del Edén. En el libro apócrifo *Vida de Adán y Eva* se cuenta así la historia: Satanás tomó la forma de un ángel y, hablando por medio de la serpiente, puso en Eva el deseo del fruto prohibido y la hizo jurar que también le daría el fruto a Adán. «Cuando me hizo jurarlo —decía Eva— se subió al árbol. Pero en el fruto que me dio a comer *puso el veneno de su malicia,* es decir, de su concupiscencia. Porque la concupiscencia es el principio de todo pecado. E inclinó la rama hacia la tierra, y yo tomé el fruto y lo comí.» Aquí fue el mismo Satanás el que consiguió introducir la tendencia al mal en el hombre, que se identifica con la concupiscencia de la carne. Un desarrollo posterior de la historia fue que el principio de todo pecado fue el deseo que Satanás tenía de Eva.

El Libro de Enoc tiene dos teorías. Una es que los ángeles caídos fueron los responsables del pecado (85). La otra, que el responsable fue el mismo hombre. «El pecado no se envió a la Tierra, sino que el mismo hombre lo creó» (98:4).

Pero todas esas teorías simplemente empujan el problema otro paso más atrás. Satanás puede que pusiera la tendencia al mal en la persona humana; o lo hicieron los ángeles caídos; o puede haber sido el mismo ser humano el que se lo introdujo. Pero, ¿de dónde procede *en última instancia?*

Para resolver este problema, algunos rabinos dieron un paso atrevido y peligroso. Arguyeron que, como Dios había creado todas las cosas, tiene que haber creado también la tendencia al mal. De ahí los dichos rabínicos «Dios dijo: «Me arrepiento de haber creado la tendencia al mal en el hombre; porque, si no lo hubiera hecho, no se habría rebelado contra Mí. Yo creé la tendencia al mal, creé la Ley como un remedio. Si te ocupas de la Ley, no caerás en su poder. Dios colocó la tendencia al bien en la mano derecha del hombre, y la tendencia al mal en su izquierda.» El peligro es obvio. Quiere decir que en último análisis el hombre puede echarle las culpas a Dios por su propio pecado. Puede decir, como dijo Pablo: «Ya no soy yo el que lo hace, sino el pecado que habita en mí» *(Romanos 7:15-24)*. De todas las doctrinas extrañas, la más extraña es la que hace a Dios responsable del pecado en última instancia.

LA EVASIÓN DE LA RESPONSABILIDAD

Santiago 1:13-15 (conclusión)

Desde el principio del tiempo, el instinto del hombre ha sido echarle las culpas de su pecado a otro. El antiguo autor que escribió la historia del primer pecado en el Jardín del Edén era un psicólogo estupendo con un conocimiento profundo del corazón humano. Cuando Dios enfrentó a Adán con su primer pecado, la respuesta de Adán fue: «La mujer que me diste para que estuviera conmigo me dio del árbol, y por eso lo comí.» Y cuando Dios enfrentó a la mujer con su acción, Le contestó: «Fue la serpiente la que me engañó para que comiera.» Adán dijo: «Yo no tengo la culpa. Fue Eva.» Y Eva dijo: «Yo no tengo la culpa. Fue la serpiente» *(Génesis 3:12s)*.

Los humanos siempre hemos sido expertos en el arte de la evasión. Les echamos las culpas a las circunstancias, a los demás, hasta a nuestro propio temperamento, por el pecado del que somos culpables.

Santiago reprende firmemente ese punto de vista. Para él, lo único que es responsable del pecado son los malos deseos de cada uno. El pecado sería inoperante si no hubiera nada en la persona a lo que apelara. El deseo es siempre algo que se puede alentar o rechazar. Se puede controlar y hasta, por la gracia de Dios, eliminar, si no se deja para mañana. Pero si dejamos que los pensamientos se nos vayan por ciertos senderos, y los pasos nos lleven a ciertos lugares, y los ojos se fijen en ciertas cosas... fomentamos el deseo. Uno siempre puede entregarse a Cristo y ocuparse de cosas buenas tan totalmente que no le quede ni tiempo ni sitio para los malos pensamientos. Es para los desocupados para los que Satanás encuentra faenas que hacer. Son la mente indisciplinada y el corazón no comprometido los que son vulnerables. Si se alienta el deseo suficientemente, seguro que traerá consecuencias. *El deseo engendra la acción.*

Además, la enseñanza judía decía que el pecado produce la muerte. *La vida de Adán y Eva* cuenta que, en cuanto Eva comió el fruto, percibió un atisbo de la muerte. La palabra que usa Santiago en el versículo 15, y que la versión Reina-Valera traduce *engendra* (1909) o *da a luz la muerte* (1960) es la palabra que se usa con los animales cuando *desovan* o *paren.* Dominado por el deseo, el hombre se rebaja al nivel de la creación irracional.

El gran valor de este pasaje está en que atribuye al hombre su verdadera responsabilidad por el pecado. Ninguno nacemos libres de deseos por cosas prohibidas; y, si animamos y alimentamos esos deseos hasta que llegan a ser grandes y monstruosamente fuertes, desembocarán inevitablemente en acciones que son pecado —y ese es el camino que conduce a la muerte. Esta idea —y toda la experiencia humana admite que es verdad— debe lanzarnos a los brazos de la gracia de Dios, que es lo único que nos puede hacer y mantener limpios, y que está al alcance de todos.

LA CONSTANCIA DE DIOS EN EL BIEN

Santiago 1:16-18

> *Queridos hermanos, no os engañéis: todos los dones buenos y los beneficios perfectos nos bajan del Padre de las luces, en Quien no hay la mutabilidad que procede de las sombras fugaces. De acuerdo con Su plan nos ha dado la vida por medio de la Palabra de la verdad para que llegáramos a ser, como si dijéramos, las primicias de las cosas creadas.*

Una vez más Santiago hace hincapié en la gran verdad de que todos los dones que Dios envía son buenos. El versículo 17 podría traducirse: «Todo dar es bueno.» Es decir, que no hay nada que venga de Dios que no sea bueno.

La frase que hemos traducido por «todos los dones buenos y los beneficios perfectos» es, de hecho, un perfecto verso exámetro en poesía. O Santiago tenía un sentido extraordinario del ritmo poético, o está citando aquí no sabemos de dónde.

En lo que está insistiendo es en la inmutabilidad de Dios. Para ello hace uso de dos términos de astronomía. La palabra que usa para *mutabilidad* es *paral.laguê,* y la palabra para *las sombras fugaces* es *tropê.* Las dos palabras expresan los cambios de los cuerpos celestes, las variaciones en la duración del día y de la noche, en el recorrido del Sol, las fases de la Luna, las diferencias de brillo de las estrellas y los planetas en diferentes épocas. La variabilidad es una característica de todas las cosas creadas. Dios es el Creador de las lumbreras celestes. La oración judía de la mañana dice: «Bendito sea el Señor Dios, que ha hecho las lumbreras.» Estas cambian, pero el Que las ha hecho no.

El propósito de Dios es la manifestación de Su gracia. *La Palabra de la verdad* es el Evangelio; y el propósito de Dios al enviarlo es que el hombre nazca de nuevo a una nueva vida. Las sombras desaparecen cuando la Palabra de verdad aparece.

Ese nuevo nacimiento nos introduce en la familia y propiedad de Dios. En el Antiguo Testamento era ley el que todos los primeros frutos eran consagrados a Dios. Se Le ofrecían a Dios en un culto de acción de gracias, porque Le pertenecían. Así que, cuando nacemos de nuevo por la Palabra verdadera del Evangelio, pasamos a ser propiedad de Dios, como se hacía con los primeros frutos de la cosecha.

Santiago insiste en que, lejos de tentar al hombre, los dones de Dios son invariablemente buenos. En todos los azares y avatares de un mundo cambiante, nunca cambian. Y el fin supremo de Dios es re-crear la vida mediante la verdad del Evangelio para que la humanidad sepa que Le pertenece a Él.

CUÁNDO SER RÁPIDOS O LENTOS

Santiago 1:19-20

Todo esto ya lo sabíais, queridos hermanos. Que cada cual esté siempre dispuesto para oír, pero se lo piense cuando debe hablar y no se precipite cuando esté indignado; porque la ira del hombre no produce la justicia que quiere Dios.

Ha habido pocos sabios que no se hayan dado cuenta de los peligros que entraña el estar demasiado dispuestos para hablar y demasiado poco para escuchar. Se podría trazar una lista interesante de cosas en las que es mejor ser rápido y de cosas es las que es mejor ser lento. En *Los dichos de los padres* de la *Mishná* leemos: «Hay cuatro clases de discípulos: los rápidos para escuchar y rápidos para olvidar (lo que ganan por un lado lo pierden por otro); lentos para escuchar y lentos para olvidar (compensan lo que pierden con lo que ganan); rápidos para escuchar y lentos para olvidar (esos son los sabios), y lentos para escuchar y rápidos para olvidar (no valen para nada).» Ovidio recomendaba a los hombres que fueran lentos para castigar, pero rápidos para premiar. Filón aconsejaba a un hombre que fuera rápido para beneficiar a los demás, y lento para hacerles ningún daño.

En particular, a los sabios les impresionaba la necesidad de ser lentos para hablar. Rabí Simeón decía: «Todos mis días he crecido entre los sabios, y no he encontrado nada tan bueno para un hombre como el silencio... El que multiplica las palabras da ocasión al pecado.» Jesús ben Sirá escribe: «Sé rápido para escuchar la palabra para poder entender... Si tienes entendimiento, responde a tu vecino; si no, tápate la boca con la mano, no sea que se te sorprenda en una palabra impertinente y quedes mal» *(Eclesiástico 5:11s). Proverbios* está lleno de los peligros de precipitarse a hablar. «Cuando se multiplican las palabras, no falta la transgresión; pero el prudente refrena sus labios» (10:19). «El que controla la boca conserva la vida; el que abre los labios más de la cuenta acaba en ruina» (13:3). «Hasta a un necio que guarda silencio se le toma por sabio» (17:28). «¿Te fijas en el que se precipita a hablar? Más se puede esperar de un tonto que de él» (29:20).

Hort dice que el que es bueno de veras está más deseoso de escuchar a Dios que de pregonar sus opiniones gárrula, estridente y arrogantemente. Los autores clásicos tenían la misma idea. Zenón decía: «Tenemos dos orejas, pero una sola boca para que aprendamos a oír más y hablar menos.» Cuando le preguntaron a Demonax cómo se podía gobernar mejor, contestó: «Sin ira, hablando poco y escuchando mucho.» Bías decía: «Si aborreces el hablar precipitadamente, no caerás en el error.» Una vez alabaron a un gran lingüista diciendo que podía guardar silencio en siete idiomas diferentes. Muchos de nosotros haríamos bien en hablar menos y escuchar más.

El consejo de Santiago es que también debemos ser *lentos para indignarnos*. Probablemente está saliendo al paso de algunos que dicen que a veces tienen que ponerse incandescentes de ira para reprender o denunciar el mal. Y hay mucho de verdad en eso, porque el mundo estaría peor todavía sin los que exponen y condenan los abusos y las tiranías del pecado. Pero demasiado a menudo se despotrica petulantemente y con una actitud intolerante y condenatoria.

El maestro tiene la tentación de enfadarse con los lentos y torpes, y todavía más con los perezosos. Pero, excepto en las más raras ocasiones, conseguirá mejores resultados animando que azotando, aunque sea sólo con la lengua. *El predicador* tendrá la tentación de enfurecerse. Pero «¡No eches la bronca!» es un buen consejo que se le puede dar siempre, porque perderá su autoridad siempre que deje de mostrar con sus gestos o sus palabras que ama a su gente. Cuando la ira en el púlpito da la impresión de disgusto o desprecio, no puede convertir las almas. *Los padres* tienen la tentación de ponerse furiosos; pero eso es más probable que produzca una actitud más testaruda de resistencia a dejarse controlar o dirigir. El acento del amor tiene siempre más poder que el de la ira; y cuando la ira se convierte en una constante irritación y en un disgusto petulante, hace más mal que bien.

El ser lentos para hablar, lentos para airarnos, prontos para escuchar, es siempre una buena táctica en la vida.

EL ESPÍRITU DÓCIL

Santiago 1:21

> *Así que despojaos de toda inmundicia y excrecencia de vicio, y recibid con gentileza la Palabra implantada que puede salvar vuestras almas.*

Santiago usa una serie de palabras y figuras gráficas.

Les dice a sus lectores que se despojen de todos los vicios e inmundicias. La palabra que usa para *despojarse* es la que se usa para *quitarse la ropa.* Exhorta a sus lectores a que se desembaracen de toda corrupción como el que se quita de encima una ropa asquerosa, o como la serpiente que se desembaraza de la piel vieja.

Las dos palabras que usa para *inmundicia* son gráficas. La que hemos traducido por *inmundicia* es *ryparía;* se puede referir a la suciedad que mancha la ropa y ensucia el cuerpo; pero tiene otra connotación muy interesante. Se deriva de *rypos;* y cuando *rypos* se usa en un contexto médico quiere decir el cerumen de los oídos. Es posible que tenga aquí ese sentido; y entonces sería que Santiago está diciendo a sus lectores que se limpien de todo lo que les cierre los oídos a la verdadera Palabra de Dios. Cuando se acumula la cera en los oídos puede dejarle a uno sordo; y los pecados pueden hacer que una persona sea insensible a la voz de Dios. Además, Santiago habla de la *excrecencia (perisseía)* del vicio. Piensa en el vicio como un crecimiento canceroso que hay que cortar para salvar la vida.

Les exhorta a recibir *la palabra implantada* con gentileza. La palabra para *implantada* es *émfytos,* que tiene dos significados principales.

(i) Puede querer decir *congénita* o *innata,* lo contrario de adquirida. Si Santiago la usaba en ese sentido estaba pensando lo mismo que Pablo cuando decía que los gentiles hacen las obras de la ley de una manera natural porque tienen una especie de ley en sus corazones *(Romanos 2:14s);* es la misma figura que encontramos en el Antiguo Testamento de la ley «muy cerca de ti, en tu boca y en tu corazón» *(Deuteronomio 30:14).* Es prácticamente lo mismo que nuestra palabra *conciencia.* Si es este el sentido aquí, Santiago está diciendo que hay un conocimiento instintivo del bien y del mal en el corazón humano cuya dirección deberíamos obedecer siempre.

(ii) Puede querer decir *implantada,* como la semilla que se planta en el suelo. En *4 Esdras 9:31* leemos que Dios dice: «Mirad: Yo planto Mi ley en vosotros, y seréis glorificados en ella para siempre.» Si Santiago está usando esta palabra en este sentido, la idea se remontaría a la Parábola del Sembrador *(Mateo 13:1-8),* que nos dice que la semilla de la Palabra se siembra en los corazones. Por medio de los profetas y de los predicadores, y sobre todo por medio de Jesucristo, Dios siembra Su verdad en los corazones, y los que son sabios la reciben y la aceptan.

Puede muy bien ser que no se requiera de nosotros que escojamos uno de los dos significados. Puede que Santiago implique que el conocimiento de la verdadera Palabra de Dios nos viene de *dos* fuentes: de lo profundo de nuestro ser, y del Espíritu de Dios y la enseñanza de Cristo y la predicación de los hombres. De dentro y de fuera de nosotros nos llegan las voces que nos indican el Camino; y los sabios las escuchan y obedecen.

Se ha de recibir la Palabra con *gentileza. Gentileza* es un intento de traducir la palabra intraducible *praytês.* Es una gran palabra griega que no tiene equivalente exacto en español. Aristóteles la definía como el término medio entre la ira excesiva y la excesiva pasividad; es la cualidad de la persona que tiene sus emociones y sentimientos bajo perfecto control. Andrónico de Rodas, comentando a Aristóteles, escribe: «*Praytês* es moderación en relación con la ira... Se podría definir como la serenidad y la capacidad para no dejarse llevar por las emociones, sino controlarlas como dicta la correcta razón.» Las *Definiciones* platónicas dicen que *praytês* es la regulación del movimiento del alma causado por la ira. Es el temperamento *(krasis)* de un alma en la que todo está mezclado en la debida proporción.

No se podría encontrar una palabra española para traducir lo que es un sumario en una sola palabra del espíritu dócil, *que se deja enseñar.* Ese espíritu es *dócil* y *tratable* y, por tanto, suficientemente humilde para aprender. El espíritu dócil *no tiene resentimiento* ni *ira* y es, por tanto, capaz de enfrentarse con la verdad hasta cuando hiere y condena. El espíritu dócil no se deja cegar por sus propios *prejuicios* dominantes, sino percibe la verdad con mirada limpia. El espíritu dócil no se deja seducir por *la pereza,* sino está tan controlado que puede aceptar voluntaria y fielmente la disciplina del aprendizaje. *Praytês* describe la perfecta conquista y control de todo lo que hay en la naturaleza humana que sería un obstáculo para ver, aprender y obedecer la verdad.

OÍR Y HACER

Santiago 1:22-24

> *Demostrad que sois realizadores del Evangelio, y no sólo oidores; porque los que creen que con oír ya es bastante se engañan a sí mismos. Porque, si uno oye el Mensaje y no actúa en consecuencia, es como el que se mira en el espejo la cara que le dio la naturaleza; le echa una ojeada y se va, y se olvida en seguida de la clase de hombre que es.*

De nuevo nos presenta Santiago con su maestría pictórica probada dos de sus cuadros gráficos. Lo primero de todo, nos presenta al que va a la reunión de la iglesia, y oye la lectura y la exposición del Evangelio, y cree que con eso ya es cristiano. Tiene los ojos cerrados al hecho de que lo que se lee y se oye en la iglesia tiene que vivirse. Todavía se suele identificar el ir a la iglesia y el leer la Biblia con el Cristianismo, pero eso no es ni la mitad del camino. Lo realmente importante es trasladar a la acción lo que hemos escuchado.

En segundo lugar, Santiago dice que esa persona es como la que se mira en el espejo —los espejos no se hacían entonces de vidrio, sino de metal pulimentado—, ve los defectos que le desfiguran el rostro y desmelenan el cabello, y se va y se olvida de su aspecto, así es que no hace nada para mejorar. Al escuchar la Palabra de la verdad se le revela a uno cómo es y cómo debería ser. Ve lo que está mal, y lo que tiene que hacer para remediarlo; pero, si no hace más que oír, se queda como estaba, y no le ha servido de nada.

Santiago nos recuerda que lo que oímos en la iglesia lo tenemos que vivir fuera —o no tiene sentido que lo oigamos.

LA VERDADERA LEY

Santiago 1:25

> *El que mira a fondo la perfecta ley, que es aquella en cuyo cumplimiento se encuentra la libertad, y se mantiene en ella y da muestras de no ser un oidor olvidadizo sino un realizador activo del Mensaje, ese recibirá bendición en todo lo que haga.*

Esta es la clase de pasaje jacobeo que desagradaba tanto a Lutero. Le desagradaba la idea de la ley; porque habría dicho con Pablo: «¡Cristo acabó con la ley!» *(Romanos 10:4).* «Santiago —dice Lutero— nos arrastra otra vez a la ley y a las obras.» Y, sin embargo, no hay duda, Santiago tiene razón en un sentido. Hay una ley ética que el cristiano tiene que esforzarse por cumplir. Esa ley se encuentra primero en los Diez Mandamientos; y también en las enseñanzas de Jesús.

Santiago llama dos cosas a esta ley.

(i) La llama *perfecta ley.* Hay tres razones por las que la ley es perfecta. (*a*) Es la ley de Dios, promulgada y revelada por Él. La manera de vivir que Jesús estableció para Sus seguidores está de acuerdo con la voluntad de Dios. (*b*) Es perfecta porque no se puede mejorar. La ley evangélica es la ley del amor; y no se pueden satisfacer plenamente las demandas del amor. Cuando amamos a alguien, sabemos muy bien que aunque le diéramos todo el mundo y estuviéramos a su servicio toda la vida, no nos daríamos por satisfechos o consideraríamos que merecemos su amor. (*c*) Pero queda otra razón. La palabra griega *téleios* casi siempre describe la perfección con vistas a un fin determinado. Ahora bien, si una persona obedece la ley de Cristo, cumple el propósito para el que Dios la puso en el mundo; es la persona que debe ser, y hace la contribución que le corresponde hacer al mundo. Es perfecta en el sentido de que, obedeciendo la ley de Dios, cumple el destino que Dios le había asignado.

(ii) La llama *ley de libertad;* es decir: la ley en cuyo cumplimiento se encuentra la verdadera libertad. Todos los grandes hombres han estado siempre de acuerdo en que es sólo cuando se obedece la ley de Dios cuando se es libre de veras. «El obedecer a Dios —decía Séneca— es la libertad.» «Sólo el sabio es libre —decían los estoicos— y todos los ignorantes son esclavos.» Filón decía: «Todos los que están sometidos a la tiranía de la ira o del deseo o de cualquier otra pasión son esclavos totales; los que viven con ley son libres.» Cuando uno tiene que obedecer a sus pasiones, emociones y deseos, no es más que un esclavo. Es cuando acepta la ley de Dios cuando es libre —porque es entonces cuando es libre para ser lo que debe ser. Su servicio es la perfecta libertad, y en hacer Su voluntad está nuestra paz.

EL VERDADERO CULTO

Santiago 1:26-27

> *Si hay alguien que se tenga por muy religioso porque le da rienda suelta a la lengua, el servicio que Le presta a Dios es una cosa vacía, aunque él crea lo contrario. Este es el culto puro y limpio como Dios Padre lo ve: proveer para los huérfanos y las viudas, y mantenerse limpio de los contagios del mundo.*

Debemos tener cuidado de entender lo que dice aquí Santiago. La versión Reina-Valera traduce la frase el principio del versículo 27: «La religión pura y sin mácula.» La palabra que se traduce por *religión* es *thrêskeía,* que quiere decir más bien *el culto* en el sentido de la expresión externa de la religión en el ritual y la liturgia y la ceremonia. Lo que quiere decir Santiago es: «El ritual más apropiado y la liturgia más elevada que se le pueden ofrecer a Dios son el servicio a los pobres y la pureza personal.» Para él el culto verdadero no consistía en túnicas elaboradas o en música impresionante o en cultos cuidadosamente organizados, sino en el servicio práctico a la humanidad y en la pureza de la propia vida personal. Es perfectamente posible, desgraciadamente, que una iglesia esté tan pendiente de la belleza de sus edificios y el esplendor de su liturgia que no le quede tiempo ni dinero para el servicio cristiano práctico; y eso es lo que Santiago condena.

De hecho, Santiago condena lo mismo que habían condenado los profetas mucho tiempo antes. «Dios —había dicho el salmista— es Padre de huérfanos y defensor de viudas» *(Salmo 68:5).* La denuncia de Zacarías era que la gente se encogía de hombros y cerraba el corazón a cal y canto a las exigencias de la verdadera justicia, a tener misericordia y compasión de sus semejantes, a no oprimir a las viudas, los huérfanos, los forasteros y los pobres, y a no albergar malos pensamientos contra los demás en el corazón *(Zacarías 7:6-10).* Y Miqueas proclamaba que todos los sacrificios rituales eran inútiles cuando no se hacía justicia, ni se amaba la misericordia ni se caminaba humildemente delante de Dios *(Miqueas 6:6-8)*.

A lo largo de toda la Historia, los pueblos han tratado de hacer del ritual y la liturgia el sustituto del sacrificio y del servicio. Han hecho de la religión una cosa espléndida *dentro* de los templos, a expensas de olvidarla *fuera*. Esto no es decir ni mucho menos que sea nada malo ofrecerle a Dios el culto más noble y espléndido en la casa de Dios; pero sí es decir que el culto se convierte en algo vacío e inútil a menos que mande a los adoradores al mundo a amar a Dios amando a sus semejantes y a conducirse con más limpieza frente a las diversas tentaciones del mundo.

HACER DISCRIMINACIÓN

Santiago 2:1

> *Hermanos, no podéis creer que tenéis fe en nuestro glorioso Señor Jesucristo, y sin embargo seguir haciendo discriminaciones.*

La frase «hacer acepción de personas» se encuentra frecuentemente en muchas biblias; quiere decir obrar con parcialidad a favor de alguien porque es rico o influyente o popular. Es una falta que toda la Biblia condena insistentemente. Los líderes ortodoxos judíos no tuvieron más remedio que admitir que Jesús no hacía acepción de personas *(Lucas 20:21; Marcos 12:14; Mateo 22:16)*. Después de la visión del lienzo con animales limpios e inmundos, Pedro aprendió que Dios no hace acepción de personas *(Hechos 10:34)*. Pablo estaba convencido de que los judíos y los gentiles reciben el mismo juicio de Dios, porque Dios no tiene favoritos *(Romanos 2:11)*. Esta es una verdad en la que Pablo insiste a menudo *(Efesios 6:9; Colosenses 3:25)*.

La palabra original es curiosa: *prosôpolêmpsía.* El nombre viene de la expresión *prosôpon lambánein. Prosôpon* es *la cara;* y *lambánein* quiere decir aquí *levantar.* La expresión griega es una traducción literal de la hebrea *nasá panîm,* que quiere decir exactamente lo mismo. El levantar la cara de alguien, en lugar de hacer *que bajara la cabeza* o que *se le cayera la cara de vergüenza,* era tratarle favorablemente.

En su origen no era una expresión mala. Simplemente quería decir *aceptar a una persona como buena.* Malaquías pregunta si al gobernador le caerán bien y *aceptará las personas* de los que le traigan regalos indignos *(Malaquías 1:8s).* Pero la expresión adquirió rápidamente un sentido malo. Pronto llegó a significar, no tanto el favorecer a una persona como el mostrar favoritismo, dejarse uno influir indebidamente por la posición social, el prestigio, el poder o la riqueza de una persona. Malaquías pasa a condenar ese mismo pecado cuando Dios acusa a Su pueblo de no cumplir Sus leyes y de ser *parciales en sus juicios (Malaquías 2:9).* La gran característica de Dios es Su absoluta imparcialidad. En la ley estaba escrito: «No cometerás injusticia en el juicio, ni favoreciendo al pobre ni complaciendo al grande; con justicia juzgarás a tu prójimo» *(Levítico 19:15).* Aquí se hace hincapié en algo que es de capital importancia. Un juez puede ser injusto, tanto por someterse al poderoso, como para presumir de favorecer al pobre. «El Señor —decía Ben Sirá— es Juez, y no hace acepción de personas» *(Eclesiástico 35:12).*

Tanto el Antiguo como el Nuevo Testamento condenan la parcialidad en el juicio y el favoritismo en el trato que proviene de darle una importancia indebida a la posición social, riqueza o influencia. Y es una falta a la que todos somos más o menos propensos. «El rico y el pobre se encontraron; a ambos los hizo el Señor» *(Proverbios 22:2).* «No está bien —dice Ben Sirá— despreciar al pobre que tiene entendimiento; ni tampoco engrandecer al pecador porque tiene dinero» *(Eclesiástico 10:23).* Haremos bien en recordar que es tan discriminatorio consentir a la multitud como doblegarse al tirano.

EL PELIGRO DE LA CURSILERÍA
EN LA IGLESIA

Santiago 2:2-4

> *Porque, si entra uno en vuestra reunión con todos los dedos llenos de anillos de oro y vestido con ropa elegante, y entra otro pobre vestido de cualquier manera, y os deshacéis en atenciones con el elegante y le decía:*
> *—¿Hace usted el favor de acomodarse aquí?*
> *Y al pobretón le decís:*
> *—¡Tú quédate ahí de pie! —O—: ¡Ponte en cuclillas en el suelo por debajo de mi estrado!*
> *Al obrar así, ¿no habéis hecho discriminación con vuestra actitud, y os habéis erigido en jueces movidos por malos pensamientos?*

Santiago temía que el esnobismo pudiera invadir la iglesia. Traza la caricatura de dos hombres que entran en la reunión, uno vestido lujosamente y con los dedos llenos de anillos de oro, y el otro, como podía. Los más ostentosos llevaban anillos en todos los dedos menos el corazón, y hasta más de uno en cada dedo. A veces hasta alquilaban anillos para lucirlos cuando querían dar la impresión de que eran muy ricos. «Adornamos nuestros dedos con anillos —decía Séneca—, y nos colocamos joyas hasta en los nudillos.» Clemente de Alejandría recomendaba que los cristianos no llevaran más que un anillo, y en el dedo meñique. Debería llevar algún emblema cristiano, como una paloma, un pez o un ancla; y se podría justificar su uso si servía de sello.

Llega a la reunión un tipo elegante con más anillos que dedos. Y llega también un pobre, con la única ropa que tiene y sin joyas ni adornos. Al rico se le acomoda ceremoniosa y respetuosamente en un lugar especial, mientras que al pobre se le dice que se quede de pie o que se ponga en cuclillas en algún rincón; no se le ofrece ni un taburete para sentarse.

No daremos por sentado que se trata de una exageración si nos fijamos en las indicaciones que se dan en algunos libros de orden eclesiástico. Ropes cita un pasaje típico del tratado etíope *Estatutos de los apóstoles:* «Si entra un hombre o una mujer vestidos lujosamente, ya sean del lugar o de fuera, que son hermanos, tú, presbítero, cuando expongas la Palabra de Dios o cuando leas, no hagas discriminación ni abandones tu ministerio para asegurarte de que se les asignan buenos sitios, sino quédate tranquilo, que ya los recibirán los hermanos; y si no queda sitio, cualquiera que tenga amor a los hermanos se levantará y les dejará el suyo... Y si un pobre o una pobre del distrito o de fuera entrara y no hubiera sitio para ellos, tú, presbítero, búscales un lugar de todo corazón, aunque tengas que ser tú el que se siente en el suelo, para que no se le dé la máxima importancia a nadie nada más que a Dios.» Aquí tenemos la misma escena. Hasta se sospecha que el que esté dirigiendo el culto se sienta inclinado a interrumpirlo para llevar al recién llegado rico a un sitio honorable.

No cabe duda que habría problemas sociales en la Iglesia Primitiva. La iglesia era el único lugar del mundo antiguo en el que no existían diferencias. Al principio tiene que haber habido alguna timidez inicial cuando el amo se sentaba en el mismo banco que su esclavo, o cuando llegaba el amo y se encontraba que era su esclavo el que estaba dirigiendo el culto y administrando los sacramentos. La sima entre el esclavo —que para la ley no era más que una herramienta viva— y el amo era tan profunda que causaría problemas por los dos lados. Además, en sus principios la Iglesia era predominantemente pobre y humilde; y por tanto, si un rico se convertía e incorporaba a la comunión fraternal, existiría la tentación de darle importancia y tratarle como un trofeo especial del Señor.

La iglesia debe ser el único lugar en el que desaparecen todas esas diferencias. No puede haber diferencias de rango y prestigio cuando las personas se reúnen en presencia del Rey de la gloria. No puede haber diferencias de méritos cuando las personas se reúnen en la presencia de la suprema santidad de

Dios. En Su presencia, todas las diferencias terrenales son menos que polvo, y toda dignidad humana como trapos de inmundicia. En la presencia de Dios, la humanidad es solo una. En el versículo 4 hay un problema de traducción. La palabra *diakrithête* puede tener dos significados. (i) Puede querer decir: «Estás dando bandazos en tus juicios si actúas de esa manera.» Es decir: «Si tratas con más honores a los ricos, estás vacilando entre las escala de valores del mundo y la de Dios, y no puedes estar seguro de cuál es la que debes aplicar.» (ii) O puede querer decir: «Eres culpable de hacer diferencias de clase, que no deben existir en la comunidad cristiana.» Preferimos el segundo significado, porque Santiago pasa a decir: «Si obráis así, sois como jueces que tienen malos pensamientos.» Es decir: «Estáis quebrantando el mandamiento del Que dijo: «No juzguéis, y no seréis juzgados» *(Mateo 7:1).*

LA RIQUEZA DE LA POBREZA Y LA POBREZA DE LA RIQUEZA

Santiago 2:5-7

> *Escuchadme bien, queridos hermanos: ¿Es que no fue a los que son pobres según el mundo a los que Dios escogió para que sean ricos por su fe y herederos del Reino que ha prometido a los que Le aman? ¿Y vosotros despreciáis a los pobres? ¿Es que no son precisamente los ricos los que os oprimen, y os arrastran a los tribunales? ¿Y no son ellos los que blasfeman el Nombre glorioso por el que habéis sido llamados?*

«Dios —decía Abraham Lincoln— tiene que querer mucho a las personas sencillas, porque ha hecho un montón.» El Evangelio siempre ha concedido prioridad a los pobres. En el primer sermón de Jesús en la sinagoga de Nazaret, su proclama fue: «¡Dios me ha ungido para que les anuncie la Buena

Noticia a los pobres!» *(Lucas 4:18).* Su respuesta a la pregunta del perplejo Juan de si era Él el Escogido de Dios culminó en la afirmación: «¡Y a los pobres se les proclama el Evangelio!» *(Mateo 11:5).* La primera de las Bienaventuranzas fue: «¡Bienaventurados los pobres en espíritu, porque suyo es el Reino del Cielo!» *(Mateo 5:3).* Y Lucas es aún más concreto: «¡Bienaventurados vosotros los pobres, porque vuestro es el Reino de Dios!» *(Lucas 6:20).* Durante el ministerio de Jesús, cuando Le cerraron las puertas de las sinagogas y salió a los caminos, los cerros y las costas, fue a las multitudes de hombres y mujeres corrientes a los que dirigió Su mensaje. En los días de la Iglesia Primitiva era a las multitudes a las que se dirigían los predicadores callejeros. De hecho, el Evangelio proclamaba que eran los que no les importaban a los poderosos ni a los ricos los que Le importaban supremamente a Dios. «Porque, hermanos, tened presente quiénes sois los que Dios ha llamado —decía Pablo—: no había muchos entre vosotros que fuerais lo que el mundo considera sabios, o poderosos, o aristócratas» *(1 Corintios 1:26).*

No es que Cristo y la Iglesia no quieran a los grandes y a los ricos y a los sabios y a los poderosos; tenemos que estar en guardia contra la cursilería contraria, como ya hemos visto. Pero estaba claro que el Evangelio ofrecía tanto a los pobres y exigía tanto de los ricos que eran los pobres los que estaban más dispuestos a entrar en la iglesia. Era también la gente corriente la que escuchaba a Jesús de buena gana, y el joven rico el que se retiró con tristeza, porque tenía muchas posesiones. Santiago no les cierra la puerta a los ricos ni mucho menos; está diciendo que el Evangelio de Cristo les resulta especialmente atractivo a los pobres, porque son bien recibidos los que no tenían a nadie que los recibiera, y porque se sienten apreciados los que el mundo considera que no valen nada.

En la sociedad en la que vivía Santiago, los ricos oprimían a los pobres. Los arrastraban a los tribunales, probablemente por deudas. En el límite inferior de la escala social la gente era tan pobre que a duras penas podía vivir, y los prestamistas eran abundantes y despiadados. En el mundo antiguo existía la costumbre del arresto sumario. Si un acreedor se encontraba con un deudor en la calle, le podía agarrar por el cuello de la ropa, casi ahogándole, y llevarle a rastras literalmente al tribunal. Eso era lo que los ricos hacían con los pobres. No tenían compasión; querían hasta el último céntimo. No es la riqueza lo que condena Santiago, sino la conducta de los ricos despiadados.

Eran los ricos los que blasfemaban el Nombre que invocaban los pobres. Tal vez se refiera al nombre de *cristianos* que los de Antioquía les pusieron de mote burlesco a los seguidores de Cristo; o puede que fuera el nombre de Cristo que se pronunciaba sobre los cristianos en el bautismo. La palabra que usa Santiago es *epikaléisthai,* que era la que se usaba cuando una mujer tomaba el nombre del marido al casarse, o un chico al que se ponía el nombre del padre cuando le reconocía. El cristiano toma el nombre de Cristo; se llama *cristiano* por su relación con *Cristo,* como si en el bautismo naciera y fuera reconocido como miembro de la familia de Cristo.

Los ricos y los amos tendrían muchas razones para injuriar el nombre de cristiano. Un esclavo que se hacía cristiano daba muestras de una nueva *independencia;* ya no se arrastraría ante el poder de su amo, el castigo dejaría de atemorizarle y aparecería ante el amo revestido de una nueva personalidad. Tendría una nueva *honradez.* Eso le haría mejor hasta como esclavo, pero querría decir que ya no sería un instrumento dócil de su amo para las acciones bajas y miserables como tal vez lo había sido antes. Tendría un nuevo sentido de *la adoración;* e insistiría en dejar su trabajo temporalmente el Día del Señor para ir al culto con el pueblo de Dios. Al amo no le faltarían razones para insultar el nombre de cristiano y para maldecir a Cristo.

LA LEY DEL REINO DE DIOS

Santiago 2:8-11

> *Si cumplís de veras la ley regia como se encuentra en la Escritura: «Ama a tu prójimo como te amas a ti mismo,» hacéis bien. Pero si hacéis discriminación con las personas, cometéis pecado y sois culpables de haber quebrantado la ley. Porque, si una persona cumple toda la ley a excepción de un solo punto en el que falla, es culpable de haber quebrantado la ley en general. Porque el Que dijo: «No cometas adulterio,» también dijo: «No mates.» Si no cometes adulterio pero matas, ya eres transgresor de la ley.*

La conexión de este pensamiento con el anterior es la siguiente: Santiago ha condenado la actitud de los que tratan con un respeto especial a los ricos que entran en su iglesia.

—Pero —podrían contestarle—, la ley me manda amar a mi prójimo como a mí mismo. Por tanto, tenemos la obligación de recibir cortésmente a los que vienen a la iglesia.

—Está bien —responde Santiago—; si tratas con cortesía a esa persona porque la amas como a ti mismo, y le das la bienvenida que querrías que te dieran a ti en su caso, eso está bien. Pero, si le das una bienvenida especial porque es rico, ese acto de discriminación es pecado, y lejos de estar guardando la ley, lo que estás haciendo es quebrantarla. Tú no amas a tu prójimo; porque no tratarías con desprecio al pobre si le amaras. Lo que amas es la riqueza... ¡y eso sí que no es lo que manda la ley!

Santiago llama al gran mandamiento de amar al prójimo como a nosotros mismos *la ley regia.* Eso puede querer decir varias cosas. Puede querer decir que es *la ley de suprema excelencia;* o que es *la ley dada por el Rey de reyes;* o *la reina de todas las leyes;* o *la ley que hace reyes a los hombres y que es digna de reyes.* El cumplir esa ley suprema es llegar a ser

rey de uno mismo y un rey entre los demás. Es una ley diseñada
para los que tienen una dignidad regia, y que se la confiere a
las personas.

Santiago prosigue estableciendo un gran principio acerca de
la ley de Dios. El quebrantar cualquier parte de ella es ser un
transgresor. Los judíos solían considerar la ley como una serie
de mandamientos independientes. El guardar uno era adquirir
un crédito; el quebrantarlo era incurrir en una deuda. Uno podía
sumar los que guardaba y restar los que desobedecía, y tener
un balance positivo o negativo. Había un dicho rabínico: «Al
que sólo cumple una ley, se le asigna una cosa buena; se le
alarga la vida, y heredará la tierra.» También muchos rabinos
mantenían que «El sábado pesa más que todos los demás
preceptos;» por tanto, el que guardaba el sábado era como si
hubiera cumplido toda la ley.

Santiago veía que *la totalidad* de la ley era la voluntad de
Dios; el quebrantar cualquiera de sus partes era infringir esa
voluntad y, por tanto, cometer un pecado. Eso no cabe duda
de que es cierto. El quebrantar cualquier parte de la ley es ser
un transgresor en principio. Hasta bajo las leyes humanas, uno
es considerado culpable cuando ha incumplido una ley determinada. Así es que Santiago colige: «No importa lo bueno que
seas en otras áreas; si haces discriminación cuando tratas a las
personas, has actuado contra la voluntad de Dios y has que-
brantado Su ley.»

Hay aquí una gran verdad que es pertinente y práctica.
Podemos expresarla más sencillamente. Uno puede ser en casi
todos los sentidos una buena persona; pero se puede echar a
perder sólo por una falta. Puede que sea moral en sus acciones,
puro en su conversación, meticuloso en su religión; pero, si es
rígido y antipático, intolerante y creído, eso echa a perder todas
sus virtudes.

Haríamos bien en recordar que, aunque pretendamos haber
hecho muchas buenas obras y haber resistido muchas malas
influencias, puede que haya algo en nosotros que estropea todo
lo demás.

LA LEY DE LA LIBERTAD
Y DE LA MISERICORDIA

Santiago 2:12-13

Hablad y obrad como los que habéis de ser juzgados bajo la ley de la libertad. Porque el que obra sin misericordia se enfrentará con un juicio sin misericordia. La misericordia triunfa sobre el juicio.

Al llegar al final de esta sección, Santiago les recuerda a sus lectores dos grandes hechos de la vida cristiana.

(i) El cristiano vive bajo la ley de la libertad, y es de acuerdo con ella como se le juzgará. Lo que quiere decir es lo siguiente. Al contrario que los fariseos y los judíos ortodoxos, el cristiano no es una persona cuya vida se rija por las presiones exteriores de toda una serie de reglas y de normas que se le imponen desde fuera, sino por la obligación interior del amor. Sigue el buen camino, que es el del amor a Dios y a sus semejantes, no porque se lo imponga ninguna ley externa o porque le aterre la amenaza de los castigos, sino porque el amor de Cristo que tiene en el corazón le hace desearlo.

(ii) El cristiano debe tener siempre presente que sólo el que tiene misericordia encontrará misericordia. Este es un principio de se encuentra en toda la Sagrada Escritura. Ben Sirá escribía: «Perdónale a tu prójimo el perjuicio que te ha causado, para que también a ti se te perdonen tus pecados. Una persona le tiene odio a otra; ¿y busca el perdón de Dios? No tiene misericordia de uno que es como él, ¿y pide perdón por sus propios pecados?» *(Eclesiástico 28:2-5)*. Jesús decía: «Bienaventurados los misericordiosos, porque ellos alcanzarán misericordia» *(Mateo 5:7)*. «Porque si perdonáis a los hombres sus ofensas, os perdonará también a vosotros vuestro Padre celestial; pero si no les perdonáis sus ofensas a vuestros semejantes, tampoco vuestro Padre os perdonará las vuestras *«(Mateo 6:14s)*. «No juzguéis, y no se os someterá a juicio; porque el

juicio que se os aplicará será el que hayáis pronunciado vosotros» *(Mateo 7:1s)*. Y también nos cuenta Jesús la sentencia
condenatoria que le cayó al siervo que se negó a perdonar a
su consiervo, aunque su Amo le había perdonado a él una deuda
mucho mayor; y termina la parábola diciendo: «Eso es lo que
os hará vuestro Padre celestial a cada uno de vosotros si no
perdonáis de corazón a vuestro hermano» *(Mateo 18:22-35)*.

La enseñanza de la Escritura es unánime en el sentido de
que, el que quiera que se tenga misericordia de él, deberá
tenerla de sus semejantes. Y Santiago llega aún más lejos:
porque acaba diciendo que la misericordia triunfa en el juicio;
con lo que quiere decir que el Día del Juicio, el que haya tenido
misericordia verá que su misericordia ha llegado hasta a borrar
sus propios pecados.

LA FE Y LAS OBRAS

Santiago 2:14-26

*Hermanos míos: ¿Para qué sirve el que uno pretenda
tener fe si no lo demuestra con obras? ¿Es que una fe
a secas puede salvar a alguien? Si un hermano o una
hermana no tienen qué ponerse, o no tienen lo necesario
para mantenerse de día en día, y uno de vosotros les
dice: «¡Vete en paz, y que te calientes y alimentes!»,
pero no los ayuda con lo que necesitan para su existencia, ¿qué provecho reporta una actitud así? Pues eso es
lo que pasa cuando la fe no produce obras que se vean;
en sí misma es una cosa muerta.*

*Pero a esto dirá alguien: «¿Y tú tienes fe?» Y mi
respuesta es: «Tengo obras. Enséñame tu fe independientemente de las obras, que yo te enseñaré mi fe por
medio de mis obras. Tú dices que crees que hay Dios.
¡Excelente! Eso también lo creen los demonios... y se
mueren de miedo.»*

> *¿Necesitas una prueba, cabeza de chorlito, de que la fe sin obras no sirve para nada? ¿Es que nuestro padre Abraham no demostró su integridad en virtud de obras, cuando estuvo dispuesto a ofrecer a su propio hijo Isaac en el altar? Ya ves hasta qué punto su fe cooperaba con sus obras, y que su fe llegó a su plenitud en las obras, haciéndose así realidad el pasaje de la Escritura que dice: «Abraham creyó a Dios, y eso se le contó como integridad, porque era amigo de Dios.» Ya ves que es en las obras como una persona demuestra que es cabal, y no sólo por la fe.*
>
> *Y lo mismo Rahab, la prostituta, ¿no demostró que estaba de parte de Dios cuando acogió a los mensajeros y luego los envió por otro camino?*
>
> *Y es que, como un cuerpo que no respira está muerto, así una fe que no produce obras está muerta.*

Este es un pasaje que debemos tomar en conjunto antes de estudiarlo por partes, porque se usa muy a menudo para demostrar que Santiago y Pablo no estaban de acuerdo. Se supone que Pablo hace hincapié en que somos salvos por la fe sola, y que las obras no cuentan para nada en el proceso salvífico. «Concluimos, pues, que el hombre es justificado por fe sin las obras de la ley» *(Romanos 3:28).* «...sabiendo que el hombre no es justificado por las obras de la ley, sino por la fe de Jesucristo... por cuanto por las obras de la ley nadie será justificado» *(Gálatas 2:16).* A veces se afirma que Santiago, no sólo difiere de Pablo, sino que le contradice abiertamente. Esta es una cuestión que debemos investigar.

(i) Empezamos por advertir que el punto de vista de Santiago es el de todo el Nuevo Testamento en general. Juan el Bautista predicaba que la gente tenía que demostrar la autenticidad de su arrepentimiento con la excelencia de sus obras *(Mateo 3:8; Lucas 3:8).* Jesús predicaba que había que vivir de tal manera que el mundo viera las buenas obras de Sus seguidores y dar la gloria a Dios *(Mateo 5:16).* Insistía en que a las personas se las conocía por sus frutos lo mismo que a los árboles, y que una fe que no se manifiesta nada más que de palabra nunca podría tomar el lugar de la que se expresa haciendo la voluntad de Dios *(Mateo 7:15-21)*.

Tampoco echamos de menos este énfasis en el mismo Pablo. Aparte de todo lo demás, pocos maestros habrá habido que hayan hecho más hincapié que él en el efecto ético del Evangelio. Por muy doctrinales y teológicas que nos parezcan sus cartas, no dejan nunca de terminar con una sección en la que se insiste en las obras como la expresión de la fe cristiana. Aparte de esa su general costumbre, Pablo expresa repetidas veces la importancia que asigna a las obras como parte de la vida cristiana. Habla del Dios Que «pagará a cada uno conforme a sus obras» *(Romanos 2:6)*. Insiste en que «cada uno de nosotros dará a Dios cuenta de sí» *(Romanos 14:12)*. Exhorta a todos a despojarse de las obras de las tinieblas y vestirse las armas de la luz *(Romanos 13:12)*. «Cada uno recibirá su recompensa conforme a su labor» *(1 Corintios 3:8)*. «Porque es necesario que todos nosotros comparezcamos ante el tribunal de Cristo, para que cada uno reciba según lo que haya hecho mientras estaba en el cuerpo, sea bueno o malo» *(2 Corintios 5:10)*. El cristiano se ha despojado del viejo hombre con sus hechos *(Colosenses 3:9)*.

El hecho de que el Cristianismo se tiene que demostrar con hechos es una parte esencial de la fe cristiana según todo el Nuevo Testamento.

(ii) Pero el hecho es que Santiago sigue pareciendo como si no estuviera de acuerdo con Pablo; porque, a pesar de todo lo que ya hemos dicho, Pablo hace hincapié especialmente en la gracia y la fe, mientras que Santiago lo hace sobre la acción y las obras. Pero hay que decir una cosa: lo que Santiago ridiculiza no es el paulinismo, sino una perversión de él. La posición esencialmente paulina se contiene en la frase: «Cree en el Señor Jesucristo, y serás salvo» *(Hechos 16:31)*. Pero está claro que el sentido que adscribamos a esta demanda dependerá totalmente del que le demos a *creer*. Hay dos maneras de creer.

(*a*) Hay una manera de creer que es puramente intelectual. Por ejemplo: yo creo que el cuadrado de la hipotenusa en un triángulo rectángulo es igual a la suma de los cuadrados de los dos catetos; y si se me exigiera, podría demostrarlo; pero no tiene la más mínima influencia en mi vida: lo acepto, pero no tiene ningún efecto en mí.

(*b*) Y hay otra manera de creer. Yo creo que cinco y cinco suman diez y, por tanto, me niego a pagar más de diez pesetas por dos chupa-chups que cuestan cinco cada uno. Llevo esa convicción, no sólo en la mente, sino a la vida y la acción.

A lo que Santiago se opone es a la clase de creencia que consiste en aceptar un hecho sin dejarle que tenga la más mínima influencia en nuestra vida. Los demonios también están convencidos intelectualmente de la existencia de Dios; de hecho, hasta tiemblan de miedo cuando piensan en Él; pero su creencia no los cambia en lo más mínimo. Para Pablo creer en Jesucristo quería decir llevar esa fe a cada porción de la vida, y vivir de acuerdo con ella.

Es fácil tergiversar el paulinismo y castrar *la fe* de todo su valor efectivo; pero no es realmente el paulinismo, sino una forma malentendida de él lo que Santiago ridiculiza. Condena la profesión sin la práctica, y con esa condenación Pablo habría estado totalmente de acuerdo.

(iii) Aun concediendo eso, aún se advierte una diferencia entre Santiago y Pablo: *empezaron en diferentes momentos de la vida cristiana*. Pablo empieza *por el principio*. Insiste en que nadie puede nunca ganarse el perdón de Dios. El primer paso es el que da la soberana gracia de Dios; una persona no puede hacer más que aceptar el perdón que Dios ofrece en Jesucristo.

Santiago empieza mucho más tarde, *por el que ha hecho profesión de cristiano,* por la persona que confiesa haber recibido ya el perdón y encontrarse en una nueva relación con Dios. Tal persona, dice Santiago con toda la razón, debe vivir una nueva vida, porque es una nueva criatura. Ha sido *justificada;* ahora debe demostrar que está *santificada*.

El hecho es que nadie se puede salvar por las obras; pero es igualmente cierto que nadie se puede salvar sin producir obras. Con mucho la mejor analogía es la de un gran amor humano. El que se sabe amado está seguro de que no ha podido merecer esa dicha; pero también está seguro de que debe pasar la vida tratando de ser digno de ese amor.

La diferencia entre Santiago y Pablo depende de su punto de partida. Pablo empieza por el gran hecho básico del perdón de Dios que nadie puede merecer o ganar; Santiago empieza por el que es ya cristiano, e insiste en que debe demostrar que lo es en sus obras. No somos salvos *por* hacer las obras; somos salvos *para* hacer las obras; estas son las verdades gemelas de la vida cristiana. Pablo insiste en la primera, y Santiago en la segunda. De hecho, no se contradicen, sino se complementan; y el mensaje de ambos es esencial a la fe cristiana en su forma más plena. Como decía Lutero: «La fe salva sin obras; pero la fe que salva va siempre seguida de obras.»

PROFESIÓN Y PRÁCTICA

Santiago 2:14-17

> *Hermanos míos: ¿Para qué sirve el que uno pretenda tener fe si no lo demuestra con obras? ¿Es que una fe a secas puede salvar a alguien? Si un hermano o una hermana no tienen qué ponerse, o no tienen lo necesario para mantenerse de día en día, y uno de vosotros les dice: «¡Vete en paz, y que te calientes y alimentes!», pero no los ayuda con lo que necesitan para su existencia, ¿qué provecho reporta una actitud así? Pues eso es lo que pasa cuando la fe no produce obras que se vean; en sí misma es una cosa muerta.*

Lo que Santiago no puede soportar es la profesión sin la práctica, las palabras sin acciones. Escoge una ilustración muy clara de lo que quiere decir. Supongamos que hay uno que no tiene ni ropa que ponerse ni alimento que llevarse a la boca; y supongamos que tiene un supuesto amigo que le expresa su identificación con su difícil situación, pero lo hace sólo con palabras y sin hacer el más mínimo esfuerzo para aliviar la necesidad de su desafortunado amigo, ¿qué utilidad tiene una actitud así? ¿Para qué sirve una compasión que no pasa a la ayuda práctica? La fe sin obras es una cosa muerta. Este es un pasaje que tendría sentido especialmente para los judíos.

(i) Para un judío, la limosna tenía una importancia suprema. Tanto era así que se usaba la misma palabra para limosna y para justicia o integridad. La limosna se consideraba como la única defensa de una persona cuando Dios la juzgara. «El agua apaga un fuego llameante —escribe Ben Sirá—, y la limosna hace expiación por el pecado» *(Eclesiástico 3:30)*. En *Tobías* leemos: «Todos los que practiquen la limosna verán el rostro de Dios, como está escrito: "Contemplaré Tu rostro gracias a la limosna"» *(Tobías 4:8-10)*. Cuando los líderes de la iglesia de Jerusalén dieron su conformidad a que Pablo se dirigiera a los gentiles, la única condición que le pusieron fue que no se olvidaran de los pobres *(Gálatas 2:10)*. Esta insistencia en la ayuda práctica era una de las grandes y buenas señales de la piedad judía.

(ii) Había una tendencia en la religiosidad griega a la que esta insistencia en la compasión y la limosna resultaría extraña. Los estoicos tendían a la *apatheía,* la total carencia de sentimientos. La finalidad de la vida era la serenidad. La emoción disturba la serenidad. El camino a la perfecta calma era la supresión de toda emoción. La piedad era una mera alteración de la distante calma filosófica en la que uno debería proponerse vivir. Así, Epicteto establece que sólo el que desobedece los mandamientos divinos sentirá alguna vez lástima o piedad *(Discursos 3:24, 43).* Cuando Virgilio (en las *Geórgicas 2:498)* hace el retrato del hombre perfectamente feliz, menciona que no tiene piedad de los pobres, ni compasión de los afligidos; porque tales emociones desequilibrarían su serenidad. Esa actitud es la opuesta a la judía. Para los estoicos, la bienaventuranza consistía en mantenerse arropado en su propia calma filosófica y desconectada; para los judíos quería decir involucrarse voluntaria y activamente en las desgracias ajenas.

(iii) En su planteamiento de este asunto, Santiago es profundamente correcto. No hay nada más peligroso que la experiencia repetida de una emoción sutil que no conduce a la acción. Es un hecho que cada vez que uno siente un noble impulso y no lo lleva a la práctica se hace menos probable el que llegue nunca a realizarlo. En cierto sentido es cierto que nadie tiene derecho a sentir compasión a menos que por lo menos haga lo posible por concretarla en acción. Una emoción no es nada en lo que nos podamos regodear; sino algo que, al precio del esfuerzo, la disciplina y el sacrificio, debe convertirse en la misma sustancia de la vida.

NO «UNA U OTRA», SINO «LAS DOS COSAS»

Santiago 2:18-19

> *Pero a esto dirá alguien: «¿Y tú tienes fe?» Y mi respuesta es: «Tengo obras. Enséñame tu fe separada de las obras, que yo te enseñaré mi fe por medio de mis obras. Tú dices que crees que hay Dios. ¡Excelente! Eso también lo creen los demonios... y se mueren de miedo.»*

Santiago está pensando en un posible objetor que le dice: «La fe está muy bien; pero también las obras están muy bien. Las dos cosas son manifestaciones genuinas de la actitud verdaderamente religiosa. Pero no le es necesario a una sola persona el tener las dos cosas. Uno tendrá fe, y otro tendrá obras. Así que, está bien; tú sigue con tus obras, y yo seguiré con mi fe; y los dos somos sinceros a nuestra manera.» El punto de vista del objetor es que la fe y las obras son distintas alternativas en la expresión de la religión cristiana. Pero Santiago no admitiría eso. No es cosa de *o* fe *u* obras, sino por necesidad de *tanto* fe *como* obras.

Desgraciadamente, el Cristianismo se les presenta falsamente a muchos como una cuestión de *o... o,* cuando la realidad es que es *tanto... como.*

(i) En una vida bien equilibrada debe haber *pensamiento* y *acción.* Es corriente y tentador el pensar que uno es *un pensador,* o *un hombre de acción.* El pensador se sienta en su despacho considerando las grandes cuestiones; el hombre de acción sale a la calle a hacer lo que puede. Pero eso no es cierto. El pensador no es más que medio hombre a menos que traduzca sus pensamientos a acciones. No llegará ni a inspirar al hombre de acción a menos que salga de su torre de marfil y se meta en la liza con él. Como decía Antonio Machado:

> *¿Tu verdad? No, la Verdad,*
> *y ven conmigo a buscarla.*
> *¡La tuya, guárdatela!*

Ni tampoco puede ser uno un hombre de acción si no ha pensado los grandes principios en los que se inspiran y basan las obras.

(ii) En una vida bien equilibrada debe haber *oración* y *esfuerzo.* También aquí existe la tentación a dividir los santos en dos categorías: los que se pasan la vida retirados del mundanal ruido, de rodillas y en constante devoción, y los currantes que se meten en el polvo y el barro y el calor del día. Pero eso no vale. Se dice que Martín Lutero era muy amigo de otro fraile que estaba tan convencido˚ como él de la necesidad de la Reforma; y llegaron a un acuerdo: Lutero se metería en el mundo a pelear allí, y el otro se quedaría en su celda rezando por el éxito de las labores de Lutero. Pero una noche, el otro fraile tuvo un sueño: Vio a un segador solitario arrostrando la tarea imposible de segar él solo todo un campo inmenso. El segador solitario volvió la cabeza y el fraile le reconoció como

Martín Lutero; y reconoció que tenía que salir de su celda e ir en su ayuda. Desde luego, es cierto que hay algunos que, por causa de la salud o de la edad, no pueden hacer más que orar, y sus oraciones son necesarias y eficaces. Pero, si una persona normal cree que la oración puede ocupar el lugar del esfuerzo y el riesgo, su vida de oración puede que sea simplemente una forma de evasión. La oración y el esfuerzo deben ir codo con codo.

(iii) En una vida bien equilibrada debe haber *fe* y *obras*. Es solamente en las obras como se muestra y demuestra la fe; y es solamente por la fe como se emprenderán y realizarán las obras. La fe no puede por menos de rebosar en la acción, y la acción empieza sólo cuando una persona tiene fe en alguna gran causa o en algún gran principio que Dios le presenta.

LA PRUEBA DE LA FE

Santiago 2:20-26

> *¿Necesitas una prueba, cabeza de chorlito, de que la fe sin obras no sirve para nada? ¿Es que nuestro padre Abraham no demostró su integridad en virtud de obras, cuando estuvo dispuesto a ofrecer a su propio hijo Isaac en el altar? Ya ves hasta qué punto su fe cooperaba con sus obras, y que su fe llegó a su plenitud en las obras, haciéndose así realidad el pasaje de la Escritura que dice: «Abraham creyó a Dios, y eso se le contó como integridad, porque era amigo de Dios.» Ya ves que es en las obras como una persona demuestra que es cabal, y no sólo por la fe.*
>
> *Y lo mismo Rahab, la prostituta, ¿no demostró que estaba de parte de Dios cuando acogió a los mensajeros y luego los envió por otro camino?*
>
> *Y es que, como un cuerpo que no respira está muerto, así una fe que no produce obras está muerta.*

Santiago presenta dos ilustraciones del punto de vista en el que está insistiendo. Abraham es el gran ejemplo de la fe, pero patentizó su fe cuando estuvo dispuesto a sacrificar a su hijo único Isaac cuando entendió que Dios se lo demandaba. Rahab, por otra parte, era una figura famosa en las leyendas judías. Dio refugio a los espías israelitas que habían ido a observar la Tierra Prometida *(Josué 2:1-21)*. La leyenda posterior dijo que Rahab se hizo prosélita de la fe judía, que se casó con Josué y que fue una antepasada directa de muchos sacerdotes y profetas, entre ellos Ezequiel y Jeremías. Fue el trato que les dio a los espías lo que demostró que tenía fe.

Tanto Pablo como Santiago tienen razón aquí. Si Abraham no hubiera tenido fe, no habría respondido a las llamadas de Dios. Si Rahab no hubiera tenido fe, nunca habría corrido el riesgo de comprometer su futuro con la suerte de Israel. Pero también, si Abraham no hubiera estado dispuesto a obedecer a Dios hasta lo último, su fe habría sido irreal; y a menos que Rahab hubiera estado dispuesta a arriesgarse a ayudar a los espías israelitas indefensos, su fe habría sido inútil.

Estos dos ejemplos demuestran que la fe y las obras no son actitudes opuestas; de hecho, son inseparables. Ninguna persona se sentirá nunca movida a la acción si no tiene fe; y su fe no será genuina a menos que la mueva a la acción. La fe y las obras son los dos lados de la moneda que representa nuestra experiencia de Dios.

EL PELIGRO DEL MAESTRO

Santiago 3:1

>*Hermanos míos, sería una equivocación el que muchos de vosotros os hicierais maestros, porque debéis daros cuenta de que los que enseñamos estamos expuestos a recibir una condenación más severa.*

Los maestros tenían una importancia de primer orden en la Iglesia Primitiva. Siempre que se los menciona, es con honor. En la iglesia de Antioquía se los equipara a los profetas, y juntos mandaron a Pablo y Bernabé a su primer viajes misionero *(Hechos 13:1)*. En la lista que nos da Pablo de los que tenían un ministerio importante en la Iglesia se los menciona a continuación de los apóstoles y los profetas *(1 Corintios 12:28;* cp. *Efesios 4:11)*. Los apóstoles y los profetas eran ministerios itinerantes. Su campo era toda la Iglesia; y no se quedaban mucho tiempo en cada congregación. Pero los maestros tenían un ministerio local; estaban adscritos a una congregación, y su suprema importancia dependía del hecho de que era a ellos a los que correspondía instruir y edificar a los convertidos en las verdades del Evangelio. A ellos les correspondía la responsabilidad decisiva de poner el sello de su fe y conocimientos en los que llegaban a la iglesia.

En el Nuevo Testamento mismo tenemos atisbos de maestros que fallaron en su responsabilidad y se convirtieron en falsos maestros. Había maestros que trataban de hacer del Evangelio una especie de judaísmo, y trataban de introducir la circuncisión y la observancia de la ley del Antiguo Testamento *(Hechos 15:24)*. Había maestros que no vivían nada de la verdad que enseñaban, cuya conducta estaba en contradicción con su instrucción y que no hacían más que deshonrar la fe que representaban *(Romanos 2:17-29)*. Había algunos que trataban de enseñar antes de llegar ellos mismos a saber nada *(1 Timoteo 1:6s);* y otros que no querían más que satisfacer los deseos vanos de la gente *(2 Timoteo 4:3)*.

Pero, aparte de los falsos maestros, Santiago está convencido de que la enseñanza es una ocupación peligrosa. Su instrumento es la palabra, y su agente, la lengua. Ropes dice que Santiago se preocupa de advertir «la responsabilidad de los maestros y lo peligroso del instrumento que tienen que usar.»

El maestro cristiano entraba en posesión de una herencia peligrosa; tomaba el lugar de los rabinos judíos. Hubo muchos rabinos sabios y santos; pero los rabinos recibían un trato que podía arruinar el carácter de cualquiera. Rabí quería decir «mi Grande.» Dondequiera que iba se le trataba con el máximo respeto. Se decía que las obligaciones que se tenían con un rabino excedían a las que se tenían con un padre, porque a los padres se debe la existencia en este mundo, pero a los rabinos en el mundo venidero. Hasta se decía que si fueran apresados por el enemigo los padres y el maestro de una persona, esta tenía obligación de rescatar en primer lugar a su maestro. Es verdad que a los rabinos no se les permitía recibir dinero por su enseñanza y que se suponía que se ganaba la vida trabajando en su oficio secular; pero se creía igualmente que era especialmente meritorio y piadoso el mantener a un rabino. Era tremendamente fácil para un rabino convertirse en la clase de persona que Jesús describía: un tirano espiritual, un traficante en la piedad, un enamorado de las distinciones y de que se le mostrara un respeto servil en público *(Mateo 23:4-7)*. Cualquier maestro corría peligro de convertirse en «el Señor Oráculo.» No hay profesión más propensa a general orgullo intelectual y espiritual.

Hay dos peligros que deben evitar los maestros. En virtud de su ministerio puede que le corresponda enseñar a los que son más jóvenes de edad o en la fe. Por tanto, debe esforzarse en evitar dos cosas. Debe asegurarse de que está enseñando la verdad y no sus propias opiniones y aun prejuicios. Es fatalmente fácil para un maestro el tergiversar la verdad y enseñar, no la versión de Dios, sino la suya propia. Debe tener mucho cuidado de no contradecir sus enseñanzas con su vida; de no caer en el «Haced lo que yo os digo, pero no lo que yo hago.» Como decían los rabinos judíos: «No el aprendizaje, sino la puesta por obra es la base, y el que multiplica las palabras multiplica el pecado» *(Dichos de los padres 1:18)*.

La advertencia de Santiago es que el maestro ha entrado voluntariamente en una posición especial; y está, por tanto, en peligro de una mayor condenación si falla. Las personas a las que Santiago estaba escribiendo codiciaban el prestigio del maestro; Santiago les recuerda su responsabilidad.

EL PELIGRO UNIVERSAL

Santiago 3:2

> *Hay muchas cosas en que todos resbalamos; si hay alguien que no resbale con la lengua, es un tipo perfecto capaz de llevar las riendas de todo su cuerpo.*

Santiago concreta dos ideas que estaban entretejidas en la literatura y el pensamiento judíos.

(i) No hay persona en el mundo que no cometa ningún pecado. La palabra que usa Santiago quiere decir literalmente *resbalar.* «La vida —decía el gran marino Lord Fisher— está regada de cáscaras de plátano.» El pecado muchas veces no es deliberado, sino el resultado de un resbalón que nos ha pillado desprevenidos. La universalidad del pecado aparece en toda la Biblia. «Nadie es justo, ni siquiera uno —cita Pablo—; porque todos hemos pecado y hemos perdido la gloria de Dios» *(Romanos 3:10, 23).* «Si decimos que no hemos pecado —dice Juan— nos engañamos a nosotros mismos y no hay verdad en nosotros» *(1 Juan 1:8).* No hay ninguno en la Tierra que sea justo, que haga siempre el bien y que no peque nunca», decía el Predicador *(Eclesiastés 7:20).* «No hay nadie —dice un sabio judío— entre todos los nacidos que nunca haya obrado con maldad; y aun entre los fieles, no hay nadie que no haya obrado imperfectamente» *(2 Esdras 8:35).* No cabe el orgullo en la vida humana, porque no hay ser humano en la Tierra que no tenga ningún defecto del que avergonzarse. Hasta los escritores paganos tienen la misma conciencia de pecado. «Es propio de la naturaleza humana el pecar, tanto en la vida privada como en la pública,» decía Tucídides (3:45). «Todos nosotros pecamos —decía Séneca—; unos con más malicia, y otros más a la ligera *(Sobre la clemencia 1:6).*

(ii) No hay pecado en el que sea más fácil caer ni de peores consecuencias que los pecados de la lengua. También esta idea se encuentra entretejida en el pensamiento judío. Jesús nos ha advertido que tendremos que dar cuenta de toda palabra ociosa que se nos escape. «Por tus palabras se te exculpará o se te inculpará» *(Mateo 12:36s)*. «Una respuesta suave aplaca la ira, pero la expresión áspera la provoca... Una lengua gentil es como un árbol de vida; pero una perversa quebranta el espíritu» *(Proverbios 15:1-4)*.

De todos los sabios judíos, Jesús Ben Sirá, el autor del *Eclesiástico,* era el que más impresionado estaba con las potencialidades aterradoras de la lengua. «La honra y la vergüenza están en la conversación; y en la lengua del hombre está su caída. Que no se diga que eres chismoso, ni aceches con la lengua; porque como al ladrón le espera una vergüenza difamante, así también una mala condenación al de doble lengua... No te conviertas en enemigo en vez de en amigo; porque si no heredarás mala fama, vergüenza y reproches; eso es lo que le pasa al pecador que tiene una doble lengua» *(Eclesiástico 5:13 - 6:1)*. «Bendito sea el hombre que no resbala con la boca» (14:1). «¿Quién es aquel que no ha ofendido con la lengua?» (19:15). «¿Quién le pondrá guarda a mi boca, y un sello de sabiduría a mis labios, para que no caiga de repente por su culpa, y mi propia lengua me destruya?» (22:27).

Tiene un pasaje extenso que es tan noble y apasionado que vale la pena citarlo completo:

¡Maldito sea el murmurador y el de doble lengua! Porque han destruido a muchos que vivían en paz. Una lengua de víbora ha robado la tranquilidad a muchos, desterrándolos de nación en nación; ha derribado fuertes ciudades, y arrasado las casas de grandes hombres. Ha descuartizado las fuerzas del pueblo, y destrozado naciones fuertes. Una lengua viperina ha desechado a mujeres virtuosas, privándolas de sus labores. Quienquiera que le preste atención, no conocerá el reposo, ni vivirá nunca ya tranquilo, ni tendrá un amigo a quien pueda confiarse. El latigazo deja una cicatriz en el cuerpo; pero el golpe que se da con la lengua

*rompe los huesos. Muchos han caído a filo de espada;
pero no tantos como los que han sido víctimas de la
lengua. Bien se encuentra el que está a cubierto de ella,
y no ha pasado por su veneno; el que no ha llevado su
yugo, ni ha sido uncido a su carreta. Porque su yugo
es férreo; y sus correas, broncíneas. La muerte que
causa es sobremanera cruel; mejor sería la tumba que
caer en sus manos... Cuídate de cercar tus posesiones
de espinos, y atar bien tu plata y tu oro, y pesar en
balanza tus palabras y ponerle brida a tus labios y
atrancar la puerta de tu boca. Manténte en guardia para
no resbalar con ella, no sea que caigas ante el que yace
al acecho, y tu caída sea tan irremediable como la
muerte* (Eclesiástico 28:13-26).

PEQUEÑA, PERO PODEROSA

Santiago 3:3-5a

*Cuando les ponemos el freno a los caballos en la
boca para que nos obedezcan, así podemos controlar
todos los movimientos de su cuerpo. Fijaos en los navíos
también: por muy grandes que sean y aunque los impul-
sen vientos impetuosos, cómo se puede gobernar su
curso con un timón relativamente muy pequeño por
donde quiere el timonel. Pues así es la lengua: un
miembro del cuerpo pequeñajo pero matón.*

Se le podría discutir a Santiago el terror que le tiene a la
lengua, tratándose de una parte del cuerpo tan pequeña que no
se la puede tener en cuenta ni darle tanta importancia. Para
contestar a esa objeción, Santiago pone dos ejemplos *de cosas
pequeñas que controlan otras muy grandes.*

(i) A los caballos les ponemos el freno en la boca porque
sabemos que, si les controlamos la boca, podemos dirigir todo

su cuerpo. De la misma manera, dice Santiago, si podemos controlar la lengua, tenemos el resto del cuerpo a nuestras órdenes; y si no podemos controlar la lengua, todo lo demás de la vida irá por mal camino.

(ii) El timón es muy pequeño en comparación con todo el navío; y sin embargo, al hacer presión en ese instrumento tan pequeño, el timonel puede dirigir el rumbo del navío y llevarlo al puerto. Mucho antes, ya Aristóteles había usado esta misma ilustración cuando estaba hablando de la ciencia de la mecánica: «Un timón es pequeño, y se encuentra situado en el último extremo de la nave; pero tiene tal poder que, por medio de él, y con la fuerza de una sola persona —y ejercida esa fuerza moderadamente— se puede dirigir la mole considerable de los barcos.»

La lengua también es pequeña, pero puede dirigir todo el curso de la vida de una persona, y más.

Filón llamaba a la mente el conductor y el piloto de la vida de una persona. Cuando la mente está en control de cada palabra, y ella misma está controlada por Cristo, la vida está a salvo.

Santiago no dice de momento que el silencio sea mejor que las palabras. No está defendiendo una manera trapense de vivir, en la que la conversación esté prohibida. Lo que sí propone es que se mantenga a raya la lengua. El griego Aristipo tuvo un dicho agudo: «El que domina el placer no es el que nunca lo experimenta, sino el que lo controla como el jinete guía al caballo o el timonel el barco, dirigiéndolo adonde quiera que vaya.» La abstención de una cosa no es nunca un sustituto completo del control de su uso. Santiago no propone que guardemos silencio cobarde o culpablemente, sino que usemos el lenguaje con sabiduría.

UN FUEGO DEVASTADOR

Santiago 3:5b-6

> *Fijaos en cómo se puede extender un pequeño fuego por todo un gran bosque. Pues la lengua es como ese pequeño fuego, que representa en medio de nuestros miembros todo lo malo que hay en el mundo; porque contamina todo el cuerpo, y le prende fuego al círculo recurrente de la creación, y ella misma arde con el fuego del infierno.*

El daño que puede causar la lengua es como el de un fuego en el bosque. La figura del fuego del bosque es frecuente en la Biblia. El salmista Le pide a Dios que haga que los malos sean como la paja ante el viento; y que Su tempestad los destruya como el fuego arrasa el bosque y la llama hace arder las montañas *(Salmo 83:13s)*. Isaías dice que «la maldad prende como el fuego, devorando cardos y espinos; y arde en la espesura de la breña» *(Isaías 9:18)*. Zacarías habla de «un brasero ardiendo donde hay mucha leña, y un hachón de fuego en medio de las gavillas» *(Zacarías 12:6)*. Apunta a algo que los judíos de Palestina conocían muy bien. En la estación seca, la maleza y el monte bajo ardían tan fácilmente como la estopa. Si se producía un fuego, las llamas se extendían como una ola imposible de detener.

La imagen de la lengua como un fuego también es corriente en la literatura hebrea. «El hombre perverso cava en busca del mal, y en sus labios hay como llama de fuego» *(Proverbios 16:27)*. «Porque el hombre iracundo encenderá la quistión... Conforme a la materia, ansí se encenderá el fuego; y conforme a la vehemencia de la quistión se encenderá el ardor... La contienda apresurada enciende el fuego... Si soplares la centella, encenderseha [como fuego]...» *(Eclesiástico 28:11-14, Biblia del Oso)*. Hay dos razones por las que el daño que causa la lengua es como un incendio.

(i) Llega muy lejos. La lengua puede causar daño a distancia. Una palabra casual que se deja caer en un extremo de la ciudad o del país acaba por llevar el dolor o el perjuicio hasta el otro extremo. Los rabinos judíos usaban esta ilustración: «La vida y la muerte están en la mano de la lengua. ¿Es que la lengua tiene mano? No; pero como la mano puede matar, así también la lengua. La mano mata únicamente a corta distancia; la lengua se compara con una flecha porque puede matar desde muy lejos. Una flecha puede matar a cuarenta o cincuenta pasos, pero de la lengua se dice *(Salmo 73:9):* Los malos "ponen su boca contra el cielo, y su lengua se pasea por toda la Tierra." Abarca toda la Tierra y alcanza hasta los cielos.»

Ese es realmente el peligro de la lengua. Se puede esquivar un puñetazo, porque el que te lo quiere dar está cerca; pero una palabra maliciosa que se deja caer, o una calumnia que se repite acerca de alguien que está muy lejos o que tal vez ni se conoce, es algo que le puede producir un perjuicio incalculable, y que no se puede evitar ni esquivar porque no se ve venir ni se sabe de dónde viene.

(ii) Es incontrolable. En el clima seco de Palestina, como de gran parte de España, un fuego en el bosque llegaba a estar fuera de control casi inmediatamente; y así de incontrolable es el daño que se causa con la lengua. «Tres cosas no vuelven a su origen: la flecha que se lanza, la palabra que se dice y la oportunidad que se pierde.» No hay nada más difícil de apagar que un rumor; no hay nada más difícil de borrar que una historia maliciosa y falsa. Antes de hablar, recordemos que una vez que decimos algo, ya sale de la esfera de lo que podemos controlar. Y pensemos antes de decir nada porque, aunque después ya no podremos recuperar lo dicho, no cabe duda que tendremos que responder de ello.

LA POLUCIÓN INTERIOR

Santiago 3:5b-6 (conclusión)

Debemos dedicarle un poco más de tiempo a este pasaje, porque contiene dos frases especialmente difíciles.

(i) La lengua, dice la versión Reina-Valera, es «un mundo de maldad.» Debería decir *«el* mundo de la maldad.» Es decir: en nuestro cuerpo, la lengua representa todo el mundo malvado. La frase griega es *ho kósmos tês adikías,* y llegaremos mejor a su significado recordando que *kósmos* puede querer decir dos cosas.

(*a*) Puede querer decir *ornamento* (de ahí, en español, *cosmético,* etc.), aunque este sentido no es el más corriente. En tal caso, la frase querría decir que la lengua es *el ornamento del mal.* Es decir: el órgano que puede hacer atractivo el mal. Con la lengua se puede hacer que lo peor aparezca como lo mejor; con la lengua se puede disculpar y justificar la mala conducta; con la lengua pueden las personas inducirse al pecado. No cabe duda de que todo esto tiene sentido y es verdad; pero es dudoso que sea lo que la frase quiere decir en este contexto.

(*b*) *Kósmos* puede querer decir *mundo* (de ahí el español *cosmopolita, ciudadano del mundo).* En casi todo el Nuevo Testamento *kósmos* se refiere al mundo incluyendo el matiz de mundo *malo.* El mundo no puede recibir al Espíritu *(Juan 14:17).* Jesús se manifiesta a Sus discípulos, pero no al mundo *(Juan 14:22).* El mundo Le odia; y, por tanto, también odia a Sus discípulos *(Juan 15:18s).* El Reino de Jesús no es de este mundo *(Juan 18:36).* Pablo condena la sabiduría de este mundo *(1 Corintios 1:20).* El cristiano no debe amoldarse a este mundo *(Romanos 12:2).* Cuando se usa *kósmos* en este sentido quiere decir *el mundo sin Dios,* el mundo que ignora, y a menudo es hostil, a Dios. Por tanto, si llamamos a la lengua el *kosmos* malo, queremos decir que es el compendio de todos los males. Una lengua descontrolada es un mundo hostil a Dios.

(ii) La segunda frase difícil es la que la versión Reina-Valera traduce por «la rueda de la creación» *(trójos tês guenéseôs).*

El mundo antiguo usaba la figura de la rueda para describir la vida en cuatro sentidos diferentes.

(*a*) La rueda es un círculo, una entidad redonda y completa y, por tanto, la rueda de la vida puede querer decir *la totalidad de la vida.*

(*b*) Cualquier punto de la rueda siempre se está moviendo hacia arriba o hacia abajo. Por tanto, la rueda de la vida representa *los altibajos de la vida.* En este sentido la frase quiere decir casi siempre la rueda de la fortuna, siempre cambiando y siempre mudable.

(*c*) La rueda es circular; siempre está volviendo al punto de partida; o, si así lo preferimos, a un punto por el que ya ha pasado antes; por tanto, la rueda representa *la repetición cíclica de la vida,* el aburrido giro de una existencia que no hace más que repetirse, sin avanzar jamás.

(*d*) La frase tenía un uso técnico especial. La religión órfica creía que el alma humana estaba pasando un proceso constante de nacimiento, muerte y reencarnación; y lo que había que procurar era salir de esa rueda de molino para entrar en el ser infinito. Así que el fiel órfico que lo conseguía podía decir: «Me he escapado de la rueda cansina y dolorosa.» En este sentido, la rueda de la vida puede corresponder a *la fatigosa rutina de las reencarnaciones interminables.*

Es prácticamente imposible que Santiago supiera nada del concepto órfico de la reencarnación. No es nada probable que ningún cristiano pensara en términos de una vida cíclica que no iba a ninguna parte. No es tampoco probable que un cristiano tuviera miedo de los altibajos de la vida. Por tanto, lo más probable es que la frase quiera decir *la totalidad de la vida y del vivir.* Lo que Santiago está diciendo es que la lengua puede provocar y extender un incendio destructor que puede arrasar toda la vida; y que la lengua misma está inflamada con el fuego del mismísimo infierno. De ahí su terrible potencia.

COMPLETAMENTE INDOMABLE

Santiago 3:7-8

> *Se puede domar toda clase de fieras, aves, reptiles*
> *y aun animales acuáticos, y de hecho se han domado*
> *para el servicio de los seres humanos; pero no hay*
> *persona que pueda dominar la lengua, que es un mal*
> *incontrolable lleno de veneno mortal.*

La idea de domesticar la creación animal para servicio humano aparece a menudo en la literatura judía. Ya la encontramos en la historia de la Creación. Dios dijo del hombre: «Señoree en los peces del mar, en las aves de los cielos, en las bestias, en toda la tierra y en todo animal que se arrastra sobre la tierra» *(Génesis 1:26)*. Ese es el pasaje que Santiago tiene en mente de una manera especial. La misma promesa se le repitió a Noé: «El temor y el miedo de vosotros estarán sobre todo animal de la tierra, y sobre toda ave de los cielos, en todo lo que se mueva sobre la tierra y en todos los peces del mar; y en vuestra mano son entregados» *(Génesis 9:2)*. El autor del *Eclesiástico* repite la misma idea: «Dios puso el miedo al hombre sobre toda carne, y le dio dominio sobre bestias y aves» *(Eclesiástico 17:4)*. El salmista tenía el mismo pensamiento: «Le hiciste señorear sobre las obras de Tus manos; todo lo pusiste debajo de sus pies; ovejas y bueyes, todo ello, y asimismo las bestias del campo, las aves de los cielos y los peces del mar; todo cuanto pasa por los senderos del mar» *(Salmo 8:6-8)*. El mundo romano conocía los peces domesticados, que se tenían en piscinas en el patio central o *atrium* de las casas romanas. La serpiente era el emblema de Esculapio, y en sus templos había serpientes amaestradas reptando en libertad, que se suponía que eran reencarnaciones del dios. Los enfermos pasaban una noche en el templo de Esculapio; y, si una de esas serpientes domésticas les pasaba por encima, se suponía que habían experimentado el contacto sanador del dios.

Los hombres se las han ingeniado para domar todos los animales salvajes en el sentido de controlarlos y servirse de ellos; eso, dice Santiago, es lo que ningún ser humano, por mucho que lo intente, puede hacer con la lengua.

BENDICIÓN Y MALDICIÓN

Santiago 3:9-12

> *Con la misma lengua bendecimos a Dios Padre, y maldecimos a las personas que están hechas a Su imagen. De la misma boca salen bendición y maldición, cosa que no debería suceder, ¿verdad, hermanos? Seguro que del mismo manantial, que brota de la misma hendidura de la peña, no fluyen agua dulce y agua salada al mismo tiempo. Seguro, hermanos, que una higuera no da aceitunas, ni higos una parra, ni el manantial de agua salada agua dulce, ¿verdad?*

Sabemos muy bien por propia experiencia que hay una quiebra en la naturaleza humana. Todos tenemos algo de ángeles y algo de simios, algo de héroes y algo de villanos, algo de santos y mucho de pecadores. Santiago está convencido de que donde se presenta esta contradicción más evidentemente es en la lengua.

Con ella, dice, bendecimos a Dios. Esto era especialmente importante para los judíos. Siempre que se mencionaba el nombre de Dios, los judíos exclamaban: «¡Bendito sea!» Tres veces al día, el judío practicante tenía que repetir las *S^emoné Esré*, las famosas dieciocho *euloguías, bendiciones,* cada una de las cuales empezaba: «Bendito seas, oh Dios.» Dios era, sin duda, *euloguetós, bendito,* al Que se bendecía continuamente. Y, sin embargo, las mismas bocas y lenguas que bendecían a Dios de manera frecuente y piadosa, maldecían a las personas. Para Santiago eso era absolutamente antinatural, tanto como que una misma fuente fluyera agua dulce y agua salada, o un árbol diera frutos totalmente distintos. Aquello podría estar muy mal y ser contrario a la naturaleza, pero era y es trágicamente corriente.

Pedro podía decir: «Aunque tenga que morir contigo, ¡no Te negaré!» *(Mateo 26:35)*, y esa misma lengua suya negaría a Jesús poco tiempo después con juramentos y maldiciones *(Mateo 26:69-75)*. El Juan que dijo: «Hijitos, amaos unos a otros,» era el mismo que había querido una vez hacer que lloviera fuego del cielo y arrasara una aldea samaritana *(Lucas 9:51-56)*. Hasta las lenguas de los apóstoles podían decir cosas totalmente contradictorias..Juan Bunyan nos dice que «Charlatán» de *El Peregrino* «Era un santo de puertas para fuera, y un demonio en casa.» Muchos hablan con impecable cortesía a los extraños, y hasta predican el amor y la amabilidad, y saltan y se ponen furiosos por nada con su familia. No es una cosa del otro mundo el usar una lengua muy piadosa el domingo y otra soez y blasfema el lunes. No es nada del otro jueves el que una persona exprese los sentimientos más piadosos un día, y repita las historias más denigrantes al siguiente. Nadie se hace de nuevas cuando una persona habla con dulce misericordia en una reunión de la iglesia, y cuando sale masacra la reputación de alguien con lengua de víbora.

Las cosas, dice Santiago, no deberían ser así. Es cierto que algunas drogas son curativas en casos y venenosas a veces; son bendiciones para el que las usa por prescripción médica, pero perjudiciales hasta no poder más cuando se toman incontroladamente. Así la lengua puede bendecir y maldecir; puede producir o mitigar el dolor; puede decir las cosas más delicadas, o las más ofensivas. Es uno de los deberes más difíciles y obvios el impedir que la lengua no se contradiga a sí misma, sino que diga siempre tales cosas, y de tal manera, como querríamos que Dios pudiera oír.

UNO QUE NO DEBERÍA SER MAESTRO

Santiago 3:13-14

> *¿Hay alguien entre vosotros que sea sabio e inteligente? Pues que demuestre por la amabilidad de su conducta que todo lo que hace lo hace con buena intención. Pero, si tenéis en el corazón un celo amargo y una ambición egoísta, no os chuleéis arrogantemente de vuestros triunfos, porque estaríais falsificando la verdad.*

Santiago vuelve, como si dijéramos, al principio del capítulo. Su razonamiento sigue el siguiente curso: «¿Hay alguien entre vosotros que quiera ser un verdadero sabio y un auténtico maestro? Pues que viva una vida tan llena de gracia que demuestre a todos que la amabilidad es la que gobierna su vida y es el poder controlador de su corazón. Porque, si está lleno de fanatismo, y a todas luces controlado por una ambición personal y egoísta, entonces, todo lo que pretenda en su arrogancia, todo lo que haga, estará lejos de la verdad que profesa enseñar.»

Santiago usa aquí dos palabras interesantes. La que usa para *celo* es *zêlos*. *Zêlos* no tiene por qué tener un sentido malo. Podría querer decir, como *celo* en español, la noble emulación que uno siente cuando se encuentra ante la personificación de la grandeza y de la bondad. Pero a veces hay una línea muy tenue entre la noble emulación y la vulgar envidia. La palabra que usa para *ambición egoísta* es *eritheía,* que tampoco tenía originalmente un sentido peyorativo. En un principio quería decir *contratar como hilandera,* y se empleaba para designar a las asistentas en general. De ahí pasó a significar cualquier trabajo que se hace a sueldo; y luego, la clase de trabajo que no se hace más que por la paga. Luego se introdujo en el campo de la política, y llegó a significar la ambición egoísta que no busca más que el propio encumbramiento, y que está dispuesta a utilizar cualesquiera medios para conseguir su fin.

Maestros y profesores tienen siempre una doble tentación.
(i) Los ataca la tentación de *la arrogancia*. Era el pecado
característico de los rabinos. Los más elevados maestros de
Israel eran plenamente conscientes de ese peligro. En los
Dichos de los padres leemos: «El que es arrogante en sus
decisiones es estúpido, malvado, orgulloso de espíritu.» Uno
de los sabios aconsejaba: «Tus colegas son libres para seguir
o no tu parecer; no se lo tienes que hacer tragar.» Pocos están
en tan constante peligro espiritual como los maestros y los
predicadores. Están acostumbrados a que los escuchen y a que
se acepten sus palabras. Sin darse cuenta llegan a la actitud que
ironizaba Shakespeare:

> *¡Yo soy el Señor Oráculo,*
> *y cuando abro los labios, que no ladre perro alguno!*

Es muy difícil ser maestro o predicador y seguir siendo
sencillo; pero es absolutamente necesario.
(ii) Los ataca la tentación de *la agresividad*. Sabemos lo
fácilmente que «la discusión intelectual engendra pasión.» Se
conoce también el *odium theologicum*. Sir Thomas Browne
tiene un pasaje sobre el salvajismo que reina entre los investigadores: «Son gente de paz, no llevan armas, pero tienen la
lengua más afilada que una navaja de afeitar; llegan más lejos
con sus plumas, y hacen más ruido que el trueno; yo preferiría
enfrentarme con el ataque de un basilisco antes que a la furia
de su pluma despiadada.» Y en España decía alguien a unos
extranjeros que objetaban a la crueldad de las corridas de toros,
que eso no era nada comparado con la que se desplegaba en
las oposiciones a cátedras de universidad. Una de las cosas más
difíciles del mundo es discutir sin pasión, y enfrentarse con los
razonamientos sin herir. El estar totalmente convencido de lo
que uno cree sin ridiculizar lo que creen otros es sumamente
difícil; pero es de primera necesidad para el profesor o el
maestro cristiano. Podemos encontrar en este pasaje cuatro
características del magisterio que no es como es debido.

(i) Es *fanático*. Defiende *su* verdad con violencia desequilibrada más que con convicción razonada.

(ii) Es *agresivo*. Considera a sus oponentes como enemigos a los que tiene que aniquilar, y no como amigos a los que tiene que convencer.

(iii) Es *egoístamente ambicioso*. Tiene más interés en desplegarse a sí mismo que en desplegar la verdad; la única victoria que le interesa es la de sus opiniones personales, y no la de la verdad.

(iv) Es *arrogante*. Está orgulloso de lo que sabe, y no humilde por lo que no sabe. El verdadero intelectual será mucho más consciente de lo que no sabe que de lo que sabe.

UNA FORMA EQUIVOCADA DE SABIDURÍA

Santiago 3:15-16

> *Esa sabiduría no es la que viene de lo Alto, sino otra que es terrenal, característica del hombre natural, inspirada por el diablo; porque donde hay envidia y ambición egoísta, hay también desorden y toda clase de mal.*

Esa llamada sabiduría, agresiva y arrogante, es muy distinta de la sabiduría real. Primeramente, Santiago la describe como es en sí, y después en sus efectos. En sí misma es tres cosas.

(i) Es terrenal. Su nivel y su origen son terrenales. Mide el éxito en términos mundanos; como lo son también sus fines.

(ii) Es característica del hombre natural. La palabra que usa Santiago es difícil de traducir. Es *psyjikós,* que viene de *psyjê.* Los antiguos dividían la persona en tres partes: cuerpo, alma y espíritu. El cuerpo *(sôma)* es nuestro componente físico de carne y sangre —o de carne y hueso, como decimos más corrientemente en español—; el alma *(psyjê)* es la vida física que compartimos con todos los seres vivos, y el espíritu *(pneuma)* es lo característico de la persona, lo que la distingue de los animales y la hace una criatura racional y semejante a Dios. Esto es todo un poco confuso para nosotros, porque tenemos la costumbre de hablar del *alma* en el sentido que se le daba antiguamente a la palabra *espíritu*. Santiago está diciendo que esa falsa sabiduría no es más que algo animal; es la clase de sabiduría que hace rugir y atacar a un animal que no tiene más intención que hacer presa o sobrevivir.

(iii) Es demoníaca. Su origen no está en Dios, sino en el demonio. Crea la clase de situaciones que le gustan al demonio, no a Dios.

Santiago pasa a describir esta sabiduría arrogante y agresiva por sus efectos. Lo más característico de ella es que desemboca en desorden. Es decir: en lugar de relacionar a las personas, las separa; en vez de producir la paz, produce incompatibilidad y enemistad. Hay una clase de personas que son indudablemente inteligentes y que tienen una mente aguda y una lengua hábil; pero sus efectos, a pesar de todo, en cualquier compañía (ya sea una junta directiva, una iglesia o cualquier grupo) son siempre actitudes que causan problemas y que hacen difíciles las relaciones personales. Es humillante el tener que reconocer que la sabiduría que despliegan esas personas es demoníaca más que divina.

LA VERDADERA SABIDURÍA (1)

Santiago 3:17-18

> *La sabiduría que procede de lo Alto es, en primer lugar, pura; también, pacificadora, considerada, dispuesta a ceder, llena de misericordia y de buenos frutos, sin doblez ni hipocresía. Porque la semilla que en su día produce la cosecha que lleva consigo la integridad sólo se puede sembrar cuando las relaciones humanas son como es debido, y por aquellos cuya conducta produce esas relaciones.*

Los sabios judíos siempre estuvieron de acuerdo en que la verdadera sabiduría venía de Arriba. No era un logro humano, sino un don de Dios. El libro de la *Sabiduría* describe a esta sabiduría como «el aliento del poder de Dios, y una influencia pura que fluye de la gloria del Todopoderoso» *(Sabiduría de Salomón 7:25)*. El mismo libro Le pide a Dios: «Dame la sabiduría que se sienta junto a Tu trono» *(Sabiduría 9:4);* y otra vez: «Oh, envíala desde Tu santo Cielo, y desde el trono de Tu gloria» *(Sabiduría 9:8)*. Ben Sirá empezó su libro con la frase: «Toda sabiduría viene del Señor, y está con Él para siempre» *(Eclesiástico 1:1);* y hace decir a la Sabiduría: «Yo procedía de la boca del Altísimo» *(Eclesiástico 24:3)*. Los sabios judíos proclamaban a una voz que la sabiduría les viene a los seres humanos de Dios.

Santiago usa ocho palabras para describir esta sabiduría, en cada una de las cuales hay toda una escena.

(i) La verdadera sabiduría es *pura*. En griego, *hágnos* y el sentido de esa raíz contiene la idea de *suficientemente puro para acercarse a los dioses*. En un principio tenía sólo un sentido ceremonial, y se refería exclusivamente a la persona que había pasado por el ritual correcto de la purificación. Así, por ejemplo, Eurípides hace decir a uno de sus personajes: «Mis manos están purificadas, pero mi corazón no.» En esta etapa, *hágnos* describe una pureza ritual, pero no necesariamente moral; pero, conforme el tiempo fue avanzando, llegó a describir la pureza moral que es necesaria para tener acceso a los dioses. A la entrada del templo de Esculapio en Epidauro había esta inscripción: «El que quiera entrar este templo divino debe ser puro *(hágnos);* y la pureza consiste en tener una mente que sólo tiene pensamientos santos.» La verdadera sabiduría está tan limpia de todo motivo bastardo o egoísta que ha llegado a ser suficientemente pura para ver a Dios. La sabiduría humana desearía escapar de la vista de Dios; la verdadera sabiduría puede soportar Su escrutinio.

(ii) La verdadera sabiduría es *eirênikós*. Hemos traducido *pacificadora,* pero tiene un sentido muy especial. *Eirênê* quiere decir *paz,* y cuando se usa en un contexto humano tiene el sentido básico de *la correcta relación entre hombre y hombre y entre hombre y Dios.* La verdadera sabiduría produce relaciones correctas. Hay una clase de sabiduría aguda y arrogante que separa a las personas, y que hace que se mire con desprecio a los demás. Hay también una clase de sabiduría cruel que se deleita en asaetear a otras personas con palabras agudas e hirientes. Y hay una clase de sabiduría depravada que aparta seductoramente a las personas de su lealtad a Dios. Pero la verdadera sabiduría atrae a las personas más cerca de sus semejantes y de Dios.

(iii) La verdadera sabiduría es *epieikês.* Esta es la palabra griega más difícil de traducir de todas las del Nuevo Testamento. Aristóteles la definía como «lo que está más allá de la ley establecida», y como «una justicia que es mejor que la justicia,» y como «aquella actitud que interviene para corregir las cosas cuando la misma ley se hace injusta.» La persona que es *epieikês* es la que sabe cuándo sería injusto aplicar la estricta letra de la ley. Sabe perdonar cuando la justicia implacable le da perfecto derecho a condenar. Sabe hacer concesiones, no insistir en sus derechos, temperar la justicia con la misericordia, acordarse siempre de que hay cosas en el mundo que son más importantes que las normas y las reglas. Es prácticamente imposible encontrar una palabra castellana que traduzca esta cualidad. Matthew Arnold la llamaba en inglés «sweet reasonableness» —ser «dulcemente razonable»—, y es la habilidad de extender a los demás la amable consideración que querríamos que se tuviera con nosotros.

LA VERDADERA SABIDURÍA (2)

Santiago 3:17-18 (conclusión)

(iv) La verdadera sabiduría es *eupeithês.* Aquí tenemos que escoger entre dos significados. (*a*) *Eupeithês* puede que quiera decir *siempre listo para obedecer.* La primera de las leyes para la vida de William Law era: «Tener bien grabado en la mente que no tengo más que una empresa entre manos: buscar la felicidad eterna haciendo la voluntad de Dios.» Si tomamos la palabra en este sentido, quiere decir que la persona verdaderamente sabia está dispuesta a obedecer siempre que le llegue la voz de Dios. (*b*) *Eupeithês* puede querer decir *fácil de persuadir,* no en el sentido de ser voluble y manejable, sino en el de no ser testarudo y atender a razones. Viniendo como viene a continuación de *epieikês,* probablemente tiene este segundo significado. La verdadera sabiduría no es rígida, sino está dispuesta a tomar las cosas en consideración, y es experta en saber cuando tiene que ceder sabiamente.

(v) Vamos a tomar juntos los dos términos siguientes. La verdadera sabiduría es *llena de misericordia (éleos) y de buenos frutos. Éleos* es una de las palabras que adquirió un nuevo significado con la llegada del Cristianismo. Los griegos la definían como *piedad para con la persona que está sufriendo injustamente;* pero en el Evangelio quiere decir mucho más que eso.

(*a*) En el pensamiento cristiano *éleos* quiere decir misericordia para con la persona que está pasando por dificultades, aunque sea por su propia culpa. La piedad cristiana es el reflejo de la piedad de Dios; y esta se manifestó, no sólo cuando estábamos sufriendo injustamente, sino aun cuando estábamos sufriendo por nuestra culpa. Solemos decir de alguien que está pasándolo mal: «Es por su culpa. Se lo tiene merecido.» Y, en ese caso, no nos sentimos llamados a intervenir en su ayuda. La misericordia cristiana se solidariza con cualquier persona que está en apuros, aunque sea ella la que se los ha echado encima.

(*b*) En el pensamiento cristiano *éleos* quiere decir la misericordia que desemboca en buenos frutos; es decir, que ofrece ayuda práctica. La piedad cristiana no es una emoción que no llega nunca a la acción. Nunca debemos decir que nos da pena de alguien, y no hacer lo posible por ayudarle.

(vi) La verdadera sabiduría es *adiákritos, sin doblez.* Esto quiere decir que no duda ni vacila; sabe lo que piensa, elige su curso de acción y lo mantiene. Hay personas que creen que es más inteligente no llegar a ninguna decisión sobre nada. Dicen que tienen una mente abierta, y que suspenden el juicio. Pero la sabiduría cristiana se basa en las certezas cristianas que nos llegan de Dios mediante Jesucristo.

(vii) La verdadera sabiduría es *anypókritos, sin hipocresía.* Es decir: no es una pose, ni una actitud fingida. Es sincera; no pretende ser lo que no es, ni hace el papel para conseguir su propio fin.

Por último, Santiago dice algo que todas las iglesias y grupos cristianos deben llevar en el corazón. La versión Reina-Valera traduce correcta y literalmente el texto original: «Y el fruto de justicia se siembra en paz para aquellos que hacen la paz.» Esta es una frase muy comprimida. Recordemos que paz, *eirênê,* quiere decir *la debida relación entre las personas.* Así que, lo que Santiago está diciendo es: «Todos estamos tratando de cosechar el resultado de una vida como Dios quiere. Pero la semilla que produce la mejor cosecha no puede fructificar en cualquier ambiente, sino sólo cuando hay buenas relaciones entre las personas. Y los únicos que pueden sembrar esa semilla y cosechar sus frutos son los que han dedicado la vida a producir esa relación que es como es debido.»

Es decir: nada bueno puede crecer en un ambiente en el que las personas están en constante rivalidad y desacuerdo. Un grupo en el que hay agresividad y pelea es terreno estéril en el que no pueden germinar ni producir las semillas de la justicia. La persona que disturba las relaciones personales y es responsable de las peleas y de la rivalidad se ha excluido a sí misma voluntariamente de la recompensa que Dios da a los que viven sabiamente la vida que Él les da.

MI GUSTO O LA VOLUNTAD DE DIOS

Santiago 4:1-3

> *¿De dónde proceden las riñas y las peleas entre vosotros? ¿No es verdad que brotan del ansia de placer que mantiene una constante campaña bélica en vuestros miembros? Deseáis, pero no conseguís; asesináis; codiciáis, pero no lográis. Peleáis y guerreáis, pero no poseéis porque no pedís. Pedís, pero no recibís, porque no pedís como es debido; porque no queréis más que gastar en vuestros placeres lo que recibís.*

Santiago les plantea a sus lectores una cuestión fundamental: si la finalidad de su vida es someterse a la voluntad de Dios o satisfacer el ansia de placeres de este mundo. Les advierte que, si el placer es el objetivo de su vida, lo único que van a conseguir son peleas, y odio, y divisiones. Dice que el resultado de una ansiosa búsqueda de placeres es *polemoi* (guerras) y *majai* (batallas). Quiere decir que la búsqueda febril de placeres desemboca en unos resentimientos interminables que son como guerras, y en unas explosiones repentinas de enemistad que son como batallas. Los antiguos moralistas habrían estado totalmente de acuerdo con él.

Cuando miramos a la sociedad humana, vemos a menudo una masa hirviente de odios y peleas. Filón decía: «Considerad la guerra continua que prevalece entre las personas, hasta en tiempo de paz, y que existe no sólo entre naciones, países y ciudades, sino también entre casas familiares o, para decirlo mejor, está presente en cada individuo; observad la tempestad indeciblemente rugiente que se produce en las almas humanas, excitada por el violento acoso de los asuntos de la vida; y os preguntaréis si hay alguien que disfrute de tranquilidad en tal tempestad, o que mantenga la calma en medio de las olas turgentes de tal mar.»

La raíz de este conflicto incesante y violento no es otra cosa que el deseo. Filón advierte que los Diez Mandamientos culminan en la prohibición de desear o codiciar, porque esa es la peor de todas las pasiones del alma. «¿No es por esta pasión por lo que se rompen las relaciones y se cambia la buena voluntad natural en enemistad desesperada; y los países grandes y populosos quedan desolados por cuestiones domésticas; y tierra y mar se llenan de nuevos desastres de batallas navales y campos de batalla? Porque las famosas y trágicas guerras... todas surgieron de la misma fuente: el deseo de dinero, o de gloria, o de placer. Estas son las cosas que enloquecen a la humanidad.» Luciano escribe: «Todos los males que le vienen al hombre —revoluciones y guerras, asechanzas y matanzas— surgen del deseo. Todas estas cosas proceden del manantial del deseo de más.» Platón escribe: «La sola causa de las guerras y revoluciones y batallas no es otra que el cuerpo y sus deseos.» Y Cicerón: «Son los deseos insaciables los que trastornan, no sólo a las personas, sino a familias enteras, y que hasta demuelen el estado. De los deseos surgen los odios, divisiones, discordias, sediciones y guerras.» El deseo es la raíz de todos los males que arruinan la vida y causan divisiones entre las personas.

El Nuevo Testamento presenta con toda claridad el hecho de que este deseo arrollador de los placeres del mundo es siempre un peligro amenazador para la vida espiritual. Son los cuidados y las riquezas y los placeres de esta vida los que se asocian para sofocar la buena semilla *(Lucas 8:14)*. Una persona puede llegar a estar tan dominada por las pasiones y placeres que la malicia y la envidia y el odio invaden su vida y se apoderan de ella totalmente *(Tito 3:3)*.

La disyuntiva clave de la vida está en agradar a nuestra naturaleza caída o agradar a Dios; y un mundo en el que el fin principal del hombre es agradarse a sí mismo es un campo de batalla para la barbarie y la división.

LAS CONSECUENCIA DE UNA VIDA DOMINADA POR EL PLACER

Santiago 4:1-3 (conclusión)

Una vida dominada por el placer tiene ciertas consecuencias inevitables.

(i) Hace que las personas se lancen al cuello las unas de las otras. Los deseos, como dice Santiago, son poderes bélicos en potencia. No quiere decir que guerreen en el interior de la persona —aunque esto también es cierto—, sino que hacen que las personas estén en guerra unas con otras. Desean fundamentalmente las mismas cosas —dinero, poder, prestigio, posesiones terrenales, gratificación de las concupiscencias corporales. Cuando todos se esfuerzan por poseer las mismas cosas, la vida se convierte inevitablemente en un campo de batalla. Se pisotean unos a otros para llegar antes; harán lo que sea para eliminar a un rival. La obediencia a la voluntad de Dios agrupa a las personas, porque Su voluntad es que se amen y se sirvan mutuamente; pero la sumisión al ansia de placer distancia a las personas, porque las convierte en rivales potenciales para obtener las mismas cosas.

(ii) El ansia de placer arrastra a las personas a acciones vergonzosas. Las impulsa a la envidia y a la enemistad; y hasta al asesinato. Para llegar a conseguir lo que desea, una persona tiene que tener una fuerza motriz en el corazón. Podrá privarse de cosas que su deseo de placer le impida hacer; pero, mientras tenga ese deseo en el corazón, no está a salvo. Puede explotar en cualquier momento haciendo algo que traiga ruina.

Los pasos del proceso son sencillos y terribles. La persona se permite desear algo. Aquello empieza a dominarle el pensamiento; se encuentra pensando en ello involuntariamente, tanto en la vigilia como en el sueño. Llega a ser para ella lo que se llama propiamente *una pasión dominante*. Empieza a imaginar maneras para obtenerlo, que pueden implicar eliminar a los que se interpongan. Esto puede mantenerse en su mente cierto tiempo; y de pronto, de la imaginación pasa a la acción; y puede que se encuentre dando pasos terribles que son necesarios para la consecución del objeto de su deseo. Todos los crímenes del mundo empiezan por un deseo que en un principio no es más que un sentimiento del corazón pero que, abrigado largo tiempo, acaba por llegar a la acción.

(iii) El ansia de placer acaba por cerrar la puerta de la oración. Si las oraciones de una persona se limitan a aquellas cosas que pueden gratificar sus deseos, son esencialmente egoístas; y, por tanto, no es posible que Dios las conceda. El fin verdadero de la oración es decirle a Dios: «Hágase Tu voluntad.» La oración de la persona dominada por el deseo del placer es: «Que se cumplan mis deseos.» Es indudable que los egoístas no pueden orar como es debido; nadie podrá nunca orar como se debe orar si no ha desplazado su ego del centro de su vida, y ha dejado que sea Dios Quien lo ocupe.

En esta vida tenemos que escoger entre nuestros deseos y la voluntad de Dios. Si escogemos nuestros deseos, nos alejamos de nuestros semejantes y de Dios.

INFIDELIDAD PARA CON DIOS

Santiago 4:4-7

> *¡Infieles a lo que habéis prometido! ¿Es que no sabéis que amar a este mundo es enemistarse con Dios? El que se propone llevarse bien con el mundo se convierte* ipso facto *en enemigo de Dios. ¿Creéis que la Escritura dice por nada: «Dios anhela celosamente el espíritu que ha hecho habitar en vosotros?»*
>
> *Pero Dios da mayor gracia. Por eso, también dice la Escritura: «Dios se opone a los soberbios, pero concede Su gracia a los humildes.» Por tanto, someteos a Dios. Resistid al diablo, y huirá de vosotros; manteneos cerca de Dios, y Él estará cerca de vosotros.*

La antigua versión Reina-Valera (1909) hacía este pasaje todavía más difícil de lo que es. En ella se dirigía la advertencia a *adúlteros y adúlteras.* En el original se encuentra sólo esta palabra en femenino, por lo que la revisión de 1960 traducía *almas adúlteras.* Es verdad que no se pretendía que la palabra tuviera aquí su sentido literal; no se hace referencia al adulterio físico, sino espiritual. La idea se basa en la concepción corriente en el Antiguo Testamento de que el Señor es el esposo de Israel, e Israel la esposa del Señor. «Porque tu marido es tu Hacedor; el Señor de los ejércitos es Su nombre» *(Isaías 54:5).* «Pero como la esposa infiel abandona a su compañero, así prevaricasteis contra Mí, oh casa de Israel, dice el Señor» *(Jeremías 3:20).* Esta idea del Señor como el marido y de la nación de Israel como la esposa explica la manera en que expresa constantemente el Antiguo Testamento la infidelidad espiritual en términos de adulterio físico. El hacer un pacto con los dioses de tierras extrañas, y el ofrecerles sacrificios, y el celebrar matrimonios con extranjeros era prostituirse *(Éxodo 34:15s).* Dios le advirtió a Moisés que llegaría el día en que el pueblo se levantaría y se prostituiría con los dioses de la tierra en que iba a morar, y Le dejaría *(Deuteronomio 31:16).* Oseas se queja de que el pueblo se ha prostituido y ha olvidado a Dios *(Oseas 9:1).* Es en este sentido espiritual en el que el Nuevo Testamento habla de una generación *adúltera (Mateo 16:4; Marcos 8:38).* La alegoría pasó al pensamiento cristiano, en el que se presenta a la Iglesia como la esposa de Cristo *(2 Corintios 11:1s; Efesios 5:24-28; Apocalipsis 19:7; 21:9).*

Esta manera de hablar puede escandalizar a algunos oídos modernos; pero contiene una idea preciosa. Quiere decir que el desobedecer a Dios es como romper la promesa matrimonial; que todo pecado es un pecado contra el amor; que nuestra relación con Dios no es distante, como entre un rey y sus súbditos o un amo y sus esclavos, sino íntima como la de marido y mujer. Cuando pecamos quebrantamos el corazón de Dios, como se quebranta el corazón de un cónyuge por la deserción del otro.

LA AMISTAD CON EL MUNDO
ES ENEMISTAD CON DIOS

Santiago 4:4-7 (continuación)

Santiago nos dice en este pasaje que amar al mundo es enemistarse con Dios; y, por tanto, el que es muy amigo del mundo se coloca en la posición de enemigo de Dios. Es importante entender lo que quiere decir.

(i) Esto no se dice por desprecio al mundo; ni desde el punto de vista que considera la Tierra como un desierto inhóspito y que denigra el mundo natural. Un puritano estaba dando un paseo por el campo con un amigo. Este se fijó en una flor muy hermosa que había al borde del camino, y se lo hizo notar a aquel; a lo que el puritano replicó: «He aprendido a no apreciar nada de lo que contiene este mundo perdido y pecador.» Eso no era lo que quería decir Santiago, que habría estado de acuerdo en que este mundo es creación de Dios; y, como Jesús, se habría complacido en su belleza.

(ii) Ya hemos visto que el Nuevo Testamento usa a menudo la palabra *kósmos* en el sentido de *el mundo que está apartado de Dios.* Hay dos pasajes en el Nuevo Testamento que ilustran lo que Santiago quiere decir. Pablo dice: «Porque el estar pendiente de las cosas que fascinan a nuestra naturaleza humana pecadora implica enemistad con Dios... Los que viven una vida exclusivamente mundana no pueden agradar a Dios» *(Romanos 8:7s).* Lo que quiere decir es que los que se empeñan en juzgarlo todo conforme a una escala de valores puramente humana están por necesidad en desacuerdo con Dios. Y el segundo pasaje es uno de los más impactantes epitafios sobre la vida cristiana que se encuentran en ninguna literatura: «Demas me ha desertado, porque está enamorado de este mundo» *(2 Timoteo 4:10).* Se refiere a *la mundanalidad:* si uno dedica totalmente su vida a las cosas materiales, está claro que no se la puede dedicar a Dios. En ese sentido, el que le dedica su vida a este mundo está enemistado con Dios.

(iii) El mejor comentario a este dicho es el de Jesús: «Nadie puede estar al servicio de dos amos» *(Mateo 6:24)*. Hay dos actitudes ante las cosas de este mundo y tiempo: podemos estar tan dominados por ellas que el mundo llega a ser nuestro amo; o podemos usarlas para servir a nuestros semejantes y prepararnos para la eternidad, en cuyo caso el mundo no es nuestro amo, sino nuestro servidor. Una persona puede, o servirse del mundo, o estar a su servicio. Usar el mundo para servir a Dios y a la humanidad es ser amigo de Dios, porque eso es lo que Dios quiere que hagamos. Pero dejarnos usar por un mundo dictador y tirano de la vida es estar en enemistad con Dios, porque eso es algo que Dios no quiere que sea el mundo.

DIOS COMO ESPOSO CELOSO

Santiago 4:4-7 (continuación)

El versículo 5 es extremadamente difícil. Para empezar, se nos presenta como una cita de la Escritura, pero no sabemos de dónde se ha tomado, porque no se puede reconocer. Podemos suponer que Santiago está citando algún libro que se ha perdido y que él consideraba parte de la Sagrada Escritura; o que está resumiendo en una frase mucho del sentido del Antiguo Testamento sin referirse a ningún pasaje en particular.

Además, es difícil de traducir. Ofrece dos alternativas que, a fin de cuentas, dan casi el mismo sentido. «Él —es decir, Dios— anhela celosamente la devoción del espíritu que ha hecho morar en nosotros;» o: «El Espíritu que Dios ha hecho morar en nosotros celosamente anhela la plena devoción de nuestros corazones.»

En cualquier caso, el sentido es que Dios es un Esposo celoso, que no consiente competidor. El Antiguo Testamento no tenía nunca reparo en aplicarle a Dios la cualidad de *celoso*. Moisés decía de Dios a Su pueblo: «Le provocaron celos con los dioses ajenos» *(Deuteronomio 32:16)*. Y oye a Dios decir:

«Ellos me provocaron a celos con lo que no es Dios» *(Deuteronomio 32:21)*. Insistiendo en Su derecho exclusivo a recibir adoración, Dios dice en los Diez Mandamientos: «Yo, el Señor vuestro Dios, soy un Dios celoso» *(Éxodo 20:5)*. «No te has de inclinar a ningún otro dios; pues el Señor, cuyo nombre es Celoso, Dios celoso es» *(Éxodo 34:14*. Basándose en este versículo, y comparando las consonantes del tetragrámaton con otras lenguas semíticas, se la sugerido que el nombre de Jehová quiere decir *Celoso)*. Zacarías oyó decir a Dios: «Así dice el Señor de los ejércitos: "Celé a Sión con gran celo, y con gran ira la celé"» *(Zacarías 8:2)*. La palabra española *celoso* viene del griego *zêlos,* que contiene la idea de calor ardiente. El sentido es que Dios ama a la humanidad con tan ardiente pasión que no puede soportar ningún otro amor supremo en los corazones de los seres humanos.

Puede que ahora nos sea difícil conectar la cualidad de *celoso* con el carácter de Dios, porque ha adquirido un significado que no es elevado; pero detrás de esta palabra se encierra la verdad sorprendente de que Dios ama de tal manera las almas humanas. Hay un sentido en el que el amor se debe difundir entre todas las personas y por toda la creación de Dios; pero hay también un sentido en el que el amor exige y da una devoción exclusiva a una sola persona. Es profundamente cierto que una persona no puede estar enamorada nada más que de una persona a la vez. Si no está de acuerdo, es que no se ha enterado de lo que es el amor.

LA GLORIA DE LA HUMILDAD
Y LA TRAGEDIA DEL ORGULLO

Santiago 4:4-7 (conclusión)

Santiago sale al encuentro de una reacción casi inevitable a su descripción de Dios como un enamorado celoso. Si Dios es así, ¿cómo podrá nadie ofrecerle la devoción que Él exige?

Y la respuesta de Santiago es que, si Dios hace una gran demanda, también da gran gracia para cumplirla; y cuanto más grande la demanda, mayor es la gracia que Dios da.

Pero la gracia tiene una característica constante: una persona no puede recibirla hasta que se da cuenta de que la necesita, y acude a Dios solicitando humildemente Su ayuda. Por tanto, siempre será verdad que Dios está en contra de los soberbios y da Su gracia pródigamente a los humildes. «Dios se opone a los soberbios, pero da gracia a los humildes.» Es una cita de *Proverbios 3:34;* y reaparece otra vez en *1 Pedro 5:5.*

¿Qué es este *orgullo* demoledor? La palabra griega es *hyperéfanos,* que quiere decir literalmente *el que se coloca por encima de los demás.* También los griegos aborrecían el orgullo. Teofrasto lo describía como «un cierto desprecio de todos los demás.» Teofilacto, autor cristiano, lo llamaba «la ciudadela y la cima de todos los males.» Lo más terrible es que se esconde en el corazón. Quiere decir *altanería;* pero el que la padece puede parecer de lo más humilde, cuando en realidad siente en el corazón un desprecio olímpico hacia todos sus semejantes. Se cierra a Dios por tres razones.

(i) *Jamás reconoce su propia necesidad.* Se admira a sí mismo hasta tal punto que no se reconoce ninguna necesidad.

(ii) *Le encanta ser autosuficiente.* No tiene obligaciones para con nadie, ni siquiera para con Dios.

(iii) *No reconoce su propio pecado.* Está tan ocupado pensando en su propia excelencia que no le queda tiempo para descubrirse ningún pecado del que tenga que librarse. Un orgullo así no puede recibir ayuda, porque no sabe que la necesita, y por tanto no la busca ni acepta.

La humildad de que habla Santiago no consiste en rebajarse. Tiene dos características.

(i) Sabe que si una persona se enfrenta abiertamente con el diablo, este le dejará por cobarde. «El diablo —manifestaba Hermás— puede pelear con el cristiano, pero no le puede abatir.» Esta es una verdad que les encantaba a los cristianos, porque Pedro dice lo mismo *(1 Pedro 5:8s).* El gran ejemplo y la gran inspiración es Jesús en Sus tentaciones. En ellas Jesús dejó bien claro que el diablo no es invencible; cuando se enfrenta con la Palabra de Dios, tiene que huir. El cristiano tiene la humildad de saber que tiene que pelear sus batallas con el tentador, no con su propio poder, sino con el poder de Dios.

(ii) Sabe que tiene el mayor privilegio, que es el acceso a Dios. Esto es algo imponente, porque el derecho de acceso a la presencia de Dios en el antiguo orden de cosas era una exclusiva de los sacerdotes *(Éxodo 19:22)*. El ministerio del sacerdote le permitía acercarse a Dios para ayudar a los que estaban manchados de pecado *(Ezequiel 44:13)*. Pero por la obra de Jesucristo, cualquier creyente puede acercarse confiadamente al trono de Dios, seguro de que encontrará misericordia y gracia que le ayuden en el momento de la necesidad *(Hebreos 4:16)*. Hubo un tiempo cuando sólo el sumo sacerdote podía entrar en el lugar santísimo; pero nosotros tenemos un Camino nuevo y vivo y una mejor esperanza que nos permite acercarnos a Dios *(Hebreos 7:19)*.

Los cristianos debemos ser humildes; pero es una humildad que nos da un valor invencible y que sabe que el acceso a Dios está abierto hasta para el santo más tímido.

LA PUREZA PIADOSA

Santiago 4:8-10

> *Acercaos a Dios, y Él se acercará a vosotros. Limpiaos las manos, pecadores, y purificad vuestros corazones, vosotros los indecisos. Afligíos, y haced duelo y llorad. Que vuestra risa se convierta en aflicción, y vuestra alegría deje paso a la tristeza. Humillaos ante el Señor para que sea Él Quien os ensalce.*

Las exigencias éticas del Evangelio no están nunca lejos del pensamiento de Santiago. Ha hablado de la gracia que Dios da a los humildes, y que permite a las personas responder a Sus grandes demandas. Pero Santiago está seguro de que hay algo que se necesita además del pedir y recibir pasivamente. Está seguro de que el esfuerzo moral es de primera necesidad.

Dirige su exhortación *a los pecadores.* La palabra que usa es *hamartôlos,* que quiere decir el pecador empedernido, aquel cuyo pecado es obvio y notorio. *Suidas* define *hamartôloi* (plural) como «los que escogen vivir en compañía con la desobediencia a la ley, y que aman una vida corrupta.» De los tales, Santiago demanda una reforma moral que abarque tanto su conducta exterior como sus deseos íntimos. Les exige tanto manos limpias como corazones puros *(Salmo 24:4).*

La frase *limpiaos las manos* no quería decir en un principio más que la purificación ceremonial, el lavado ritual de manos con agua que hacía ser a una persona apta ceremonialmente para participar del culto. Los sacerdotes se tenían que lavar y bañar antes de entrar de servicio *(Éxodo 30:19-21; Levítico 16:4).* Los judíos ortodoxos tenían que lavarse las manos ritualmente antes de comer *(Marcos 7:3).* Pero se llegó a comprender que Dios requería mucho más que ese lavado exterior; así es que la frase llegó a significar la pureza moral. «Lavaré en inocencia mis manos,» dice el salmista *(Salmo 26:6).* Isaías demandaba: «Lavaos y limpiaos,» lo que equivalía a «dejad de hacer lo malo» *(Isaías 1:16).* En la carta a Timoteo se insiste en que las manos que se eleven a Dios en oración estén limpias *(1 Timoteo 2:8).* Al acabar la Guerra Civil española se decía que no tenían nada que temer los que no tuvieran las manos manchadas de sangre. Estaba claro que no se había de entender esa expresión literalmente. Así, la historia de la frase muestra una concienciación progresiva de lo que Dios demanda. Se empezó pensando en términos de una ablución externa y ritual, y se acabó por ver que la demanda de Dios era moral, y no meramente ritual.

El mensaje bíblico exige una limpieza cuádruple. (*a*) Una limpieza de labios *(Isaías 6:5s).* (*b*) Una limpieza de manos *(Salmo 24:4).* (*c*) Una limpieza de corazón *(Salmo 73:13).*

(*d*) Una limpieza de mente *(Santiago 4:8).* Es decir: que las exigencias éticas de la Biblia agrupan la purificación de las palabras, las obras, las emociones y los pensamientos. La persona tiene que ser limpia interior y exteriormente, porque sólo los limpios de corazón verán a Dios *(Mateo 5:8).*

LA AFLICCIÓN PIADOSA

Santiago 4:8-10 *(continuación)*

En su demanda de aflicción piadosa, Santiago se retrotrae al dicho de Jesús: «Bienaventurados los que *están de duelo,* porque serán consolados» *(Mateo 5:4; Lucas 6:20-26).* No debemos descubrir en este pasaje lo que Santiago no quería decir. No está excluyendo el gozo de la vida cristiana. No está exigiendo una vida lóbrega en un mundo tenebroso. Está haciendo dos cosas. Está proponiendo la sobriedad en lugar de la superficialidad, y lo hace con toda la intensidad de quien es naturalmente puritano; y está describiendo, no *el fin,* sino *el principio* de la vida cristiana. Exige tres cosas.

(i) Exhorta a lo que él llama *la aflicción.* El verbo griego es *talaipôrein,* que puede describir —como cuando lo utiliza Tucídides— la experiencia de un ejército al que se le han terminado los víveres y que no se puede abrigar de las inclemencias del tiempo. Lo que Santiago demanda es una abstinencia voluntaria de lujos innecesarios y comodidades blandengues. Está hablando con personas que están enamoradas del mundo; y les está exhortando a que no hagan del lujo y de la comodidad su baremo para juzgar la vida. Es la disciplina lo que produce al intelectual; es el entrenamiento riguroso lo que produce al atleta, y es la abstinencia sabia la que produce al cristiano que sabe usar el mundo sin dejarse usar por el mundo.

(ii) Exhorta a *que hagan duelo,* que su risa se les convierta en aflicción, y que su alegría deje paso a la tristeza. Aquí, repetimos, Santiago está describiendo *el primer paso* de la vida cristiana, que se da cuando uno se encuentra cara a cara con su propio pecado y con Dios.

Esa es una experiencia amedrentadora. Cuando Wesley estaba predicando a los mineros de Kingswood, se sintieron movidos por tal aflicción que las lágrimas hacían canalillos al correr por sus rostros mugrientos.

Pero eso no es el fin, ni mucho menos, de la vida cristiana. Del terrible dolor de la conciencia de pecado se pasa al gozo exuberante del perdón de los pecados. Pero para pasar al segundo paso hay que dar el primero. Santiago exige a sus oidores o lectores autosuficientes, amadores del lujo y despreocupados, que se enfrenten con sus pecados, y se avergüencen y conduelan y amedrenten; porque sólo entonces podrán alcanzar la gracia y pasar a un gozo que satisface mucho más plenamente que los placeres mundanos.

(iii) Exhorta al *llanto*. Tal vez no sea exagerado decir que Santiago puede estar pensando en *lágrimas de misericordia.* Hasta ese momento estos enamorados del lujo habían vivido egoístamente, insensibles a lo que un poeta llamaba «la lluvia de lágrimas del mundo.» Santiago insiste en que los dolores y las necesidades de los demás deben atravesar la armadura de la comodidad y el placer propios. No somos cristianos hasta que percibimos el grito angustioso de la humanidad por la que Cristo murió.

Así pues, con palabras especialmente escogidas para despertar a los indiferentes de su profundo sueño, Santiago exhorta a que sus oyentes o lectores sustituyan el exceso del lujo por la disciplina de la abstinencia; a que reconozcan sus pecados y hagan duelo por ellos, y a que se identifiquen con el dolor del mundo y lloren por él.

LA HUMILDAD DE LA PIEDAD

Santiago 4:8-10 (conclusión)

Santiago concluye esta exhortación con una llamada a la humildad que es conforme a la piedad. Por toda la Biblia fluye la convicción de que los humildes son los únicos que pueden experimentar las bendiciones de Dios. Dios quiere salvar a los humildes *(Job 22:29)*. El orgullo de una persona la degrada; pero el honor ensalza a los humildes de espíritu *(Proverbios 29:23)*. Dios habita en la altura, pero también con el humilde y contrito de espíritu *(Isaías 57:15)*. Los que tienen temor de Dios humillarán sus almas en Su presencia, y cuanto más grande sea una persona tanto más debe humillarse si quiere hallar gracia a los ojos de Dios *(Eclesiástico 2:17; 3:17)*. Jesús mismo declaró en diversas ocasiones que es el que se humilla el que será exaltado *(Mateo 23:12; Lucas 14:11)*.

Para buscar la dirección de Dios, una persona se tiene que dar cuenta de su propia ignorancia. Solamente cuando uno se da cuenta de su pobreza en las cosas que más importan estará dispuesto a pedir las riquezas de la gracia de Dios. Solamente cuando una persona es consciente de su propia debilidad en las cosas necesarias acudirá a proveerse de la fuerza de Dios. Sólo cuando uno reconoce su pecado reconocerá también su necesidad de un Salvador y del perdón de Dios.

En la vida hay un pecado que se puede considerar la base de todos los demás; y es olvidar que somos criaturas, y que Dios es el Creador. Cuando una persona se da cuenta de su esencial criaturidad, se da cuenta de su indefensión radical, y acude a la fuente de la que puede satisfacer su necesidad.

Tal dependencia genera la única independencia real; porque es entonces cuando la persona se enfrenta con la vida, no dependiendo de sus propias fuerzas, sino de las de Dios, y obtiene la victoria. Mientras una persona se considere independiente de Dios, está expuesta a sufrir el colapso final y la derrota definitiva.

EL PECADO DE CRITICAR A LOS DEMÁS

Santiago 4:11-12

> *Sois hermanos. Dejad de hablar mal los unos de los otros. El que habla mal del hermano o le critica, está hablando mal de la ley y criticándola; y si te eriges en juez de la ley, ya no eres de los que se someten, sino de los que se oponen a ella. Uno solo es el Legislador y el Juez, Que puede salvar y destruir. Pero tú, ¿quién eres para hacer de juez de tu prójimo?*

La palabra que emplea Santiago para *hablar mal,* o difamar, es *katalaleîn.* Este verbo casi siempre quiere decir calumniar a una persona que no está presente para defenderse. El pecado de la calumnia (el nombre es *katalalía)* se condena en toda la Biblia. El salmista acusa al malvado: «Tomabas asiento y hablabas contra tu hermano; contra el hijo de tu madre ponías infamia» *(Salmo 50:20).* El salmista oye decir a Dios: «Al que solapadamente infama a su prójimo, Yo lo destruiré» *(Salmo 101:5).* Pablo lo incluye entre los pecados que son característicos del mundo pagano *(Romanos 1:30);* y es uno de los que teme encontrarse en la conflictiva iglesia de Corinto *(2 Corintios 12:20).* Es significativo el que en estos dos pasajes *la difamación* aparece en íntima relación con *la murmuración. Katalalía* es el pecado de los que se reúnen en las esquinas y forman grupitos y se transmiten detalles confidenciales de información que pueden destruir el buen nombre de los que no están allí para defenderse. Pedro también condena este pecado *(1 Pedro 2:1).*

Esta advertencia es muy necesaria. No nos damos cuenta en seguida de que hay pocos pecados que la Biblia condene tan tajantemente como el de la murmuración maliciosa e irresponsable. Hay pocas actividades que atraigan tanto a la gente vulgar y corriente como esta; el escuchar y el transmitir historias denigrantes —especialmente sobre alguna persona distinguida— es una actividad fascinante para la mayoría de la gente. Haremos bien en recordar lo que Dios piensa de ello. Santiago lo condena por dos razones fundamentales.

(i) Es una violación de la ley regia de amar a nuestros semejantes como a nosotros mismos *(Santiago 2:8; Levítico 19:18)*. Está claro que uno no puede amar a su prójimo como a sí mismo y difundir calumnias acerca de él. Ahora bien: el que quebranta una ley a sabiendas, se coloca por encima de la ley; es decir, que se pone de juez sobre la ley. Pero a lo que estamos obligados es a cumplir la ley, no a juzgarla. Así que el que habla mal de su prójimo se erige en juez y se atribuye el derecho a quebrantarla —y, por tanto, se condena a sí mismo.

(ii) Es una violación de la prerrogativa de Dios. El calumniar a nuestro prójimo es, de hecho, sentenciarle. Y ningún ser humano tiene derecho a juzgar a otro; ese derecho Le pertenece y corresponde solamente a Dios.

Dios es el único que puede exculpar o inculpar. Esta Su prerrogativa se encuentra en toda la Biblia. «Yo hago morir, y Yo hago vivir», dice Dios *(Deuteronomio 32:39)*. «El Señor mata, y Él da vida,» dice Ana en su oración *(1 Samuel 2:6)*. «¿Soy yo Dios, que mate y dé vida?» pregunta alucinado el rey israelita al que acude Naamán para que le cure de la lepra *(2 Reyes 5:7)*. Jesús mismo nos advierte que no debemos temer a los que lo peor que nos pueden hacer es quitarnos la vida física, sino que debemos temer al Que puede destruir tanto el cuerpo como el alma *(Mateo 10:28)*. Como decía el salmista, Dios es el único que tiene dominio en las cuestiones de vida o muerte *(Salmo 68:20)*. El juzgar a otro es usurpar un derecho que sólo pertenece a Dios; y hace falta ser rematadamente malo para pretender infringir las prerrogativas de Dios.

Podríamos creer que el hablar mal de otro no es un pecado muy grave; pero la Escritura lo considera uno de los peores, porque es quebrantar la ley regia e infringir los derechos que sólo pertenecen a Dios.

EXCESO DE CONFIANZA

Santiago 4:13-17

¡Venga ya, los que decís: «Hoy o mañana iremos a tal ciudad, y nos quedaremos allí un año, y comerciaremos y haremos negocio»! Los que son como vosotros no saben lo que pasará mañana. ¿Qué es vuestra vida? Una neblina que aparece por un poco de tiempo, y después se desvanece. Y sin embargo, habláis de esa manera en vez de decir: «Si Dios quiere, estaremos vivos, y haremos esto o lo otro.» Pero hacéis vuestros planes arrogantemente como si fuerais los amos del mundo. Todas esas chulerías no son nada bueno. Así que, si uno sabe lo que está bien, y no lo hace, ese es el que peca.

Aquí tenemos otro cuadro contemporáneo, que los lectores de Santiago reconocerían, y en el que hasta podrían descubrir su propio retrato. Los judíos eran los mayores comerciantes del mundo antiguo; y en muchos sentidos, ese mundo les dio todas las oportunidades necesarias para poner en práctica sus habilidades comerciales. En aquel tiempo se fundaron muchas ciudades; y era corriente que los dignatarios que las fundaban estuvieran buscando ciudadanos que las ocuparan. A los judíos se les ofreció muchas veces generosamente la ciudadanía porque, donde ellos iban, iban también el dinero y los negocios. Así que esta escena nos presenta a unos cuantos hombres mirando un mapa. Uno de ellos señala un punto en él y dice: «Aquí hay una nueva ciudad de grandes oportunidades comerciales. Vamos allá. Empezaremos desde cero; pero, después de un año o así, habremos hecho fortuna, y podremos volver ricos.» Y Santiago contesta que no se pueden hacer así los planes para el futuro; porque no sabemos ni lo que pasará el día de mañana. El hombre propone, y Dios dispone.

La esencial incertidumbre del futuro siempre ha estado grabada en la mente de todos los pueblos. El sabio hebreo escribía: «No te jactes del día de mañana; porque no sabes ni lo que dará de sí el día de hoy» *(Proverbios 27:1)*. Jesús contó la historia de un rico insensato que hizo fortuna e hizo planes para el futuro y se olvidó de que se le podía reclamar el alma aquella misma noche *(Lucas 12:16-21)*. Ben Sirá escribía: «Hay quien se hace rico a base de agotarse y privarse, y eso es todo lo que saca; porque mientras está diciendo: «Me he ganado una vida de descanso, y ahora no voy a hacer más que disfrutar de lo que es mío.» ¡Y no sabe lo que le va a pasar, y que la muerte está de camino, y que tiene que dejarles todo eso a otros, y él morirse!» *(Eclesiástico 11:18s)*. Séneca decía: «¡Qué estúpido es hacer planes para la vida de uno, cuando ni siquiera el mañana tiene bajo su control!» Y en otro lugar: «No hay nadie que tenga amigos tan ricos que le puedan prometer el mañana.» Los rabinos tenían un proyecto: «No te preocupes por el día de mañana, porque no sabes lo que te deparará. Tal vez ni lo sepas mañana.» Denis Mackail era amigo de Sir James Barrie, y nos dice que, conforme Barrie se iba haciendo viejo, no quería nunca aceptar compromisos para una fecha un poco distante. «¡Sólo a corto plazo!», solía decir.

Santiago prosigue. Esta incertidumbre de la vida no debe conducirnos ni al miedo ni a la inactividad, sino a una total dependencia de Dios. Siempre ha sido la característica de las personas serias y responsables el hacer sus planes en esa dependencia de la que Pablo habla a los corintios: «Iré a veros pronto, si es la voluntad del Señor» *(1 Corintios 4:19)*. «Espero pasar algún tiempo con vosotros, si el Señor me lo concede» *(1 Corintios 16:7)*. Jenofonte escribe: «Sean así todas estas cosas, si así lo quieren los dioses. Y si alguien se pregunta por qué encontramos a menudo esta frase escrita, "si los dioses quieren," yo le haría saber que, si hubiera experimentado los riesgos de la vida, no se sorprendería tanto.» Platón cuenta una conversación entre Sócrates y Alcibíades. Alcibíades dice: «Haré eso si quieres, Sócrates.» Y Sócrates le contesta: Alcibíades, esa no es manera de hablar.» « ¿Cómo tendría que haber dicho?» «Pues, "Si Dios quiere."» Minucio Félix escribe:

«¡Que Dios lo quiera! A una persona normal le sale instintivamente el hablar así.» Entre los árabes se oye frecuentemente: «Im sa Allah» —«Si Allah quiere», de donde se dice que viene la palabra española *ojalá*. Lo curioso es que los judíos no parece que tuvieran una expresión equivalente. En este sentido tenían que aprender de los otros pueblos.

La actitud verdaderamente cristiana no es vivir paralizados por el miedo a la incertidumbre del futuro, sino el dejarlo en las manos de Dios con todos nuestros planes, contentos de que no se lleven a cabo si no son la voluntad de Dios.

El que no tiene esto presente es culpable de arrogante presunción. La palabra original es *alazoneía*. *Alazoneía* era en un principio la actitud del charlatán, que ofrecía curas milagrosas que no curaban nada y presumía de cosas que no podía hacer. El futuro no está en las manos de los hombres, y ninguno puede pretender arrogantemente que tiene poder para decidirlo.

Santiago acaba con una advertencia. Si uno sabe que algo está mal pero sigue haciéndolo, comete un pecado. Lo que quiere decir es que, si se nos ha advertido, y se nos ha hecho ver la verdad, y seguimos disponiendo de nuestra propia vida sin tener en cuenta que el futuro está en las manos de Dios, escogemos seguir viviendo en un error culpable.

LA INUTILIDAD DE LAS RIQUEZAS

Santiago 5:1-3

> *¡Venga ya, ricos! Llorad y lamentad las miserias que se os vienen encima. Vuestra riqueza está podrida, y vuestras ropas apolilladas; vuestro oro y vuestra plata están totalmente roñosos, y eso os prueba lo inútiles que os serán. Su roña va a devorar vuestra carne como fuego. ¡Un tesoro que habíais amasado para que os durara toda la vida!*

En los primeros seis versículos de este capítulo, Santiago se propone dos cosas. La primera, mostrar lo totalmente inútiles que son las riquezas terrenales; y la segunda, mostrar el carácter detestable de los que las poseen. Al hacerlo, espera prevenir a sus lectores para que no pongan sus esperanzas en las cosas terrenales.

Si supierais lo que hacéis, les dice a los ricos, lloraríais y lamentaríais el terror del juicio que se os viene encima el Día del Señor. La palabra que usa para *lamentar* aumenta el realismo del cuadro. Es el verbo *ololythein,* palabra onomatopéyica que sugiere el sentido por su sonido. Quiere decir aún más que lamentar: chillar, aullar (como dice la Reina-Valera), dar alaridos, ulular; describe el terror pánico de los que se tienen que enfrentar con el juicio de Dios *(Isaías 13:6; 14:31; 15:2s; 16:7; 23:1, 14; 65:14; Amós 8:3).* Podríamos decir que es la palabra que describe a los que pasan los tormentos dantescos de los condenados.

En todo este pasaje encontramos palabras pictóricas y escogidas cuidadosamente. En Oriente había tres fuentes principales de riqueza, y Santiago usa una palabra para describir la descomposición de cada una. La palabra para pudrirse *(sêpein)* sugiere que se trata de los cereales y los alimentos en general. Las ropas también eran una riqueza en Oriente. José les dio mudas de ropas a sus hermanos *(Génesis 45:22).* Fue el hermoso manto babilónico el que hizo que Acán atrajera el juicio de Dios sobre la nación y la muerte sobre su familia entera *(Josué 7:21).* Fue una muda de ropa el premio que prometió Sansón al que descifrara su acertijo *(Jueces 14:12).* Y fue la ropa que trajo Naamán como regalo para el profeta de Israel lo que despertó la codicia de Guiezi *(2 Reyes 5:5, 22).* Pablo aseguraba que no había codiciado el dinero ni la ropa de nadie *(Hechos 20:33).* La polilla echará a perder esa ropa tan espléndida *(sêtobrôtos,* cp. *Mateo 6:19).*

El clímax de la descomposición llega al final de la lista. Hasta el oro y la plata se corroerán totalmente *(katiûsthai).* Lo extraordinario es que el oro y la plata son incorruptibles; pero

Santiago advierte de la manera más viva que hasta lo más precioso y aparentemente indestructible será destruido.

La roña (N.B.E.) es la prueba de que todas las cosas terrenales no tienen permanencia ni valor reales. Más aún: son una advertencia de la muerte. El deseo de estas cosas es como una roña mortal que se va apoderando de los cuerpos y las almas. Y entonces llega el sádico sarcasmo. ¡Pues sí que es un tesoro precioso el que ha amasado el que pone su delicia en estas cosas, que piensa que le va a durar siempre! Todo lo que quedará de él será un fuego devorador que lo aniquilará todo y a él mismo totalmente.

Santiago está convencido de que el concentrarse en las cosas materiales es no sólo entregarse a fantasías fugaces, sino a cosas que generan la destrucción total de la persona.

LA PASIÓN SOCIAL DE LA BIBLIA

Santiago 5:1-3 (continuación)

Ni siquiera un lector casual de la Biblia puede dejar de advertir la pasión social que rezuman todas sus páginas. No hay libro que condene la riqueza deshonesta y egoísta con una pasión semejante. El profesor J. E. McFadyen llamaba al libro del profeta Amós «Un clamor por justicia social.» Amós condena a los que almacenan violencia y rapiña en sus palacios *(Amós 3:10)*. Condena a los que pisotean a los pobres, teniendo ellos casas de piedra labrada y jardines paradisíacos —que, por la ira de Dios, no gozarán jamás *(Amós 5:11)*. Despliega su ira contra los que dan menos peso y medida escasa , que compran a los pobres por dinero y a los necesitados por un par de zapatos, y que venden abusivamente hasta los desechos del trigo. «No me olvidaré jamás de todas sus obras,» dijo Dios *(Amós 8:4-7)*. Isaías acusa a los que se construyen grandes propiedades añadiendo casa a casa y terreno a terreno *(Isaías 5:8)*. El sabio insiste en que el que confía en las riquezas caerá

(Proverbios 11:28). Lucas cita lo que dijo Jesús: «¡Ay de vosotros los ricos!» *(Lucas 6:24)*. Los ricos tienen difícil el entrar en el Reino de Dios *(Lucas 18:24)*. La riqueza es una red: los ricos están expuestos a concupiscencias estúpidas y peligrosas que conducen a la ruina, porque el amor al dinero es la raíz de todos los males *(1 Timoteo 6:9s)*.

En la literatura intertestamentaria resuena la misma nota. «Ay de vosotros, los que adquirís plata y oro injustamente... Perecerán con sus posesiones, y sus espíritus serán arrojados con vergüenza al horno de fuego» *(Enoc 97:8)*. En la *Sabiduría de Salomón* hay un pasaje salvaje en el que el sabio hace hablar al rico egoísta sobre su forma de vivir comparada con la de los justos. «¡Venga ya! Disfrutemos de las cosas buenas del presente, y démonos prisa a usar de las cosas creadas como en la juventud. Llenémonos de vinos costosos y de ungüentos; y que no se nos escape ninguna flor de la primavera. Coronémonos de rosas antes que se sequen. Que no haya prado que no atraviese nuestro lujo. Que ninguno de nosotros se prive de nada en materia de placeres; dejemos señales de nuestro regocijo en todos los lugares; porque esta es nuestra parte, y nuestra suerte. Oprimamos al pobre que sea justo, no tengamos compasión de la viuda, ni respeto a las canas del anciano... Por tanto, acechémos a los íntegros; porque no es de los nuestros, y sí contrario a todo lo que hacemos; nos acosa con nuestras desobediencias a la ley, y objeta a nuestra infamia, los pecados de nuestra manera de vivir» *(Sabiduría de Salomón 2:6-12)*.

Uno de los misterios del pensamiento social es el que la religión cristiana llegara a considerarse «el opio del pueblo,» o tomarse por un asunto otro-mundista. No hay libro en ninguna literatura que hable tan explosivamente de la injusticia social como la Biblia, ni que haya actuado tan poderosamente en la dinámica social. No condena la riqueza como tal; pero no hay libro que insista más en la responsabilidad de la riqueza y en los peligros que acechan al que tiene abundancia de las cosas de este mundo.

EL CAMINO DEL EGOÍSMO Y SU FIN

Santiago 5:4-6

Fijaos: el jornal de los obreros que segaron vuestras tierras, que vosotros les retuvisteis fraudulentamente, clama contra vosotros, y los gritos de vuestros cosechadores han llegado a los oídos del Señor de los ejércitos. Habéis vivido en la tierra desenfrenadamente en medio de lujos rebuscados; habéis satisfecho todos vuestros caprichos como se ceban los animales para la matanza; habéis inculpado y matado al justo sin que él os pusiera resistencia.

Aquí tenemos la condenación de la riqueza egoísta y avasalladora, y el fin al que conduce.

(i) Los ricos egoístas han obtenido su riqueza injustamente. La Biblia no deja lugar a dudas de que el obrero es digno de su salario *(Lucas 10:7; 1 Timoteo 5:18).* Los jornaleros vivían entonces en Palestina al borde de la pobreza. El jornal era escaso; les resultaba imposible ahorrar nada; y si se les retenía el jornal, aunque fuera sólo por un día, sencillamente ni él ni su familia podían comer. Era por eso por lo que las misericordiosas leyes de la Escritura insistían una y otra vez en el pago puntual del salario del jornalero. «No oprimirás al jornalero pobre y menesteroso, ya sea de tus hermanos o de los extranjeros que habitan en tu tierra dentro de tus ciudades; en su día le darás su jornal, y no se pondrá el sol sin dárselo; pues es pobre, y con él sustenta su vida; para que no clame contra ti al Señor, y sea en ti pecado» *(Deuteronomio 24:14s).* «No oprimirás a tu prójimo, ni le robarás. No retendrás el salario del jornalero en tu casa hasta la mañana» *(Levítico 19:13).* «No digas a tu prójimo: Anda, y vuelve, y mañana te daré, cuando tienes contigo qué darle» *(Proverbios 3:28).* «¡Ay del que edifica su casa sin justicia, y sus salas sin equidad, sirviéndose de su prójimo de balde, y no dándole el salario de su trabajo!»

(Jeremías 22:13). «Los que defraudan en su salario al jornalero» están bajo el juicio de Dios *(Malaquías 3:5)*. «El pan de los menesterosos es la vida de los pobres; el que de él los defrauda, es varón de sangres. El que al prójimo quita el mantenimiento, lo mata; y el que defrauda al jornalero de su jornal, sangre derrama» *(Eclesiástico 34:25s, Biblia del Oso)*. «No quede contigo el jornal de cualquiera que hubiere obrado por ti; mas antes se lo paga luego» *(Tobías 4:15, B.O.)*.

La ley de la Biblia no es en nada menos que la constitución para los obreros. La preocupación social de la Biblia se expresa en palabras de la Ley y de los Profetas y de los Sabios por igual. ¡Santiago dice que los gritos de los cosechadores han llegado a los oídos del Señor de los ejércitos! Los ejércitos son los ejércitos de los cielos, las estrellas y los cuerpos celestes. La Biblia enseña en todas sus partes que el Señor del universo se preocupa de los derechos de los trabajadores.

(ii) Los ricos egoístas usan egoístamente sus riquezas. Viven en la tierra desenfrenadamente en medio de lujos rebuscados. La palabra que traducimos por *vivir en lujos rebuscados* es *tryfân*. Viene de una raíz que significa *destrozar;* y describe la vida fácil que acaba por socavar y destruir la fibra moral de las personas. La palabra que traducimos por *desenfrenadamente* es un verbo, *spatalân,* («darse la buena vida», N.B.E.). Es una palabra mucho peor; quiere decir vivir en lascivo desenfreno. Les viene la condenación a los ricos egoístas porque han usado sus riquezas para gratificar su propia ansia de lujo y sus pasiones más bajas, y han olvidado sus deberes con los demás.

(iii) El que escoge ese camino escoge también su fin. El destino del ganado engordado es la matanza; y los que no han buscado más que el lujo desbordado y los excesos egoístas se han engordado a sí mismos para el Día del Juicio. El egoísmo siempre conduce a la destrucción del alma.

(iii) Los ricos egoístas han asesinado al justo que no les ofrecía resistencia. Es dudoso a quién se refiere esto. Podría ser a Jesús. «Mas vosotros negasteis al Santo y al Justo, y pedisteis que se os diese un homicida» *(Hechos 3:14)*. Y Esteban acusó a los judíos de haber matado siempre a los mensajeros de Dios aun antes de la venida del Justo *(Hechos 7:52)*. Y Pablo declara que Dios escogió a los judíos para que vieran al Justo, aunque ellos Le rechazaron *(Hechos 22:14)*. Pedro dice que Cristo sufrió por nuestros pecados, el Justo por los injustos *(1 Pedro 3:18)*. El Siervo doliente del Señor no ofreció resistencia. No abrió su boca, y como cordero ante sus trasquiladores estuvo mudo *(Isaías 53:7)*, un pasaje que Pedro cita en su descripción de la pasión de Jesús *(1 Pedro 2:23)*. Puede que Santiago esté diciendo que, en su opresión de los pobres y de los justos, los ricos egoístas han crucificado a Cristo otra vez. Todas las heridas que el egoísmo inflige a los que son de Cristo son heridas que se le infligen a Él.

Puede que Santiago no esté pensando especialmente en Jesús al hablar del justo, sino en el odio instintivo de los malos a los buenos. Ya hemos citado el pasaje de la *Sabiduría de Salomón* que describe la conducta de los ricos. Así prosigue: «Él (el justo) profesa tener el conocimiento de Dios, y se llama a sí mismo hijo del Señor. Fue puesto para reprender nuestros pensamientos. Nos resulta ofensivo hasta verle: porque su vida no es como la de los otros hombres, y sus caminos son de otra hechura. Él no nos considera más que falsificaciones: él se abstiene de nuestros métodos como de lo inmundo: él proclama que el final del justo es para bendición, y presume de que Dios es su Padre. Veamos si sus palabras son verdaderas: y probemos lo que le sucederá al final. Porque, si el justo es el hijo de Dios, Dios le ayudará y librará de la mano de sus enemigos. Examinémosle con desprecios y tortura, para que conozcamos su humildad y probemos su paciencia. Condenémosle a una muerte vergonzosa: porque según él mismo ha dicho, será respetado» *(Sabiduría de Salomón 2:13-30)*. Estas, dice el Sabio, son palabras de hombres a los que ha cegado su maldad.

Alcibíades, el amigo de Sócrates, vivía desenfrenadamente. A veces le decía: «Te odio; porque siempre que te veo me haces verme tal como soy.» El malvado eliminaría con gusto al bueno, porque le recuerda cómo es y cómo debería ser.

ESPERANDO LA VENIDA DEL SEÑOR

Santiago 5:7-9

> *Hermanos, tened paciencia con respecto a la venida del Señor. Fijaos en cómo espera el labrador los preciosos frutos de la tierra; los espera con paciencia hasta que llegan las lluvias tempranas y las tardías. Y vosotros también, sed pacientes. Manteneos firmes en vuestros corazones, porque la venida del Señor está cerca.*
>
> *Hermanos, no os quejéis los unos de los otros, para no ser condenados. ¡Atención! El Juez está a las puertas.*

La Iglesia Primitiva vivía en constante expectación de la Segunda Venida de Jesucristo; y Santiago exhorta a los suyos a seguir esperando con paciencia, porque ya faltaba poco. El campesino tiene que esperar las lluvias tempranas y las tardías. Las primeras y las postreras lluvias se mencionan con frecuencia en la Escritura, porque tenían una gran importancia en Palestina *(Deuteronomio 11:14; Jeremías 5:24; Joel 2:23).* Las lluvias tempranas eran las de otoño, sin las que la semilla no germinaría; y las lluvias tardías, las de primavera, sin las que no maduraría. El campesino necesita tener paciencia para dejar que la naturaleza haga su obra; y el cristiano necesita tener paciencia para esperar el regreso de Cristo.

Durante esa espera, hay que confirmar la fe. No se pueden echar las culpas unos a otros por los problemas de la situación en que se encuentran; porque, si lo hacen, quebrantarán el mandamiento que prohíbe a los cristianos el juzgarse unos a otros *(Mateo 7:1);* y si quebrantan ese mandamiento, serán condenados. Santiago no tiene la menor duda de que la vuelta de Cristo está cerca. El Juez está a las puertas, dice usando la misma frase que Jesús *(Marcos 13:29; Mateo 24:33).*

La Iglesia Primitiva se equivocó. Jesucristo no volvió durante aquella generación. Pero será interesante y provechoso reunir la enseñanza del Nuevo Testamento sobre la Segunda

Venida de Cristo, para que veamos la verdad esencial que encierra esta esperanza.

Podemos empezar por fijarnos en que el Nuevo Testamento usa tres palabras diferentes para describir la Segunda Venida de Jesucristo.

(i) La más corriente es *parusía,* palabra que ha pasado tal cual al castellano con el sentido del «advenimiento glorioso de Jesucristo al fin de los tiempos» *(D.R.A.E.).* Se usa en *Mateo 24:3, 27, 37, 39; 1 Tesalonicenses 2:19; 3:13; 4:15; 5:23; 2 Tesalonicenses 2:1; 1 Corintios 15:23; 1 Juan 2:28; 2 Pedro 1:16; 3:4).* En griego secular esta era la palabra normal para la presencia o la llegada de alguien. Pero tiene otros dos usos, uno de los cuales se convirtió en un término técnico. Se usa de la invasión de un país por un ejército; y especialmente se usa de la visita del rey o del gobernador a una provincia de su imperio. Así que, cuando se usa esta palabra de Jesucristo, quiere decir que Su Segunda Venida será la invasión definitiva de la Tierra por el Cielo, y la llegada del Rey para recibir la sumisión y adoración finales de Sus súbditos.

(ii) El Nuevo Testamento usa también la palabra *epifaneía (Tito 2:13; 2 Timoteo 4:1; 2 Tesalonicenses 2:9).* En griego corriente esta palabra tiene dos usos especiales. Se usa de la aparición de un dios a su adorador; y también se usa de la subida al trono imperial de un nuevo emperador romano. Así que, cuando se Le aplica a Jesús esta palabra, quiere decir que Su Segunda Venida es la aparición de Dios a Su pueblo, incluyendo los que Le están esperando y los que Le desdeñan.

(iii) Por último, el Nuevo Testamento usa la palabra *apokalypsis (1 Pedro 1:7, 13). Apokalypsis,* en griego ordinario quiere decir *descubrir, poner de manifiesto;* y cuando se usa de Jesús, que Su Segunda Venida será la revelación del poder y de la gloria de Dios a la humanidad.

Así es que aquí tenemos una serie de grandes cuadros. La Segunda Venida de Jesús es la llegada del Rey; es Dios presentándose a Su pueblo y ascendiendo a Su trono eterno; es Dios dirigiendo al mundo el resplandor de Su gloria celestial.

LA LLEGADA DEL REY

Santiago 5:7-9 *(conclusión)*

Vamos a agrupar brevemente la enseñanza del Nuevo Testamento sobre la Segunda Venida, y los diversos usos que hace de esta idea.

(i) El Nuevo Testamento deja bien claro que no hay nadie que sepa el día o la hora en que Cristo ha de volver. Tan secreto está ese tiempo que el mismo Jesús lo ignoraba; sólo Dios lo sabe *(Mateo 24:36; Marcos 13:32)*. A partir de este hecho fundamental, otra cosa queda clara. Las especulaciones humanas sobre el tiempo de la Segunda Venida son, no solamente inútiles, sino hasta blasfemas; porque no se debe intentar descubrir lo que el Padre ha reservado exclusivamente para Sí.

(ii) Lo único que dice el Nuevo Testamento acerca de la Segunda Venida es que será tan repentina como el relámpago, y tan inesperada como el ladrón nocturno *(Mateo 24:27, 37, 39; 1 Tesalonicenses 5:2; 2 Pedro 3:10)*. No podemos esperar para prepararnos cuando Él venga; tenemos que estar preparados para cuando Él venga.

De ahí que el Nuevo Testamento imponga a los creyentes ciertas obligaciones.

(i) Tienen que estar siempre alerta *(1 Pedro 4:7)*. Como los siervos del señor que se ha ausentado y que, no sabiendo cuándo volverá exactamente, deben tenerlo todo dispuesto para cuando vuelva, ya sea por la mañana, o al mediodía, o por la tarde *(Mateo 24:35-51)*.

(ii) La larga espera no debe producir desesperación ni olvido *(2 Pedro 3:4)*. Dios no ve el tiempo como nosotros. Para Él, mil años son como una de las vigilias de la noche; y el que pasen los años no quiere decir que haya cambiado de plan o se haya olvidado.

(iii) Las personas tenemos que usar el tiempo de que disponemos para prepararnos para la llegada del Rey. Debemos ser sobrios *(1 Pedro 4:7).* Debemos obtener la santidad *(1 Tesalonicenses 3:13).* Por la gracia de Dios debemos mantenernos intachables de cuerpo y de espíritu *(1 Tesalonicenses 5:23).* Debemos despojarnos de las obras de las tinieblas y vestirnos la armadura de la luz ya que el día va llegando a su fin *(Romanos 13:11-14).* Debemos usar el tiempo que se nos da para llegar a ser tales que podamos recibir con gozo y sin vergüenza al Rey que venga.

(iv) Cuando llegue ese momento, debemos estar en comunión. Pedro usa la idea de la Segunda Venida para exhortar a los creyentes al amor y a la mutua hospitalidad *(1 Pedro 4:8s).* Pablo recomienda que todo se haga con amor —*Maran atha*— el Señor está al llegar *(1 Corintios 16:14, 22).* También dice que todos deben saber por nuestra *gentileza* que el Señor está al llegar *(Filipenses 4:5).* La palabra que traducimos *gentileza* es *epieikês,* que quiere decir el espíritu que está más dispuesto a perdonar que a pedir justicia. El autor de *Hebreos* exhorta a la ayuda mutua, a la mutua comunión cristiana y a darse ánimo mutuamente, porque el Día se acerca *(Hebreos 10:24s).* El Nuevo Testamento está seguro de que, ante la inminencia de la Llegada de Cristo, nuestra relación con nuestros semejantes debe ser como es debido. El Nuevo Testamento exhorta a que no dejemos que termine ningún día sin resolver nuestros desacuerdos, no sea que esa noche venga el Señor.

(v) Juan usa el tema de la Segunda Venida como una razón para exhortar a los creyentes a permanecer en Cristo *(1 Juan 2:28).* Sin duda, la mejor preparación para salir al encuentro del Señor es vivir cerca de Él día a día.

Mucho de la imaginería que se adscribe a la Segunda Venida procede de las ideas tradicionales que tenían los judíos acerca del fin del mundo. Hay muchas cosas que no tenemos por qué tomar literalmente; pero la gran verdad que hay detrás de todas las descripciones temporales de la Segunda Venida es que este mundo no va a la deriva, sino se dirige hacia una consumación, y que hay un gran acontecimiento divino hacia el cual se mueve la creación entera.

LA PACIENCIA TRIUNFADORA

Santiago 5:10-11

> *Hermanos, seguid el ejemplo de paciencia en la adversidad que nos dejaron los profetas que hablaron en nombre del Señor. Fijaos: tenemos por bienaventurados a los que resisten. Habéis oído de la firme resistencia de Job, y habéis visto cómo terminaron las pruebas que el Señor le hizo pasar, y tenéis pruebas de que el Señor es muy benigno y misericordioso.*

Siempre es un consuelo saber que otros han pasado por lo que nosotros tenemos que pasar. Santiago les recuerda a sus lectores que los profetas y los hombres de Dios no habrían podido cumplir su ministerio ni dar testimonio si no hubieran sido capaces de resistir pacientemente. Les recuerda que Jesús mismo había dicho que el que persevere hasta el fin será bienaventurado, porque será salvo *(Mateo 24:13)*.

A continuación les cita el ejemplo de Job, de quien habrían oído hablar a menudo en los discursos de la sinagoga. Solemos hablar de la *paciencia* de Job, que es la palabra que usa aquí la Reina-Valera. Pero *paciencia* es una palabra demasiado pasiva. En cierto sentido, Job era todo menos paciente. Leyendo el drama de su vida, le vemos protestando apasionadamente de lo que se le ha venido encima, cuestionando apasionadamente los argumentos convencionales de los supuestos amigos, agonizando apasionadamente con la terrible suposición de que Dios le hubiera olvidado. Pocas personas se han expresado tan apasionadamente; pero lo fundamental acerca de él es que, pese a todas las preguntas agonizantes que le rasgaban el corazón, nunca perdió la fe en Dios. «He aquí, aunque Él me matare, en Él esperaré» *(Job 13:15)*. «Mas he aquí que en el Cielo está mi Testigo, y mi testimonio en lo Alto» *(Job 16:19)*. «¡Yo sé que tengo un Redentor Que está vivo!» *(Job 19:25)*. La suya no fue una sumisión muda y pasiva; peleó, y preguntó, y a veces hasta desafió; pero la llama de su fe nunca se extinguió.

La palabra que se le aplica aquí es esa gran palabra del Nuevo Testamento, *hypomonê,* que describe, no una paciencia pasiva, sino ese espíritu caballeresco que arrostra a pecho descubierto la marea de la duda y del dolor y del desastre, y surge al otro lado con una fe aún más fuerte. Puede que exista una fe que nunca se queja ni cuestiona; pero más grande es la que surge del asedio de las dudas todavía creyendo. Fue la fe que se mantuvo firme la que salió triunfante por la otra orilla; porque «el Señor bendijo el postrer estado de Job más que el primero» *(Job 42:12).*

Habrá momentos en la vida cuando pensemos que Dios se ha olvidado de nosotros; pero, si nos aferramos a los restos de nuestra fe, al final, nosotros también, comprobaremos que Dios es muy benigno y misericordioso.

LA INUTILIDAD Y LA LOCURA DE LOS JURAMENTOS

Santiago 5:12

> *Pero sobre todo, hermanos míos, no juréis ni por el Cielo ni por la Tierra ni por ninguna otra cosa. Que vuestro «sí» sea simplemente «sí», y vuestro «no» sea un simple «no», para que no caigáis bajo juicio.*

Santiago repite aquí la enseñanza de Jesús en el Sermón del Monte *(Mateo 5:33-37),* que era sumamente necesaria en los días de la Iglesia Primitiva —y probablemente no menos en los países hispánicos de todos los tiempos. Santiago no está pensando en lo que nosotros llamamos «tacos» o «palabrotas» —que es un sentido corriente de *to swear* en inglés—, sino en la manera de confirmar una afirmación o una promesa o un compromiso interponiendo un juramento, que es «poner a Dios por testigo.» En el mundo antiguo había dos prácticas perniciosas en relación con el tema de los juramentos.

(i) Se hacía una distinción —especialmente en el mundo judío— entre juramentos que obligaban y juramentos que no obligaban. Cualquier juramento en el que se mencionara el nombre de Dios se consideraba obligante por necesidad; pero si no se mencionaba expresamente a Dios, se decía que no obligaba. La idea era que, una vez que se mencionara expresamente el nombre de Dios, Él era el garante de la transacción; pero no si no se Le nombraba expresamente. El resultado fue que la cosa se convirtió en una práctica habilidosa y aguda para parecer que uno se comprometía a algo cuando en realidad no tenía intención de cumplirlo. Lo cual convirtió el asunto de los juramentos en un juego burlesco de palabras.

(ii) Los juramentos se habían proliferado en aquel entonces. Esto ya es en sí suficientemente malo. Por una parte, la importancia de un juramento depende en gran medida del hecho de que es raramente necesario acudir a él. Cuando los juramentos se pusieron de moda, dejaron de tener ninguna importancia. Por otra parte, la costumbre de tomar juramentos por cualquier cosa no era más que una prueba de lo frecuente que era mentir y defraudar. En una sociedad honrada no hacen falta juramentos. Es sólo cuando no se puede uno fiar de la palabra de nadie cuando se recurre a los juramentos.

En esto estaban de acuerdo con Jesús los antiguos escritores de ética. Filón dice: «Los frecuentes juramentos no pueden por menos de generar perjurio e impiedad.» Los rabinos judíos decían: «No te acostumbres a los votos, porque más tarde o más temprano harás falsos juramentos.» Los esenios prohibían toda clase de juramentos. Decían que si una persona necesitaba jurar para decir la verdad, es que no era digno de confianza. Los grandes griegos mantenían que la mayor garantía de la verdad de una afirmación no era el juramento, sino el carácter de la persona que la hiciera; y que el ideal era ser tales que nadie pensara en exigirnos un juramento porque no se pondría en duda que decíamos la verdad.

El punto de vista del Nuevo Testamento es que todas las palabras se dicen en la presencia de Dios y deben, por tanto, ser ciertas; y estaría de acuerdo en que al cristiano se le debe conocer como persona de honor, y sería totalmente innecesario tomarle juramento. El Nuevo Testamento no condena taxativamente todos los juramentos; pero deplora la tendencia humana a la falsedad que los hace a veces necesarios.

UNA IGLESIA QUE CANTABA

Santiago 5:13-15

> *¿Hay alguien entre vosotros que tenga problemas? ¡Que haga oración! ¿Hay alguien que esté de buenas? ¡Pues que cante un himno! ¿Hay alguno entre vosotros que esté enfermo? Pues que llame a los ancianos de la iglesia, y le ungirán con aceite en el nombre del Señor y orarán por él; y mediante la oración de fe se le restaurará la salud, y el Señor le capacitará para que se levante del lecho; y si había cometido algún pecado, recibirá el perdón.*

Aquí se nos presentan algunas características dominantes de la Iglesia Primitiva.

Era una *iglesia que cantaba;* los cristianos originales siempre estaban listos para romper a cantar. En la descripción que nos hace Pablo de las reuniones de la iglesia de Corinto, encontramos que el canto era una parte integral *(1 Corintios 14:15, 26).* Cuando piensa en la gracia de Dios saliendo al encuentro de los gentiles, le recuerda el dicho jubiloso del salmista: «Te alabaré entre los gentiles, y cantaré a Tu nombre» *(Romanos 15:9,* cp. *Salmo 18:49).* Los cristianos se hablaban entre sí con salmos e himnos y canciones espirituales, cantando y tañendo en sus corazones al Señor *(Efesios 5:19).* La Palabra de Cristo moraba en ellos, y se enseñaban y exhortaban entre sí mediante salmos e himnos y canciones espirituales, cantando de gratitud en sus corazones al Señor *(Colosenses 3:16).*

Tenían tal alegría en el corazón que se les salía por los labios en cánticos de alabanza por la misericordia y la gracia de Dios. Es un hecho que el mundo pagano siempre ha estado lúgubre, cansado y atemorizado. En contraste con él, el acento del cristiano es la canción jubilosa. Eso fue lo que impresionó a Juan Bunyan cuando escuchó a las cuatro ancianas pobres que estaban hablando, sentadas al sol a la puerta de una casa: «Me parecía que hablaban como impulsadas por la alegría.» Cuando el mártir Bilney captó la maravilla de la gracia redentora, dijo: «Fue como si amaneciera de pronto en medio de una noche oscura.» Archibald Lang Fleming, el primer obispo del Ártico, cita el dicho de un cazador esquimal: «Antes de que usted viniera, el camino estaba oscuro y teníamos miedo. Ahora ya no lo tenemos, porque las tinieblas se han disipado y todo está luminoso yendo por el camino de Jesús.»

La Iglesia ha sido siempre cantarina. Cuando Plinio, el gobernador de Bitinia, escribió al emperador Trajano el año 111 d.C. para informarle acerca de la nueva secta de los cristianos, le dijo: «Tienen costumbre de reunirse en días señalados antes que se haga de día, y cantar alternadamente un himno a Cristo como un Dios.» En la sinagoga ortodoxa judía, no hay música desde la caída de Jerusalén el año 70 d.C.; porque, cuando hacen el culto, recuerdan una tragedia; pero en la Iglesia Cristiana, desde sus comienzos hasta ahora, no falta la música de alabanza, porque los cristianos recuerdan un amor infinito, y disfrutan una gloria presente.

UNA IGLESIA QUE SANABA

Santiago 5:13-15 (conclusión)

Otra característica notable de la Iglesia Primitiva era que era una iglesia *sanadora*. En eso heredó la tradición del judaísmo: Cuando un judío estaba enfermo, iba al rabino antes que al médico; y el rabino le ungía con aceite —que el médico griego Galeno llamaba «la mejor de todas las medicinas»— y oraba por él. Pocas comunidades habrá habido tan pendientes de sus enfermos como la Iglesia Primitiva. Justino Mártir escribía que los cristianos curaban a innumerables endemoniados que los otros exorcistas habían sido incapaces de curar y todos los tratamientos habían resultado ineficaces. Ireneo, escribiendo ya avanzado el segundo siglo, nos cuenta que los enfermos se curaban mediante la imposición de manos. Tertuliano, que escribe a mediados del siglo III, dice que nada menos que el emperador romano Alejandro Severo fue sanado mediante la unción que le administró un cristiano que se llamaba Torpacio, y que, por gratitud a éste, le tuvo de huésped en el palacio hasta el día de su muerte.

Uno de los primeros libros de orden eclesiástico es el de los *Cánones de Hipólito,* que data de finales del siglo II o principios del III. Allí se establece que los que tengan el don de sanidad han de ordenarse como presbíteros o ancianos después de que se haga una investigación para asegurarse de que realmente poseen ese don y que procede de Dios. El mismo libro contiene una oración noble que se usaba en la consagración de los obispos locales, parte de la cual decía: «Concédele, oh Señor, ...el poder para romper todas las cadenas del poder malo de los demonios, para sanar a todos los enfermos y para someter rápidamente a Satanás bajo sus pies.» En las *Cartas Clementinas* se determinan los deberes de los diáconos, que incluyen la regla: «Que los diáconos de la Iglesia se muevan inteligentemente y actúen como ojos para el obispo... Que descubran a los que estén enfermos en la carne, y los traigan a la noticia del cuerpo principal que no los conozca, para que los visiten y suplan sus necesidades.» En la *Primera Carta de Clemente,* la oración de la iglesia es: «Sana a los enfermos; levanta a los débiles; anima a los desalentados.» Un código muy antiguo establece que cada congregación debe nombrar por lo menos a una viuda para que se cuide de las enfermas. La Iglesia usó la unción regularmente durante siglos como un medio para sanar a los enfermos. De hecho, es importante notar que el sacramento de la unción se aplicaba siempre en los primeros siglos para efectuar la curación, no como una preparación para la muerte como se practica ahora en la Iglesia Católica Romana. Fue en el año 852 d.C. cuando este sacramento se convirtió en el de la extremaunción, o viático, que tiene por objeto preparar al paciente para la muerte.

La Iglesia se ha cuidado siempre de sus enfermos; y siempre ha tenido el don de sanidad. El evangelio social no es un apéndice del Cristianismo, sino parte integrante de la fe y práctica cristiana.

UNA IGLESIA QUE ORABA

Santiago 5:16-18

> *Confesaos vuestros pecados los unos a los otros, y orar unos por otros para que seáis sanados. La oración de una persona que sea buena, cuando empieza a obrar, es muy poderosa. Elías tenía las mismas emociones que nosotros, y cuando oró insistentemente que no lloviera, se pasó sin llover en la tierra tres años y medio; y oró otra vez, y los cielos volvieron a dar lluvia, y la tierra a producir cosechas.*

En este pasaje hay tres ideas básicas de la religión judía.

(i) La de que toda enfermedad es consecuencia de pecado. Era una creencia firmemente arraigada en el judaísmo que, donde había enfermedad y sufrimiento, tenía que haber habido pecado. «No hay muerte sin culpa —decían los rabinos—, ni sufrimiento sin pecado.» Los rabinos por tanto creían que, antes de que un enfermo se pusiera bien, Dios tenía que perdonarle sus pecados. Rabí Alexandrai decía: «Nadie se cura de su enfermedad hasta que Dios le perdona todos sus pecados.» Por eso Jesús inició la curación del paralítico diciéndole: «Hijo mío, tus pecados te son perdonados» *(Marcos 2:5)*. Los judíos relacionaban siempre el sufrimiento con el pecado. Ahora no los relacionamos tan mecánicamente; pero sigue siendo verdad que no se puede recibir la sanidad completa del alma, de la mente o del cuerpo, hasta que uno se encuentra en paz con Dios.

(ii) Se tiene la idea de que, para ser eficaz, la confesión de pecados se ha de hacer a hombres, y especialmente a la persona que se ha ofendido, además de a Dios. Realmente, es mucho más fácil confesarle los pecados a Dios que a las personas; pero en cuanto al pecado, hay que deshacer dos barreras: la que se ha establecido entre nosotros y Dios, y la que hay entre nosotros y nuestros semejantes. Si se han de quitar ambas, deberá hacerse una doble confesión. Esta era, de hecho, la costumbre de la iglesia morava, que Wesley adoptó en las primeras clases metodistas. Se solían reunir dos o tres veces a la semana «para confesarse sus faltas unos a otros y orar los unos por los otros para ser sanados.» Está claro que este es un principio que hay que usar con sabiduría. Es totalmente cierto que puede haber casos en los que la confesión de pecados de unos a otros es más perjudicial que beneficiosa; pero, cuando se ha erigido una muralla con un mal que se ha cometido, uno tiene que ponerse en paz con Dios y con su semejante al que ha ofendido.

(iii) Sobre todo, se tiene la idea de que el poder de la oración es ilimitado. Los judíos tenían el refrán de que el que practica la oración rodea su casa con una muralla más fuerte que el hierro. Decían: «La penitencia puede hacer algo; pero la oración lo puede hacer todo.» Para ellos, la oración era ponerse en contacto con el poder de Dios; era el canal por el que fluyen hacia nosotros la fuerza y la gracia para remediar todos los problemas de la vida. ¡Cuánto más debe esto ser verdad para un cristiano!

> *¡Oh, qué Amigo nos es Cristo!*
> *Él llevó nuestro dolor,*
> *y nos manda que llevemos*
> *todo a Dios en oración.*

¿Vive el hombre desprovisto
de paz, gozo y santo amor?
Esto es porque no llevamos
todo a Dios en oración.

Como creían los judíos, y sin duda es verdad, para curar los males de la vida tenemos que estar en paz con Dios y con nuestros semejantes, y tenemos que aplicar a las personas y a las situaciones mediante la oración el poder y la misericordia de Dios.

Antes de dar por terminado este pasaje debemos tomar nota de un hecho técnico interesante. Cita a Elías como ejemplo del poder de la oración. Aquí tenemos un ejemplo excelente de cómo desarrollaba la exégesis rabínica el sentido de la Escritura. Encontramos la historia completa en *1 Reyes 17 y 18. Los tres años y medio* —un tiempo que se cita también en *Lucas 4:25*— se deducen de *1 Reyes 18:1.* Además, al relato del Antiguo Testamento no dice que la sequía o su terminación fueran debidas a la oración de Elías; él fue, sencillamente, el profeta que anunció su principio y su fin. Pero los rabinos estudiaban la Escritura con lupa. En *1 Reyes 17:1* leemos: «¡Vive el Señor, Dios de Israel, *en Cuya presencia estoy,* que no habrá lluvia ni rocío en estos años, sino por mi palabra!» Ahora bien: lo que los judíos entendían por oración era *estar en la presencia de Dios;* así que en esta frase encontraron los rabinos lo que era para ellos una indicación de que la sequía había sido el resultado de las oraciones de Elías. En *1 Reyes 18:42* leemos que Elías subió al monte Carmelo, *y postrándose en tierra,* puso su rostro entre las rodillas. Aquí también descubrieron los rabinos la actitud de la oración angustiosa; y de ahí dedujeron que había sido la oración de Elías lo que había puesto fin a la sequía.

LA VERDAD ES PARA HACERLA

Santiago 5:19-20

Queridos hermanos: Si alguno de vosotros se desca-
rría de la verdad, y otro le hace volver al buen cami-
no, sepa este último que el que ha conseguido que se
arrepienta un pecador de su conducta descarriada sal-
vará de la muerte el alma de su hermano y hace expia-
ción por muchos de sus propios pecados.

En este pasaje se establece la gran característica diferencial de la verdad cristiana. Es algo de lo que uno puede *extraviarse.* No es sólo intelectual, filosófica y abstracta, sino siempre una verdad moral.

Esto se nos presenta claramente cuando vamos al Nuevo Testamento y nos fijamos en las expresiones que se usan en relación con la verdad: es algo que uno tiene que *amar (2 Tesalonicenses 2:10);* que *obedecer (Gálatas 5:7);* que *manifestar (2 Corintios 4:2);* que *hay que decir con amor (Efesios 4:15,* R-V: *seguir);* de lo que *hay que dar testimonio (Juan 18:37);* que se debe *manifestar en una vida de amor (1 Juan 3:19);* que *libera (Juan 8:32);* que es *el don del Espíritu Santo (Juan 16:13s).*

Lo más claro de todo es lo que leemos en *Juan 3:21: El que practica la verdad.* Es decir: *La verdad del Evangelio es algo que hay que poner por obra.* No es solamente el objetivo de una búsqueda intelectual, sino siempre una verdad moral que desemboca en la acción. No es meramente algo que se estudia, sino que se hace; no algo a lo que hay que someter sólo la mente, sino toda la vida.

EL SUPREMO LOGRO HUMANO

Santiago 5:19-20 (conclusión)

Santiago concluye su carta con uno de los pensamientos más elevados y edificantes del Nuevo Testamento; y que, además, aparece más de una vez en la Biblia.

Supongamos que uno yerra y se extravía; y supongamos que un hermano suyo en la fe le rescata de su error y le devuelve al buen camino. Este último no sólo ha salvado de la muerte el alma de su hermano, sino que ha expiado una multitud de sus propios pecados. (R-V pone aquí *cubrir,* que es el sentido literal de la palabra hebrea que se traduce por *expiar).*

Mayor señala que Orígenes tiene un pasaje maravilloso en una de sus *Homilías* en el que indica seis maneras de obtener el perdón de pecados: mediante el bautismo, el martirio, la limosna *(Lucas 11:41),* perdonando a otros *(Mateo 6:14),* el amor *(Lucas 7:47),* y convirtiendo (es decir, haciendo volver) a un pecador de su mal camino. Dios le perdonará muchas cosas al que ha sido el instrumento para que otro hermano vuelva a Él.

Este es un pensamiento que aparece radiante una y otra vez en las páginas de la Escritura. Jeremías dice: «Si entresacas lo precioso de en medio de lo vil, serás como Mi boca» (15:19). Daniel escribe: «Los entendidos resplandecerán como el resplandor del firmamento; y los que enseñan la justicia a la multitud, como las estrellas a perpetua eternidad» (12:3). El consejo de Pablo al joven Timoteo era: «Ten cuidado contigo mismo y con lo que enseñas; persiste en ello, pues haciendo esto, te salvarás a ti mismo y a los que te escuchen» *(1 Timoteo 4:16)*

Uno de los *Dichos de los padres* judíos es: «El pecado no prevalece sobre el que hace justo a otro.» Clemente de Alejandría dice que el verdadero cristiano tiene más en cuenta lo que beneficia a sus semejantes que su propia salvación. Cuentan que una señora superevangélica le preguntó a Wilberforce, el campeón de la liberación de los esclavos, si era salvo. Y él le contestó: «Señora, he estado tan ocupado tratando de salvar las almas de los demás que no he tenido tiempo de pensar en la mía.» Se ha dicho que los que traen la luz a las vidas de otros no la pueden dejar fuera de la suya propia; y, desde luego, si Le traen a Dios las vidas de otros no Le pueden dejar fuera de las suyas. El honor más grande que Dios puede dar se lo otorga al que guía a otro hasta Él; porque, el que lo hace, consigue nada menos que participar de la obra de Jesucristo, el Salvador de la humanidad.

LAS CARTAS DE PEDRO

INTRODUCCIÓN A LA PRIMERA CARTA DE PEDRO

LAS EPÍSTOLAS UNIVERSALES O CATÓLICAS

Primera de Pedro forma parte del grupo de cartas del Nuevo Testamento que se conocen como las *Epístolas universales* o *católicas*. Se han propuesto dos explicaciones a ese título.

(i) Se ha sugerido que estas cartas recibieron ese nombre porque van dirigidas a la Iglesia en general, al contrario que las cartas paulinas, que iban dirigidas a iglesias o personas individuales. Pero no es así. *Santiago* iba dirigido a una comunidad determinada, aunque muy extendida: las doce tribus de la diáspora *(Santiago 1:1)*. No admite discusión que la *Segunda* y *Tercera de Juan* iban dirigidas a comunidades determinadas; y, aunque *Primera de Juan* no tiene ningún encabezamiento específico, está claro que fue dirigida a una comunidad que tenía ciertos peligros y necesidades. *Primera de Pedro* misma se les escribió a los extranjeros diseminados por todo el Ponto, Galacia, Capadocia, Asia y Bitinia *(1 Pedro 1:1)*. Es verdad que estas epístolas universales tienen una audiencia más amplia que las cartas de Pablo; pero también que tienen presente a una comunidad determinada.

(ii) Así es que debemos pasar a la segunda explicación: la de que estas cartas se llamaron *universales* o *católicas* porque fueron aceptadas como Sagrada Escritura por toda la Iglesia, en contraposición a ese extenso número de cartas que gozaron de un reconocimiento local y temporal, pero nunca fueron consideradas Escritura universalmente. Cuando se estaban

escribiendo estas cartas, había una floración de correspondencia en la Iglesia. Todavía se conservan muchas de las cartas
que se escribieron por aquel entonces: la carta de Clemente de
Roma a los Corintios, la de Bernabé, las cartas de Ignacio de
Antioquía y la de Policarpo. Todas eran muy apreciadas en las
iglesias a las que iban dirigidas, pero nunca se les reconoció
autoridad en toda la Iglesia; por otra parte, las Epístolas *universales* o *católicas* se introdujeron gradualmente en la Sagrada
Escritura y fueron reconocidas por toda la Iglesia. Esa es la
verdadera explicación de su título.

UNA CARTA PRECIOSA

De todas las Epístolas universales, la *Primera de Pedro* es
probablemente la más apreciada y leída. Nadie ha tenido
nunca la menor duda en cuanto a su encanto. Moffatt escribió
de ella: «El espíritu hermoso de la pastoral irradia en cualquiera
de las traducciones del original. "Afectiva, amable, sencilla y
humilde" fueron los cuatro adjetivos con los que Izaak Walton
describió las epístolas de Santiago, Juan y Pedro; pero es
Primera de Pedro la que los merece preeminentemente.» Es
la producción del amor del corazón de un pastor para ayudar a los que están pasando dificultades, y aún les esperan
peores.

«La clave —sigue diciendo Moffatt— es el aliento constante a la resistencia en la conducta y la inocencia del carácter.»
Se ha dicho que su característica distintiva es *el calor*. E. J.
Goodspeed escribió: «*Primera de Pedro* es una de las piezas
más conmovedoras de la literatura de la persecución.» Hasta
hoy en día es una de las cartas del Nuevo Testamento que nos
resultan más fáciles de leer, porque no ha perdido su encanto
conquistado para el corazón humano.

LA DUDA MODERNA

Hasta hace comparativamente poco tiempo nadie habría suscitado ninguna duda en cuanto a la autoría de *Primera de Pedro*. Renan, que era todo menos conservador, escribió de ella: «La Primera Epístola es uno de los escritos del Nuevo Testamento que se han citado como genuinos desde siempre y unánimemente.» Pero en tiempos recientes, la autoría petrina de esta carta se ha cuestionado ampliamente. El comentario de F. W. Beare, publicado en 1947, llega hasta a decir: «No cabe la menor duda de que Pedro es un seudónimo.» Es decir, que Beare no tiene la menor duda de que algún otro escribió esta carta bajo el nombre de Pedro. Procederemos a investigar honradamente esa opinión; pero empezaremos por exponer el punto de vista tradicional —que aceptamos sin la menor duda— de que *Primera de Pedro* fue escrita desde Roma por el mismo Pedro hacia el año 67, es decir, en los días que siguieron inmediatamente a la primera persecución de los cristianos por Nerón, e iba dirigida a los cristianos de las partes de Asia Menor que se mencionan en el encabezamiento. ¿Cuál es la evidencia que tenemos para esa fecha temprana y, por consiguiente, para la autoría petrina?

LA SEGUNDA VENIDA

En esta carta nos encontramos con que la esperanza de la Segunda Venida aparece en primera fila. Los cristianos son guardados para la Salvación que se revelará en el tiempo postrero (1:5). Los que se mantengan firmes en la fe estarán a salvo del juicio venidero (1:7). Los cristianos tienen que esperar la gracia que vendrá con la revelación de Jesucristo (1:13). Se espera el día de la visitación (2:12). El final de todas las cosas está cerca (4:7). Los que sufran con Cristo se regocijarán con Él cuando se revele Su gloria (4:13). El juicio ha de comenzar por la casa de Dios (4:17). El mismo autor está seguro de que participará de la gloria por venir (5:1). Cuando el Pastor Supremo aparezca, el cristiano fiel recibirá una corona de gloria (5:4).

En toda esta carta es evidente que se espera la Segunda Venida. Es la razón para mantenerse firmes en la fe, y vivir lealmente la vida cristiana, y resistir noblemente en medio de los sufrimientos que han venido y que vendrán después.

Sería inexacto decir que la Segunda Venida desapareció alguna vez de la fe cristiana; pero sí dejó de estar en primera línea conforme fueron pasando los años y Cristo no volvió. Es significativo, por ejemplo, que en *Efesios,* una de las últimas cartas de Pablo, ni siquiera se menciona. Sobre esta base es razonable suponer que *Primera de Pedro* es temprana, y procede del tiempo cuando los cristianos esperaban ansiosamente la vuelta de su Señor en cualquier momento.

SENCILLEZ DE LA ORGANIZACIÓN

Está claro que *Primera de Pedro* representa un tiempo en el que la organización de la iglesia era muy sencilla. No se citan los diáconos; ni el *epískopos,* el obispo, que empieza a aparecer en las Epístolas pastorales, y llega a ser prominente en las cartas de Ignacio de Antioquía, en la primera mitad del siglo II. Los únicos ministros que se mencionan son los ancianos: «Exhorto a los ancianos que haya entre vosotros, como compañero de ministerio...» (5:1). Por esta razón también es lógico suponer que *Primera de Pedro* surgió en una época temprana.

LA TEOLOGÍA DE LA IGLESIA PRIMITIVA

Lo más significativo es que la teología de *Primera de Pedro* es la de la Iglesia en sus orígenes. E. G. Selwyn ha hecho un estudio detallado de este punto, y ha demostrado incuestionablemente que las ideas teológicas de *Primera de Pedro* son exactamente las mismas que las que nos encontramos en los sermones de Pedro en los primeros capítulos de *Hechos.*

La predicación de la Iglesia Primitiva se basaba en cinco ideas principales. Una de las mayores contribuciones de C. H. Dodd al estudio del Nuevo Testamento fue la formulación de ellas. Forman el esquema de todos los sermones de la Iglesia Primitiva como los encontramos en *Hechos;* y son el fundamento del pensamiento de los autores del Nuevo Testamento. Al sumario de estas ideas básicas se le ha dado el nombre de *Kêrygma,* que quiere decir el anuncio o la proclamación de un heraldo.

Estas son las ideas fundamentales que proclamaba la Iglesia en sus comienzos. Vamos a tomarlas una a una, con las citas correspondientes en Hechos y en *Primera de Pedro;* y haremos el descubrimiento significativo de que las ideas básicas de los sermones de la Iglesia Primitiva y la teología de *Primera de Pedro* son exactamente las mismas. No decimos tanto como que los sermones de *Hechos* reproducen verbalmente lo que se predicó en cada ocasión; pero creemos que dan, en sustancia, el mensaje de los primeros predicadores.

(i) Ha amanecido la era del cumplimiento; la edad mesiánica ha comenzado. Esta es la última palabra de Dios. Se está inaugurando un orden totalmente nuevo, y se convoca a los elegidos a unirse a la nueva comunidad. *Hechos 2:14-16; 3:12-26; 4:8-12; 10:34-43; 1 Pedro 1:3, 10-12; 4:7.*

(ii) Esta nueva era ha venido por medio de la vida, muerte y resurrección de Jesucristo, las cuales son el cumplimiento directo de las profecías del Antiguo Testamento y son, por tanto, el resultado del plan y del conocimiento anticipado de Dios. *Hechos 2:20-31; 3:13-14; 10:43; 1 Pedro 1:20-21.*

(iii) En virtud de Su resurrección, Jesús ha sido exaltado a la diestra de Dios y es el Cabeza mesiánico del nuevo Israel. *Hechos 2:22-26; 3:13; 4:11; 5:30-31; 10:39-42; 1 Pedro 1:21; 2:7; 2:24; 3:22.*

(iv) Estos acontecimientos mesiánicos alcanzarán pronto su consumación con la vuelta de Cristo en gloria y el juicio de los vivos y los muertos. *Hechos 3:19-23; 10:42; 1 Pedro 1:5, 7, 13; 4:5, 13, 17, 18; 5:1, 4.*

(v) Estos hechos se presentan como la base para hacer una llamada al arrepentimiento, y el ofrecimiento del perdón de los pecados y el don del Espíritu Santo y la promesa de la vida eterna. *Hechos 2:38-39; 3:19; 5:31; 10:43; 1 Pedro 1:13-25; 2:1-3; 4:1-5.*

Estas declaraciones son las cinco plantas del edificio de la predicación original cristiana como se encuentra en los sermones de Pedro en los primeros capítulos de *Hechos.* Son también las ideas dominantes de *Primera de Pedro.* La correspondencia es tan ajustada y constante entre ambas fuentes que podemos ver en ellas con un alto grado de probabilidad la misma mano y la misma mente.

CITAS DE LOS PADRES DE LA IGLESIA

Podemos añadir otro testimonio a la evidencia de que *Primera de Pedro* es temprana; desde muy al principio los padres y predicadores de la Iglesia Primitiva empezaron a citarla. El primero que la citó por nombre fue Ireneo, que vivió del 130 d.C. hasta bien entrado el siglo siguiente. Cita dos veces *1 Pedro 1:8:* «Sin haberle visto, Le amáis; aunque ahora no Le veáis, creéis en Él y os regocijáis con una alegría indescriptible y gloriosa.» Y cita una vez *1 Pedro 2:16,* con el mandamiento de no usar la libertad como tapadera para la malicia. Pero, aun antes, los padres de la Iglesia ya citaban *Primera de Pedro,* aunque sin citar su fuente. Clemente de Roma, que escribió hacia el año 95 d.C., habla de «la sangre preciosa de Cristo,» una frase entonces poco corriente que probablemente procedía de la afirmación de Pedro de que somos redimidos por la sangre preciosa de Cristo (1:19). Policarpo, que dio su vida como mártir el año 155 d.C., cita continuamente a Pedro sin usar su nombre. Podemos seleccionar tres pasajes suyos para mostrar lo literalmente que emplea las palabras de *Primera de Pedro.*

Por tanto, ciñendo vues-
tros lomos, servid a Dios con
temor... creyendo en el Que
levantó de los muertos a
nuestro Señor Jesucristo y Le
dio gloria (Policarpo, *A los
Filipenses 2:1*).

Por tanto, ceñid los lomos
de vuestro entendimiento...
por medio de Él tenéis confianza en Dios, Que Le levantó de los muertos y Le dio
gloria (1 Pedro 1: 13, 21).

Jesucristo, Que asumió
nuestros pecados en Su propio cuerpo en el árbol, Que
no cometió pecado ni se halló engaño en Su boca
(Policarpo 8:1).

El Cual no hizo pecado, ni
se halló engaño en Su boca...
Quien llevó Él mismo nuestros pecados en Su cuerpo
sobre el árbol (1 Pedro 2:22,
24).

Teniendo vuestra con-
ducta irreprochable entre los
gentiles (Policarpo 10:2).

Manteniendo buena vues-
tra manera de vivir entre los
gentiles (1 Pedro 2:12).

No cabe duda que Policarpo estaba citando *Primera de Pedro,* aunque no da la referencia. Requiere un cierto tiempo el que un libro adquiera tal autoridad y familiaridad que se pueda citar casi inconscientemente, entretejiendo su lenguaje en el de la Iglesia. De nuevo vemos que *Primera de Pedro* tiene que haber sido un escrito muy temprano.

LA EXCELENCIA DEL GRIEGO

Sin embargo, si defendemos la autoría petrina de esta carta, hay un problema con el que nos tenemos que enfrentar: el griego excelente en que está escrita. Parece imposible que sea la obra de un pescador galileo. Los investigadores del Nuevo Testamento son unánimes en su aprecio del griego de esta carta. F. W. Beare escribe: «La epístola es claramente la obra de un hombre de letras, hábil en el manejo de los recursos de la retórica, y en el de un vocabulario extenso y aun literario. Es un estilista de capacidad nada ordinaria, y escribe algo del mejor griego de todo el Nuevo Testamento, mucho más suave y literario que el del letrado Pablo.» Moffatt se refiere al «lenguaje plástico y el gusto por la metáfora» de esta carta. Mayor dice que *Primera de Pedro* no tiene igual en el Nuevo Testamento por la «calidad sostenida de su ritmo.» Bigg ha comparado algunas de las frases de *Primera de Pedro* con los escritos de Tucídides. Selwyn habla de «la ternura euripidesca» y de la habilidad esquilesca de acuñar palabras compuestas de *Primera de Pedro.* El autor de *Primera de Pedro* no es indigno de figurar entre los maestros de esa lengua. Es difícil, si no imposible, imaginarse a Pedro escribiendo así en griego.

La misma carta ofrece una solución a este problema. En la breve sección final, Pedro mismo dice: «Por conducto de Silvano... os he escrito brevemente» *(1 Pedro 5:12). Por conducto de Silvano —dia Siluanu—* es una frase extraña. El original quiere decir que Silvano fue el agente de Pedro en la confección de la carta; fue más que el taquígrafo de Pedro.

Vamos a acercarnos a esto desde dos ángulos. Primero, veamos lo que sabemos de Silvano. (La evidencia se expone más detalladamente en el comentario de *1 Pedro 5:12).* Muy probablemente se trata de la misma persona que el Silvano que aparece en las cartas de Pablo y que el Silas de *Hechos,* ya que Silas es una forma abreviada y familiar de Silvano.

Cuando examinamos los pasajes en que se le menciona descubrimos que Silas o Silvano no era ninguno del montón, sino una figura representativa de la vida y la actividad de la Iglesia original. Era profeta *(Hechos 15:32);* era uno de los «varones principales entre los hermanos» en el concilio de Jerusalén, y uno de los dos que fueron elegidos para llevar las decisiones del concilio a la iglesia de Antioquía *(Hechos 15: 22, 27).* Fue el compañero que Pablo escogió para su segundo viaje misionero, y estuvo con él en Filipos y en Corinto *(Hechos 15:37-40; 16:19, 25, 29; 18:5; 2 Corintios 1:19).* Se le menciona con Pablo en los saludos iniciales de *1* y *2 Tesalonicenses.* Era ciudadano romano *(Hechos 16:37).*

Así es que Silvano era una persona notable en la Iglesia original; fue más el colega que el ayudante de Pablo; y, como era ciudadano romano, es por lo menos probable que fuera un hombre con una cultura que Pedro no habría podido obtener.

Ahora, añadamos una segunda idea. En una situación misionera, cuando el misionero puede hablar una lengua suficientemente bien pero no escribirla, es muy corriente que haga una de dos cosas para mandar un mensaje a su pueblo. O bien lo escribe lo mejor posible, y luego le pide a un nativo que corrija sus errores gramaticales y mejore el estilo; o, si tiene un colega nativo de su absoluta confianza, le dice lo que quiere decir, y le deja que ponga el mensaje en forma escrita, y firma el resultado.

Podemos imaginarnos fácilmente que eso fue lo que aportó Silvano a la edición de *Primera de Pedro.* O bien corrigió y embelleció el griego necesariamente inadecuado de Pedro, o escribió él mismo con sus propias palabras y estilo lo que Pedro quería decir, a lo que Pedro daría el visto bueno final y añadiría el último párrafo personal.

Los pensamientos son los de Pedro; pero el estilo es el de Silvano. Así pues, aunque el griego es tan excelente, no es necesario negar que la carta viene del mismo Pedro.

LOS DESTINATARIOS DE LA CARTA

Los destinatarios de *Primera de Pedro* eran los exiliados (un cristiano es siempre un peregrino en el mundo) diseminados por todo el Ponto, Galacia, Capadocia, Asia y Bitinia.

Casi todas estas palabras tienen un doble significado. Representaban a reinos antiguos, y también a provincias romanas a las que se les había dado el nombre antiguo; y ambas comunidades no siempre cubrían el mismo territorio. Ponto no fue nunca una provincia. Había sido originalmente el reino de

Mitrídates, parte del cual se incorporó a Bitinia y parte a Galacia. Esta había sido originalmente el reino de los galos en el área de las tres ciudades de Ancira, Pesino y Tavio; pero los romanos lo habían convertido en una zona administrativa mucho más amplia, que incluía secciones de Frigia, Pisidia, Licaonia e Isauria. El reino de Capadocia se había convertido en provincia romana el año 17 d.C. casi con sus límites originales. Asia no era lo que entendemos ahora por ese nombre. Había sido un reino independiente, cuyo último rey, Atalo III, se lo había regalado a Roma el año 133 a.C. Abarcaba el centro de Asia Menor, y limitaba al Norte con Bitinia, al Sur con Licia, y al Este con Frigia y Galacia. En lenguaje popular, era la parte de Asia Menor que se extendía por las costas del mar Egeo.

No sabemos por qué se escogieron estos distritos en particular; pero una cosa es cierta: abarcaban un área extensa con una población muy numerosa; y el hecho de que se los cite juntos es una de las pruebas supremas de la inmensa actividad misionera de la Iglesia original, aparte por supuesto de la actividad misionera de Pablo.

Todos estos distritos se encuentran en el extremo nororiental de Asia Menor. Por qué se nombran justos y precisamente en este orden, no lo sabemos. Pero una ojeada al mapa nos mostrará que, si el portador de esta carta —que puede haber sido el mismo Silvano— navegó desde Italia y desembarcó en Sinope, al Nordeste de Asia Menor, el viaje alrededor de estas provincias seguiría una ruta circular para terminar otra vez en Sinope, en Bitinia. Desde allí iría hacia el Sur a Galacia, luego más al Sur a Capadocia, al Oeste a Asia, Norte otra vez a Bitinia, y al Este luego para regresar a Sinope.

Está claro por la misma carta que los destinatarios eran principalmente gentiles. No se menciona ninguna cuestión de la ley de las que siempre surgían cuando había un trasfondo judío. La condición previa de aquellos cristianos había sido de pasiones carnales (1:14; 4:3-4), lo que corresponde más bien a paganos que a judíos. Antes no habían sido pueblo —gentiles fuera del pacto—, pero ahora eran el pueblo de Dios (2:9-10).

La forma de su nombre que usa Pedro también es señal de que se suponía que los lectores de su carta serían gentiles, porque usa el nombre de *Pedro,* que era su nombre griego. Pablo le llama Cefas *(Kefá, 1 Corintios 1:12; 3:22; 9:5; 15:5; Gálatas 1:18; 2:9, 11, 14);* entre sus compatriotas judíos se le conocía como Simón o Simeón *(Hechos 15:14),* que es el nombre que se usa en *Segunda de Pedro 1:1.* Puesto que usa aquí su nombre griego, parece lógico deducir que estaba escribiendo a los de cultura griega.

LAS CIRCUNSTANCIAS DETRÁS DE LA CARTA

Está suficientemente claro que esta carta se escribió cuando la Iglesia estaba en peligro de persecución. Los destinatarios estaban en medio de diversas pruebas (1:6). Corrían peligro de que se les acusara de malhechores (3:16). Una prueba de fuego está a punto de sorprenderlos (4:12). Cuando sufran, deben encomendarse a Dios (4:19). Bien puede ser que sufran por causa de la justicia (3:14). Están compartiendo las aflicciones que la fraternidad cristiana es llamada a sufrir en todo el mundo (5:9). Detrás de esta carta advertimos una prueba de fuego, una campaña de calumnias y un sufrimiento por causa de Cristo. ¿Podemos identificar esa situación?

Hubo un tiempo cuando los cristianos no tenían nada que temer del gobierno romano. En *Hechos* son muchas veces los magistrados, oficiales y soldados romanos los que le salvan la vida a Pablo de la furia tanto de los judíos como de los paganos. Como decía Gibbon, el tribunal de los magistrados paganos demostró ser un refugio seguro contra la furia de la sinagoga. La razón era que en los primeros días el gobierno romano no sabía distinguir entre judíos y cristianos. En el imperio romano había lo que se llamaba *religio licita,* una religión permitida, y los judíos tenían plena libertad para celebrar sus cultos a su manera. Y no fue porque los judíos no intentaran informar a los romanos en cuanto a los hechos de la nueva situación; eso fue lo que hicieron en Corinto, por ejemplo *(Hechos 18:12-17).* Pero durante cierto tiempo los romanos sencillamente tomaron a los cristianos como una secta judía, y por tanto no los molestaron.

El cambio tuvo lugar en los días de Nerón, y podemos seguir casi todos los detalles de la historia. El 19 de julio del año 64 d.C. se declaró el gran fuego de Roma. Roma era una ciudad con muchas calles estrechas y edificios de madera, lo que hacía los incendios sumamente peligrosos. El gran fuego estuvo ardiendo tres días y tres noches, se controló, y otra vez volvió a declararse con violencia redoblada. El populacho romano no tenía la menor duda en cuanto al responsable, y le echó las culpas al emperador. Nerón tenía una verdadera adicción a construir; y la gente creía que había sido él el que había prendido fuego a Roma aposta para reconstruirla totalmente. La responsabilidad de Nerón debe quedar para siempre en el terreno de la conjetura; pero es seguro que él estuvo contemplando el furioso infierno desde la torre de Mecenas, y se confesó entusiasmado con la flor y la belleza de las llamas. Se aseguraba que se ponían dificultades intencionadamente a los que trataban de extinguir el fuego, y que se veían hombres prendiéndolo otra vez cuando parecía que ya se iba apagando. La gente estaba más que angustiada. Las antiguas particiones y los altares ancestrales habían desaparecido; los templos de la Luna, el Ara Máxima (el gran altar), el templo de Júpiter Stator, el altar de Vesta... sus dioses domésticos se habían desvanecido. Habían perdido sus hogares y no quedaba más que lo que ha llamado Farrar «una hermandad desesperada de desventurados.»

El resentimiento de la gente era incontrolable. Nerón tenía que desviar de su propia persona las sospechas; había que buscar un chivo expiatorio, y ese papel se les asignó a los cristianos. Tácito, el historiador romano, cuenta así la historia *(Anales 15.44):*

Ni la ayuda humana en forma de regalos imperiales, ni los intentos de apaciguar a los dioses, podían acallar el rumor siniestro de que el fuego se había debido a las órdenes del mismo Nerón. Así es que, con la esperanza de disipar el rumor, falsamente desvió la acusación a una clase de gente que se conocían vulgarmente como los cristianos, que eran aborrecidos por las abominaciones que perpetraban. El fundador de la secta, un tal Cristo, había sido ejecutado por Poncio Pilato en el reinado de Tiberio; y la nociva superstición, aunque sofocada de momento, brotó otra vez no sólo en Judea, cuna original de aquella peste, sino hasta en Roma, donde se recoge y practica todo lo vergonzoso y horrible que surja.

Está claro que Tácito no creía que los cristianos fueran los culpables del fuego, y que Nerón los había elegido y señalado como cabeza de turco que pagaran por el crimen de él.

¿Por qué escogió Nerón a los cristianos, y cómo es que era posible ni siquiera sugerir y que se creyera que fueran responsables del fuego de Roma? Hay dos posibles respuestas.

(i) Los cristianos ya eran víctimas de ciertas calumnias.

(*a*) La gente los identificaba o relacionaba con los judíos. El antisemitismo no es nada nuevo, y le era fácil al populacho romano el adscribirles crímenes a los judíos y, por tanto, a los cristianos.

(*b*) La Santa Cena era un rito secreto, por lo menos en cierto sentido. No podían participar nada más que los miembros de la Iglesia. Y algunas frases relacionadas con ella eran caldo de cultivo para las calumnias paganas, como las que hablaban de comer la carne de Alguno y beber Su sangre. Eso bastaba para suscitar el rumor de que los cristianos eran caníbales. Con el tiempo se fue desarrollando hasta convertirse en la historia de que los cristianos mataban y se comían a un gentil, o un niño recién nacido. En la Santa Cena, los cristianos se daban el beso de la paz (*1 Pedro 5:14*). Sus reuniones se llamaban *ágapes*, fiestas del amor. Eso bastaba para que se difundiera que las reuniones cristianas eran orgías de vicio.

(*c*) Siempre se acusaba a los cristianos de descomponer las familias. Tanto se extendió ese rumor que el Cristianismo llegó a ser sinónimo de familias divididas, cuando algunos miembros de una familia se hacían cristianos y los otros no. Una religión que producía esos efectos estaba condenada a ser impopular.

(*d*) El caso era que los cristianos hablaban del Día del Juicio, cuando el mundo se disolvería en llamas. Es probable que algunos predicadores cristianos describieran con colores tenebrosos la Segunda Venida y el fin de todas las cosas *(Hechos 2:19-20).* No sería difícil echarles las culpas del fuego de Roma a los que anunciaban tales desastres.

Había abundantes materiales que se podrían tergiversar a disposición de los que quisieran inculpar maliciosamente a los cristianos.

(ii) La religión judía siempre había atraído por su alto nivel moral, especialmente a las mujeres, en un mundo en el que la castidad no existía. Había, por tanto, muchas mujeres aristocráticas que habían abrazado la religión judía. Los judíos no dudaron en manipular a esas mujeres para que influyeran en sus maridos en contra de los cristianos. Tenemos un ejemplo claro de ello en lo que les sucedió a Pablo y su compañero en Antioquía de Pisidia. Fue allí donde los judíos suscitaron la oposición contra ellos utilizando la influencia de mujeres nobles *(Hechos 13:50).* Dos favoritos en la corte de Nerón eran prosélitos judíos: Aliturus, su actor favorito, y Popea, su querida. Es probable que los judíos influyeran en Nerón por medio de ellos para que tomara medidas contra los cristianos.

En cualquier caso, se les echó la culpa del fuego de Roma a los cristianos, y se desencadenó contra ellos una persecución salvaje. No se trataba simplemente de una persecución usando los medios legales. Lo que Tácito llamó una *ingens multitudo,* una multitud ingente, de cristianos perecieron por los medios más sádicos. Se embadurnaba a los cristianos de brea y se les prendía fuego para que sirvieran como antorchas vivientes en los jardines de Nerón. Se los vestía con pieles de animales salvajes y se les echaban los perros de caza para que los descuartizaran vivos. Tácito escribe:

> *Sadismo de todas clases se añadía a su ejecución. Cubiertos con las pieles de animales, eran descuartizados por los perros hasta perecer; o se los clavaba a cruces; o se los condenaba a ser quemados vivos; o a servir de iluminación nocturna cuando se disipaba la luz del día. Nerón ofrecía sus jardines para el espectáculo, y exhibía una función de circo en la que él mismo se mezclaba entre la gente vestido de auriga o permanecía solo en un carruaje. Aun considerando que se trataba de criminales que merecieran un castigo extremado y ejemplar, surgía entre la gente un sentimiento de compasión; porque no se los destruía, como se pretendía, por el bien público, sino para saciar la crueldad de un hombre.* (Tácito, *Anales 15:44*).

La misma terrible historia la cuenta el historiador cristiano posterior, Sulipio Severo en su *Crónica:*

> *Mientras tanto, cuando el número de los cristianos era ya considerable, sucedió que Roma fue destruida por un incendio mientras Nerón estaba estacionado en Antio. Pero la opinión de todos le echó las culpas al Emperador, que se creía que lo había provocado para buscarse la gloria de construir una nueva ciudad. Y, de hecho, Nerón no consiguió, aunque lo procuró por todos los medios, deshacerse de la acusación de que el fuego se había producido cumpliendo sus órdenes. Por tanto él desvió la acusación contra los cristianos, y por consiguiente se les infligieron a los inocentes las más crueles torturas. Sí: hasta se inventaron nuevas formas de dar muerte, tales como, vistiéndolos de pieles de animales salvajes, hacer que los devoraran los perros,*

o crucificando a muchos, o haciéndolos morir en la hoguera, o, a la caída del día, sirviendo de antorchas vivientes durante la noche, suplicio que correspondió a no pocos de ellos. De esta manera empezó a desatarse la crueldad contra los cristianos. Luego, su religión fue prohibida con leyes que se promulgaron, y edictos proclamaron por doquier que los cristianos estaban fuera de la ley.

Es verdad que esta persecución estuvo confinada originalmente a Roma; pero así se abrió la puerta de la persecución, y por todas partes fueron los cristianos víctimas del populacho. Moffatt escribe:

Después de que la marea nerónica hubo pasado de la capital, su inundación alcanzó las últimas costas de las provincias; la dramática publicidad del castigo debe de haber extendido el nombre de cristiano urbi et orbi, a lo ancho y a lo largo de todo el imperio; las provincias recibirían pronto la noticia, y cuando desearan una conflagración similar a costa de los leales cristianos, todo lo que necesitarían sería un procónsul que quisiera gratificar sus deseos y algún discípulo sobresaliente que sirviera de víctima.

Porque, a partir de entonces, los cristianos habrían de vivir bajo esa amenaza. El populacho de las ciudades romanas sabía lo que había sucedido en Roma, y siempre habría malsines que hicieran su blanco a los cristianos. Había situaciones en las que la masa deseaba la sangre, y había gobernadores dispuestos a complacer su ansia sanguinaria. No era sólo la ley romana, sino también el deseo de linchar a quien fuera lo que amenazaba a los cristianos.

De entonces en adelante, los cristianos estaban en peligro de muerte. Podrían pasar años sin que sucediera nada; y, de pronto, una chispa podría provocar una explosión, y empezaría el terror. Esa era la situación de trasfondo de la *Primera de Pedro;* por eso Pedro llama a los suyos a la esperanza, y al valor, y a esa maravillosa vida cristiana que es lo único que puede dar el mentís a las calumnias con las que los atacaban, y que eran la razón para que se tomaran medidas contra ellos. *Primera de Pedro* no se escribió para salir al paso de ninguna herejía, sino para fortalecer a hombres y mujeres que estaban en constante peligro de muerte.

LAS DUDAS

Hemos expuesto extensamente los argumentos a favor de que Pedro fue realmente el autor de la primera carta que lleva su nombre. Pero, como ya dijimos, no pocos comentaristas de primera clase han considerado que no puede haber sido así. Nosotros creemos que Pedro fue el autor de la carta; pero, honradamente, tenemos que presentar el otro punto de vista; y lo haremos siguiendo al capítulo que dedica B. H. Streeter a *Primera de Pedro* en su libro sobre *La Iglesia Primitiva.*

EXTRAÑOS SILENCIOS

Bigg escribe en su introducción: «No hay otro libro en el Nuevo Testamento que tenga una confirmación más antigua, segura y mejor que *Primera de Pedro.*» Es verdad que Eusebio, el gran investigador e historiador de la Iglesia del siglo IV, incluye *Primera de Pedro* entre los libros aceptados universalmente en la Iglesia Primitiva como parte de la Sagrada Escritura (Eusebio, *Historia eclesiástica 3:25.2).* Pero hay que señalar algunas cosas.

(*a*) Eusebio aduce ciertas citas de autores anteriores para demostrar su convicción de que *Primera de Pedro* se aceptaba universalmente. Esto nunca lo hace en relación con los evangelios o las cartas de Pablo; y el mismo hecho de que se sienta llamado a presentar esta evidencia en el caso de *Primera de Pedro* podría indicar que aquí si tenía que demostrarlo, aunque no en relación con los otros libros mencionados. ¿Tenía Eusebio sus dudas? ¿O había otras personas a las que tenía que convencer? ¿O no era tan unánime la aceptación universal de *Primera de Pedro* después de todo?

(*b*) En su libro *El canon del Nuevo Testamento,* Westcott notaba que, aunque nadie había cuestionado el derecho de *Primera de Pedro* a formar parte del Nuevo Testamento, sorprende que fueran pocos entre los primeros padres los que la citaran; y aún más sorprendente, muy pocos de los primeros padres occidentales y especialmente en Roma. Tertuliano citaba la Sagrada Escritura pródigamente. En sus escritos hay 7,258 citas del Nuevo Testamento, pero sólo dos de ellas son de *Primera de Pedro.* Si fue Pedro el que la escribió, y desde Roma, esperaríamos que allí se conociera bien, y que se usara ampliamente en la Iglesia de Occidente.

(*c*) La primera lista oficial de los libros del Nuevo Testamento que se conoce es el *Canon de Muratori,* del nombre del cardenal que la descubrió. Incluye los libros del Nuevo Testamento que se aceptaban en la iglesia de Roma hacia el año 170 d.C. Es un hecho sorprendente que *Primera de Pedro* no aparece. Se puede decir razonablemente que el *Canon de Muratori* tal como lo poseemos es defectuoso y que originalmente puede que incluyera una referencia a *Primera de Pedro;* pero esa objeción queda debilitada por lo siguiente.

(*d*) Es un hecho que *Primera de Pedro* no estaba todavía en el Nuevo Testamento de la iglesia siria hacia el año 373 d.C. No se incluyó hasta que se hizo la versión siríaca de la Biblia, Pesitta, hacia el 400 d.C. Sabemos que fue Taciano el que llevó los libros del Nuevo Testamento a la iglesia de habla siríaca; y los llevó a Siria desde Roma cuando fue a Edesa y fundó la iglesia allí en el año 172 d.C. Podría decirse, por tanto, que el *Canon de Muratori* es correcto tal como lo poseemos, y que *Primera de Pedro* todavía no formaba parte del Nuevo Testamento de la iglesia de Roma hacia el año 170 d.C. Esto es difícil de explicar si fue Pedro el que la escribió, y precisamente en Roma.

Cuando se agrupan todos estos hechos, parece que hay ciertos extraños silencios en relación con *Primera de Pedro,* y que su confirmación puede que no sea tan firme como se pensaba.

1 PEDRO Y EFESIOS

Además, hay cierta relación entre *Primera de Pedro* y *Efesios.* Hay muchos paralelos de pensamiento y expresión entre las dos cartas, de los que seleccionamos algunos.

Bendito el Dios y Padre de nuestro Señor Jesucristo, Que según Su grande misericordia nos hizo renacer para una esperanza viva, por la resurrección de Jesucristo de los muertos (1 Pedro 1:3).

Bendito sea el Dios y Padre de nuestro Señor Jesucristo, Que nos bendijo con toda bendición espiritual en los lugares celestiales en Cristo (Efesios 1:3).

Por tanto, ceñid los lomos de vuestro entendimiento, sed sobrios y esperad por completo en la gracia que se os traerá cuando Jesucristo sea manifestado (1 Pedro 1:13)

Estad, pues, firmes, ceñidos vuestros lomos con la verdad (Efesios 6:14).

Jesucristo, ya destinado desde antes de la fundación del mundo, pero manifestado en los postreros tiempos por amor de vosotros (1 Pedro 1:20).

Según nos escogió en Él antes de la fundación del mundo (Efesios 1:4).

Quien habiendo subido al Cielo está a la diestra de Dios; y a Él están sujetos ángeles, autoridades y potestades (1 Pedro 3:22).	*Dios Le hizo sentarse a Su diestra en los lugares celestiales, sobre todo principado y autoridad y poder y señorío (Efesios 1:20-21).*

Además, las exhortaciones a los esclavos, maridos y mujeres en *Primera de Pedro* y en *Efesios* son muy similares.

Se sugiere que *Primera de Pedro* está citando a *Efesios*. Aunque *Efesios* tiene que haberse escrito alrededor del año 64 d.C., las cartas de Pablo no se editaron hasta eso del año 90 d.C. Si Pedro estaba escribiendo hacia el año 64 d.C. también, ¿cómo podría conocer *Efesios?*

Este es un planteamiento al que se puede contestar de varias maneras. (*a*) Las exhortaciones a los esclavos, maridos y mujeres son parte de una enseñanza ética estandarizada que se daba a todos los conversos en todas las iglesias. Pedro no estaba tomándolo prestado de Pablo; los dos estaban usando fuentes comunes. (*b*) Todas las semejanzas citadas se pueden explicar fácilmente por el hecho de ser expresiones corrientes en la Iglesia Primitiva. Por ejemplo: «¡Bendito el Dios y Padre de nuestro Señor Jesucristo!» era parte del lenguaje devocional universal de la Iglesia Primitiva, que tanto Pedro como Pablo conocerían y usarían sin tomarlo el uno del otro. (*c*) Aun en el caso de que hubiera préstamos personales, no es ni mucho menos cierto que *Primera de Pedro* lo tomara de *Efesios;* el préstamo podría haber sido a la inversa, que es lo más probable, porque *Primera de Pedro es mucho más sencilla que Efesios.* (*d*) Por último, aunque *Primera de Pedro* reprodujera algo de *Efesios,* si Pedro y Pablo estaban en Roma por el mismo tiempo, es perfectamente posible que Pedro pudiera haber visto una copia de *Efesios* antes que se enviara a Asia Menor, y puede que conversara con Pablo acerca de algunas de sus ideas.

La sugerencia de que *Primera de Pedro* tiene que ser posterior porque cita de *Efesios* nos parece muy poco segura, y probablemente equivocada.

VUESTRO COMPAÑERO EN EL MINISTERIO DE ANCIANO

Se objeta que no es comprensible que Pedro escribiera la frase: «Ruego a los ancianos que están entre vosotros, yo anciano también con ellos» *(1 Pedro 5:1).* Se mantiene que Pedro no podría llamarse sencillamente anciano; era apóstol, y como tal tenía un ministerio distinto del de los ancianos. El ministerio de apóstol se caracterizaba por tener una obra y una autoridad que no se limitaban a una congregación local como los ancianos, sino que se extendían por toda la Iglesia.

Eso es perfectamente cierto; pero conviene recordar que entre los judíos no había puesto más honrado universalmente que el de anciano, que tenía el respeto de toda la comunidad y de quien toda la comunidad buscaba dirección en sus problemas y decisión en sus disputas. Pedro, como judío, no consideraría que estaba diciendo nada inexacto al llamarse anciano; además, al hacerlo así estaba evitando la pretensión consciente de una autoridad que el título de apóstol conllevaría, e identificándose cortésmente con los destinatarios de su carta.

TESTIGO DE LOS SUFRIMIENTOS DE CRISTO

Se objeta que Pedro no podía atribuirse el ser testigo de la pasión de Cristo, porque huyó con los demás después del prendimiento en Getsemaní *(Mateo 26:56);* y, aparte del Discípulo amado, ningún otro fue testigo de la Cruz *(Juan 19:26s).* Se podría llamar testigo de *la resurrección,* que era una de las características de los apóstoles *(Hechos 1:22);* pero no fue testigo de la Cruz. En cierto sentido, eso no se puede negar. Pero Pedro no pretende aquí haber sido testigo de la crucifixión, sino de los padecimientos de Cristo, y es cierto que él vio a Cristo sufrir al ser rechazado constantemente por los hombres, en los momentos angustiosos de la Última Cena y de Getsemaní, y en aquel momento inolvidable para él cuando, después de negarle, Su Maestro se volvió hacia él y le miró *(Lucas 22:61)*. Será una crítica pedestre e insensible la que le niegue a Pedro el derecho a decir que había sido testigo de los padecimientos de Cristo.

PERSECUCIÓN POR EL NOMBRE

La principal razón para asignarle a *Primera de Pedro* una fecha tardía son sus referencias a la persecución. Se supone que en *Primera de Pedro* se implica que ya era un crimen ser cristiano, y que los cristianos eran llevados a los tribunales por el solo delito de su fe. *Primera de Pedro* habla de ser vituperados por el nombre de Cristo (4:14); y de sufrir como cristianos (4:16). Se dice que no se llegó a ese estado hasta después del año 100 d.C., ya que antes la persecución se hacía sobre la base de una supuesta culpabilidad, como en tiempos de Nerón.

No hay duda que esta era la ley hacia el año 112 d.C. Por entonces Plinio, gobernador de Bitinia y amigo personal del emperador Trajano, le escribió informándole y pidiéndole consejo sobre cómo debía tratar a los cristianos. Plinio se daba cuenta perfectamente de que eran ciudadanos leales a los que no se podía acusar de ningún crimen. Le decían que «tenían costumbre de reunirse ciertos días antes de salir el sol, y cantar alternadamente himnos a Cristo como Dios; que se habían comprometido mediante juramento, no para realizar ningún crimen, sino para no cometer fraude, ni robo, ni asalto, ni adulterio, ni a faltar a su palabra ni negar un depósito cuando se les demandara.» Plinio aceptaba todo eso; pero, cuando se los presentaban a juicio, él no les hacía más que una pregunta: «Les he preguntado si eran cristianos. A los que se confesaban tales, se lo preguntaba una segunda y una tercera vez, amenazándolos con castigarlos. A los que persistían, daba orden de que los condujeran a su ejecución.» Su único crimen era ser cristianos.

Trajano contestó a Plinio que eso era lo que había que hacer, y que el que negara ser cristiano y lo demostrara sacrificando a los dioses debía ser puesto en libertad inmediatamente. Por esa correspondencia sabemos que había muchas acusaciones contra los cristianos; y Trajano estableció que no había que tener en cuenta ni actuar sobre la base de cartas anónimas de acusación (Plinio, *Cartas 96 y 97).*

Se supone que esta etapa de la persecución no se presentó hasta el tiempo de Trajano; y que *Primera de Pedro,* por tanto, implica una situación que debe ser por lo menos de ese tiempo.

La única forma de zanjar esto es trazando el progreso de la persecución y las razones para ella en el imperio romano. Podemos hacerlo exponiendo un hecho fundamental y tres desarrollos de él.

(i) Bajo el sistema romano, las religiones se dividían en dos clases. Estaban las que se llamaban *religiones licitae,* religiones permitidas; eran reconocidas por el estado, y cualquier persona las podía practicar. Y estaban las *religiones illicitae,* que estaban prohibidas por el estado y era ilegal su práctica bajo la ley penal. Se debe hacer constar que la tolerancia romana era muy considerable; y que cualquier religión que no afectara la moralidad ni el orden público podía permitirse.

(ii) El judaísmo era *religio licita;* y en un principio, los romanos, como es natural, no advertían la diferencia entre el judaísmo y el Cristianismo. El Cristianismo, por lo que podían comprender, no era más que una secta del judaísmo; y cualquier tensión que surgiera entre ambos era cuestión de rivalidad privada en la que no quería meterse el gobierno. Debido a esto, el Cristianismo no corrió peligro de ser perseguido en los primeros tiempos. Gozaba de la misma libertad de culto que el judaísmo, porque se suponía que era *religio licita.*

(iii) La intervención de Nerón cambió la situación. Se produjera como fuera, muy probablemente por la directa intervención de los judíos, el gobierno romano descubrió que el judaísmo y el Cristianismo eran diferentes. Es verdad que Nerón empezó a perseguir a los cristianos, no por ser cristianos, sino por atribuirles la autoría del fuego de Roma. Pero el hecho era que el gobierno había descubierto que el Cristianismo era otra religión distinta del judaísmo.

(iv) La consecuencia fue inmediata e inevitable: el Cristianismo se convirtió en una religión prohibida y los cristianos se encontraron fuera de la ley. En el escritor latino Suetonio tenemos evidencia directa de que eso fue exactamente lo que sucedió. Nos da una especie de lista de las reformas legislativas iniciadas por Nerón:

> *Durante su reinado, se castigaron severamente y se suprimieron muchos abusos, y se promulgaron no pocas nuevas leyes. Se puso un límite a los gastos: los banquetes públicos se redujeron a distribución de alimentos; porque se prohibió la venta de cualquier tipo de comidas precocinadas en las tabernas a excepción de legumbres y verduras, mientras que antes se exponían a la venta toda clase de tapas. Se impusieron castigos a los cristianos, una clase de personas dadas a una nueva superstición malévola. Puso fin a las diversiones de los conductores de carrozas, que reclamaban el derecho adquirido de armar movidas y divertirse engañando y robando a la gente. Los actores de pantomimas y sus partidarios fueron desterrados de la ciudad.*

Hemos citado este pasaje completo porque es la prueba de que en tiempos de Nerón el castigo de los cristianos había llegado a ser una cuestión policial como otra cualquiera. Está suficientemente claro que no tenemos que esperar hasta el tiempo de Trajano para que el solo ser cristiano fuera un crimen. En cualquier tiempo a partir de Nerón, un cristiano estaba expuesto a castigo y muerte simplemente por el nombre que llevaba.

Esto no quiere decir que la persecución fuera constante ni consecuente; pero sí que cualquier cristiano podía ser ejecutado en cualquier momento como un asunto policial. En un área, un cristiano podía acabar sus días en paz, mientras que en otra habría brotes de persecución cada pocos meses. Dependía principalmente de dos cosas: de que el gobernador dejara a los cristianos en paz, o que pusiera en movimiento la ley contra ellos. También dependía de los delatores. Podía ser que el gobierno no quisiera meterse con los cristianos; pero, si se presentaban acusaciones, tenía que hacerlo; y había tiempos en los que la gente quería sangre, se presentaban denuncias y se hacía una carnicería de cristianos para celebrar una fiesta romana.

Comparando la posición legal de los cristianos y la actitud de la ley romana hacia ellos con algo actual y de relativamente insignificante importancia diríamos que ahora y en los países modernos hay ciertas acciones que son ilegales —por ejemplo, aparcar un coche parcialmente en la acera—, pero que se pueden consentir muchas veces. Pero, si las autoridades deciden tomar acción contra esa costumbre, o si se convierte en un quebrantamiento abusivo de la ley, o si alguien se queja y presenta denuncia, la ley se pondrá en acción e impondrá las sanciones oportunas. Esa era la posición de los cristianos en el imperio romano, porque todos estaban técnicamente fuera de la ley. De hecho, no se podían tomar medidas contra ellos; pero tenían una especie de espada de Damocles suspendida sobre la cabeza. Ninguno sabía cuando se produciría la denuncia que le costara la vida. Y esa situación se había vuelto normal desde la acción de Nerón. Hasta entonces, las autoridades romanas no se habían dado cuenta de que el Cristianismo era una nueva religión; pero entonces quedó automáticamente fuera de la ley.

Veamos ahora la situación que se trasluce en *Primera de Pedro*. Los cristianos estaban pasando dificultades (1:6). Su fe tenía que ser probada como el metal que se pasa por el fuego (1:7). Está claro que se estaba llevando a cabo una campaña de calumnias en la que se les atribuían maliciosamente toda clase de acusaciones vulgares y denigrantes (2:12, 15; 3:16; 4:4). En aquel preciso momento estaban en medio de un brote de persecución por el crimen de ser cristianos (4: 12, 14, 16; 5:9). Ese sufrimiento era de esperar, y no debería sorprenderles (4:12). En cualquier caso, les aporta la bendición de sufrir por la causa de la justicia (3:14, 17), y de participar de los sufrimientos de Cristo (4:13).

No hay que adelantarse al tiempo de Trajano para encontrarse con una situación semejante. Los cristianos se encontraban diariamente en ella en todo lo ancho y largo del imperio una vez que se había descubierto por la acción de Nerón cuál era su situación ante la ley romana. La situación de persecución en *Primera de Pedro* no nos obliga de ninguna manera a fecharla en un tiempo posterior al de la vida de Pedro.

HONRAD AL REY

Pero ahora tenemos que seguir con el razonamiento de los que no pueden aceptar la autoría petrina. Se afirma que, en la situación creada por la acción de Nerón, Pedro no podría haber escrito: «Por causa del Señor, someteos a toda institución humana, ya sea al Emperador como supremo magistrado, o a los gobernadores, como enviados suyos para castigar a los malhechores y premiar a los bienhechores... Temed a Dios. Honrad al emperador» (2:13-17). El hecho es que, a pesar de todo, esta es precisamente la enseñanza que se encuentra en *Romanos 13:1-7.* En todo el Nuevo Testamento —a excepción de *Apocalipsis,* donde se condena a Roma— se enseña unánimemente que el cristiano debe ser un ciudadano leal y demostrar con la excelencia de su conducta la falsedad de las acusaciones que se le hacen *(1 Pedro 2:15).* Hasta en tiempo de persecución, los cristianos reconocieron totalmente su obligación de ser buenos ciudadanos; y su sola defensa contra la persecución era dar muestras mediante su comportamiento de que no merecían tal trato. No es ni mucho menos imposible el que Pedro mismo hubiera escrito eso.

UN SERMÓN Y UNA PASTORAL

¿Qué opinión tienen los que no pueden aceptar que *Primera de Pedro* es obra del mismo Pedro?

En primer lugar, se sugiere que el encabezamiento (1:1-2) y la salutación final (5:12-14) son adiciones posteriores que no formaban parte de la carta original.

Se ha sugerido que *Primera de Pedro* tal como la tenemos ahora está formada por dos documentos completamente diferentes. En 4:11 encontramos una doxología, lo que parece indicar que ahí terminaba algo; y se sugiere que 1:3 – 4:11 es la primera de las dos obras que componen *Primera de Pedro*. También se sugiere que esta primera parte era un sermón de bautismo. Es verdad que se hace referencia al Bautismo que nos salva (3:21); y la exhortación a los esclavos, los maridos y las mujeres (2:18 – 3:7) sería apropiada para los que entraban a formar parte de la Iglesia Cristiana procedentes del paganismo para vivir en novedad de vida.

Se sugiere que la segunda parte de *Primera de Pedro*, 4:12 – 5:11, contiene el resumen de una carta pastoral escrita para animar y confortar durante un tiempo de persecución (4:12-19). Entonces los ancianos eran muy importantes; de ellos dependía la resistencia de la Iglesia. El autor de esta pastoral teme que se vayan introduciendo la codicia y la arrogancia (5:1-3), y los anima a cumplir fielmente su tarea (5:4).

Según este punto de vista, *Primera de Pedro* está formada por dos obras separadas y diferentes —un sermón bautismal y una carta pastoral escrita durante una persecución—, ninguna de los cuales se debe al apóstol Pedro.

ASIA MENOR, NO ROMA

Si *Primera de Pedro* es un sermón bautismal y una carta pastoral en tiempo de persecución, ¿cuál fue su lugar de origen? Si la carta no era de Pedro, no hay necesidad de relacionarla con Roma; y, en cualquier caso, parece que la iglesia de Roma no conocía ni usaba *Primera de Pedro.* Vamos a tomar algunos hechos en su conjunto.

(*a*) Ponto, Galacia, Capadocia, Asia y Bitinia (1:1) están en *Asia Menor,* centrados en Sinope.

(*b*) El primero que citó extensamente *Primera de Pedro* fue Policarpo, obispo de Esmirna, también en *Asia Menor.*

(*c*) Algunas frases de *Primera de Pedro* nos recuerdan inmediatamente frases paralelas de otras partes del Nuevo Testamento. En *1 Pedro 5:13,* la Iglesia se llama «la que ha sido elegida,» y en *2 Juan 13* se la describe como «hermana elegida.» *1 Pedro 1:8* habla de Jesucristo «a Quien amáis sin haberle visto; y, aunque ahora no Le veáis, creéis en Él y os regocijáis con una alegría inexpresable y exaltada.» Esto nos dirige el pensamiento naturalmente al dicho de Jesús a Tomás en el Cuarto Evangelio: «Bienaventurados los que no vieron y creyeron» *(Juan 20:29). Primera de Pedro* exhorta a los ancianos a atender (es decir, a pastorear), el rebaño de Dios *(1 Pedro 5:2),* que nos recuerda la encomienda de Jesús a Pedro de que apacentara Sus corderos y Sus ovejas *(Juan 21:15-17),* y el discurso de despedida de Pablo a los ancianos de Éfeso, encargándoles que se cuidaran del rebaño sobre el cual el Espíritu Santo los había puesto como supervisores *(Hechos 20:28).* Todo esto es decir que las memorias que despierta *Primera de Pedro* son del Cuarto Evangelio, de las Cartas de Juan y de Pablo en Éfeso. El Cuarto Evangelio y las Cartas de Juan se escribieron probablemente en Éfeso, que también está en *Asia Menor.* Parece ser que en el caso de *Primera de Pedro* todas las carreteras conducen a Asia Menor.

OCASIÓN EN QUE SE PUBLICÓ PRIMERA DE PEDRO

Suponiendo que *Primera de Pedro* tuviera su origen en Asia Menor, ¿podemos sugerir alguna ocasión para que se escribiera? Fue en un tiempo de persecución. Sabemos por las cartas de Plinio que en Bitinia, hacia el año 112 d.C. hubo una seria persecución de cristianos, y Bitinia es una de las provincias que se mencionan en la dedicatoria de *Primera de Pedro*. Podemos suponer que se publicó para dar ánimo a los cristianos en aquel lugar y entonces. Puede ser que en aquel tiempo alguien de Asia Menor encontró esos dos documentos, y los envió con el nombre de Pedro. Eso no se consideraría un plagio. Era costumbre tanto entre los judíos como entre los griegos el adscribir escritos a los autores famosos del pasado.

EL AUTOR DE PRIMERA DE PEDRO

Si no fue Pedro el que escribió *Primera de Pedro,* ¿podemos suponer quién fue el autor? Vamos a reconstruir algunas de sus cualificaciones esenciales. Nuestra primera sugerencia es que debe de haber sido de Asia Menor. Sobre la base de *Primera de Pedro* misma, tenía que ser *un anciano* y *un testigo presencial de los sufrimientos de Cristo (1 Pedro 5:1).* ¿Hay alguien que encaje en estos requisitos? Papías, obispo de Hierápolis —también en Asia Menor— hacia el año 140 d.C., que se pasó la vida recogiendo toda la información que pudo acerca de los primeros días de la Iglesia, dice acerca de sus métodos y fuentes: «Yo tampoco dudaría, juntamente con mis propias interpretaciones, en comunicarte todo lo que aprendí y recordé cuidadosamente de los ancianos garantes de la verdad... Más aún: si sucedía que llegaba alguien que de veras había sido seguidor de los ancianos, yo le preguntaba lo que ellos decían: lo que contaban Andrés o Pedro, o Felipe, o Tomás o Santiago, o Juan o Mateo, o cualquier otro de los discípulos del Señor, como también lo que decían Aristión o el anciano Juan, discípulos del Señor. Porque suponía que las cosas que se sacan de los libros no me serían de tanto provecho como los dichos de una viva voz que estaba todavía con nosotros.» Aquí tenemos a un cierto Aristión, discípulo del Señor y testigo de Sus sufrimientos. ¿Hay algo que le conecte con *Primera de Pedro?*

ARISTIÓN DE ESMIRNA

Cuando volvemos a las *Constituciones apostólicas* nos encontramos con que uno de los primeros obispos de Esmirna se llamaba Aristón —que es el mismo nombre que Aristión. Volvamos a preguntarnos. ¿Quién fue el que citó más *Primera de Pedro?* Precisamente Policarpo, un obispo posterior de Esmirna. ¿Qué cosa podría ser más natural que el que Policarpo citara lo que debe de haber sido un clásico devocional de su propia iglesia?

Busquemos ahora las cartas a las Siete Iglesias de Asia en el *Apocalipsis,* y leamos la que iba dirigida a Esmirna: «No temas lo que estás a punto de padecer. He aquí que el diablo está para meter a algunos de vosotros en la cárcel para poneros a prueba, y tendréis tribulación durante diez días. Sé fiel hasta la muerte, y Yo te daré la corona de la vida» *(Apocalipsis 2:10).* ¿Puede ser esta la misma persecución que fue el trasfondo de *Primera de Pedro?* Y fue para esta persecución para la que Aristión, obispo de Esmirna, escribió la carta pastoral que después pasó a formar parte de *Primera de Pedro?*

Esta es la sugerencia que hace B. H. Streeter. Cree que *Primera de Pedro* consta de un sermón bautismal y de una carta pastoral de Aristión, obispo de Esmirna. Originalmente, la carta pastoral fue escrita para confortar y animar a los de Esmirna el año 90 d.C., cuando la persecución anunciada en *Apocalipsis* amenazaba la iglesia. Estos escritos de Aristión llegaron a ser clásicos devocionales y atesorados como preciosas posesiones por la iglesia de Esmirna. Algo más de veinte años después, una persecución más extensa e intensa se desencadenó en Bitinia y se extendió por todo el Norte de Asia Menor. Alguien se acordó de la carta pastoral y el sermón bautismal de Aristión, comprendió que eran precisamente lo que necesitaba la Iglesia en la hora de prueba, y los envió juntos bajo el nombre de Pedro, el gran apóstol.

LA CARTA DE UN APÓSTOL

Ya hemos expuesto extensamente los dos puntos de vista acerca del origen, fecha y autoría de *Primera de Pedro*. Es impresionante el ingenio de la teoría que propuso B. H. Streeter, o de las de los que sugieren una fecha posterior con razonamientos dignos de consideración. Por nuestra parte, sin embargo, no vemos razones para dudar de que la carta sea obra del mismo Pedro, que la escribiría no mucho después del gran fuego de Roma y la primera persecución de los cristianos para animar a los de Asia Menor a mantenerse firmes cuando les alcanzara la ola de la persecución que trataría de anegarlos y de deshacer su fe.

1 PEDRO

LA GRAN HERENCIA

1 Pedro 1:1-2

> *Pedro, apóstol de Jesucristo, al Pueblo Escogido de Dios diseminado como exiliados por todo el Ponto, Galacia, Capadocia, Asia y Bitinia. Yo soy un apóstol, y vosotros sois elegidos de acuerdo con el conocimiento anticipado de Dios, por medio de la consagración del Espíritu, para la obediencia y para ser rociados con la sangre de Jesucristo. ¡Que la gracia y la paz se os multipliquen!*

Sucede una y otra vez en el Nuevo Testamento que la verdadera grandeza de un pasaje no se encuentra solamente en la superficie y en lo que se dice de hecho, sino en las ideas y convicciones que subyacen ocultas. Eso es particularmente cierto en este caso.

Está claro que esta carta iba dirigida a personas de la gentilidad. Habían sido liberadas de la manera de vivir insustancial que habían aprendido de sus antepasados (1:18). Los que antes no eran un pueblo habían llegado a ser nada menos que el Pueblo de Dios (2:10). En tiempos anteriores habían vivido de acuerdo con la voluntad y los deseos mundanos de los gentiles (4:3). Pero lo extraordinario de este pasaje está en que toma palabras y concepciones que originalmente se habían adscrito sólo a los judíos, el Pueblo Escogido, y se aplican a los gentiles, que anteriormente se había creído que estaban excluidos de la misericordia de Dios. Algunos judíos habían dicho que «Dios había creado a los gentiles para usarlos como leña para los fuegos del infierno.» Se había dicho que, como con las mejores serpientes no se puede hacer otra cosa que aplastarlas, así había que destruir hasta a los mejores de los gentiles y que Dios no amaba nada más que a Israel de todas las naciones de la Tierra. Pero ahora, la misericordia, los privilegios y la gracia de Dios se habían extendido por toda la Tierra y a todos los seres humanos, hasta a aquellos que nunca los habrían esperado.

(i) Pedro llama a las personas a quienes escribe *los elegidos, el Pueblo Escogido de Dios.* Anteriormente ese había sido el título que pertenecía exclusivamente a Israel: «Porque tú eres un pueblo santo del Señor tu Dios; el Señor tu Dios te ha escogido para que seas Su pueblo especial, entre todos los pueblos que hay sobre la superficie de la Tierra» *(Deuteronomio 7:6; cp. 14:2).* El profeta dice que Dios llama a Israel «Mi elegido» *(Isaías 45:4).* El salmista habla de «los hijos de Jacob, Sus escogidos» *(Salmo 105:6, 43).*

Pero la nación de Israel falló en lo que Dios le había asignado; porque, cuando Dios envió a Su Hijo al mundo, Le rechazaron y crucificaron. Cuando Jesús contó la parábola de los Viñadores Malvados, dijo que la heredad de Israel se les iba a quitar y dar a otros *(Mateo 21:41; Marcos 12:9; Lucas 20:16).* Esa es la base de la gran concepción novotestamentaria de la Iglesia Cristiana como el Nuevo Israel, el Israel de Dios (cp. *Gálatas 6:16).* Todos los privilegios que antes habían pertenecido a Israel, ahora pertenecían a la Iglesia Cristiana. La misericordia de Dios se había extendido hasta cubrir toda la Tierra, y todas las naciones habían visto la gloria y experimentado la gracia de Dios.

(ii) Aquí hay otra palabra que antes pertenecía exclusivamente a Israel. La dirección de la carta dice literalmente: «A los escogidos extranjeros de la Diáspora por todo el Ponto, Galacia, Capadocia, Asia y Bitinia.» *Diáspora,* literalmente *dispersión,* era el nombre técnico de los judíos diseminados en el exilio por todos los países fuera de las fronteras de Palestina. Algunas veces en su turbulenta historia, los judíos habían sido deportados a la fuerza de su tierra natal; otras veces se habían trasladado voluntariamente para trabajar, y a menudo prosperar, en otras tierras. Esos judíos constituían la *Diáspora*. Pero ahora, la verdadera Diáspora no son los judíos, sino la Iglesia Cristiana diseminada por todas las provincias del imperio romano y las demás naciones del mundo. Hubo un tiempo cuando los que eran extraños eran los judíos; ahora eran los cristianos. Son el pueblo cuyo Rey es Dios, cuyo hogar es la eternidad, y que están exiliados en el mundo.

LOS ESCOGIDOS DE DIOS
Y LOS EXILIADOS DE LA ETERNIDAD

1 Pedro 1:1-2 (continuación)

Lo que acabamos de decir significa que los dos grandes títulos en los que hemos estado pensando nos pertenecen a nosotros los cristianos.

(i) Somos *el Pueblo Escogido de Dios*. Aquí hay algo que *eleva*. Seguro que no puede haber mayor distinción o privilegio en el mundo que el ser escogidos de Dios. La palabra *eklektós* puede describir cualquier cosa que sea especialmente escogida; puede referirse a fruta selecta, artículos especialmente elegidos por estar excepcionalmente hechos, tropas seleccionadas para una misión distinguida. Tenemos el honor de haber sido escogidos especialmente por Dios. Pero hay también *desafío* y *responsabilidad* aquí. Dios escoge siempre para un servicio. El honor que confiere a una persona es el de usarla en Su propósito. Fue precisamente ahí donde fallaron los judíos, y debemos poner todo nuestro empeño para que no marque nuestra vida la tragedia de un fracaso semejante.

(ii) Somos *exiliados de la eternidad*. Esto no es decir nunca que debemos retirarnos del mundo, sino que debemos de la manera más realista estar en el mundo y no ser del mundo. Se ha dicho sabiamente que el cristiano debe ser una persona *aparte,* pero no estar *apartada* del mundo. Dondequiera que los exiliados judíos se asentaban, sus ojos se dirigían a Jerusalén. En los países extranjeros construían sus sinagogas de forma que cuando entraba la congregación estaban orientados hacia Jerusalén. Por muy útil que fuera un judío como ciudadano en su país de adopción, su lealtad suprema era para con Jerusalén.

La palabra griega para un residente temporal en un país extraño era *pároikos.* Un *pároikos* era el que se encontraba en otro país, aunque con el pensamiento siempre estuviera en el suyo. Tal forma de residencia se llamaba *paroikía;* y *paroikía* es la palabra de la que deriva la española *parroquia.* Los cristianos en cualquier lugar son un grupo de gente cuya mirada se dirige siempre hacia Dios y cuya lealtad suprema está en el más allá. «Aquí —decía el autor de *Hebreos*— no tenemos ciudad de residencia estable, sino que buscamos la que está por venir» *(Hebreos 13:14).*

Debemos repetir que esto no quiere decir que nos retiremos del mundo, sino que el cristiano lo ve todo a la luz de la eternidad, y la vida como un viaje hacia Dios. De esto depende la importancia que concede a las cosas; es esto lo que dicta su conducta. Es la piedra de toque y la dinámica de su vida.

Hay un famoso dicho tradicional de Jesús —un *ágrafon,* es decir, *no escrito* en el Nuevo Testamento—: «El mundo es un puente. El sabio pasa por él, pero no construirá en él su morada.» Este es el pensamiento que hay detrás del famoso pasaje de la *Epístola de Diogneto,* uno de los escritos más conocidos de la era posapostólica: «Los cristianos no se distinguen del resto de la humanidad por su país o lengua o costumbres... Viven en ciudades tanto griegas como bárbaras, cada uno como le corresponde, siguiendo las costumbres de la región en cuanto a la ropa o la comida y en las cosas exteriores de la vida en general; sin embargo manifiestan el carácter maravilloso y abiertamente paradójico de su propio estado.

Habitan las tierras de su nacimiento, pero como residentes temporales de las mismas; asumen su parte de todas las responsabilidades como ciudadanos, y sobrellevan todas las incomodidades como forasteros. Todas las tierras extranjeras son sus tierras nativas, y todas las tierras nativas les son extranjeras... Pasan la vida en la Tierra, pero su ciudadanía está en el Cielo.»

Sería erróneo pensar que esto hace que los cristianos sean malos ciudadanos en la tierra de su residencia. Precisamente porque ven todas las cosas bajo el punto de vista de la eternidad son los mejores ciudadanos; pues es sólo a la luz de la eternidad como se puede descubrir el verdadero valor de las cosas.

Nosotros, como cristianos, somos el Pueblo Escogido de Dios; somos exiliados de la eternidad. Ahí están nuestro inapreciable privilegio y nuestra inescapable responsabilidad.

LOS TRES GRANDES HECHOS
DE LA VIDA CRISTIANA

1 Pedro 1:1-2 *(conclusión)*

En el versículo 2 se nos presentan tres grandes hechos de la vida cristiana.

(i) El cristiano es *elegido de acuerdo con el conocimiento anticipado de Dios.* C. E. B. Cranfield nos ofrece un hermoso comentario a esta frase: «Si concentramos toda nuestra atención en la hostilidad o la indiferencia del mundo o lo exiguo de nuestro propio progreso en la vida cristiana, bien podemos sentirnos desanimados. En tales momentos necesitamos que se nos recuerde que nuestra elección es *de acuerdo con el conocimiento anticipado de Dios Padre.* La Iglesia no es simplemente una organización humana —aunque, por supuesto, también lo es. Su origen no se encuentra en la voluntad de la carne, o en el idealismo de algunos hombres, o en aspiraciones y proyectos humanos, sino en el propósito eterno de Dios.»

Cuando estemos desanimados bien podemos recordar que la Iglesia Cristiana llegó a ser de acuerdo con el propósito y el plan de Dios y, si Le es fiel, a fin de cuentas no puede nunca acabar en el fracaso.

(ii) El cristiano es elegido *para ser consagrado por el Espíritu.* Lutero decía: «Creo que no puedo con mi propia razón o esfuerzo creer en mi Señor Jesucristo o acudir a Él.» Para el cristiano, el Espíritu Santo es esencial en todos los aspectos de la vida cristiana y en cada uno de sus pasos en ella. Es el Espíritu Santo Quien despierta dentro de nosotros los primeros débiles anhelos de Dios y de bondad. Es el Espíritu Santo Quien nos redarguye de pecado y nos guía a la Cruz de Cristo donde podemos encontrar el perdón. Es el Espíritu Santo Quien nos capacita para ser librados de los pecados que nos tienen bajo su dominio, y para alcanzar las virtudes que son el fruto del Espíritu. Es el Espíritu Quien nos da la seguridad de que nuestros pecados son perdonados, y de que Jesucristo es el Señor. El principio, el medio y el final de la vida cristiana son la obra del Espíritu Santo.

(iii) El cristiano es elegido *para la obediencia, y para ser rociado con la sangre de Jesucristo.* En el Antiguo Testamento hay tres ocasiones en las que se menciona la aspersión con sangre. Puede que Pedro tenga en mente los tres, y que los tres tengan algo que contribuir al pensamiento que encierran estas palabras.

(*a*) Cuando un leproso se curaba, se le rociaba con la sangre de una avecilla *(Levítico 14:1-7).* El rociar con sangre era por tanto símbolo de *la purificación.* Por el sacrificio de Cristo, el cristiano es purificado del pecado.

(*b*) El rociar con sangre era parte del ritual de la consagración de Aarón y de los sacerdotes *(Éxodo 29:20-21; Levítico 8:30).* Era la señal de que *se apartaban* para el servicio de Dios. El cristiano es apartado especialmente para el servicio de Dios, no sólo dentro del templo, sino también en el mundo.

(*c*) La gran escena de la aspersión nos llega de la promulgación del pacto entre Dios e Israel. En el pacto, Dios, por Su voluntad misericordiosa, se acercó a Israel para que fuera.Su pueblo, y Él sería su Dios. Pero esa relación dependía de que los israelitas aceptaran las condiciones del pacto y obedecieran la ley. La obediencia era una condición necesaria del pacto, y la desobediencia quebrantaba la relación del pacto entre Dios e Israel. Así es que se leyó el libro del pacto a oídos del pueblo, y este lo asumió diciendo: «Haremos todas las cosas que el Señor nos ha dicho que hagamos.» Como señal de la relación de obediencia del pueblo para con Dios, Moisés tomó la mitad de la sangre del sacrificio y roció con ella el altar, y con la otra mitad roció al pueblo *(Éxodo 24:1-8)*. La aspersión significaba *obediencia*.

Mediante el sacrificio de Jesucristo, el cristiano entra en una nueva relación con Dios en la que sus pecados pasados son perdonados y él se compromete a obedecer a Dios en lo sucesivo.

El cristiano es llamado conforme al propósito de Dios. Su vida es consagrada a Dios mediante la obra del Espíritu Santo. Por la aspersión de la sangre de Cristo es limpiado de los pecados del pasado y dedicado a la obediencia a Dios.

EL NUEVO NACIMIENTO DEL CRISTIANO

1 Pedro 1:3-5

¡Bendito sea el Dios y Padre de nuestro Señor Jesucristo Que por Su gran misericordia ha producido en nosotros este nuevo nacimiento que nos introduce a una esperanza viva por medio de la resurrección de Jesucristo, una herencia imperecedera, incontaminable e inmarcesible, guardada a salvo en el Cielo para nosotros, que somos protegidos por el poder de Dios mediante la fe hasta que llegue esa liberación que está lista para manifestarse en el último tiempo!

Nos llevará un tiempo considerable el apropiarnos las riquezas de este pasaje, porque hay pocos en el Nuevo Testamento donde se reúnan tantas grandes ideas fundamentales.

Empieza con una doxología dirigida a Dios, pero es una doxología sui géneris. Para los judíos, la manera más corriente de empezar una oración era: «¡Bendito eres Tú, oh Señor, Rey del Universo!» Los cristianos asumieron esa oración, pero con una diferencia. Empezaban: «¡Bendito sea el Dios y Padre de nuestro Señor Jesucristo!» Los cristianos no oramos a un Dios distante y desconocido, sino al Dios que es como Jesús, y a Quien, por medio de Jesucristo, podemos acudir con confianza filial.

Este pasaje empieza con la idea del *nuevo nacimiento;* el cristiano es una persona que ha nacido de nuevo, engendrado otra vez por Dios para vivir una nueva clase de vida. Entre otras cosas esto quiere decir que, cuando nos hacemos cristianos, se produce en nuestra vida un cambio tan radical que de la única manera que se puede describir es diciendo que la vida ha empezado para nosotros completamente otra vez. Esta idea del nuevo nacimiento recorre todo el Nuevo Testamento. Vamos a tratar de reunir lo que se nos dice de él.

(i) El nuevo nacimiento cristiano sucede por la voluntad y la acción de Dios *(Juan 1:13; Santiago 1:18).* No es algo que hace la persona, como no lo fue tampoco su nacimiento físico.

(ii) Otra manera de expresarlo es decir que este nuevo nacimiento es la obra del Espíritu *(Juan 3: 1-15).* Le sucede a una persona, no por su propio esfuerzo, sino cuando se entrega a que tome posesión de ella el Espíritu y la cree de nuevo interiormente.

(iii) Sucede por la Palabra de la Verdad, es decir, por el Evangelio *(Santiago 1:18; 1 Pedro 1:23).* En el principio, fue la Palabra de Dios la Que creó el Cielo y la Tierra y todo lo que hay en ellos. Dios habló, y el caos se convirtió en el universo, y el universo se equipó para y con la vida. Es la Palabra creadora de Dios en Jesucristo lo que produce este nuevo nacimiento en la vida humana.

(iv) El resultado de este nuevo nacimiento es que la persona que lo experimenta llega a ser primicia de una nueva creación *(Santiago 1:18)*. La eleva de este mundo de espacio y tiempo, de cambio y caducidad, de pecado y derrota, y la pone en contacto aquí y ahora con la eternidad y la vida eterna.

(v) La persona nace de nuevo a una esperanza viva *(1 Pedro 1:3)*. Pablo describe el mundo gentil como algo sin esperanza *(Efesios 2:12)*. Sófocles escribió: «No nacer en absoluto es con mucho la mejor fortuna; lo segundo mejor es, tan pronto como se nace, regresar rápidamente allá de donde se vino.» Para los gentiles, el mundo era un lugar en el que todo se aja y decae; podría ser suficientemente agradable en sí, pero no conduce más que a la oscuridad sin fin. Para el mundo antiguo la característica cristiana era la esperanza, que procedía de dos cosas. (*a*) El cristiano percibía que había nacido, no de simiente corruptible, sino incorruptible *(1 Pedro 1:23)*. Tenía en sí mismo algo de la misma naturaleza de Dios; y, por tanto, tenía una vida que ni el tiempo ni la eternidad podrían destruir. (*b*) Aquello procedía de la resurrección de Jesucristo *(1 Pedro 1:3)*. El cristiano tiene para siempre a su lado —aún más, es una cosa con— este Jesucristo Que ha conquistado aun la muerte y, por tanto, no hay nada a lo que deba tener miedo.

(vi) El nuevo nacimiento del cristiano le introduce en la integridad *(1 Juan 2:29; 3:9; 5:18)*. Por este nuevo nacimiento es purificado de sí mismo, de los pecados que le encadenaban y de los hábitos que le dominaban; y recibe un poder que le permite caminar en integridad. Eso no es decir que el nacido de nuevo ya no peca más; pero sí que cada vez que caiga recibirá poder y gracia para levantarse otra vez.

(vii) El nuevo nacimiento del cristiano le introduce en el amor *(1 Juan 4:7)*. Como el Don de Dios está en él, es limpiado de toda la amargura del resentimiento esencial de la vida egocéntrica, y hay en él algo del amor sacrificial y perdonador de Dios.

(viii) Por último, el nuevo nacimiento del cristiano le introduce en la victoria *(1 Juan 5:4)*. La vida deja de ser derrota y empieza a ser victoria sobre el yo y el pecado y las circunstancias. Como la vida de Dios está en el cristiano, aprende el secreto de la vida victoriosa.

LA GRAN HERENCIA

1 Pedro 1:3-5 (continuación)

Además, el cristiano ha recibido una gran *herencia (klêronomía).* Aquí tenemos una palabra con una gran historia, porque es la palabra que se usa corrientemente en Antiguo Testamento griego para la herencia de Canaán, la Tierra Prometida. Una y otra vez se habla en el Antiguo Testamento de la tierra que Dios le ha dado a Su pueblo *por heredad para que la tome en posesión (Deuteronomio 15:4; 19:10).* Para nosotros *herencia* tiende a querer decir algo que será nuestro en el futuro; pero la Biblia usa esta palabra en el sentido de una posesión segura. Para los judíos, la gran posesión definitiva era la Tierra Prometida, convicción que no ha dejado de producir problemas hasta el tiempo presente.

Pero la herencia cristiana es algo aún mayor. Pedro usa tres palabras que presentan tres cualidades que la describen. Es *imperecedera (afthartós).* Esta palabra quiere decir *imperecedera,* pero también *indestructible por ejércitos invasores.* Muchas veces Palestina había sido arrasada por ejércitos extranjeros, que habían guerreado para conquistarla, o despojarla, o destruirla. Pero el cristiano posee una paz y un gozo que ningún ejército invasor puede asolar ni destruir. Es *incorruptible.* La palabra original es *amíantos,* y el verbo *miainein* del que deriva quiere decir *contaminar* con impureza impía. Muchas veces Palestina había sido corrompida por el culto falso a dioses falsos *(Jeremías 2:7, 23; 3:2; Ezequiel 20:43).* Las cosas que contaminaban habían dejado su impronta en la Tierra Prometida; pero el cristiano tiene una pureza que no puede infectar el pecado del mundo. Es *inmarcesible (amárantos)*. En la Tierra Prometida, como en cualquier otra, hasta la florecilla más preciosa se aja y muere. Pero el cristiano ha sido elevado a un mundo en el que no hay cambio ni caducidad, y en el que su paz y gozo están fuera del alcance de las suertes y las fases de la vida.

¿Cuál es, entonces, esa heredad que posee el cristiano nacido de nuevo? Puede que haya muchas respuestas secundarias a esa pregunta, pero sólo una primaria: la heredad del cristiano es Dios mismo. El salmista lo dijo: «El Señor es la porción de mi herencia y de mi copa... y es hermosa la heredad que me ha tocado» *(Salmo 16:5s)*. Dios era su porción para siempre *(Salmo 73: 23-26)*. «Mi porción es el Señor, dijo mi alma; por tanto, en Él esperaré» *(Lamentaciones 3:24)*.

Porque el cristiano es la posesión de Dios y Dios es la posesión del cristiano, éste tiene una herencia imperecedera, incontaminable e inmarcesible.

PROTEGIDO EN EL TIEMPO
Y A SALVO EN LA ETERNIDAD

1 Pedro 1:3-5 *(conclusión)*

La heredad del cristiano, la plenitud del gozo de Dios, le espera en el Cielo; y de esto tiene Pedro dos grandes cosas que decir.

(i) En nuestro viaje a través del mundo hacia la eternidad somos protegidos por el poder de Dios mediante la fe. La palabra que usa Pedro para *proteger (frurein)* es una palabra militar. Quiere decir que nuestra vida está guarnecida por Dios, y que Él es el centinela que nos guarda todos nuestros días. El que tiene fe, nunca duda, aunque no pueda verle con los ojos de la cara, que Dios está presente entre las sombras, montando la guardia sobre los Suyos. No es que Dios los libre de los problemas y los dolores de la vida, sino que nos capacita para que los conquistemos y sigamos adelante.

(ii) La Salvación final se revelará al final del tiempo. Aquí tenemos dos concepciones que están a la base del pensamiento del Nuevo Testamento. En él se habla frecuentemente del último día o de los últimos días o del tiempo del fin. Por detrás de todo esto está la manera en que los judíos dividían la Historia en dos edades: la presente, que está totalmente bajo el dominio del mal, y la por venir, que será la edad de oro de Dios. Entre las dos vendría el Día del Señor, cuando el mundo sería destruido y rehecho y tendría lugar el Juicio Final. Ese tiempo intermedio es el de los últimos días o el tiempo del fin en que el mundo tal como lo conocemos llegará a su fin.

No se nos ha concedido saber cuándo llegará ese tiempo ni qué pasará entonces; pero podemos reunir lo que el Nuevo Testamento nos dice sobre este tema.

(i) Los primeros cristianos creían que ya estaban viviendo en los últimos días. «Hijitos, ya es el último tiempo» —les dice Juan a los suyos *(1 Juan 2:18)*. El autor de *Hebreos* habla de la plenitud de la revelación que ha venido a la humanidad en Cristo «en estos postreros días» *(Hebreos 1:2)*. Los primeros cristianos veían que Dios había invadido ya el tiempo, y el fin era inminente.

(ii) Los postreros días habría un derramamiento del Espíritu de Dios sobre las personas *(Hechos 2:17)*. Los primeros cristianos vieron el cumplimiento de esa esperanza el día de Pentecostés, y a la Iglesia llena del Espíritu Santo.

(iii) Era la convicción normal de la Iglesia Primitiva que, antes del fin, los poderes del mal lanzarían un último ataque, y que surgirían toda clase de falsos maestros *(2 Timoteo 3:1; 1 Juan 2:18; Judas 18)*.

(iv) Los muertos resucitarían. Jesús prometió que al final resucitaría a los Suyos *(Juan 6:39s, 44, 54; 11:24)*.

(v) Inevitablemente, habría un tiempo de juicio cuando la justicia de Dios se impondría, y Sus enemigos recibirían su justa condenación y castigo *(Juan 12:48; Santiago 5:3)*.

Tales son las ideas de los autores del Nuevo Testamento cuando hablan del *tiempo del fin* o de *los últimos días*.

Sin duda para muchos ese sería un tiempo de terror; pero para los cristianos no era de terror, sino de liberación. La palabra *sôzein* quiere decir *salvar* en mucho más que un sentido teológico. Es la palabra corriente para *rescatar de un peligro* y *sanar de una enfermedad.* Charles Bigg indica en su co mentario que en el Nuevo Testamento *sôzein,* salvar, y *sôtêría,* salvación, tienen cuatro campos de significación diferentes pero íntimamente relacionados. (*a*) Describen liberación de un peligro *(Mateo 8:25).* (*b*) Describen liberación de enfermedad *(Mateo 9:21).* (*c*) Describen la liberación de la condenación de Dios *(Mateo 10:22; 24:13).* (*d*) Describen liberación de la enfermedad y el poder del pecado *(Mateo 1:21).* La Salvación es una realidad que tiene muchos aspectos: liberación de peligro, de enfermedad, de la condenación y del pecado. Es eso, y nada menos que eso, lo que el cristiano espera en el tiempo del fin.

EL SECRETO DE LA RESISTENCIA

1 Pedro 1:6-7

> *Ahí radica vuestro gozo, aunque si es necesario de momento y por poco tiempo estéis afligidos por diversos tipos de pruebas; porque el objeto de tales pruebas es que vuestra fe probada y confirmada (más preciosa que el oro, que es perecedero aunque se purifica por medio de fuego), obtenga alabanza y gloria y honor cuando aparezca Jesucristo.*

Pedro se sitúa en las circunstancias concretas de la vida en que se encuentran sus lectores. Su Cristianismo los había hecho siempre impopulares, pero ahora los acechaba una persecución más que probable. Pronto se desataría la tormenta, y la vida se convertiría en una agonía. Ante esa situación amenazadora, Pedro les recuerda tres razones por las que ellos podrán resistir cualquier cosa que se les venga encima.

(i) Pueden resistirlo todo a causa de lo que pueden esperar. Al fin y al cabo, tienen una herencia magnífica: la vida con Dios. De hecho, así es como interpreta Westcott la frase *en el tiempo postrero (en kairô esjátô)*. Nosotros la hemos tomado en el sentido de *en el momento en que llegue a su fin el mundo tal como lo conocemos;* pero en el original puede significar *cuando las cosas lleguen a lo peor.* Es entonces, dice Westcott, cuando todo llegue al límite, cuando se desplegará el poder salvador de Cristo.

En cualquier caso, el sentido resultante es el mismo. Para el cristiano, la persecución y la prueba no son el final; más allá se encuentra la gloria y en la esperanza de esa gloria se puede sufrir todo lo que la vida nos depare. A veces sucede que una persona tiene que sufrir una grave operación o curso de tratamiento; pero acepta el dolor o las molestias porque espera recuperar una salud y unas fuerzas renovadas que la esperan al otro lado. Es uno de los hechos fundamentales de la vida que lo que se puede sufrir está en función de lo que espera —y el cristiano espera un gozo indescriptible.

(ii) Se puede soportar cualquier cosa que le sobrevenga a uno si se tiene en cuenta que la aflicción es realmente una prueba. Para purificar al oro, hay que someterlo al fuego. Las pruebas que le sobrevienen a una persona prueban su fe, que sale de ellas más fuerte de lo que era antes. Los rigores que un atleta tiene que soportar no pretenden colapsarle, sino capacitarle para desarrollar más fuerza y habilidad. Las pruebas de este mundo no están diseñadas para agotar nuestra resistencia, sino para incrementarla.

En relación con esto hay una cosa sumamente sugestiva en el lenguaje que usa Pedro. Dice que el cristiano, *de momento* puede que tenga que sufrir *diversos tipos* de pruebas. En griego dice *poikilos,* que quiere decir literalmente *de muchos colores.* Pedro usa esta palabra solamente otra vez, y es para describir la gracia de Dios *(1 Pedro 4:10).* Nuestras adversidades puede que tengan muchos colores, pero también la gracia de Dios; no hay color en la situación humana con el que la gracia de

Dios no pueda hacer juego. Hay una gracia que le va a cada prueba, y no hay prueba a la que no le corresponda alguna gracia.

(iii) Pueden soportarlo todo porque, al acabar todo, cuando aparezca Jesucristo, recibirán de Él alabanza y gloria y honor. Una y otra vez en la vida hacemos un esfuerzo supremo no para que nos lo paguen ni recompensen, sino para ver la luz en los ojos de alguien y escuchar sus palabras de aprecio. Estas valen más que nada en el mundo. El cristiano sabe que, si resiste la prueba, Le oirá decir al Maestro: «¡Bien hecho!»

Esta es la receta para resistir cuando la vida y la fe se ponen difíciles. Podemos aguantar lo que sea por la grandeza que esperamos, porque cada adversidad es otra prueba para fortalecer y purificar nuestra fe, y porque al final de todo Jesucristo está esperando decir a todos Sus siervos fieles: «¡Bien hecho!»

NO LE HEMOS VISTO, PERO LE CONOCEMOS

1 Pedro 1:8-9

Aunque nunca Le habéis visto, Le amáis; aunque ahora tampoco Le veis, creéis en Él. Y os regocijáis con un gozo indecible y glorioso porque estáis recibiendo lo que es el objetivo de vuestra fe: la salvación de vuestras almas.

Pedro está trazando un contraste implícito entre él mismo y sus lectores. Él había tenido el privilegio inapreciable de conocer a Jesús en Su vida en la Tierra. Sus lectores no habían tenido ese gozo; pero, a pesar de eso, Le amaban; y aunque no Le veían con los ojos de la cara, creían en Él. Y esa fe les producía un gozo que trascendía la expresión y que estaba revestido de gloria, porque aun aquí y ahora les aseguraba el bienestar definitivo de sus almas.

E. G. Selwyn distingue en su comentario cuatro etapas en la aprehensión de Cristo por nosotros.

(i) La primera es una etapa de esperanza y anhelo, la etapa de los que soñaron con la venida del Rey en todas las edades. Como Jesús mismos les dijo a Sus discípulos: «Muchos profetas y reyes desearon ver lo que vosotros estáis viendo, pero no lo vieron» *(Lucas 10:23s)*. Hubo días de un anhelo y una expectación que no se habían realizado.

(ii) La segunda etapa fue la de aquellos que conocieron a Jesús en Su vida terrenal. Eso es lo que tiene en mente Pedro aquí. Eso era lo que estaba pensando cuando le dijo a Cornelio: «Nosotros somos testigos de todo lo que Él hizo, tanto en el país de los judíos como en Jerusalén» *(Hechos 10:39)*. Hubo algunos que convivieron con Jesús, y de cuyo testimonio dependemos para saber cómo era y qué hizo.

(iii) Hay personas en todas las naciones y en todos los tiempos que ven a Jesús con los ojos de la fe. Jesús le dijo a Tomás: «¿Has creído porque Me has visto? ¡Benditos los que no han visto, y sin embargo creen!» *(Juan 20:29)*. Esta manera de ver a Jesús es posible solamente porque Él no es simplemente alguien que vivió y murió y ahora no es más que el protagonista de un libro; sino que es Alguien que vivió y murió y resucitó y vive para siempre. Se ha dicho que «ninguno de los apóstoles *se acordaba* nunca de Cristo.» Es decir: Jesús no es sólo un recuerdo; es una Persona Que conocemos.

(iv) Está la visión beatífica. Pedro estaba seguro de que Le vería como Él es *(1 Juan 3:2)*. «Ahora —dice Pablo— vemos borrosamente como en un espejo; pero entonces, cara a cara» *(1 Corintios 13:12)*. Si la mirada de fe permanece, día llegará en que Le veamos cara a cara, y Le conozcamos como Él nos conoce.

> *No ya con ojos de la fe,*
> *sin velo allí contemplaré*
> *el rostro del Dios mío;*
> *del alto Rey la majestad,*

la gloria de Su santidad,
de cerca ver confío.
Tanto — cuanto
fue escondido — al sentido,
bella, pura,
celestial, alta hermosura.

(Philip Nicolai - Tr. Federico Fliedner).

EL ANUNCIO DE LA GLORIA

1 Pedro 1:10-12

Los profetas que anunciaron la gracia que os habría
de venir, inquirieron e indagaron sobre esa Salvación,
tratando de descubrir cuándo y cómo el Espíritu de
Cristo que estaba en ellos les decía que había de suce-
der, testificando anticipadamente acerca de los sufri-
mientos que Le estaban destinados a Cristo y las glorias
que habrían de seguirlos. A ellos les fue revelado que
el ministerio que estaban ejerciendo acerca de esas
cosas no era para sí mismos, sino para vosotros; las
cosas que ahora os han sido proclamadas por medio de
los que os han predicado el Evangelio en el poder del
Espíritu Santo enviado desde el Cielo, que son cosas que
los ángeles anhelan vislumbrar.

Aquí tenemos otra vez un pasaje henchido de riquezas. La
maravilla de la Salvación que había de venir a la humanidad
en la Persona de Jesucristo era tal que los profetas inquirieron
e indagaron acerca de ella; y hasta los ángeles estaban ansiosos
por vislumbrarla. Pocos pasajes tienen tanto que decirnos sobre
cómo escribieron los profetas y cómo eran inspirados.

(i) Se nos dicen dos cosas de los profetas. La primera, que
inquirieron e indagaron sobre la Salvación que iba a venir. La

segunda, el Espíritu de Cristo que estaba en ellos les habló acerca de Cristo. Aquí tenemos la gran verdad de que la inspiración depende de dos cosas: la mente investigadora de la persona, y el Espíritu revelador de Dios. Se solía decir a veces que los que escribieron las Sagradas Escrituras eran como plumas en las manos de Dios, o como flautas por las que soplaba el Espíritu o liras por las que Se movía. Es decir: se afirmaba que no eran más que instrumentos, casi inconscientes, en las manos de Dios. Pero este pasaje nos dice que la verdad de Dios sólo viene al que la busca. En la inspiración hay un elemento humano, y otro divino; es el producto, a la vez, de la búsqueda de la mente humana y de la revelación del Espíritu de Dios.

Además, este pasaje nos dice que el Espíritu Santo, el Espíritu de Cristo, siempre ha estado activo en el mundo. Siempre que las personas han vislumbrado la belleza, o han alcanzado la verdad, o han sentido el anhelo de Dios, era por la acción del Espíritu de Cristo. Nunca ha habido ningún momento en la historia de una nación cuando el Espíritu Santo no estuviera moviendo a las personas a buscar a Dios, y guiándolas para que Le encontraran. Algunas veces la gente estaba ciega y sorda, o malentendían esa dirección; a veces no captaba más que fragmentos de ella; pero siempre el Espíritu revelador estaba guiando a la mente buscadora.

(ii) Este pasaje nos dice que los profetas hablaron de los sufrimientos y de la gloria de Cristo. Pasajes tales como el *Salmo 22* e *Isaías 52:13 - 53:12* encontraron su consumación y cumplimiento en los sufrimientos de Cristo. Pasajes tales co- mo los *Salmos 2, 16:8-11,* o *110* encontraron su cumplimiento en la gloria y el triunfo de Cristo. No tenemos que creer que los profetas tuvieron visiones del Hombre Jesús de manera anticipada. Lo que sí previeron fue que Uno vendría un día en Quien se harían realidad y cumplirían sus sueños y visiones.

(iii) Este pasaje nos dice para quién hablaron los profetas. Era el mensaje de la gloriosa liberación de Dios lo que ellos trajeron a la humanidad. Esa era una liberación que ellos mismos no llegaron a experimentar. A veces Dios le da una visión a una persona, pero le dice: «¡Pero todavía no!» Llevó a Moisés a la cima del Pisga, y le mostró toda la Tierra Prometida y le dijo: «Te he permitido verla con tus ojos, mas no pasarás allá» *(Deuteronomio 34:1-4).* Alguien cuenta que a la caída de la tarde había un ciego encendiendo las farolas. Iba guiándose con el bastón de farola en farola llevando una luz que él mismo no habría de ver. Como los profetas sabían, era un gran privilegio tener una visión, aunque su cumplimiento fuera para otros en el futuro.

EL MENSAJE DEL PREDICADOR

1 Pedro 1:10-12 (conclusión)

Este pasaje nos habla, no sólo de las visiones de los profetas, sino también del mensaje de los predicadores. Habían sido los predicadores los que habían llevado el mensaje de Salvación a los lectores de la carta de Pedro.

(i) Nos dice que predicar es anunciar la Salvación. La predicación puede cambiar de sistema o de aspecto según los tiempos, pero fundamentalmente es la proclamación del Evangelio, la Buena Noticia. Puede que el predicador tenga a veces que advertir, amenazar y condenar; puede que tenga que recordarles a las personas que hay tal cosa como el juicio y la ira de Dios; pero básicamente, por encima de todo, su mensaje es el anuncio de la Salvación.

(ii) Nos dice que predicar es por medio del Espíritu Santo enviado del Cielo. El mensaje del predicador no es algo suyo, sino que le es dado. Él presenta, no sus propias opiniones y hasta prejuicios, sino la verdad que le ha dado el Espíritu Santo. Como el profeta, tendrá que indagar e inquirir, que estudiar y que aprender; pero debe fundamentalmente esperar que le llegue la dirección del Espíritu Santo.

(iii) Nos dice que el mensaje del predicador es acerca de cosas que los ángeles querrían vislumbrar. Es inexcusable la trivialidad en la predicación. No hay disculpas para presentar un mensaje embadurnado de tierra y desamable, sin interés ni emoción. La Salvación de Dios es una cosa tremenda. Es con el mensaje de Salvación y la inspiración del Espíritu de Cristo como debe siempre presentarse el predicador.

LA VIRILIDAD NECESARIA
PARA LA FE CRISTIANA

1 Pedro 1:13

> *Así que, ceñid los lomos de vuestro entendimiento; sed sobrios; llegad a la decisión final de poner vuestra esperanza en la gracia que se os va a traer cuando Se revele Jesucristo.*

Pedro ha estado hablando acerca de la grandeza y la gloria que el cristiano espera; pero el cristiano no puede nunca perderse en sueños de futuro; tiene siempre que ser viril en la batalla del presente. Así es que Pedro le envía a su gente tres desafíos.

(i) Les dice *que se ciñan los lomos de la mente.* Esta es una frase deliberadamente gráfica. En Oriente era corriente que los hombres llevaran túnicas largas y sueltas más aptas para mantenerse frescos que para avanzar rápido o trabajar arduamente. El cinturón, colocado donde su nombre indica, no arreglaba mucho las cosas; mejor era y es la faja que probablemente heredamos de ellos los campesinos españoles. Se sugiere que el equivalente moderno podría ser *remangarse* o *quitarse la chaqueta.* Pedro está diciéndoles a los suyos que hay que estar dispuestos para una ardua tarea intelectual. No se debe nunca contentar uno con una fe difuminada e inconcreta; hay que proponerse pensar las cosas en serio y a fondo.

Puede que eso nos lleve a descartar algunas cosas. Puede que se cometan errores; pero lo que le quede a uno será suyo de una manera que nada ni nadie se lo podrá quitar nunca.

(ii) Les dice *que sean sobrios*. La palabra griega, como la española puede tener dos sentidos. Puede querer decir sencillamente que no se está borracho, y también puede querer decir que se tiene una mente equilibrada. Es decir: que no deben intoxicarse ni con bebidas intoxicantes ni con ideas intoxicantes; deben mantener un juicio equilibrado. Le es fácil al cristiano dejarse llevar por este, ese o aquel entusiasmo repentino y emborracharse con la última moda o manía. Pedro les exhorta a que mantengan la compostura esencial que les es propia a los que saben lo que creen.

(iii) Les dice que *pongan su esperanza en la gracia que se les va a dar cuando venga Jesucristo*. Es la gran característica del cristiano el vivir en esperanza; y porque vive en esperanza puede soportar las pruebas del presente. Cualquiera puede soportar la lucha y el esfuerzo y el trabajo si está seguro de que conduce a alguna parte. Es por eso por lo que el atleta se somete al duro entrenamiento y el estudiante al estudio. Para el cristiano, lo mejor siempre está por venir. Puede vivir con agradecimiento por todas las misericordias del pasado, con resolución de aceptar los desafíos del presente y con una esperanza segura de que, en Cristo, lo mejor es lo que está todavía por venir.

LA VIDA SIN CRISTO
Y LA VIDA LLENA DE CRISTO

1 Pedro 1:14-25

Sed hijos obedientes. No sigáis viviendo una vida de acuerdo con los deseos que teníais en los días de vuestra ignorancia anterior, sino mostraos santos en la forma que os conducís en todos los aspectos de vuestra vida, como es santo el Que os ha llamado; porque escrito está: «Sed santos, porque Yo soy santo.» Si llamáis Padre al Que juzga a cada uno conforme a su obra con una imparcialidad total, conducíos con reverencia todo el tiempo de vuestra peregrinación por el mundo; porque sabéis que no fue con cosas perecederas como plata u oro como fuisteis rescatados de la manera vana de vivir que habíais aprendido de vuestros padres, sino con la sangre preciosa de Cristo, como la de un cordero sin mancha ni contaminación. Fue antes de la creación del mundo cuando fue predestinado para esta obra; ha sido al fin de las edades cuando ha aparecido, por amor a vosotros, que por medio de Él habéis llegado a creer en Dios, Que Le levantó de los muertos y Le ha dado gloria, para que pongáis en Dios vuestra fe y vuestra esperanza.

Ahora que habéis purificado vuestras almas por la obediencia a la verdad —una purificación que debe desembocar en un amor fraternal sincero—, amaos los unos a los otros de corazón y con constancia, porque habéis nacido de nuevo, no de simiente mortal, sino inmortal, por medio de la Palabra viva y permanente de Dios. Porque «toda carne es hierba, y su belleza como la florecilla del campo. La hierba se seca, y la flor se mustia; pero la Palabra de Dios permanecerá para siempre.» Y esa es la Palabra cuya buena noticia ha llegado hasta vosotros.

En este pasaje hay tres grandes líneas de enfoque que debemos considerar una a una. En primer lugar Pedro nos habla de Jesucristo como Redentor y Señor.

1. JESUCRISTO, REDENTOR Y SEÑOR

(i) Jesucristo es el Emancipador, por medio de Quien somos libertados de la esclavitud del pecado y de la muerte; es el

Cordero sin mancha ni contaminación (versículo 19). Cuando Pedro hablaba así de Jesús, su mente se retrotraía a dos imágenes del Antiguo Testamento: a *Isaías 53,* con su descripción del Siervo doliente por medio de cuyo sufrimiento somos salvados y sanados, y sobre todo a la del Cordero Pascual *(Éxodo 12:5).* En aquella noche memorable cuando dejaron atrás la esclavitud de Egipto, se mandó a los israelitas que tomaran un cordero, y lo sacrificaran, y marcaran con su sangre el dintel y los dos postes de las puertas; y, cuando el ángel de la muerte pasara por la tierra matando a los primogénitos de los egipcios, «pasaría por alto» —eso es lo que quiere decir *pascua*— las casas así marcadas. Ese cuadro del Cordero Pascual contiene las ideas gemelas de la emancipación de la esclavitud y liberación de la muerte. No importa cómo lo interpretemos: costó la vida y la muerte de Jesucristo el libertarnos de la esclavitud del pecado y de la muerte.

(ii) Jesucristo personifica el eterno propósito de Dios. Fue antes de la creación del mundo cuando fue predestinado para la Obra que se Le encomendó (versículo 20). Aquí tenemos un gran pensamiento. A veces tendemos a pensar en Dios primero como Creador y luego como Redentor, como si Él hubiera creado el mundo y después, cuando se Le rebeló, encontró la manera de rescatarlo mediante Jesucristo. Pero aquí se nos presenta a Dios como Redentor *antes* de ser Creador. Su propósito redentor no fue una salida de emergencia a la que se vio obligado cuando las cosas se Le pusieron mal; estaba ahí desde el principio, desde antes de la Creación.

(iii) Pedro tiene un curso de pensamiento que es general en todo el Nuevo Testamento. Jesucristo no es sólo el Cordero que fue sacrificado: es también el Resucitado y el Triunfador a Quien Dios dio la gloria. Los pensadores del Nuevo Testamento rara vez separan la Cruz de la Resurrección; rara vez piensan en el *sacrificio* de Cristo sin pensar en Su *triunfo.* Edward Rogers, en su libro *Para que tengan Vida,* nos dice que en una ocasión recorrió atentamente toda la historia de la Pasión y la Resurrección de Cristo para encontrar la manera de representarla dramáticamente; y prosigue: «Empecé a darme cuenta de que hay algo equivocado sutil y trágicamente en cualquier énfasis que se haga en la agonía de la Cruz que pudiera nublar la gloria de la Resurrección, cualquier sugerencia de que lo que aseguró la salvación del mundo fue el dolor soportado pacientemente más bien que el amor triunfador de la vida y de la muerte.» Se pregunta dónde concentran la mirada los creyentes desde el principio de la cuaresma, qué es lo que más vemos. «¿Es la oscuridad que cubrió la Tierra al mediodía, rodeando el dolor y la angustia de la Cruz? ¿O es la deslumbradora misteriosa brillantez del amanecer que irradió desde la tumba vacía?» Y sigue: «Hay formas de predicación evangélica seria y devota, y de obras teológicas que dan la impresión de que, de alguna manera, la Cruz ha ensombrecido la Resurrección, y que todo el propósito de Dios se cumplió en el Calvario. La verdad, que se nubla a nuestro grave riesgo espiritual, es que la Crucifixión no se puede interpretar ni entender más que a la luz de la Resurrección.»

Con Su muerte Cristo emancipó a la humanidad de la esclavitud al pecado y la muerte; pero con Su Resurrección le da una vida gloriosa e indestructible como la Suya. Su Resurrección nos da fe y esperanza en Dios (versículo 21).

En este pasaje vemos a Jesús como el gran Emancipador al precio del Calvario; vemos en Jesús el eterno propósito redentor de Dios; vemos a Jesús como el Vencedor glorioso de la muerte y Señor de la vida, el dador de la vida que la muerte no puede tocar, y de una esperanza que nada puede arrebatar.

2. LA VIDA SIN CRISTO

Pedro escoge tres características de la vida sin Cristo.

(i) Es una vida de *ignorancia* (versículo 14). El mundo pagano estaba siempre asediado por la incognoscibilidad de Dios. Lo único que podían los seres humanos era buscar Su misterio a tientas en la oscuridad. «Es difícil —decía Platón— investigar y hallar al Diseñador y Padre del universo; y, si se Le pudiera encontrar, sería imposible explicárselo a otros de manera que lo pudieran comprender.» Aristóteles hablaba de Dios como la Causa suprema, soñado por todos pero a Quien no conocía nadie. El mundo antiguo no dudaba que hubiera un Dios o dioses, pero creía que era imposible conocerle o conocerlos, y que no tenían ningún interés en la humanidad o en el mundo. En un mundo sin Cristo, Dios era un misterio y un poder, pero no un amor; no había Nadie a Quien elevar los brazos en busca de ayuda, o los ojos, de esperanza.

(ii) Es una vida *dominada por el deseo* (versículo 14). Al leer los reportajes del mundo al que vino el Cristianismo, no podemos por menos de sentirnos apabullados por la brutal carnalidad de su vida. Existía una pobreza desesperada en el límite inferior de la escala social; pero en el superior, leemos acerca de banquetes multimillonarios en los que se servían sesos de pavos reales y lenguas de ruiseñores, y donde el emperador Vitelio colocó en la mesa en un solo banquete dos mil pescados y siete mil aves. La castidad era cosa olvidada. Marcial habla de una mujer que había llegado a tener diez maridos; Juvenal, de una mujer que había tenido ocho maridos en cinco años, y Jerónimo nos cuenta que en Roma había una mujer casada con su marido vigésimo tercero, del que ella era la vigésima primera esposa. Tanto en Roma como en Grecia, la práctica de la homosexualidad era tan corriente que ya se consideraba natural. Era un mundo dominado por el deseo, cuya meta era encontrar nuevas y más salvajes formas de satisfacer la concupiscencia.

(iii) Era una vida caracterizada por *la inutilidad.* Su problema de raíz era que no iba a ninguna parte. Catulo escribe a su Lesbia solicitándole las delicias del amor. Le ruega que atrape el momento con sus goces fugaces. «Los soles pueden salir y ponerse de nuevo; pero una vez que se ponga nuestra breve luz, ya no queda nada más que una noche interminable de la que no se despierta.» Si una persona había de morir como un perro, ¿por qué no vivir como tal? La vida era un negocio inútil, con unos pocos breves años a la luz del Sol; y luego, la nada eterna. No había nada por lo que vivir ni morir. La vida no puede por menos de ser inútil si no hay nada al otro lado de la muerte.

3. LA VIDA LLENA DE CRISTO

Pedro encuentra tres características de la vida llena de Cristo, y razones impulsoras para cada una de ellas.

(i) La vida llena de Cristo es una vida de *obediencia y de santidad* (versículos 14-16). El ser escogidos de Dios es entrar, no sólo en un gran privilegio, sino también en una gran responsabilidad. Pedro recuerda el antiguo mandamiento que estaba a la base de toda la religión hebrea. Dios insistía en que Su pueblo fuera santo, porque Él es santo *(Levítico 11:44; 19:2; 20:7, 26)*. La palabra para *santo* es *haguios,* y el sentido de la raíz es *diferente porque pertenece a Dios.* En este sentido, el templo y el sábado eran santos, y los cristianos son santos porque son diferentes de todos los demás porque pertenecen a Dios, Que es el único Santo por antonomasia. Un cristiano es una persona que pertenece a Dios, porque Dios la ha elegido para una labor en el mundo y para un destino en la eternidad. Ha sido elegido para vivir para Dios en el tiempo, y con Él en la eternidad. En el mundo tiene que obedecer Sus leyes y reproducir Su vida. Al cristiano se le encomienda la tarea de ser diferente.

(ii) La vida llena de Cristo es una vida de *reverencia* (versículos 17-21). La reverencia es la actitud mental de la persona que es consciente de estar en la presencia de Dios. En estos cinco versículos, Pedro escoge tres razones para esta reverencia. *(a)* El cristiano es un forastero en este mundo. Vive su vida a la sombra de la eternidad; tiene en mente siempre, no sólo dónde está, sino también adónde se dirige. *(b)* Va a

Dios; cierto: puede llamar Padre a Dios, pero ese mismo Dios al Que llama Padre es también el Que juzga a todas las personas con estricta imparcialidad. El cristiano es una persona que tendrá que rendir cuentas. Tiene un destino que ganar o perder. La vida en este mundo adquiere una importancia tremenda porque conduce a la del más allá. (*c*) El cristiano debe vivir con reverencia su vida porque costó muy cara, nada menor que la vida y la muerte de Jesucristo. Entonces, como la vida tiene un valor tan incalculable, no se puede perder o desperdiciar. Ninguna persona respetable malgasta lo que tiene un infinito valor humano.

(iii) La vida llena de Cristo es una vida de *amor fraternal.* Debe manifestarse en un amor a los hermanos que es sincero, cordial y firme. El cristiano es una persona que ha nacido de nuevo, no de simiente mortal, sino inmortal. Eso puede que quiera decir una de dos cosas. Puede querer decir que el que el cristiano sea hecho de nuevo no se debe a intervención humana, sino a la de Dios, lo que es otra manera de decir lo que Juan dijo al hablar de «los que son nacidos, no de sangre, ni de voluntad de varón, sino de Dios» *(Juan 1:13).* O, más probablemente, quiere decir que el cristiano es hecho de nuevo al penetrar en él la semilla de la Palabra de Dios; y la representación es la de la Parábola del Sembrador *(Mateo 13:1-9).* La cita que Pedro hace está tomada de *Isaías 40:6-8,* y la segunda interpretación encaja mejor. Lo tomemos como lo tomemos, el sentido es que el cristiano es una persona hecha de nuevo. Porque ha nacido de nuevo, la vida de Dios está en él. La característica suprema de la vida de Dios es el amor, así es que el cristiano tiene que mostrar a los demás ese amor divino.

El cristiano es una persona que vive una vida llena de Cristo, una vida que es diferente, que nunca olvida la infinitud de su obligación, y que hace hermosa el amor de Dios que le dio nacimiento.

QUÉ DEJAR Y QUÉ ANHELAR

1 Pedro 2:1-3

> *Así que despojaos de todo lo malo del mundo pagano*
> *y de todo lo engañoso, actuación hipócrita y sentimien-*
> *tos de envidia, de todo chismorreo despectivo de los*
> *demás; y, como bebés recién nacidos, desead la leche*
> *sin adulterar de la Palabra para crecer hasta alcanzar*
> *la Salvación. Estáis obligados a ello si habéis saboreado*
> *la amabilidad del Señor.*

Ningún cristiano se puede quedar como está, así es que Pedro exhorta a los suyos a romper con todo lo malo, y afirmar el corazón en todo lo que puede alimentar de veras la vida espiritual.

Hay cosas de las que uno tiene que *despojarse. Apothesthai* es la palabra para quitarse uno la ropa. Y hay cosas de las que un cristiano tiene que desvestirse como de la ropa sucia.

Ha de quitarse de encima *todo lo malo del mundo pagano.* La palabra para lo malo es *kakía;* es la palabra más general para maldad, e incluye todas las maneras malas del mundo sin Cristo. Las otras palabras son ilustraciones y especificaciones de esa *kakía;* y hay que advertir que son todas faltas del carácter que hieren la gran virtud del amor fraternal. No puede haber amor fraternal mientras existan estas cosas malas.

Está *el engaño (dolos). Dolos* es el truco del que se dedica a engañar a los demás para conseguir lo que se propone, el vicio de la persona que no tiene nunca miras limpias.

Está *la hipocresía (hypókrisis). Hypokritês (hipócrita)* es una palabra que tiene un historia curiosa. Es el nombre correspondiente al verbo *hypokrínesthai,* que quiere decir sencillamente *contestar;* un *hypokritês* no es más, en un principio, que uno que contesta. De ahí pasa a querer decir *un actor,* el que toma parte en un diálogo en la escena. Y de ahí pasa a significar *un farsante,* alguien que no hace más que representar, manteniendo ocultos su verdaderos motivos. El hipócrita es aquí el que pretende ser cristiano para sacar algún provecho y prestigio, no para servicio y gloria de Cristo.

Está *la envidia (fthonos)*. Bien se puede decir que la envidia es el último pecado en morir. Asomaba su sucia cabeza hasta en el grupo de los apóstoles. Los otros diez les cogieron envidia a Santiago y a Juan cuando parecía que éstos les habían tomado la delantera en reservarse los puestos de honor en el Reino por venir *(Marcos 10:4)*. Hasta en la Última Cena, los discípulos estaban discutiendo quiénes habían de ocupar los puestos más honorables *(Lucas 22:24)*. Mientras el *yo* siga actuando en el corazón de la persona, habrá envidia en su vida. E. G. Selwyn llama a la envidia «la plaga endémica de todas las organizaciones voluntarias, y no menos de las religiosas.» C. E. B. Cranfield dice que «no tenemos que pasar mucho tiempo en lo que llamamos «el trabajo de la iglesia» para comprobar lo perenne fuente de problemas que es la envidia.»

Está *el chismorreo despectivo de los demás (katalalía)*. *Katalalía* es una palabra que tiene un sabor definido. Quiere decir *hablar mal;* es casi siempre el fruto de la envidia; por lo general aparece cuando su víctima no está presente para defenderse. No hay muchas cosas que sean tan atractivas como escuchar o repetir chismes jugosos. El chismorreo despectivo es algo que todos declaran que está mal, pero que al mismo tiempo casi todos practican y disfrutan. No cabe duda de que hay pocas cosas que produzcan tantos problemas y angustias y que sean tan destructivas del amor fraternal y de la unidad de la iglesia.

Estas son, pues, cosas que una persona nacida de nuevo debe quitarse de encima; puesto que, si sigue permitiéndoles que actúen libremente en su vida, dañarán la unidad de los hermanos.

EN QUÉ AFIRMAR EL CORAZÓN

1 Pedro 2:1-3 (conclusión)

Pero hay algo en lo que el cristiano debe afirmar el corazón. Debe anhelar *la leche sin adulterar de la Palabra*. El sentido de esta frase presenta alguna dificultad. Esa dificultad está en la palabra *loguikós*, que hemos traducido, con algunas versiones, *de la Palabra*. La Reina-Valera y otras tienen: *la leche espiritual*.

Loguikós es el adjetivo que se deriva del nombre *logos*, y la dificultad consiste en que tiene tres traducciones perfectamente posibles.

(*a*) *Logos* es la gran palabra estoica para la razón que guía el universo; *loguikós* es una palabra favorita de los estoicos que describe lo que tiene que ver con esta razón divina que gobierna todas las cosas. Si esta es la conexión de esta palabra no cabe duda de que *espiritual* es su significado.

(*b*) *Logos* es la palabra normal en griego para *mente* o *razón;* por tanto, *loguikós* tiene a menudo el sentido de *razonable* o *inteligente*. La Reina-Valera traduce esta palabra en *Romanos 12:1* por *racional*.

(*c*) *Logos* quiere decir en griego también *palabra*, y *loguikós* quiere decir *lo que pertenece a la palabra*. Este es el sentido que dan algunas traducciones, y nosotros creemos que es correcto. Pedro ha estado hablando de la Palabra de Dios, que permanece para siempre *(1 Pedro 1:23-25)*. Es esa Palabra la que tiene en mente, y creemos que lo que quiere decir es que el cristiano debe desear con todo su corazón el alimento que procede de la Palabra de Dios, que es el que le puede hacer crecer hasta alcanzar la misma Salvación. En vista de todo el mal que hay en el mundo pagano, el cristiano debe fortalecer su alma con el alimento puro de la Palabra de Dios.

Este alimento de la Palabra *no está adulterado (ádolos)*. Es decir, no tiene ni la más ligera mezcla de nada malo. *Ádolos* es casi un término técnico para describir el grano totalmente limpio de polvo y paja, o cualquier cosa que lo pueda dañar. En toda sabiduría humana hay algo de mezcla de cosas inútiles o dañinas; sólo la Palabra de Dios es totalmente buena.

El cristiano debe anhelar esta leche de la Palabra; *anhelar* es *epipotheîn,* que es una palabra robusta. Es la que se usa para el ciervo que brama de sed por las corrientes de las aguas *(Salmo 42:1),* o para el salmista que *desea* (R-V) la Salvación del Señor *(Salmo 119:174).* Para el sincero cristiano, el estudio de la Palabra de Dios no es un trabajo, sino un deleite, porque sabe que allí encontrará su corazón el alimento que anhela.

La metáfora del cristiano como un bebé recién nacido y la Palabra de Dios como la leche que le alimenta es frecuente en el Nuevo Testamento. Pablo se compara con la nodriza que cuida de los cristianos infantiles de Tesalónica *(1 Tesalonicenses 2:7).* O se refiere a la atención que presta a los corintios al alimentarlos con leche porque todavía no pueden digerir la carne *(1 Corintios 2:2);* y el autor de la *Carta a los Hebreos* culpa a sus lectores por seguir en la etapa de la leche cuando ya deberían dar señales de más madurez *(Hebreos 5:12; 6:2).* Para simbolizar el nuevo nacimiento en la Iglesia Primitiva, los recién bautizados se vestían con ropas blancas, y a veces se les daba leche como si fueran bebés. Es esta alimentación con la leche de la Palabra lo que hace crecer a un cristiano hasta llegar a la Salvación.

Pedro termina esta introducción con una alusión al *Salmo 4:8:* «Estáis obligados a ello —les dice— si habéis saboreado la amabilidad del Señor.» Aquí tenemos algo de la mayor significación. El hecho de que Dios sea tan paciente y generoso con nosotros no es excusa para que vivamos como queramos, dependiendo de que Él nos lo pase por alto; sino que nos impone la obligación de esforzarnos para merecer Su generosidad y amor. La amabilidad de Dios no es una excusa para la pereza en la vida cristiana, sino el mayor de todos los incentivos imaginables para el esfuerzo.

LA NATURALEZA Y MISIÓN DE LA IGLESIA

1 Pedro 2:4-10

> *Venid a Él, Piedra viva desechada por los hombres pero escogida y preciosa para Dios; y sed vosotros edificados, como piedras vivas, formando parte de una casa espiritual hasta que lleguéis a ser un sacerdocio santo para ofrecer mediante Jesucristo sacrificios espirituales que sean agradables a Dios; porque hay un pasaje de la Escritura que dice: «¡Fijaos! Yo coloco en Sión una Piedra escogida, una Piedra angular preciosa, y el que crea en Ella no quedará mal.» Así que esa Piedra es algo precioso para vosotros los que creéis; pero para los que no creen, «la Piedra que rechazaron los constructores ha llegado a ser la Piedra angular principal», y «una Piedra en la Que tropezarán y que les será un obstáculo.» Tropiezan, porque desobedecen a la Palabra —un destino que les estaba reservado. Pero vosotros sois una raza escogida, un sacerdocio regio, un pueblo consagrado a Dios, una nación que es posesión exclusivamente Suya para proclamar las excelencias del Que os llamó de las tinieblas a Su gloriosa luz; vosotros, que antes no erais ni pueblo y ahora sois el pueblo del Señor; que antes estabais sin misericordia y que ahora habéis encontrado la misericordia.*

Pedro expone la naturaleza y la misión de la Iglesia. Hay tanto en este pasaje que vamos a dividirlo en cuatro secciones.

1. LA PIEDRA QUE RECHAZARON LOS CONSTRUCTORES

La idea de *la piedra* es rica en contenido. Vamos a estudiar tres pasajes del Antiguo Testamento donde aparece.

(i) El principio del tema se remonta a las palabras del mismo Jesús. Una de las parábolas más iluminadoras entre todas las Suyas fue la de los Viñadores Malvados. En ella contó que los viñadores malvados mataron a un servidor tras otro y, al final, mataron hasta al Hijo. Estaba presentando el hecho de que la nación de Israel se había negado a prestar atención a los profetas y los había perseguido, y que esa rebeldía llegaría a su punto culminante con Su propia muerte. Pero más allá de la muerte contempló el triunfo, y lo expresó con palabras de los *Salmos:* «La misma Piedra que los constructores habían rechazado ha llegado a ser la Piedra angular; esto ha sido obra del Señor, y nos parece maravilloso» *(Mateo 21:42; Marcos 12:10; Lucas 20:17).*

Esa es una cita del *Salmo 118:22.* En el original, hace referencia a la nación de Israel. A. K. Kirkpatrick escribe acerca de esto: «Israel es «"la piedra angular principal".» Los poderes del mundo la desecharon como inútil, pero Dios la destinó para el lugar más honorable e importante del edificio de Su Reino en el mundo. Las palabras expresan la conciencia que Israel tenía de su misión y destino en el plan de Dios.» Jesús tomó estas palabras, y Se las aplicó a Sí mismo. Parecía que era totalmente rechazado por la humanidad; pero en el propósito de Dios era la Piedra angular del edificio de Su Reino, honorable por encima de todas.

(ii) En el Antiguo Testamento hay otras referencias a esta Piedra simbólica, y los escritores de la Iglesia original las usaron para sus propósitos. El primero es *Isaías 28:16:* «Por tanto, el Señor Dios dice así: He aquí que Yo he puesto en Sión por fundamento una piedra, piedra probada, angular, preciosa, de cimiento estable; el que creyere, no se apresure.» Aquí también se hace referencia a Israel. La piedra segura y preciosa es la relación inalterable de Dios con Su pueblo, una relación que había de culminar en la venida del Mesías. De nuevo vemos que los escritores de la Iglesia original tomaron este pasaje y Se lo aplicaron a Jesucristo como la Piedra fundamental, preciosa e inamovible de Dios.

(iii) El segundo de estos pasajes también se encuentra en *Isaías:* «En cuanto al Señor de los ejércitos, a Él consideraréis santo; a Él es a Quien debéis temer y reverenciar. Y Él llegará a ser por santuario; pero a las dos casas de Israel, por piedra de tropiezo y por roca de escándalo, y por lazo y red a los habitantes de Jerusalén» *(Isaías 8:13-14).* El sentido es que Dios está ofreciendo Su señorío al pueblo de Israel; que, para los que Le acepten, Él será santuario y salvación; pero a los que Le rechacen Se volverá un terror y una destrucción. De nuevo, los escritores de la Iglesia original tomaron este pasaje y Se lo aplicaron a Cristo. Para los que Le acepten, Jesús es Salvador y Amigo; para los que Le rechacen, juicio y condenación.

(iv) Para comprender este pasaje tenemos que incluir una referencia del Nuevo Testamento a estos pasajes del Antiguo. No parece posible que Pedro pudiera hablar de Jesús como la Piedra angular y de los cristianos como piedras vivas del edificio de una casa espiritual unida en Él sin pensar en las propias palabras que Jesús le dirigió a él. Cuando hizo su gran confesión de fe en Cesarea de Filipo, Jesús le dijo: «Tú eres Pedro, y sobre esta roca edificaré Mi Iglesia» *(Mateo 16:18).* Es sobre la fe del creyente leal donde se edifica la Iglesia.

Estos son los orígenes de los cuadros de este pasaje.

2. LA NATURALEZA DE LA IGLESIA

En este pasaje aprendemos tres cosas acerca de la misma naturaleza de la Iglesia.

(i) Se compara al cristiano con una piedra viva, y a la Iglesia con un edificio vivo en el que se incorporan los creyentes, las piedras vivas (versículo 5). Está claro que esto quiere decir que *Cristianismo es comunidad;* el cristiano individual encuentra su verdadero lugar sólo cuando es edificado en un edificio. «La religión solitaria» queda descartada como una imposibilidad. C. E. B. Cranfield escribe: «Los francotiradores cristianos, que quieren ser cristianos pero se consideran por encima de eso de pertenecer a una iglesia visible en la Tierra en cualquiera de sus formas, son sencillamente una contradicción en términos.»

Hay una historia famosa acerca de Esparta. Un rey espartano presumía de las murallas de Esparta ante un rey que le visitaba. Este miró por todas partes, pero no vio ni señal de las murallas; y le dijo al espartano: «¿Dónde están esas murallas de las que tanto presumes?» Su anfitrión le señaló sus guardaespaldas, una tropa estupenda. «Estos —le contestó— son las murallas de Esparta: cada soldado, una piedra.»

La lección está clara: mientras un ladrillo esté solo, no sirve para nada; sólo es útil cuando se le incorpora a un edificio. Así sucede con el cristiano individual: para hacer realidad su destino, no debe permanecer aislado, sino ser edificado en la estructura de la Iglesia.

Supongamos que alguien dijera en tiempo de guerra: «Yo quiero defender a mi patria y defenderla de sus enemigos.» Si trata de llevar a cabo su resolución a solas, no consigue nada. Sólo puede ser eficaz en su propósito manteniéndose codo con codo con sus semejantes. Así sucede con la Iglesia. Un cristianismo individualista es un absurdo; el Cristianismo es comunidad dentro de la comunión de la Iglesia.

(ii) Los cristianos son un sacerdocio santo (versículo 5). El sacerdote tenía dos características importantes.

(*a*) Era una persona que tenía acceso a Dios y cuya tarea consistía en llevar a Dios a otras personas. En el Antiguo Testamento ese acceso a Dios era el privilegio de los sacerdotes profesionales, y especialmente del sumo sacerdote, que era el único que podía entrar en el Lugar Santísimo. Mediante Jesucristo, el Camino nuevo y vivo, el acceso a Dios es el privilegio de cada cristiano, por fácil que nos parezca. Además, la palabra latina para sacerdote es *pontifex,* que quiere decir *constructor de puentes;* el sacerdote es el que hace un puente o hace de puente para que otros puedan acudir a Dios; y el cristiano tiene el deber y el privilegio de traer a otros al Salvador a Quien él ha conocido y ama.

(*b*) El sacerdote es un hombre que presenta ofrendas a Dios. El cristiano también debe presentar constantemente sus ofrendas a Dios. Bajo la antigua dispensación, las ofrendas que se presentaban eran sacrificios animales; pero los sacrificios del cristiano son sacrificios *espirituales.* Hace de *su trabajo* una ofrenda a Dios. Todo se puede hacer para Dios; así que, hasta la tarea más sencilla se reviste de gloria. El cristiano hace que *su culto* sea una ofrenda a Dios; así el culto de la casa de Dios se convierte, no en una carga, sino en un gozo. El cristiano se hace a *sí mismo* una ofrenda a Dios. «Presentad vuestros cuerpos —dice Pablo— como un sacrificio vivo a Dios» *(Romanos 12:1).* Lo que Dios desea por encima de todo es el amor de nuestros corazones y el servicio de nuestras vidas. Ese es el sacrificio perfecto que ha de hacer todo cristiano.

(iii) La misión de la Iglesia es *proclamar las excelencias* de Dios. Es decir: testificar a las personas acerca de las obras maravillosas de Dios. Con su misma vida aún más que con sus palabras, el cristiano debe testificar de lo que Dios en Cristo ha hecho por él.

3. LA GLORIA DE LA IGLESIA

En el versículo 9 leemos acerca de las cosas de las que el cristiano es testigo.

(i) Dios ha llamado al cristiano de las tinieblas a Su gloriosa luz. *El cristiano es llamado a salir de las tinieblas para entrar en la luz.* Cuando uno llega a conocer a Jesucristo, llega a conocer a *Dios.* Ya no necesita suponer ni andar a tientas. «El que Me ha visto —dice Jesús— ha visto al Padre» *(Juan 14:9).* En Jesús está la luz del conocimientos de Dios. Cuando uno llega a conocer a Jesús, llega a conocer *la bondad.* En Cristo tiene un rasero por el que pueden medirse todas sus acciones y motivos todos. Cuando uno llega a conocer a Jesucristo, llega a conocer *el camino.* La vida ya no es un descampado sin sendero ni luz que guíe. En Cristo, el camino se presenta claro.

Cuando uno llega a conocer a Jesucristo, llega a conocer *el poder*. De poco nos serviría conocer a Dios si no recibiéramos poder para servirle. De poco nos serviría conocer la bondad si siguiéramos impotentes para alcanzarla. De poco nos serviría ver el auténtico camino si no lo pudiéramos seguir. En Jesucristo tenemos *tanto* la visión *como* el poder.

(ii) Dios ha hecho que los que no eran ni siquiera un pueblo fueran el pueblo de Dios. Aquí Pedro está citando a *Oseas 1:6, 9, 10; 2:1, 23)*. Esto quiere decir que *el cristiano es llamado de ser una persona insignificante a ser una persona representativa*. Esto es algo que sucede constantemente en este mundo: que la grandeza de una persona no depende de ella misma, sino de lo que se le ha confiado. La grandeza del cristiano depende del hecho de que Dios le ha escogido para que sea Suyo y para que haga Su obra en el mundo. Ningún cristiano es una persona ordinaria, sino un hombre o una mujer de Dios.

(iii) *El cristiano es llamado de la no misericordia a la misericordia*. La gran característica de las religiones no cristianas es el temor de Dios. El cristiano ha descubierto el amor de Dios, y sabe que ya no tiene que tenerle miedo, porque le va bien a su alma.

4. LA MISIÓN DE LA IGLESIA

Pedro usa en el versículo 9 toda una serie de frases que son un compendio de las funciones de la Iglesia. Llama a los cristianos «raza escogida, sacerdocio regio, pueblo consagrado a Dios, nación que es posesión exclusivamente Suya.» Pedro está inmerso en el Antiguo Testamento, y todas estas frases son grandes descripciones del pueblo de Israel. Proceden de dos fuentes especiales. *Isaías 43:21,* donde Isaías oye decir a Dios: «Este pueblo he creado para Mí.» Pero aún más, de *Éxodo 19:5-6,* donde se oye la voz de Dios decir: «Ahora, pues, si diereis oído a Mi voz, y guardareis Mi pacto, vosotros seréis Mi especial tesoro sobre todos los pueblos; porque Mía es toda la Tierra. Y vosotros Me seréis un reino de sacerdotes, y gente santa.» Las grandes promesas que Dios le hizo a Su pueblo Israel se cumplen en la Iglesia, el nuevo Israel. Cada uno de estos títulos está henchido de sentido.

(i) Los cristianos somos *un pueblo escogido.* Aquí volvemos a la idea del pacto. *Éxodo 19:5-6* es parte de un pasaje que describe cómo hizo Dios un pacto con Israel. En Su pacto, Dios le ofreció a Israel una relación especial con Él; pero ese pacto dependía de que Israel aceptara sus condiciones y guardara la Ley. La relación se mantendría sólo «si diereis oído a Mi voz, y guardareis Mi pacto» *(Éxodo 19:5).*

De aquí aprendemos que el cristiano es escogido para tres cosas. (*a*) Es escogido para *un privilegio.* Se le ofrece en Jesucristo una comunión nueva e íntima con Dios. Dios llega a ser su Amigo, y él el de Dios. (*b*) Es escogido para *la obediencia.* El privilegio conlleva la responsabilidad. El cristiano es elegido para llegar a ser un hijo obediente de Dios. Es escogido, no para hacer su voluntad, sino la voluntad de Dios. (*c*) Es escogido para *el servicio.* Este honor le hace siervo de Dios. Su privilegio consiste en ser usado en el propósito de Dios. Sólo puede ser usado así cuando Le rinde a Dios la obediencia que Él desea. Escogido para un privilegio, para la obediencia y para el servicio: estos tres hechos son inseparables.

(ii) Los cristianos son *un sacerdocio regio.* Ya hemos visto que esto quiere decir que tienen el derecho de acceso a Dios; y que deben ofrecerle su trabajo, su culto y a sí mismos.

(iii) Los cristianos son lo que llama la versión Reina-Valera. una *nación santa.* Ya hemos visto que el sentido primario de *haguios* (santo) es *diferente.* El cristiano ha sido escogido para ser diferente de los demás. Esa diferencia consiste en que está consagrado a la voluntad y al servicio de Dios. Otras personas puede que sigan las normas del mundo, pero para él las únicas normas son las de Dios. Uno no puede ni entrar en el camino cristiano a menos que se dé cuenta de que eso le obligará a ser diferente de todos los demás.

RAZONES PARA VIVIR COMO DIOS MANDA

1 Pedro 2:11-12

Queridos hermanos: Os exhorto, como a extranjeros
y forasteros, que os abstengáis de los deseos carnales
que prosiguen su campaña contra el alma. Haced que
vuestra conducta entre los gentiles sea amable, para que
en todos los asuntos en que os vilipendian como a
malhechores, vean por vuestras buenas obras cómo sois
realmente, y glorifiquen a Dios en el día que ha de
visitar la Tierra.

El mandamiento clave de este pasaje es que el cristiano debe
abstenerse de los deseos carnales. Es de la mayor importancia
el que veamos lo que Pedro quiere decir con esto. Las frases
pecados de la carne y *deseos carnales* se han ido reduciendo
en significado a *pecado sexual;* pero en el Nuevo Testamento
son mucho más generales que eso. La lista de los pecados de
la carne que da Pablo en *Gálatas 5:19-21* incluyen «inmoralidad, impureza, promiscuidad, idolatría, brujería, enemistad,
peleas, celos, rabia, orgullo, disensión, sectarismo, envidia,
borrachera, orgías, y cosas semejantes.» Hay mucho más que
pecados *corporales* aquí.

En el Nuevo Testamento, *la carne* representa mucho más
que la naturaleza física del hombre; incluye también la *natu-*
raleza humana aparte de Dios; quiere decir la naturaleza
humana sin redimir; la vida que se vive aparte de los niveles,
la ayuda, la gracia y la influencia de Cristo. *Los deseos car-*
nales y *los pecados de la carne,* por tanto, incluyen no solamente los pecados más groseros, sino todo lo que es característico de la naturaleza humana caída. De estos pecados y
deseos se debe abstener el cristiano. Como Pedro lo ve, hay
dos razones para esta abstinencia.

(i) El cristiano debe abstenerse de estos pecados porque es
un extranjero y un peregrino. Las palabras originales son

pároikos y *parapidêmos*. Son muy corrientes en griego, y describen a alguien que reside sólo temporalmente en un lugar, y cuyo hogar está en otra parte. Suelen describir a los patriarcas en sus peregrinaciones, y especialmente a Abraham, que salió no sabiendo adónde iba, y que lo que buscaba era la ciudad cuyo arquitecto y constructor es Dios *(Hebreos 11:9, 13)*. Solían usarse para describir a los israelitas cuando eran esclavos y extranjeros en Egipto antes de entrar en la Tierra Prometida *(Hechos 7:6)*.

Estas palabras contienen dos grandes verdades sobre el cristiano. (*a*) Hay un sentido real en el que se es un extranjero en el mundo; y por esta causa no puede aceptar las leyes y las maneras y las categorías del mundo. Otros puede que las acepten; pero el cristiano es súbdito del Reino de Dios, y es por las leyes de ese Reino por las que debe dirigir su vida. Debe asumir toda su parte de la responsabilidad por vivir en la Tierra; pero su ciudadanía está en el Cielo, y las leyes del Cielo son supremas para él. (*b*) El cristiano no es un residente fijo de la Tierra. Está de camino hacia un país que está más allá. Por tanto no debe hacer nada que le impida alcanzar su meta final. Nunca debe involucrarse en el mundo hasta tal punto que no pueda escaparse de sus garras; nunca debe ensuciarse hasta tal punto que se descalifique para entrar a la presencia del Dios santo a Quien se dirige.

LA MEJOR CONTESTACIÓN Y DEFENSA

1 Pedro 2:11-12 (conclusión)

(ii) Pero había para Pedro otra razón todavía más práctica para que el cristiano se abstuviera de los deseos carnales. La Iglesia original se encontraba bajo fuego enemigo. Constantemente le estaban lanzando acusaciones calumniosas; y la única manera verdaderamente efectiva de refutarlas era vivir vidas tan encantadoras que hicieran absurdas las acusaciones.

La antigua versión Reina-Valera usaba aquí una palabra confusa para los oídos modernos. Decía: «Teniendo vuestra conversación honesta entre los gentiles.» Parece que quiere decir que el cristiano siempre tiene que decir la verdad; pero la palabra que se traducía por *conversación* es *anastrofê,* que quiere decir *toda la conducta de una persona,* y no simplemente su manera de hablar. Eso era, de hecho, lo que quería decir la palabra *conversación* en los siglos XVI y XVII, y la palabra que se traducía por *honesta* es *kalós.* En griego hay dos palabras para *bueno.* Una es *agathós,* que quiere decir simplemente bueno de cualidad; y la otra, *kalós,* que quiere decir no solamente *bueno,* sino también *amable* —agradable, atractivo, simpático. Eso es lo que *honestus* quería decir en latín. Lo que Pedro está diciendo es que el cristiano debe procurar que toda su manera de vivir sea tan amable y tan buena que dé el mentís a las calumnias de sus enemigos paganos.

Aquí tenemos una verdad intemporal. Nos guste o no, todos los cristianos somos un anuncio del Evangelio; con nuestra vida hacemos que los demás lo aprecien o lo desprecien. La más poderosa fuerza misionera que hay en el mundo es la vida cristiana.

En los tiempos de la Iglesia original, esta demostración del encanto de la vida cristiana era absolutamente necesaria, por las calumnias que los paganos arrojaban deliberadamente contra la Iglesia Cristiana. Veamos cuáles eran algunas de estas calumnias.

(i) En un principio, el Cristianismo estaba íntimamente relacionado con el judaísmo. Racialmente, Jesús era judío; Pablo era judío; el judaísmo fue la cuna del Cristianismo, y naturalmente muchos de sus primeros conversos eran judíos. Durante un cierto tiempo, el Cristianismo se consideraba una secta del judaísmo. El antisemitismo no es nada reciente. Friedlander da una selección de las calumnias que se repetían constantemente contra los judíos en su *La vida y las maneras romanas en el primer imperio:* «Según Tácito, los judíos enseñaban a sus prosélitos por encima de todo a despreciar a sus dioses, a renunciar a su patria, a dejar de querer a sus padres, hijos, hermanos y hermanas. Según Juvenal, Moisés enseñó a los judíos que no indicaran a nadie un camino, ni guiaran a un viajero sediento a la fuente, a menos que fuera judío. Apión declara que, en el reinado de Antíoco Epifanes, los judíos engordaban todos los años a un griego y le ofrecían solemnemente en sacrificio un día determinado en cierto bosque, devoraban sus entrañas y juraban eterna hostilidad a los griegos.» Este tipo de cosas eran las que los paganos estaban convencidos de que eran verdad acerca de los judíos, e inevitablemente los cristianos heredaron ese odio.

(ii) Aparte de estas calumnias dirigidas originalmente a los judíos, había otras que se les dirigían particularmente a los mismos cristianos. Los acusaban de canibalismo. Esta acusación tuvo su origen en la perversión de las palabras de la Última Cena: «Esto es Mi cuerpo,» y «Esta copa es el Nuevo Pacto en Mi sangre.» A los cristianos los acusaban de matar y comer a un niño en sus fiestas.

También los acusaban de inmoralidad y hasta de incesto. Esta acusación tenía su origen en el hecho de que ellos llamaban a sus reuniones «ágapes», que quiere decir «fiestas del amor.» Los paganos pervertían ese nombre haciéndolo significar que las fiestas cristianas eran orgías sensuales en las que se cometían obras nefandas.

A los cristianos los acusaban de estropear los negocios. Esa fue la acusación de los plateros de Éfeso *(Hechos 19:21-41).*

Los acusaban de «inmiscuirse en relaciones familiares» porque, con frecuencia, de hecho, se dividían los hogares cuando algunos miembros de la familia se convertían y los otros no.

Los acusaban de hacer que los esclavos se volvieran contra sus amos, porque no cabe duda que el Cristianismo le daba un nuevo sentido de dignidad y aprecio a todas las personas.

Los acusaban de «aborrecer a la humanidad», porque no cabe duda que a veces los cristianos hablaban como si el mundo y la Iglesia fueran totalmente incompatibles.

Por encima de todo los acusaban de ser desleales al césar, porque ningún cristiano daría culto a la divinidad del emperador, o quemaría la pizca de incienso declarando que césar era señor; porque, para él, Jesucristo era el único Señor.

Tales eran las acusaciones que se dirigían contra los cristianos. Para Pedro no había más que una sola manera de refutarlas, y era viviendo de tal forma que la vida cristiana demostrara que estaban equivocados. Cuando le dijeron a Platón que cierto individuo había estado haciendo acusaciones calumniosas contra él, respondió: «Viviré de tal manera que nadie crea lo que ese ha dicho de mí.» Esa era también la solución de Pedro.

Jesús también había dicho, y sin duda Pedro tenía en mente Sus palabras: «Dejad que vuestra luz brille ante la gente de tal manera que vean vuestras buenas obras y glorifiquen a vuestro Padre que está en el Cielo» *(Mateo 5:16)*. Esta era una manera de pensar que los judíos conocían muy bien. En uno de los libros que se escribieron entre el Antiguo y el Nuevo Testamento se dice: «Si ponéis por obra lo que está bien, hijos míos, tanto las personas como los ángeles os bendecirán; y Dios será glorificado entre los gentiles por causa de vosotros, y el diablo huirá de vosotros» *(Testamento de Neftalí 8:4)*.

Lo sorprendente de la historia es que, de hecho, los cristianos derrotaron las calumnias de los paganos con sus vidas. En la primera parte del siglo III, Celso hizo el ataque más famoso y sistemático contra los cristianos, en el que los acusaba de ignorancia y estupidez y superstición y toda clase de cosas, *pero nunca de inmoralidad.* En la primera parte del siglo IV, Eusebio, el gran historiador de la Iglesia, podía escribir: «Pero el esplendor de la Iglesia universal y única verdadera, que es siempre la misma, creció en magnitud y poder, y reflejó su piedad y sencillez y libertad, y la modestia y pureza de su vida y filosofía inspiraban a todas las naciones, tanto de griegos como de bárbaros. Al mismo tiempo, las acusaciones calumniosas que se habían hecho contra toda la Iglesia también se desvanecieron, y no quedó más que nuestra enseñanza, que ha prevalecido en toda la línea, y que se reconoce que es superior a todas en dignidad y templanza, y en doctrinas teológicas y filosóficas. De tal manera que ninguna de ellas se aventura ya a proferir ninguna baja calumnia contra nuestra fe, o ninguna de las falsas acusaciones que nuestros antiguos enemigos se deleitaban en proferir contra nosotros anteriormente» (Eusebio, *Historia Eclesiástica 4. 7. 15).* Es verdad que no se habían terminado todavía los terrores de la persecución, porque los cristianos nunca admitirían que césar era señor; pero la excelencia de sus vidas había silenciado las calumnias contra la Iglesia.

Aquí están nuestro desafío y nuestra inspiración. Es con el encanto de nuestra vida y conducta diaria como debemos testificar del Evangelio a todos los que no lo creen.

EL DEBER DEL CRISTIANO

1 Pedro 2:13-15

> *Someteos a todas las instituciones humanas por causa del Señor, ya sea al rey, que ocupa el primer lugar, o a los gobernadores, a los que él envía para castigar a los que obran el mal o recompensar a los que obran el bien; porque la voluntad de Dios es que, haciéndolo así, le pongáis un bozal a la ignorancia de gente estúpida.*

1. COMO CIUDADANO

Pedro considera el deber del cristiano en las diferentes esferas de la vida; y empieza por su deber como ciudadano del país en el que está viviendo.

Nada más lejos del pensamiento del Nuevo Testamento que cualquier clase de anarquía. Jesús había dicho: «Por tanto, dad

al césar lo que le pertenece; y a Dios, lo que Le pertenece»
(Mateo 22:21). Pablo estaba seguro de que los que gobernaban
la nación eran enviados de Dios, ante Quien eran responsables,
y no inspiraban, por tanto, terror a la persona que vivía una
vida honorable *(Romanos 13:1-7)*. En las Cartas Pastorales se
instruye al cristiano que debe orar por los reyes y por todos
los que están en autoridad *(1 Timoteo 2:2)*. La enseñanza del
Nuevo Testamento es que el cristiano tiene que ser un ciudadano bueno y útil del país en el que desarrolla su vida.

Se ha dicho que fue el miedo el que construyó las ciudades,
y que la gente se acurrucaba detrás de las murallas para sentir-
se segura. Las personas se agrupan y están dispuestas a vivir
bajo ciertas leyes para que los buenos puedan vivir en paz y
realizar su trabajo y emprender sus negocios, y a los malos se
los mantenga a raya y se les impida hacer el mal. Según el
Nuevo Testamento, la vida se supone que ha sido ordenada por
Dios, y el estado ha sido ordenado por Dios para proveer y
mantener ese orden.

El punto de vista del Nuevo Testamento es perfectamente
lógico y justo. Mantiene que una persona no puede aceptar los
privilegios que proporciona el estado sin aceptar al mismo
tiempo las responsabilidades y los deberes que le impone. Por
honor y decencia no puede limitarse exclusivamente a nada.

¿Cómo podemos traducir todo esto a nuestra situación moderna? C. E. B. Cranfield ha hecho ver con toda claridad que
hay una diferencia fundamental entre el estado en los tiempos
del Nuevo Testamento y el estado tal como lo conocemos ahora
en Europa y en muchos países del mundo. En los tiempos del
Nuevo Testamento el estado era *autoritario*. El gobernador
tenía un poder absoluto; y el único deber del ciudadano era
rendir una obediencia absoluta y pagar los impuestos *(Romanos
13:6-7)*. En estas condiciones, la nota clave no podía por menos de ser *sumisión al estado*. Pero nosotros vivimos en un
estado *democrático;* y en una democracia se hace necesaria
mucho más que una actitud de sumisión incuestionable. El
gobierno no es solamente el gobierno *del* pueblo; es también

por y *para* el pueblo. La demanda del Nuevo Testamento es que el cristiano debe cumplir su responsabilidad para con el estado. En un estado autoritario, eso consistía exclusivamente en *sumisión*. Pero, ¿cuál es esa obligación en circunstancias totalmente diferentes, como las de una democracia?

En cualquier estado tiene que haber una cierta medida de sumisión. Como C. E. B. Cranfield lo expresa, tiene que haber «una subordinación voluntaria de la persona a los demás, poniendo el interés y el bienestar de los demás por encima del propio, prefiriendo dar más bien que recibir, servir más bien que ser servido.» Pero en un estado democrático, la nota clave debe ser, no *sumisión*, sino *cooperación,* porque el deber del ciudadano no es sólo someterse a que le gobiernen, sino asumir la parte que le corresponde en el gobierno. Así que, si el cristiano ha de cumplir su deber para con el estado, debe asumir su parte en el gobierno. Debe también asumir su responsabilidad en el gobierno local y en la vida del sindicato o de la asociación que incluya su trabajo, profesión o actividad. Es trágico el que tan pocos cristianos realmente cumplan con su deber para con el estado y la sociedad en los que viven.

Todavía nos falta por decir que el cristiano tiene una obligación por encima aun de la que tiene para con el estado. Aunque debe darle al césar lo que es del césar, debe también darle a Dios lo que es de Dios. A veces debe dejar bien claro que tiene que guardar fidelidad a Dios más bien que a los hombres *(Hechos 4:19; 5:29)*. Puede que haya ocasiones, por tanto, en las que el cristiano cumplirá su obligación superior para con el estado rehusando obedecerle e insistiendo en obedecer a Dios. Haciéndolo así, por lo menos testificará de la verdad; y, en el mejor de los casos, puede que dirija al estado a tomar el camino de Cristo, y en el peor, que tenga que sufrir por su actitud.

EL DEBER DEL CRISTIANO

1 Pedro 2:16

Tenéis que vivir como personas libres, pero no usando vuestra libertad como una tapadera para hacer el mal, sino como esclavos de Dios.

2. EN LA SOCIEDAD

Cualquier gran doctrina cristiana se puede pervertir, convirtiéndola en una excusa para hacer el mal o no hacer el bien. La doctrina de la gracia se puede pervertir convirtiéndola en una excusa para pecar a gusto de cada uno. La doctrina del amor de Dios se puede sentimentalizar hasta el punto de que llegue a ser una excusa para quebrantar Su ley. La doctrina de la vida por venir se puede pervertir convirtiéndola en una excusa para tener en menos la vida de este mundo. Y no hay doctrina tan fácil de pervertir como la de la libertad cristiana.

Hay indicios que nos indican que eso ya pasaba en los tiempos del Nuevo Testamento. Pablo les dice a los gálatas que han sido llamados a la libertad, pero que no deben usar esa libertad como una disculpa para satisfacer los caprichos de la carne *(Gálatas 5:13)*. En *Segunda de Pedro* leemos que algunos les prometían a los demás la libertad, pero ellos mismos eran esclavos de la corrupción *(2 Pedro 2:19)*. Hasta los grandes pensadores paganos veían claramente que la perfecta libertad es, de hecho, el producto de la perfecta obediencia. Séneca decía: «Nadie es libre si es esclavo de su cuerpo.» Y: «La libertad consiste en obedecer a Dios.» Cicerón decía: «Somos siervos de las leyes para poder ser libres.» Plutarco insistía en que todos los malos son esclavos; y Epicteto declaraba que ningún malo puede ser nunca libre.

Para decirlo todavía más claro: La libertad cristiana siempre está condicionada por la responsabilidad cristiana. La responsabilidad cristiana siempre está condicionada por el amor cristiano. El amor cristiano es el reflejo del amor de Dios. Y por tanto, la libertad cristiana se puede resumir en la memorable frase de Agustín: «Ama a Dios, y haz lo que quieras.»

El cristiano es libre porque es siervo de Dios. La libertad cristiana no quiere decir ser libre para hacer lo que a uno le dé la gana. Quiere decir ser libre para actuar como es debido, para vivir como Dios manda.

En este asunto tenemos que volver a la gran verdad central que ya hemos visto: *El Cristianismo es comunidad.* El cristiano no es un individuo aislado, sino un miembro de una comunidad dentro de la cual opera su libertad. La libertad cristiana, por tanto, es la libertad para servir. Solamente en Cristo es una persona liberada de sí misma y del pecado de forma que pueda llegar a ser tan buena como debe. La libertad se produce cuando una persona recibe a Cristo como Rey de su corazón y Señor de su vida.

RESUMEN DEL DEBER DEL CRISTIANO

1 Pedro 2:17

> *Respetad a todas las personas; amad a los hermanos; temed a Dios; honrad al rey.*

Aquí tenemos lo que podríamos llamar el resumen de las obligaciones del cristiano para con los demás en cuatro puntos.

(i) *Respetad a todas las personas.* Nos puede parecer que eso no haría falta decirlo; pero cuando Pedro escribió esta carta era algo completamente nuevo. Había 60,000,000 de esclavos en el imperio romano, que eran considerados por la ley, no como personas, sino como cosas, sin el menor derecho a nada. De hecho, lo que Pedro está diciendo es: «Tened en cuenta los derechos de todas los seres humanos y la dignidad de todas las personas.» Todavía hay quienes tratan a los demás como cosas.

Un empresario puede que considere a sus empleados como otras tantas máquinas humanas capaces de realizar un cierto trabajo. Hasta en el estado del bienestar, cuya finalidad es hacer todo lo posible por el bienestar físico de las personas, se corre peligro de considerar a las personas como números de una lista o como tarjetas de un sistema de informática.

John Lawrence, en su libro *Hechos duros: cómo ve un cristiano el mundo,* dice que una de las mayores necesidades del estado del bienestar es «ver más allá de las listas y los impresos por triplicado a las criaturas de Dios que están al otro extremo de la cadena de organización.» El peligro consiste en dejar de ver a los hombres y a las mujeres como personas. Esto llega hasta los hogares. Cuando vemos al otro como si no existiera más que para contribuir a nuestra comodidad o para hacer que tengan éxito nuestros planes, estamos mirándole, no como una persona, sino como una cosa. El más trágico peligro de todos es que así podemos llegar a considerar a nuestros más próximos e íntimos: como si no existieran nada más que para nuestra conveniencia, lo que equivale a tratarlos como cosas.

(ii) *Amad a los hermanos.* Dentro de la comunidad cristiana, el respeto que debemos tener para con todas las personas se hace más cálido e íntimo: se vuelve amor. La atmósfera dominante de la Iglesia debe ser siempre el amor. Una de las definiciones más acertadas de la Iglesia es que es «la extensión de la familia.» La Iglesia es la familia más amplia de Dios, y el vínculo que la une debe ser el amor. Como dijo el salmista:

> *¡Fijaos, qué cosa tan estupenda*
> *y tan encantadora es*
> *el estar conviviendo como hermanos*
> *en armonía y unidad!* (Salmo 133:1).

(iii) *Temed a Dios.* El autor de *Proverbios* decía: «El temor del Señor es el principio del conocimiento» *(Proverbios 1:7).* Tal vez una traducción mejor sería, no que el temor del Señor es *el principio* del conocimiento, sino que el temor del Señor es *la parte más importante,* el verdadero *cimiento* del cono-cimiento. *Temor* no quiere decir *terror,* sino veneración y reverencia. Es indudable que jamás reverenciaremos a nadie hasta que reverenciemos a Dios. Es sólo cuando Le reconoce-mos a Dios el lugar que Le pertenece en el centro, cuando todas las cosas se colocan en el lugar que les corresponde.

(iv) *Honrad al rey.* De las cuatro exhortaciones de este versículo, esta es la más sorprendente; porque, si fue de veras Pedro el que escribió esta carta, el rey en cuestión no era otro que Nerón. La enseñanza del Nuevo Testamento es que el gobernante es enviado por Dios para mantener el orden entre la gente, y que ha de ser respetado, aunque sea Nerón.

EL CRISTIANO COMO SIERVO

1 Pedro 2:18-25

> *Siervos, someteos a vuestros amos con todo respeto, no sólo a los que son buenos y justos, sino también a los perversos; porque es una señal auténtica de gracia el que una persona soporte el trance de un sufrimiento injusto a causa de su conciencia para con Dios. Es a esta clase de vida a la que habéis sido llamados; porque Cristo también sufrió por nosotros dejándonos la estela de Su ejemplo para que sigamos Sus pisadas. Él no había cometido ningún pecado, ni se había descubierto nunca ninguna falsedad en Sus palabras. Cuando Le insultaban, no respondía con insultos. Cuando sufría no profería amenazas, sino Se encomendaba al Único Que juzga con justicia. Él mismo llevó nuestros pecados en Su cuerpo sobre el madero, para que nosotros nos apartemos de los pecados y vivamos para la integridad. Gracias a Sus heridas habéis sido sanados; porque vosotros estabais descarriados como ovejas, pero ahora habéis vuelto al Pastor y Protector de vuestras almas.*

Aquí tenemos un pasaje que sería pertinente para la mayor parte de los primeros lectores de esta carta, porque Pedro escribe a siervos y a esclavos, que eran los que formaban la mayor parte de la Iglesia Primitiva. La palabra que usa Pedro para *siervos* no es *duloi,* que es la más corriente para *esclavos,* sino *oiketai,* la palabra que designaba a los esclavos domésticos o de la familia. Para entender el sentido real de lo que Pedro está diciendo tenemos que saber algo de la naturaleza de la esclavitud en los tiempos de la Iglesia Primitiva. En el imperio romano había tantos como 60,000,000 de esclavos. La esclavitud empezó con las conquistas romanas, y los esclavos fueron en un principio principalmente prisioneros de guerra. En los tiempos más primitivos de Roma había pocos esclavos, pero para los tiempos del Nuevo Testamentos se contaban por millones.

No eran exclusivamente, ni mucho menos, los trabajos rudos los únicos que realizaban los esclavos. Los médicos, maestros, músicos, actores, secretarios y mayordomos eran esclavos. De hecho, todo el trabajo lo hacían los esclavos en Roma. La actitud romana era que no tenía ningún sentido ser el amo del mundo si uno tenía que hacer su propio trabajo. Que los hicieran los esclavos, para que los ciudadanos pudieran vivir en una ociosidad ininterrumpida e inmolestada. La provisión de esclavos nunca estaba en crisis.

A los esclavos no se les permitía casarse; pero cohabitaban, y los hijos que nacían de tales relaciones eran propiedad del amo, no de los padres, lo mismo que los corderos que parían las ovejas pertenecían al dueño del rebaño y no a las ovejas.

Sería equivocado pensar que la suerte de los esclavos era siempre desgraciada y miserable, y que se los trataba siempre con crueldad. Muchos esclavos eran miembros de la familia romana —más amplia que las nuestras—, a los que se quería y en los que se confiaba; pero había un hecho decisivo e inescapable que dominaba toda la situación: para la ley romana, un esclavo no eran una persona, sino una cosa que no tenía absolutamente ningún derecho legal. Por tal razón, no podía haber nada que se asemejara a la justicia en relación con los esclavos. Aristóteles decía: «No puede haber ni amistad ni justicia con las cosas inanimadas; ni siquiera con un caballo o un toro, ni tampoco con un esclavo en tanto que esclavo. Porque el amo y el esclavo no tienen nada en común; un esclavo es una herramienta viva, así como una herramienta es un esclavo inanimado.» Varrón divide los instrumentos de la agricultura en tres clases: los articulados, los inarticulados y los mudos; «los articulados incluyen a los esclavos; los inarticulados, el ganado, y los mudos, las herramientas.» La única diferencia que hay entre un esclavo y una acémila o un arado es que el esclavo puede hablar. Pdro Crisólogo resume el asunto de esta manera: «Lo que el amo le hace al esclavo, inmerecidamente, por ira, voluntaria o involuntariamente, por olvido o después de meditarlo, a sabiendas o sin darse cuenta, es juicio, justicia y ley.» En cuanto al esclavo, la voluntad de su amo, o hasta el capricho de este, son la única ley.

El factor determinante de la vida de un esclavo era, por tanto, aun si se le trataba bien, que seguía siendo una cosa. No tenía ninguno de los más elementales derechos de la persona, y para él la justicia ni siquiera existía.

EL PELIGRO DE UNA NUEVA SITUACIÓN

1 Pedro 2:18-25 (continuación)

A esta situación llegó el Cristianismo con su mensaje de que toda persona es preciosa a los ojos de Dios. El resultado fue que dentro de la Iglesia las barreras sociales desaparecieron. Calisto, uno de los primeros obispos de Roma, era un esclavo; Perpetua, la aristócrata, y Felícitas, la muchacha esclava, fueron juntas al martirio. La gran mayoría de los cristianos originales eran gente humilde, y muchos de ellos esclavos. Era perfectamente posible en los primeros tiempos de la Iglesia que un esclavo fuera el presidente de la congregación, y su amo, sencillamente un miembro. Esta era una situación nueva y revolucionaria. Tenía su gloria, pero también tenía sus peligros. En este pasaje, Pedro exhorta al esclavo a que sea un buen esclavo y un fiel obrero; porque veía dos peligros.

(i) Supongamos que el amo y el esclavo se hacían cristianos; surgiría el peligro de que el esclavo presumiera de la nueva relación, y la convirtiera en una disculpa para escurrir el bulto en el trabajo, asumiendo que, como tanto su amo como él eran cristianos, siempre podía salirse con la suya. Esa situación no sería el fin de los problemas. Todavía hay personas que comercian con la buena voluntad de un jefe cristiano y creen que el hecho de que tanto ellos como sus jefes sean cristianos les da derecho a evitar la disciplina y el castigo. Pero Pedro lo pone bien claro. La relación entre cristiano y cristiano no elimina la relación entre hombre y hombre. El cristiano debe, por supuesto, ser mejor trabajador que nadie. Su cristianismo no es una razón para reclamar la exención de la disciplina; por el contrario, le obliga a una mayor autodisciplina y le hace más concienzudo que los demás.

(ii) Había el peligro de que la nueva dignidad que el Cristianismo le confería hiciera que el esclavo fuera rebelde y buscara abolir totalmente la esclavitud. Algunos estudiantes se sorprenden de que ningún autor del Nuevo Testamento defendiera nunca la abolición de la esclavitud, o ni siquiera dijera claramente que era un mal. La razón era muy sencilla. El haber animado a los esclavos a levantarse contra sus amos habría conducido rápidamente al desastre. Había habido tales levantamientos antes, que siempre habían sido aplastados rápida y salvajemente. En cualquier caso, tal enseñanza le habría reportado al Cristianismo la reputación de ser una religión subversiva. Hay cosas que no pueden suceder de la noche a la mañana; hay situaciones en las que la levadura tiene que obrar, y la prisa sólo demoraría el resultado deseado. La levadura del Cristianismo tenía que obrar en el mundo durante muchas generaciones antes que la abolición de la esclavitud llegara a ser una posibilidad práctica. Pedro tenía interés en que los esclavos cristianos le demostraran al mundo que el Evangelio no los hacía rebeldes o insumisos, sino más bien obreros que habían encontrado una nueva inspiración para realizar su trabajo dia-rio honradamente. Todavía sucederá a menudo que, cuando no se puede cambiar inmediatamente una situación, el deber del cristiano sea ser cristiano en esa situación y aceptar lo que no se puede cambiar hasta que haya obrado la levadura.

LA NUEVA ACTITUD ANTE EL TRABAJO

1 Pedro 2:18-25 (continuación)

Pero el Cristianismo no se limitó a aplazar este asunto. Introdujo tres grandes principios nuevos en la actitud del hombre como siervo y como trabajador.

(i) El Cristianismo introdujo una nueva relación entre el amo y el esclavo. Cuando Pablo le devolvió a Filemón a su esclavo fugitivo Onésimo, no le sugirió siquiera que le dejara en libertad. No insinuó que Filemón debería dejar de ser el amo, y Onésimo el esclavo. Lo que sí dijo fue que Filemón tenía que recibir a Onésimo, no ya como siervo, sino como hermano querido *(Filemón 16)*. El Cristianismo no abolió las diferencias sociales; pero introdujo una relación nueva de fraternidad en la que esas diferencias quedaban superadas y transformadas. Donde hay verdadera fraternidad no importa que se llame a uno amo y a otro esclavo. Hay entre ellos un vínculo que transforma las diferencias que imponen las circunstancias de la vida. La solución de los problemas del mundo se encuentra en la nueva relación entre las personas que hace posible el Evangelio del amor de Dios manifestado en Jesucristo.

(ii) El Cristianismo introdujo una nueva actitud ante el trabajo. El Nuevo Testamento expresa la convicción de que todo trabajo se ha de hacer como para Jesucristo. Y Pablo escribe: «Cualquiera que sea vuestra actividad, ya sea de palabra o de obra, hacedla en el nombre del Señor Jesús» *(Colosenses 3:17)*. «Si coméis o bebéis o hacéis cualquier otra cosa, hacedlo todo para la gloria de Dios» *(1 Corintios 10:31)*. En el ideal cristiano, el trabajo no se hace para un amo terrenal o para obtener prestigio o para hacer dinero; se hace para Dios. Es verdad, por supuesto, que hay que trabajar para ganar un sueldo, y que se debe cumplir con el que le emplea a uno; pero, por encima de eso, el cristiano tiene la convicción de que tiene que hacer su trabajo bien para que no le dé vergüenza presentárselo a Dios.

(iii) Pero, cuando estos ideales elevados se colocaban en el contexto de la Iglesia Primitiva —y la situación no cambia del todo en nuestro tiempo—, surgía una gran pregunta. Supongamos que una persona tiene la actitud cristiana para con los demás y para con el trabajo, y se la trata con injusticia, insulto y afrenta. ¿Qué se debe hacer entonces? La gran respuesta de Pedro es que eso fue lo que Le sucedió a Jesús. Él no era sino el *Siervo Doliente*. Los versículos 21-25 abundan en ecos y referencias a *Isaías 53*, el supremo cuadro del Siervo Doliente de Dios que se hizo realidad en la vida de Jesús. Él era sin pecado, y sin embargo Le insultaron y lo sufrió; Él aceptó los insultos y sufrimientos con sereno amor, y los soportó por los pecados de la humanidad.

De esa manera nos dejó un ejemplo para que sigamos Sus pisadas (versículo 21). La palabra que usa Pedro para *ejemplo* es muy sugestiva: *hypogrammós,* que procede del lenguaje escolar e indica la manera que se usaba en el mundo antiguo —y se sigue usando— para enseñar a los niños a escribir. El *hypogrammós* podía tener dos formas: una línea modélica que el alumno tenía que ir recorriendo y rellenando, o una escritura a la cabeza de la página que el alumno tenía que copiar en las líneas sucesivas. Jesús nos ha dejado el modelo que debemos seguir. Si tenemos que sufrir insultos o injusticias o injurias, únicamente tenemos que recorrer lo que Él ya ha pasado. Puede que Pedro tuviera en mente el atisbo de una verdad tremenda. Los sufrimientos de Jesús fueron por causa del pecado humano; sufrió para hacer volver la humanidad a Dios. Y puede que cuando el cristiano sufre con firmeza, sin quejarse y con amor inalterable, insultos o injurias, está mostrando a los otros una vida que los puede hacer volver a Dios.

DOS PRECIOSOS NOMBRES DE DIOS

1 Pedro 2:18-25 (continuación)

En el último versículo de este capítulo encontramos dos de los grandes nombres de Dios: Pastor y Obispo de nuestras almas, como dice la versión Reina-Valera.

(i) Dios es *el Pastor de las almas.* En griego, *poimên. Pastor,* es una de las descripciones clásicas de Dios. El salmista lo plasmó en su famoso salmo: «El Señor es mi Pastor» *(Salmo 23:1).* Isaías dice: «Como un pastor apacentará Su rebaño; en Su brazo llevará los corderos, y en Su seno los llevará; pastoreará suavemente a las recién paridas» *(Isaías 40:11).*

El gran Rey Que Dios iba a mandar a Israel sería el Pastor de Su pueblo. Ezequiel escucha la promesa de Dios: «Y levantaré sobre ellas a un Pastor Que las apacentará; a Mi siervo David, para que las apaciente y les sea por Pastor» *(Ezequiel 34:23; 37:24).*

Este fue el título que Jesús Se aplicó cuando Se llamó el Buen Pastor y cuando dijo que el Buen Pastor da Su vida por las ovejas *(Juan 10:1-18).* Para Jesús, las personas que no conocían a Dios y que estaban esperando lo que Él les diera eran como ovejas sin pastor *(Marcos 6:34).* El gran privilegio que se otorga al siervo y ministro de Cristo es ser pastor del rebaño de Dios *(Juan 21:16; Hechos 20:28; 1 Pedro 5:2).*

Tal vez nos sea difícil a los que vivimos en zonas urbanas y en una civilización industrial el captar la grandeza de esta imagen; pero en Oriente, y más entonces, sería muy gráfica, especialmente en Judea, en la que había una meseta central estrecha y bordeada de peligros, que era donde se apacentaban las ovejas. La hierba era escasa; no había vallas protectoras, y las ovejas vagaban. El pastor, por tanto, tenía que velar por ellas atenta y constantemente, no fuera que le acechara algún peligro al rebaño.

En su *Geografía histórica de la Tierra Santa,* George Adam Smith describe al pastor de Judea: «Entre nosotros, en Escocia, las ovejas se dejan a su aire; pero no recuerdo haber visto nunca en Oriente un rebaño de ovejas sin su pastor. En tales parajes como Judea, donde el pasto del día está desperdigado por una franja de tierra sin vallar, llena de senderos engañosos, todavía frecuentada por fieras y bordeada por el desierto, el hombre y su carácter son indispensables. En algún monte escarpado en el que ululan las hienas por la noche, cuando te le encuentras insomne, con la vista en la lejanía, curtido por la intemperie, armado, apoyado en su cayado y vigilando sus ovejas dispersas con cada una de ellas en el corazón, te das cuenta de por qué el pastor de Judea saltó al frente de la historia de su pueblo; por qué le dieron su nombre a sus reyes, y le hicieron un símbolo de la Providencia; por qué Cristo le adoptó como tipo de autosacrificio.»

Esta palabra *pastor* nos habla gráficamente de la incesante vigilancia y autosacrificio del amor que Dios nos tiene a los que somos Su rebaño. «Pueblo Suyo somos, y ovejas de Su prado» *(Salmo 100:3).*

DOS PRECIOSOS NOMBRES DE DIOS

1 Pedro 2:18-25 (conclusión)

(ii) La versión Reina-Valera habla de Dios como el Pastor y *Obispo* de nuestras almas; pero ahora *Obispo* corresponde inadecuadamente al original griego *epískopos.*

Epískopos es una palabra que tiene un gran historia. En la *Ilíada* de Homero, a Héctor, el gran campeón de los troyanos, se le llama *epískopos* porque durante toda su vida defendió la ciudad de Troya y mantuvo a salvo a las nobles esposas y niños. *Epískopos* se aplica a los dioses que son los guardianes de los tratados que hacen los hombres y de los acuerdos a los que llegan, y que son los protectores de las casas y de los hogares. La justicia, por ejemplo, es el *epískopos* que se encarga de que la persona pague el precio del mal que ha hecho.

En las *Leyes* de Platón, los guardianes del estado son los que tienen el deber de supervisar los deportes, la alimentación y la educación de los menores para que sean «sanos de pies y manos, y de ninguna manera, si es posible, estropeen su naturaleza con sus hábitos.» Los funcionarios a los que Platón llama inspectores de los mercados son *episkopoi* que «supervisan la conducta personal, manteniendo el ojo en el comportamiento desordenado e indisciplinado para castigar a los que lo necesitan.»

En las leyes y la administración de Atenas, los *episkopoi* eran gobernadores y administradores e inspectores enviados a los estados súbditos para que se cumplieran la ley, el orden y la lealtad. En Rodas, los principales magistrados eran cinco *episkopoi* que presidían el buen gobierno, la ley y el orden del estado.

Epískopos es, por tanto, una palabra polivalente pero siempre noble. Quiere decir protector de la seguridad pública, guardián del honor y la honradez, supervisor de la correcta educación y de la moral pública, administrador de la ley y el orden público.

Así que el llamar a Dios *Epískopos* de nuestras almas es decir que Él es nuestro Guardián, Protector, Guía y Director.

Dios es el Pastor y el Protector de nuestras almas. Nos cuida con Su amor; nos protege con Su poder, y nos guía por el buen camino con Su sabiduría.

LA PREDICACIÓN CALLADA
DE UNA VIDA HERMOSA

1 Pedro 3: 1-2

Y *vosotras lo mismo, esposas: tened respeto a vuestros maridos para que, si el de alguna rechaza creer en el Evangelio, pueda ser ganado para Cristo sin recurrir a las palabras al ver vuestro comportamiento puro y reverente.*

Pedro vuelve a los problemas domésticos que el Evangelio producía inevitablemente. Sucedería muchas veces que uno de los cónyuges se convertía y el otro seguía impermeable a la llamada del Evangelio; y era inevitable que esa situación creara dificultades.

Puede parecer extraño que el consejo de Pedro a las esposas sea seis veces más largo que el que dedica a los maridos; pero se comprende, porque la posición de la esposa era mucho más difícil que la del marido. Si un marido se hacía cristiano, podía llevar a su mujer a la iglesia automáticamente y sin problemas. Pero, si una mujer se hacía cristiana y su marido no, estaba dando un paso sin precedentes y que producía los problemas más agudos.

En cualquier esfera de las civilizaciones antiguas, la mujer no tenía derechos. Bajo la ley judía, una mujer era una cosa; propiedad de su marido exactamente lo mismo que las ovejas o las cabras; de ninguna manera podía dejarle, aunque él sí se podía divorciar cuando quisiera. El que una mujer cambiara de religión sin que lo hiciera su marido era inconcebible.

En la civilización griega, el deber de una mujer era «no salir de casa y ser obediente al marido.» Era propio de una buena mujer el ver, oír y preguntar lo menos posible. No tenía ninguna clase de existencia independiente ni de inteligencia que le fueran propias, y el marido se podía divorciar de ella cuando quisiera, con sólo devolver la dote.

Bajo la ley romana, la mujer no tenía derechos. Ante la ley siempre era menor de edad. Cuando vivía con su padre, estaba bajo la *patria potestas,* la autoridad paterna, que le confería al padre poder hasta de vida o muerte; y cuando se casaba, pasaba a estar en la misma situación con su marido: totalmente sometida y a merced de él. Catón el Censor, un romano típico de la vieja usanza, escribió: «Si pillas a tu mujer en un acto de infidelidad, puedes matarla impunemente sin sentencia judicial.» A las matronas romanas se les prohibía beber vino, y Egnatius mató a la suya de la paliza que le dio cuando la encontró haciéndolo. Sulpicius Gallus despidió a su mujer por aparecer una vez en la calle sin velo. Antistius Vetus se divorció de la suya porque la vio hablando amigablemente con una liberta en público. Publius Sempronius Sophus se divorció de su mujer porque fue una vez a las competiciones deportivas. La actitud general de las civilizaciones antiguas era que ninguna mujer se podía permitir hacer ninguna decisión por sí misma.

¿En qué consistían, entonces, los problemas de una mujer casada que se hacía cristiana, si su marido permanecía fiel a la religión ancestral? Casi nos es imposible darnos cuenta de cómo sería la vida para una mujer que tuviera el valor de hacerse cristiana.

¿Qué consejo da Pedro en ese caso? Empezaremos por decir lo que *no* aconseja.

No aconseja que la mujer abandone al marido. Aquí tiene exactamente la misma actitud que Pablo *(1 Corintios 7:13-16).* Tanto Pablo como Pedro están seguros de que la esposa cristiana debe seguir con su marido pagano siempre que él no la eche de casa. Pedro no dice que la mujer debe predicar o discutir. No le dice que insista en que no hay diferencia entre esclavos y libres, gentiles y judíos, varones o mujeres, sino que todos son lo mismo ante el Cristo al Que ha llegado a conocer. Le dice una cosa bien sencilla: que sea una buena esposa. Será mediante la predicación silenciosa de la hermosura de su vida como haga caer las barreras de prejuicio y hostilidad, y gane a su marido para su Señor.

Debe ser *sumisa.* No se trata aquí de una sumisión pasiva, sino de lo que alguien ha llamado acertadamente «una consciente renuncia al egoísmo.» Es la sumisión que se basa en la muerte al orgullo y el deseo de servir. No es la sumisión del miedo, sino la del perfecto amor.

Debe ser *pura.* Debe haber en su vida una preciosa castidad y fidelidad basadas en el amor.

Debe ser *reverente.* Debe vivir con la convicción de que todo el mundo es el templo del Dios viviente, y de que toda la vida se vive en la presencia de Cristo.

LOS AUTÉNTICOS COSMÉTICOS

1 Pedro 3:3-6

> *Que vuestro verdadero encanto no dependa de cosas externas, como los peinados complicados o las joyas o los vestidos lujosos, sino del ornamento interior del corazón, que es la gracia perenne de un carácter amable y apacible, que es lo que Dios aprecia. Porque así era como se ataviaban las santas de antaño que ponían su esperanza en Dios manteniéndose bajo la autoridad de sus maridos. Así era como Sara obedecía a su marido Abraham, al que llamaba su señor; y vosotras habéis llegado a ser sus descendientes si obráis el bien y no sois presa de miedos que roban la calma.*

Bengel habla del «trabajo que se dedica al vestido, que consume tanto tiempo.» Eso no es exclusivo de nuestro tiempo. Ya hemos visto que en el mundo antiguo las mujeres no tomaban ninguna parte en la vida social; no se dedicaban a nada, razón por la cual se comentaba a veces que se les tenía que permitir el interés en vestidos y cosméticos. Catón el Censor insistía en la sencillez; Lucio Valerio le contestaba: «¿Por qué tienen los maridos que escatimarles a sus mujeres los adornos y la ropa? Ellas no pueden tener cargos públicos, ni religiosos, ni ganar premios. No se pueden ocupar en nada. ¿Qué van a hacer sino dedicar su tiempo a los ornamentos y los vestidos?» Un interés desmesurado en el propio embellecimiento ya era entonces, como ahora, señal de que la persona no tenía otras cosas más importantes en que ocuparse.

Los antiguos moralistas condenaban no menos que los maestros cristianos el lujo excesivo. Quintiliano, el maestro de la oratoria latina, escribió: «Un vestido de calidad y buen gusto, como nos dice el poeta griego, añade dignidad a la persona que lo lleva; pero un atuendo afeminado y lujoso no adorna el cuerpo de veras, y no hace más que revelar la sordidez de la inteligencia.» El filósofo Epicteto, pensando en la vida mezquina a la que se veían condenadas las mujeres en el mundo antiguo, decía: «En cuanto tienen catorce años, los hombres las llaman "damas". Así que, cuando se dan cuenta de que no valen para nada más que para compartir la cama con los hombres, empiezan a embellecerse y a poner todas sus esperanzas en ello. Por tanto, vale la pena tomarse la molestia de hacerles comprender que lo que las hace verdaderamente respetables es que sean modestas y se hagan respetar.» Epicteto y Pedro están de acuerdo.

Hay por lo menos un pasaje del Antiguo Testamento en el que se hace una lista de las distintas piezas de ornamentos femeninos y se amenaza con el día del juicio en que serán destruidos. Se encuentra en *Isaías 3:18-24:* «Las redecillas, las lunetas, los collares, los pendientes y los brazaletes, las cofias, los atavíos de las piernas, los partidores del pelo, los pomitos de olor y los zarcillos, los anillos y los joyeles de las narices, las ropas de gala, los mantoncillos, los velos, las bolsas, los espejos, el lino fino, las gasas y los tocados.»

En el mundo de los griegos y los romanos es interesante coleccionar las referencias a los adornos personales. Había tantas maneras de arreglar el cabello como abejas en Hybca. El pelo se rizaba y teñía, a veces de negro pero más frecuentemente de rubio. Se llevaban pelucas, sobre todo rubias, que se encuentran hasta en las catacumbas cristianas; el pelo del que se fabricaban se importaba de Alemania, y hasta de la India. Sujetadores de pelo, peinetas, horquillas y peines se hacían de marfil o de boj, y de concha de tortuga; a veces también de oro con joyas engastadas.

La púrpura era el color favorito para la ropa. Una libra (algo menos de medio kilo) de la mejor lana púrpura de Tiro, colada dos veces, costaba 1,000 *denarii*. (Recuérdese para calcular el equivalente actual que el denario era el sueldo de un día). Un chaquetón tirio de la mejor púrpura costaría más del doble de esa cantidad. Las sedas, perlas, aromas y joyas que se importaron de la India en un año costaron unos 250,000,000 de pesetas. Otras importaciones similares venían de Arabia.

Diamantes, esmeraldas, topacios, ópalo y sardónices eran las piedras preciosas favoritas. Struma Nonius tenía un anillo valorado en unos 5,000,000 de pesetas. Las perlas eran lo que más se apreciaba. Julio César le compró a Servilia una perla que le costó unos 15,000,000 de pesetas. Se hacían pendientes de perla, y Séneca habla de mujeres que llevaban dos o tres fortunas colgando de las orejas. También se usaban incrustadas en zapatillas; Nerón hasta tenía una habitación con las paredes cubiertas de perlas. Plinio vio a Lollia Paulina, la mujer de Calígula, con un vestido tan cubierto de perlas y esmeraldas que había costado unos 100,000,000 de pesetas.

El Evangelio vino a un mundo en el que se combinaban el lujo y la decadencia.

En vista de todo esto, Pedro insiste en las gracias que adornan el corazón, que son las que Dios aprecia. Esas eran las joyas que adornaban a las santas mujeres de antaño. Isaías había llamado a Sara la madre del pueblo fiel a Dios *(Isaías 51:2);* y si las esposas cristianas se adornaban con las mismas gracias de modestia, humildad y castidad, eran también sus hijas en la familia del pueblo fiel de Dios.

Una mujer cristiana de aquellos tiempos vivía en una sociedad en la que estaría tentada a toda clase de extravagancias insensatas, y por el miedo a los caprichos de su marido pagano;

pero había de vivir para el servicio generoso, en bondad y confianza serena. Ese sería el mejor sermón de evangelización que le podría predicar a su marido. Hay pocos pasajes en los que se subraye más claramente el valor de una vida cristianamente hermosa.

LAS OBLIGACIONES DEL MARIDO

1 Pedro 3:7

> *Por lo que a vosotros respecta, maridos, convivid sensatamente con vuestras mujeres, teniendo presente que son el sexo débil y asignándole el honor que les es debido como coherederas de la gracia de la vida, para que no se bloqueen vuestras oraciones.*

Aunque este pasaje es corto, contiene mucho de la quintaesencia de la ética cristiana. Esta ética es lo que podría llamarse una ética *recíproca*. Nunca coloca toda la responsabilidad en uno de los lados. Si habla de los deberes de los esclavos, también habla de los de los amos. Si trata de las obligaciones de los hijos, también lo hace de las de los padres (cp. *Efesios 6:1-9; Colosenses 3:20 – 4:1)*. Pedro acaba de establecer los deberes de las esposas; ahora establece los de los maridos. El matrimonio se basa en una obligación recíproca. Un matrimonio en el que todos los privilegios estuvieran en una parte y todas las obligaciones en la otra estaría abocado a ser imperfecto y con las mayores probabilidades de fracaso. Ésta era una concepción nueva en el mundo antiguo. Ya hemos notado la absoluta falta de derechos de la mujer y citado la afirmación de Catón de los del marido. Pero no terminamos esa cita, cosa que hacemos ahora: «Si pillas a tu mujer en un acto de infidelidad, puedes matarla impunemente sin sentencia judicial; pero si es ella la que te sorprende a ti, ya se guardaría de poner ni un dedo en el asunto, porque no tiene el menor derecho.» En el código moral romano todas las obligaciones eran para la esposa, y todos los privilegios para el marido. La ética cristiana nunca concede un privilegio sin la obligación correspondiente.

¿Cuáles eran las obligaciones del marido?

(i) Debe ser *comprensivo*. Debe ser considerado y sensible a los sentimientos de su mujer. La madre de Somerset Maugham era una mujer hermosa que tenía el mundo a sus pies, pero su padre no tenía ningún atractivo. Alguien le preguntó a ella alguna vez: «¿Por qué sigues fiel a ese feo tipejo con el que te casaste?» Su respuesta fue: «Porque nunca hace nada que me moleste.» La comprensión y la consideración habían forjado un vínculo inquebrantable. La crueldad más difícil de soportar no es a menudo deliberada, sino el resultado de hacer las cosas sin pensarlas.

(ii) Debe ser *caballeroso*. Debe tener presente que la mujer es el sexo débil y tratarla con cortesía. En el mundo antiguo, la caballerosidad con las mujeres era casi desconocida. Era, y todavía es, algo muy corriente en Oriente el ver a un hombre montado en el burro mientras la mujer va a pie. Fue el cristianismo el que introdujo la caballerosidad en las relaciones entre hombres y mujeres.

(iii) Debe recordar que la mujer tiene *los mismos derechos espirituales*. Es coheredera de la gracia de la vida. Las mujeres no participaban en los actos de culto de los griegos y los romanos. Aun en la sinagoga judía no tomaban parte en el culto, y todavía es igual en las sinagogas ortodoxas. Cuando se las admitía en la sinagoga de alguna manera, estaban segregadas de los hombres y ocultas detrás de una pantalla. Aquí, en el cristianismo surgió el principio revolucionario de que las mujeres tienen iguales derechos espirituales, con lo cual cambió radicalmente la relación entre los sexos.

(iv) A menos que el hombre cumpla con estas obligaciones, hay una barrera que impide que sus oraciones lleguen a Dios. Como dice Bigg: «La imagen de una esposa injuriada se encuentra entre las oraciones del marido y la escucha de Dios.»

Aquí hay una gran verdad. Nuestra relación con Dios nunca puede ser como es debido si no lo es nuestra relación con nuestros prójimos. Es cuando estamos de consuno con los demás cuando podemos estarlo con Él.

LAS MARCAS DE LA VIDA CRISTIANA (1)

1 Pedro 3:8-12

> *Por último, estad siempre en armonía; simpatizad siempre con los demás y vivid el amor fraternal; sed compasivos y humildes; no paguéis el mal con el mal, ni los insultos con insultos; por el contrario reaccionad siempre con bendiciones; porque es para dar y para heredar bendición para lo que habéis sido llamados.*

> *Que el que quiera amar la vida,*
> *y ver días buenos,*
> *guarde su lengua del mal*
> *y sus labios de hablar astucias;*
> *que se aparte bien lejos del mal y haga el bien;*
> *que busque la paz y se la proponga siempre;*
> *porque los ojos del Señor están sobre los íntegros,*
> *y atentos Sus oídos a sus oraciones;*
> *pero el Señor Se encara con los que hacen el mal.*

Pedro, como si dijéramos, reúne las grandes cualidades de la vida cristiana.

(i) Al frente de todas coloca *la unidad cristiana.* Vale la pena recopilar los grandes pasajes del Nuevo Testamento sobre la unidad, a fin de ver cuán grande lugar ocupa en el pensamiento del Nuevo Testamento. La base de todo el tema está en las palabras de Jesús que pidió que Su pueblo fuera una sola cosa, como lo son Él y el Padre *(Juan 17:21-23).* En los fascinantes primeros días de la Iglesia, esta oración se cumplía, porque eran todos «de un corazón y un alma» *(Hechos 4:32)*. Una y otra vez Pablo exhorta a los creyentes a esta unidad y ora por ella. Recuerda a los cristianos de Roma que, aunque eran muchos, eran un solo cuerpo, y los exhorta a que estén unánimes *(Romanos 12:4, 16)*. Al escribir a los cristianos de Corinto usa la misma ilustración de los creyentes como miembros de un cuerpo a pesar de todas sus cualidades y dones diferentes *(1 Corintios 12:12-31)*. Exhorta a los díscolos corintios que no haya entre ellos divisiones y que se mantengan perfectamente unidos «en una misma mente y un mismo parecer» *(1 Corintios 1:10)*. Les dice que las contiendas y las divisiones son cosas de la carne, señales de que siguen viviendo a un nivel meramente humano, sin la mente de Cristo *(1 Corintios 3:3)*. Por haber participado del un pan, deben ser un cuerpo *(1 Corintios 10:17)*. Les dice que deben ser «de un mismo sentir, y vivir en paz» *(2 Corintios 13:11)*. Las barreras divisorias se han derrumbado en Jesucristo, y judíos y griegos están unidos en un mismo pueblo *(Efesios 2:13s)*. Los cristianos deben mantener la unidad del Espíritu en el vínculo de la paz, *recordando* que hay un solo Señor, una sola fe, un solo bautismo, un solo Dios y Padre de todos *(Efesios 4:3-6)*. Los filipenses tienen que mantenerse firmes en un mismo espíritu contendiendo unánimes por la fe del Evangelio; completan la felicidad de Pablo teniendo el mismo amor y la misma actitud; exhorta a Evodia y Síntique a que «sean de un mismo sentir en el Señor» *(Filipenses 1:27; 2:2; 4:2)*.

En todo el Nuevo Testamento resuena esta exhortación a la unidad cristiana. Es más que una exhortación; es el anuncio de que nadie puede vivir la vida cristiana a menos que esté en unidad en sus relaciones personales con sus semejantes; y que la iglesia no puede ser verdaderamente cristiana si hay divisiones en ella. Es trágico el ver lo lejos que se encuentran muchos de hacer realidad esta unidad en sus vidas personales, y lo lejos que está la Iglesia de hacerla realidad dentro de sí misma. C. E. B. Cranfield lo expresa tan hermosamente que no podemos por menos de citar todo su comentario, aunque es extenso: «El Nuevo Testamento no trata nunca la unidad en Cristo como si fuera un lujo espiritual altamente deseable pero innecesario, sino como algo esencial a la verdadera naturaleza de la Iglesia. Las divisiones, ya sean desacuerdos entre miembros individuales o la existencia de grupos o partidos y —¡cuánto más!— las denominaciones del presente, constituyen una puesta en duda del mismo Evangelio y una señal de que los que están involucrados son carnales. Cuanto más en serio tomamos el Nuevo Testamento, tanto más urgente y doloroso llega a ser nuestro sentimiento del pecado de las divisiones, y más serios nuestros esfuerzos y oraciones por la paz y la unidad de la Iglesia en la Tierra. Eso no quiere decir que la unanimidad a la que aspiramos tenga que ser una uniformidad mecánica de la clase tan apreciada por los burócratas. Más bien ha de ser una unidad en la que las tensiones poderosas se mantengan unidas por una lealtad a ultranza, y las fuertes antipatías de raza y color, temperamento y gusto, posición social e interés económico, sean superadas en una adoración común y una común obediencia. Tal unidad sólo llegará cuando los cristianos sean suficientemente humildes y osados para aferrarse a la unidad ya dada en Cristo y tomarla más en serio que su propia auto-importancia y pecado, y hacer de estas profundas diferencias de doctrina, que se originan en nuestra imperfecta comprensión del Evangelio y que no osaríamos minimizar, no una excusa para desligarnos o mantenernos aparte del otro, sino más bien un incentivo para una búsqueda más concienzuda de escuchar y obedecer la voz de Cristo en íntimo compañerismo.» Así y aquí habla la voz profética a nuestra condición.

LAS MARCAS DE LA VIDA CRISTIANA (2)

1 Pedro 3:8-12 (conclusión)

(ii) En segundo lugar Pedro coloca *la simpatía* —en griego, *sentir con*—. Aquí también todo el Nuevo Testamento nos recuerda esta obligación. Debemos alegrarnos con los que están alegres y llorar con los que lloran *(Romanos 12:15)*. Cuando sufre un miembro del cuerpo, todos los demás sufren con él; y cuando un miembro recibe honores, todos los otros se congratulan *(1 Corintios 12:26)*, y así debe ser entre los cristianos, que son el Cuerpo de Cristo. Una cosa resulta clara, y es que la simpatía y el egoísmo no pueden coexistir. Mientras el yo sea lo más importante del mundo no puede haber verdadera simpatía; esta depende de la voluntad de olvidar el yo e identificarse con el dolor y el sufrimiento de otros. La simpatía viene al corazón cuando Cristo reina en él.

(iii) En tercer lugar coloca Pedro *el amor fraternal*. Este asunto también se remonta a las palabras de Jesús. «Os doy un mandamiento nuevo: que os améis unos a otros... Así sabrán todos que sois Mis discípulos: si os amáis unos a otros» *(Juan 13:34s)*. Aquí habla el Nuevo Testamento definitiva y directamente de una manera que casi espanta. «Reconocemos que hemos pasado de muerte a vida en que amamos a los hermanos. El que no ama sigue en la muerte. El que aborrece a su hermanos en un asesino» *(1 Juan 3:14s)*. «Si alguien dice: "Yo amo a Dios", pero aborrece a su hermano, es un mentiroso» *(1 Juan 4:20)*. Es un hecho que amar a Dios y a nuestros semejantes son inseparables; no pueden existir el uno sin el otro. La prueba más sencilla de la autenticidad del Cristianismo de una persona o iglesia es si las hace amar a sus semejantes o no.

(iv) Pedro coloca en cuarto lugar *la compasión*. En cierto sentido la piedad corre peligro de ser una virtud del pasado. Las actuales condiciones de vida tienden a dejar roma la sensibilidad de la mente a la piedad. Como dice C. E. B. Cranfield: «Nos acostumbramos a escuchar por la radio la incursión de mil bombarderos mientras desayunábamos. Nos acostumbramos a la idea de que millones de personas se convierten en refugiados.» Podemos leer las cifras de los accidentes de tráfico sin inmutarnos, aunque sabemos que quieren decir cuerpos y corazones destrozados. Es fácil perder el sentimiento de piedad, y aún más fácil darse por satisfecho con la sensiblería de un momento de dolor cómodo que no conduce a hacer nada. La piedad es de la misma esencia de Dios, y la compasión, de la de Jesucristo; una piedad tan grande que Dios envió a Su único Hijo a morir por nosotros, una compasión tan intensa que llevó a Cristo a la Cruz. No puede haber Cristianismo sin compasión.

(v) En quinto lugar coloca Pedro *la humildad.* La humildad cristiana viene de dos cosas. Viene, en primer lugar, del sentimiento de criaturidad. El cristiano es humilde porque es consciente constantemente de su total dependencia de Dios, y de que por sí no puede hacer absolutamente nada. Viene, en segundo lugar, del hecho de que el cristiano tiene un nuevo nivel de comparación. Puede ser que cuando se compare con sus semejantes no salga perdiendo en la comparación. Pero el nivel de comparación del cristiano es Cristo; y, comparado con Su impecable perfección, siempre está en deuda. Cuando el cristiano recuerda su dependencia de Dios, y mantiene ante sí el dechado de Cristo, no puede por menos de ser humilde.

(vi) Por último, como clímax, Pedro coloca *la capacidad de perdonar.* Es a recibir el perdón de Dios y a perdonar a sus semejantes a lo que es llamado el cristiano. Lo uno no puede existir sin lo otro; es sólo cuando les perdonamos a otros el mal que nos han hecho cuando Dios nos perdona los pecados que hemos cometido contra Él *(Mateo 6:12, 14, 15).* Lo característico del cristiano es que perdona a los demás como Dios le ha perdonado a él *(Efesios 4:32).*

Como tenía por costumbre, Pedro resume este tema citando la Sagrada Escritura; aquí el *Salmo 34,* que describe a la persona que Dios acepta y a la que Dios rechaza.

LA SEGURIDAD CRISTIANA
EN UN MUNDO EN PELIGRO

1 Pedro 3:13-15a

> *¿Quién será el que os pueda hacer daño si amáis entrañablemente la bondad? Aun en el caso de que tengáis que sufrir por causa de la justicia, ¡felices vosotros! No les tengáis miedo; ni tampoco os inquietéis, sino dadle a Cristo en vuestro corazón el lugar supremo que Le pertenece.*

En este pasaje podemos ver hasta qué punto estaba Pedro empapado del Antiguo Testamento; aquí hay dos pasajes fundamentales. No es tanto que los cite de hecho como que no habría podido escribir esta pasaje a menos que los hubiera tenido presentes en su mente. El primero es una reminiscencia de *Isaías 50:9:* «He aquí que el Señor Dios me ayudará; ¿quién puede haber que me condene?» Y también, cuando Pedro está hablando de desterrar el miedo, está pensando en *Isaías 8:13:* «Pero es al Señor de los ejércitos al que debéis considerar santo; a Él es al único Que debéis tener miedo, y tener como el objeto de vuestro temor.»

Hay tres grandes concepciones en este pasaje.

(i) Pedro empieza insistiendo en un amor entrañable a la bondad. Una persona puede tener más de una actitud ante la bondad. Puede ser para ella una carga, o un aburrimiento, o algo que desea vagamente pero cuyo precio no está dispuesta a pagar en términos de esfuerzo. La palabra que hemos traducido por *amar entrañablemente* es *zêlôtês,* que se traduce corrientemente por *celota*. Los celotas eran patriotas fanáticos que se juramentaban para usar todos los medios a su alcance para liberar al pueblo de Israel del poder extranjero. Estaban dispuestos a jugarse la vida, a sacrificar la tranquilidad y la comodidad, el hogar y a sus seres queridos por un amor apasionado a su país. Lo que Pedro está diciendo es: «Amad la bondad con la intensidad apasionada con que aman a su país los más fanáticos patriotas.» John Seeley decía: «Un corazón no puede ser puro si no es apasionado; ni una virtud segura si no es entusiasta.» Sólo cuando uno se enamora de la bondad pierden su fascinación y su poder sobre él las cosas mundanas.

(ii) Pedro pasa a hablar de la actitud cristiana ante el sufrimiento. Ya se ha hecho notar suficientemente que estamos cercados por dos clases de sufrimiento. Está el sufrimiento al que estamos expuestos a causa de nuestra *humanidad.* Por ser personas, nos alcanza el sufrimiento físico, la muerte, la preocupación, la angustia de la mente y el cansancio y el dolor del cuerpo. Pero hay también un sufrimiento en el que nos vemos involucrados a causa de nuestro *Cristianismo.* Puede que sea la impopularidad, la persecución, el sacrificio por los principios y la elección deliberada del camino difícil, la disciplina y la brega necesarias de la vida cristiana. Sin embargo, la vida cristiana tiene una cierta bienaventuranza que la acompaña siempre. ¿Por qué razón?

(iii) La respuesta de Pedro es que el cristiano es una persona para quien Dios y Jesucristo son supremos en su vida; su relación con Dios en Cristo es lo de más valor en su vida. Si el corazón de una persona está anclado en cosas terrenales como las posesiones, la felicidad, el placer, la buena vida... es un ser lastimosamente vulnerable. Porque, tal como son las cosas, puede perderlas en cualquier momento. Tal persona sufre con la máxima facilidad. Por otra parte, el que Le da a Jesucristo el lugar único y exclusivo en su vida que Le pertenece, lo más precioso para él es su relación con Dios, y nada se la puede quitar. Por tanto, está completamente a salvo.

Así que, hasta en el sufrimiento es bendecido el cristiano. Cuando se está sufriendo por Cristo, se Le está mostrando fidelidad y se está participando de Su sufrimiento. Cuando el sufrimiento es parte de la condición humana, no puede privar al cristiano de las cosas más preciosas de la vida. Nadie puede evadir el sufrimiento; pero para el cristiano no puede tocar las cosas que le importan supremamente.

LA APOLOGÍA CRISTIANA

1 Pedro 3:15b-16

> *Estad siempre listos para presentar vuestra defensa*
> *ante cualquiera que os pida cuentas de la esperanza*
> *que hay en vuestra vida; pero hacedlo con cortesía y*
> *respeto. Que vuestra conciencia no os acuse de nada;*
> *para que, cuando os insulten, sean los mismos que os*
> *llenan de injurias los que se tengan que avergonzar.*

En un mundo hostil y suspicaz era inevitable que se llamara al cristiano a defender la fe que confesaba y la esperanza por la que vivía. Aquí Pedro tiene ciertas cosas que decir acerca de la defensa cristiana.

(i) Debe ser *razonable.* Es un *logos* que el cristiano debe dar, y un *logos* es una afirmación razonable e inteligente de su posición. Un griego culto creía que era la señal de un hombre inteligente el poder dar y recibir un *logos* acerca de sus acciones y creencias. Como dice Bigg, se esperaba «que fuera capaz de discutir inteligente y templadamente cuestiones de conducta.» Para hacerlo tenemos que saber lo que creemos; tenemos que haberlo pensado a fondo; tenemos que ser capaces de exponerlo inteligente e inteligiblemente. Nuestra fe debe ser un descubrimiento de primera mano y no una historia de segunda mano. Una de las tragedias de la situación moderna es que hay muchos miembros de iglesia que, si se les preguntara lo que creen, no podrían decirlo, y que, si se les preguntara por qué lo creen, estarían igualmente en blanco. El cristiano tiene que pasar la labor mental y espiritual de pensar a fondo su fe para poder decir lo que cree y por qué.

(ii) Debe hacer su defensa *con cortesía.* Hay muchas personas que exponen sus creencias con una especie de beligerancia arrogante. Su actitud es que el que no esté de acuerdo con ellos, o es tonto o es un canalla, y tratan de hacerles tragar sus creencias a los demás. La defensa del Cristianismo debe presentarse con simpatía y con amor, y con esa sabia tolerancia que se da cuenta de que no se le concede a nadie poseer la verdad total. «Hay tantos caminos para llegar a las estrellas como personas dispuestas a escalarlos.» Se puede introducir a otros en la fe cristiana con amabilidad, pero no a lo bestia.

(iii) Debe hacer su defensa *con reverencia.* Es decir: cualquier argumento en el que esté implicado el cristiano debe llevarlo a cabo en un tono que Dios se pueda complacer de escuchar. No hay debates tan belicosos como los teológicos; no hay diferencias que causen tanta amargura como las diferencias religiosas. En cualquier presentación del Cristianismo y en cualquier argumento en defensa de la fe cristiana no debe faltar el acento del amor.

(iv) El único argumento convincente es el de la vida cristiana. Actúe cada uno de tal manera que tenga limpia la conciencia. Oponga a las críticas una vida que no esté expuesta a ellas. Tal conducta hará callar la calumnia y desarmará la crítica. «Un santo —como ha dicho alguien— es alguien cuya vida le hace más fácil a los demás creer en Dios.»

LA OBRA SALVÍFICA DE CRISTO

1 Pedro 3:17 – 4:6

> *Más vale sufrir por hacer el bien, si es esa la voluntad de Dios, que por hacer el mal. Cristo también murió una vez por todas y por los pecados, el Justo por los injustos, para llevarnos a Dios. Padeció la muerte en la carne, pero resucitó a la vida en el Espíritu, en el Que también fue a predicar a los espíritus que estaban en prisión, los que habían sido desobedientes en un tiempo, cuando la paciencia de Dios estaba esperando en los días de Noé mientras se construía el arca; en la que unos pocos —es decir, ocho personas— alcanzaron la salvación por medio del agua. Y es el agua lo que*

ahora os salva a los que representaban simbólicamente Noé y su compañía; quiero decir el agua del Bautismo, que no consiste en lavar la suciedad del cuerpo, sino en el compromiso con Dios de mantener una buena conciencia mediante la Resurrección de Jesucristo, Que está a la diestra de Dios, porque fue al Cielo después que se Le sometieron los ángeles, las autoridades y los poderes.

Así que, de la misma manera que Cristo sufrió en Su naturaleza humana, vosotros también debéis estar pertrechados con la misma convicción de que el que ha sufrido en su propia carne ha terminado para siempre con el pecado, y en consecuencia su propósito es vivir lo que le quede de vida en la carne, no ya para obedecer a las pasiones humanas, sino a la voluntad de Dios. Porque ya es bastante que hayáis vivido como los paganos en el pasado, una vida de desmadre, lujuria, borracheras, juergas, jaranas e idolatría abominable. A la gente les extraña que ya no corráis a reuniros con ellos en la misma inundación de vicio, y se burlan de vosotros por no hacerlo. Pero ellos tendrán que dar cuenta al Que está dispuesto para juzgar a los que sigan vivos y a los que ya hayan muerto. Porque para esto se les ha predicado el Evangelio hasta a los muertos: para que, aunque ya han sido juzgados en la naturaleza humana, puedan vivir en el Espíritu con la vida de Dios.

Este no es sólo uno de los pasajes más difíciles de la *Primera de Pedro,* sino de todo el Nuevo Testamento; y además es también la base de uno de los artículos más difíciles del Credo: «Descendió a los infiernos.» Por tanto, es mejor leerlo todo seguido en un principio, y pasar luego a estudiarlo en varias secciones.

EL EJEMPLO DE LA OBRA DE CRISTO

1 Pedro 3:17-18a

> *Más vale sufrir por hacer el bien, si es esa la voluntad de Dios, que por hacer el mal. Cristo también murió una vez por todas y por los pecados, el Justo por los injustos, para llevarnos a Dios.*

Aunque este pasaje es uno de los más difíciles del Nuevo Testamento, empieza con algo que todos podemos comprender. Lo que Pedro presenta es que, aun cuando el cristiano se vea obligado a sufrir injustamente por su fe, no está haciendo más que recorrer el camino que anduvo su Señor y Salvador. El cristiano que sufre debe siempre recordar que tiene un Señor que sufre. En el reducido espacio de estos dos versículos Pedro incluye las cosas más profundas que se pueden decir acerca de la obra de Cristo.

(i) Establece que la obra de Cristo fue *única* y no se puede repetir. Cristo murió *una vez por todas* por los pecados. El Nuevo Testamento dice esto a menudo. Cuando Cristo murió, murió una vez por todas *(Romanos 6:10)*. Los sacrificios del templo tenían que repetirse diariamente, pero Cristo hizo el perfecto Sacrificio una vez por todas cuando Se ofreció a Sí mismo *(Hebreos 7:27)*. Cristo fue ofrecido una vez por todas para llevar el pecado de muchos *(Hebreos 9:28)*. Somos santificados por medio de la ofrenda del cuerpo de Cristo una vez por todas *(Hebreos 10:10)*. El Nuevo Testamento está totalmente seguro de que algo sucedió en la cruz que no ha de suceder nunca más, y que allí el pecado fue derrotado definitivamente. Dios trató en la cruz con el pecado humano de manera adecuada para todos los pecados, para todos los hombres, para todos los tiempos.

(ii) Establece que el Sacrificio fue *por el pecado*. Cristo murió una vez por todas *por los pecados*. Esto, de nuevo, se dice frecuentemente en el Nuevo Testamento. Cristo murió por nuestros pecados conforme a las escrituras *(1 Corintios 15:3)*. Cristo Se dio a Sí mismo por nuestros pecados *(Gálatas 1:4)*. El ministerio del sumo sacerdote, y Cristo es el perfecto Sumo Sacerdote, es ofrecer sacrificio por los pecados *(Hebreos 5:1,3)*. Él es la expiación por nuestros pecados *(1 Juan 2:2)*. En griego, *por los pecados* es o *hyper* o *peri hamartiôn*. Resulta que en la traducción griega del Antiguo Testamento la frase regular para *una ofrenda por el pecado* es *peri hamartías* (*Hamartías* es el singular de *hamartiôn),* como, por ejemplo, en *Levítico 5:7* y *6:30*. Es decir: Pedro afirma que la muerte de Cristo es el Sacrificio que expía el pecado de la humanidad.

Podría decirse que el pecado es lo que interrumpe la relación que debería existir entre Dios y la humanidad. La finalidad del sacrificio es restaurar la relación perdida. La muerte de Cristo en la Cruz, comoquiera que la expliquemos, basta para restaurar la relación perdida entre Dios y la humanidad.

Puede que nunca lleguemos a estar totalmente de acuerdo con todas las teorías acerca de lo que sucedió realmente en la Cruz; porque, desde luego, como dice Charles Wesley en uno de sus himnos: «¡Todo es un misterio!» Pero en una cosa podemos estar todos de acuerdo: Gracias a lo que sucedió allí podemos entrar en una nueva relación con Dios.

(iii) Afirma que el Sacrificio fue *vicario*. Cristo murió una vez por todas por los pecados, *el Justo por los injustos*. Que el Justo hubiera de sufrir por los injustos es algo extraordinario. A primera vista parece una injusticia. Como dice Edwin H. Robinson: «Solamente un perdón sin razón puede compensar un pecado sin excusa.» El sufrimiento de Cristo fue por nosotros; y el misterio consiste en que el Que no merecía sufrir soportó el sufrimiento por nosotros que merecíamos sufrir. Él Se sacrificó a Sí mismo para restablecer nuestra perdida relación con Dios.

(iv) Establece que la obra de Cristo fue *para llevarnos a Dios*. Cristo murió una vez por todas por los pecados, el Justo por los injustos, *para llevarnos a Dios*. La palabra para *para llevarnos* es *proságuein*. Tiene dos trasfondos vívidos.

(*a*) Tiene un trasfondo judío. Se usaba en el Antiguo Testamento de llevar a Dios a los que habían de ser sacerdotes. Era la norma divina: «llevarás a Aarón y a sus hijos a la puerta del tabernáculo de la reunión» *(Éxodo 29:4).* La lección es: Como lo entendían los judíos, solamente los sacerdotes tenían el derecho de acceder a Dios. En el templo, los laicos podían llegar hasta cierto punto; podían pasar por el atrio de los Gentiles, el de las Mujeres y el de los Israelitas, pero allí se tenían que parar. No podían entrar en el atrio de los Sacerdotes, a la presencia más íntima de Dios; y de los sacerdotes, sólo el sumo sacerdote podía entrar en el Lugar Santísimo. Pero Jesucristo *nos* lleva a Dios; abre el acceso a la más íntima Presencia para *todos.*

(*b*) Tiene un trasfondo griego. En el Nuevo Testamento se usa tres veces el nombre correspondiente *prosagôguê. Proságuein* quiere decir *introducir; prosagôguê* quiere decir el derecho de *acceso,* el resultado de *introducir.* Por medio de Cristo tenemos *acceso* a la gracia *(Romanos 5:2).* Por medio de Él tenemos *acceso* a Dios el Padre *(Efesios 2:18).* Por medio de Él tenemos seguridad y *acceso* y confianza para venir a Dios *(Efesios 3:12).* En griego esto tenía un sentido especializado. En el salón de los reyes, había un oficial llamado el *prosagôgueus, el introductor, el que permite el acceso,* cuya función era decidir quién podía ser admitido a la presencia del rey y quién no. Como si dijéramos, tenía la llave de acceso. Es Jesucristo, en virtud de su obra, Quien nos permite acceder a Dios.

(v) Cuando pasemos estos dos versículos y nos adentremos en el pasaje, podremos añadir dos grandes verdades más a lo que Pedro nos dice acerca de la obra de Cristo. En 3:19 dice que Jesús predicó a los espíritus en prisión; y en 4:6 dice que el Evangelio fue predicado a los que ya estaban muertos. Como pasaremos a ver, lo más probable es que esto quiera decir que entre Su muerte y Su Resurrección Jesús predicó el Evangelio en la morada de los muertos; es decir, a los que no habían tenido oportunidad de oírlo en vida. Aquí hay un pensamiento tremendo. Quiere decir que la obra de Cristo es infinita en su aplicación. Quiere decir que ninguna persona que haya vivido nunca está fuera de la Gracia de Dios.

(vi) Pedro ve la obra de Cristo en términos de *un triunfo completo.* Dice que después de Su Resurrección Jesús entró en el cielo y está a la diestra de Dios, y que los ángeles, las autoridades y los poderes se Le han sometido (3:22). Lo que quiere decir que no hay nada ni en la Tierra ni en el Cielo fuera del imperio de Cristo. Para todas las personas trajo una nueva relación con Dios; en Su muerte aun llevó la Buena Noticia a los muertos; en Su Resurrección conquistó la muerte; hasta los poderes angélicos y demoníacos Le están sujetos; y comparte el mismo poder y trono de Dios. Cristo, el Que sufrió, ha llegado a ser Cristo, el Que venció; Cristo el Crucificado ha llegado a ser Cristo el Coronado.

«DESCENDIÓ A LOS INFIERNOS» (1)

1 Pedro 3:18b-20; 4:6

> *Padeció la muerte en la carne, pero resucitó a la vida en el Espíritu, en el Que también fue a predicar a los espíritus que estaban en prisión, los que habían sido desobedientes en un tiempo, cuando la paciencia de Dios estaba esperando en los días de Noé mientras se construía el arca... Porque para esto se les ha predicado el Evangelio hasta a los muertos: para que, aunque ya han sido juzgados en la naturaleza humana, puedan vivir en el Espíritu con la vida de Dios.*

Ya hemos dicho que nos encontramos de cara aquí con uno de los pasajes más difíciles, no sólo de la *Primera de Pedro,* sino de todo el Nuevo Testamento; y si hemos de captar su significado, debemos seguir el consejo del mismo Pedro y ceñirnos bien los lomos del entendimiento para estudiarlo.

Este pasaje está alojado en el Credo en la frase «descendió a los infiernos.» En primer lugar debemos advertir que esta frase es muy confusa. La idea del Nuevo Testamento no es que Jesús descendió al *infierno,* sino que descendió al *hades. Hechos 2:27,* como todas las traducciones modernas muestran correctamente, debe traducirse, no: «No dejarás mi alma en el infierno,» como decía la antigua versión Reina-Valera, sino: «No dejarás mi alma en el Hades,» como corrigió la revisión de 1960. La diferencia es ésta: el infierno es el lugar de castigo de los malvados; el hades era el lugar donde estaban todos los muertos.

Los judíos tenían una concepción muy sombría de la vida más allá de la tumba. No pensaban en términos de Cielo e infierno, sino del mundo de las sombras en el que los espíritus de los seres humanos que ya habían muerto se movían como fantasmas grises en una penumbra perdurable y donde no había ni fuerza ni alegría. Tal era el hades al que los espíritus de todas las personas iban después de la muerte. Isaías escribe: «Porque el Seol no Te exaltará, ni Te alabará la muerte; ni los que descienden al sepulcro esperaran Tu verdad» *(Isaías 38:18).* El salmista escribió: «Porque en la muerte no hay memoria de Ti; en el Seol, ¿quién Te alabará? *(Salmo 6:5).* «¿Qué provecho hay en mi muerte cuando descienda a la sepultura? ¿Te alabará el polvo? ¿Anunciará Tu verdad?» *(Salmo 30:9).* «¿Manifestarás Tus maravillas a los muertos? ¿Se levantarán los muertos para alabarte? ¿Será contada en el sepulcro Tu misericordia, o Tu verdad en el Abadón? ¿Serán reconocidas en las tinieblas Tus maravillas y Tu justicia en la tierra del olvido?» *(Salmo 88:10-12).* «No alabarán los muertos al Señor, ni cuantos descienden al silencio» *(Salmo 115:17)* «Todo lo que te viniere a la mano para hacer, hazlo según tus fuerzas; porque en el Seol, adonde vas, no hay obra, ni trabajo, ni ciencia, ni sabiduría» *(Eclesiastés 9:10).* La concepción judía del mundo más allá de la muerte era este mundo gris de sombras y de olvido, en el que las personas estaban separadas de la vida y de la luz y de Dios.

Conforme fue pasando el tiempo surgió la idea de etapas y divisiones en esa tierra de las sombras. Para algunos, duraría para siempre; para otros, era una especie de prisión en la que se estaría hasta que el juicio final de la ira de Dios los desintegrara *(Isaías 24:21s; 2 Pedro 2:4; Apocalipsis 20:1-7)*. Así que debe recordarse en primer lugar que todo este tema se refiere, no al infierno, tal como entendemos esta palabra, sino que Cristo fue a los muertos que estaban en su mundo tenebroso.

«DESCENDIÓ A LOS INFIERNOS» (2)

1 Pedro 3:18b-20; 4:6 *(continuación)*

Esta doctrina del descenso a los infiernos, como la llamaremos desde ahora, se base en dos frases del presente pasaje. Dice que Jesús fue y predicó a los espíritus que estaban en prisión (3:19); y habla de que el Evangelio les fue predicado a los muertos (4:6). En relación con esta doctrina siempre ha habido actitudes divergentes entre los pensadores.

(i) Hay algunos que querrían eliminarla totalmente. Es la actitud de *la eliminación.* Algunos quieren eliminarla totalmente y proponen hacerlo de dos maneras.

(*a*) Pedro dice que en el Espíritu, Cristo predicó a los espíritus en prisión, que habían sido desobedientes en el tiempo en que la paciencia de Dios estaba esperando en los días de Noé, cuando se estaba construyendo el arca. Se sugiere que lo que esto quiere decir es que fue *en tiempos del mismo Noé* cuando Cristo hizo esta predicación; que en el Espíritu, largas edades antes de ésta, hizo su llamada a los malvados de tiempos de Noé. Esto quitaría de en medio totalmente la idea del descenso al hades. Muchos grandes investigadores han aceptado este punto de vista; pero no creemos que es el que sugieren naturalmente las palabras de Pedro.

(*b*) Si miramos la traducción de Moffatt nos encontramos con algo totalmente diferente. Traduce: «En la carne Él (Cristo) recibió la muerte, pero vino a la vida en el Espíritu. Fue en el Espíritu como Enoc también fue a predicar a los espíritus prisioneros que habían desobedecido en el tiempo cuando la paciencia de Dios se contuvo durante la construcción del arca en los días de Noé.» ¿Cómo llega Moffatt a esta traducción? El nombre de Enoc no aparece en ningún manuscrito griego. Pero al considerar el texto de cualquier autor griego, los investigadores a veces usan un proceso que se llama *enmendar*. Creen que se ha introducido alguna incorrección en el texto tal como lo encontramos, que algún escriba tal vez se equivocó al copiarlo; y por tanto ellos sugieren que habría que cambiar o añadir alguna palabra. Rendel Harris sugirió en este pasaje que faltaba la palabra *Enoc* en las copias de *Primera de Pedro* y debería restaurarse.

(Aunque esto es meternos en el griego, puede que algunos lectores tengan interés en saber cómo llegó Rendel Harris a esta famosa enmienda. En la línea superior transcribimos en cursiva el griego del pasaje, y ponemos debajo la traducción literal al español:

thanatôtheis	*men sarki*	*zôopoiêtheis*
habiendo sido matado	en la carne	habiendo sido levantado a la vida

de pneumati	*en*	*hô*	*kai*	*tois*	*en*	*fylakê*	*pneumasi*
en el Espíritu	en el cual		también	a los	en	prisión	espíritus

poreutheis	*ekêryxen*
habiendo ido	predicó.

(*Men* y *de* son lo que se llama partículas; no se traducen, meramente marcan el contraste entre *sarki* y *pneumati*). La sugerencia de Rendel Harris fue que se había omitido la palabra *Enôj* entre *kai* y *tois*. Su explicación era que, como la copia de los manuscritos se solía hacer al dictado, los escribas estaban expuestos a perderse palabras que fueran en sucesión si sonaban de una manera parecida. En este pasaje

en hô kai	y	*Enôj*

sonaban casi igual, y Rendel Harris pensó que era muy probable que *Enôj* se omitiera equivocadamente por esa razón).

¿Qué razones hay para suponer que se mencionaba a Enoc en este pasaje? Siempre había sido una figura fascinante y misteriosa. «Caminó, pues, Enoc con Dios, y desapareció, porque le llevó Dios» *(Génesis 5:24)*. Entre el Antiguo y el Nuevo Testamento surgieron muchas leyendas sobre Enoc, y se escribieron libros famosos e importantes en su nombre. Una de las leyendas era que Enoc, aunque era un hombre, actuó como «enviado de Dios» a los ángeles que pecaron al venir a la Tierra y seducir lascivamente a las mujeres mortales *(Génesis 6:2)*. En el *Libro de Enoc* se dice que fue enviado desde el Cielo a esos ángeles para anunciarles su condenación *(Enoc 12:1)* y que proclamó que para los hombres, a causa de su pecado, nunca habría paz ni perdón *(Enoc 12 y 13)*.

Así que, según la leyenda judía, Enoc fue al hades a predicar condenación a los ángeles caídos; y Rendel Harris pensó que este pasaje se refería, no a Jesús, sino a Enoc; y Moffatt estaba lo suficientemente de acuerdo con él como para introducir a Enoc en su traducción. Es una sugerencia sumamente interesante e ingeniosa, pero no cabe duda que hay que rechazarla. No la sostiene ninguna evidencia; y no es natural introducir a Enoc, porque de lo que se trata es de la obra de Cristo.

«DESCENDIÓ A LOS INFIERNOS» (3)

1 Pedro 3:18b-20; 4:6 (continuación)

Ya hemos visto que el intento de aplicar la *eliminación* a este pasaje no tiene un resultado satisfactorio.

(ii) La segunda actitud es la de *la limitación*. Esta actitud —que, por cierto, es la que adoptan algunos grandes intérpretes del Nuevo Testamento— cree de veras que Pedro está diciendo que Jesús fue al hades y predicó; pero no a todos los habitantes del hades ni mucho menos. Los diferentes intérpretes limitan aquella predicación de diferentes maneras.

(*a*) Se mantiene que Jesús predicó en el hades *solamente* a los espíritus de las personas que fueron desobedientes en los días de Noé. Los que mantienen este punto de vista llegan a menudo a discutir que, puesto que esos pecadores fueron tan desobedientes que Dios acabó por mandar el diluvio y destruirlos *(Génesis 6:12s),* podemos creer que nadie está totalmente fuera de la misericordia de Dios. Eran los peores de todos los pecadores; y, sin embargo, se les dio una nueva oportunidad para arrepentirse; por tanto, las peores personas siguen teniendo una oportunidad en Cristo.

(*b*) Se mantiene que Jesús predicó a los ángeles caídos; pero les predicó, no la Salvación, sino la terrible condenación final. Ya hemos mencionado a esos ángeles. Su historia se nos relata en *Génesis 6:1-8.* Fueron tentados por la belleza de las mujeres mortales; vinieron a la Tierra, las sedujeron y les engendraron hijos; y a causa de su acción, se infiere, la maldad humana llegó al colmo, y sus pensamientos eran siempre malos. *2 Pedro 2:4* habla de estos ángeles pecadores que están presos en el infierno esperando el juicio. De hecho, fue a ellos a los que predicó Enoc; y algunos piensan que lo que quiere decir este pasaje no es que Cristo predicó la misericordia y una segunda oportunidad, sino que, en señal de Su triunfo definitivo, predicó la terrible condenación de aquellos ángeles que habían pecado.

(*c*) Se mantiene que Cristo predicó *solamente* a los que habían sido íntegros, y que los condujo del hades al Paraíso de Dios. Ya hemos visto que los judíos creían que todos los muertos iban al hades, la sombría tierra del olvido. Se mantiene que *antes* de Cristo era esa la situación; pero Él le abrió las puertas del Paraíso a la humanidad; y, al hacerlo, fue al hades y les dio la buena noticia a todos los justos de todas las generaciones pasadas y los sacó de allí y Se los llevó a Dios. Este es un cuadro maravilloso. Los que mantienen este punto de vista suelen pasar a decir que, gracias a Cristo, ya no hay que pasar tiempo en las sombras del hades, y está abierto el camino al Paraíso tan pronto como se sale de este mundo.

«DESCENDIÓ A LOS INFIERNOS» (4)

1 Pedro 3:18b-20; 4:6 (conclusión)

(iii) Algunos aceptan que lo que Pedro está diciendo es que Jesucristo, entre Su muerte y Resurrección, fue al mundo de los muertos y predicó allí el Evangelio. Pedro dice que Jesucristo fue matado en la carne pero levantado a la vida en el Espíritu, y que fue en el Espíritu como también predicó. El sentido es que Jesús vivió en un cuerpo humano y estuvo bajo todas las limitaciones de tiempo y espacio en los días de Su carne; y murió con el cuerpo destrozado y sangrando en la Cruz. Pero cuando resucitó, surgió con un cuerpo espiritual, en el que estaba libre de las debilidades necesarias de la humanidad y liberado de las necesarias limitaciones de tiempo y espacio. Fue en esta condición espiritual de perfecta libertad como realizó la predicación a los muertos.

Como se suele formular esta doctrina, se usan categorías que están anticuadas. Se habla de *descender* al hades, y la misma palabra *descender* sugiere un universo de tres pisos en el que el Cielo está localizado por encima de la atmósfera y el hades debajo de la tierra. Pero, dejando a un lado las categorías físicas de esta doctrina, podemos encontrar en ella verdades que son eternamente válidas y preciosas, tres en particular.

(*a*) Si Cristo descendió al hades, entonces Su muerte no fue una ficción. No se puede explicar en términos de un desmayo en la Cruz ni nada parecido. Jesús realmente experimentó la muerte y resucitó. Mirándola sencillamente, la doctrina del descenso al hades subraya la total identificación de Cristo con nuestra condición humana, hasta la muerte.

(*b*) Si Cristo descendió al hades, esto quiere decir que Su triunfo es universal. Esta, de hecho, es una verdad inseparable del Nuevo Testamento. Era el sueño de Pablo que al nombre de Jesús se doblaría toda rodilla, de las cosas del Cielo, y de las de la Tierra y de las de debajo de la tierra *(Filipenses 2:10).*

En el *Apocalipsis* el himno de alabanza viene de todas las criaturas que están en el Cielo, y en la Tierra y debajo de la tierra *(Apocalipsis 5:13)*. El Que ascendió al Cielo es el Que antes había descendido a las partes más bajas de la tierra *(Efesios 4:9s)*. La total sumisión del universo a Cristo está entretejida en todo el pensamiento del Nuevo Testamento.

(*c*) Si Cristo descendió al hades y predicó allí, no hay rincón del universo al que no haya llegado el Mensaje de Gracia. En este pasaje tenemos la solución de uno de los interrogantes inquietantes que suscita la fe cristiana: ¿Qué les sucederá a los que vivieron antes de Jesucristo y a aquellos a los que nunca alcanzó el Evangelio? No puede haber salvación sin arrepentimiento; pero, ¿cómo pueden arrepentirse los que nunca se han visto confrontados con el amor y la santidad de Dios? Si no hay otro nombre por el que la humanidad pueda salvarse, ¿qué les sucederá a los que nunca lo han oído? Esta es la verdad a la que se aferraba Justino Mártir hace mucho tiempo: «El Señor, el santo Dios de Israel, se acordó de Sus muertos, los que estaban durmiendo dentro de la tierra, y descendió a ellos para proclamarles la Buena Nueva de Salvación.» La doctrina del descenso al hades conserva la preciosa verdad de que ninguna persona que haya vivido nunca ha quedado excluida al ofrecimiento de la Salvación de Dios.

Muchos, al repetir el Credo, han encontrado la frase «Descendió a los infiernos» o sin sentido o alucinante, y han llegado a la conclusión tácitamente de dejarla de lado y olvidarla. Podría ser que debiéramos pensar en ello como un cuadro pintado en términos poéticos más bien que como una doctrina expresada en términos teológicos. Pero contiene estas tres grandes verdades: Que Jesucristo no sólo probó la muerte y apuró su copa hasta las heces, sino que el triunfo de Cristo es universal y no hay rincón del universo que no haya alcanzado la Gracia de Dios.

EL BAUTISMO DEL CRISTIANO

1 Pedro 3:18-22

> *Cristo también murió una vez por todas y por los pecados, el Justo por los injustos, para llevarnos a Dios. Padeció la muerte en la carne, pero resucitó a la vida en el Espíritu, en el Que también fue a predicar a los espíritus que estaban en prisión, los que habían sido desobedientes en un tiempo, cuando la paciencia de Dios estaba esperando en los días de Noé mientras se construía el arca; en la que unos pocos —es decir, ocho personas— alcanzaron la salvación por medio del agua. Y es el agua lo que ahora os salva a los que representaban simbólicamente Noé y su compañía; quiero decir el agua del Bautismo, que no consiste en lavar la suciedad del cuerpo, sino en el compromiso con Dios de mantener una buena conciencia mediante la Resurrección de Jesucristo, Que está a la diestra de Dios, porque fue al Cielo después que se Le sometieron los ángeles, las autoridades y los poderes.*

Pedro ha estado hablando acerca de los malvados que fueron desobedientes y corruptos en los días de Noé, que fueron finalmente destruidos. Pero en la destrucción por el diluvio, ocho personas —Noé y su mujer, sus hijos Sem, Cam y Jafet y sus mujeres— salieron sanos y salvos del arca. Inmediatamente, la idea de *salir sanos y salvos del agua* hace volver el pensamiento de Pedro al Bautismo cristiano, que es también quedar a salvo por medio del agua. Lo que Pedro dice literalmente es que el Bautismo es el *antitipo* de Noé y su gente en el arca.

Esta palabra nos introduce en una manera especial de considerar el Antiguo Testamento. Hay dos palabras íntimamente relacionadas. Está el *typos,* tipo, que quiere decir un *sello,* y está el *antitypos,* antitipo, que quiere decir la *impresión del sello.* Está claro que entre el sello y su impresión existe la más íntima correspondencia posible. Así es que hay personas y acontecimientos y costumbres en el Antiguo Testamento que son tipos, y que se corresponden con sus antitipos en el Nuevo Testamento. El acontecimiento o la persona del Antiguo Testamento son como el sello; el acontecimiento o persona del Nuevo Testamento son como la impresión; los dos se corresponden. Podríamos expresarlo diciendo que el acontecimiento del Antiguo Testamento representa y anuncia simbólicamente el acontecimiento del Nuevo Testamento. La ciencia de descubrir tipos y antitipos en el Antiguo y en el Nuevo Testamento está muy desarrollada. Pero, para tomar ejemplos muy sencillos y obvios, el cordero pascual y el chivo expiatorio que llevaban los pecados del pueblo, son tipos de Jesús; y el ministerio del sumo sacerdote al hacer sacrificio por los pecados del pueblo es un tipo de Su obra salvífica. Aquí Pedro ve el quedar sanos y salvos por medio de las aguas de Noé y su familia como un tipo del Bautismo.

En este pasaje Pedro tiene tres grandes cosas que decir acerca del Bautismo. Hay que tener presente que en esta etapa de la historia de la Iglesia se trataba del bautismo de adultos, de personas que habían llegado al Cristianismo del paganismo y que estaban asumiendo una nueva clase de vida.

(i) El Bautismo no es meramente una limpieza física; es una limpieza espiritual de todo el corazón y alma y vida. Sus efectos deben estar en la misma alma de la persona y en la totalidad de su vida.

(ii) Pedro llama al Bautismo *el compromiso de una buena conciencia para con Dios* (versículo 21). La palabra que usa Pedro para compromiso es *eperôtêma*. En cualquier contrato había una pregunta y una respuesta que hacían que el contrato fuera en firme. La pregunta era: «¿Aceptas los términos de este contrato y te comprometes a cumplirlos?» Y la respuesta, ante testigos era: «Sí.» Sin esa pregunta y respuesta el contrato no era válido. El término técnico para esa pregunta y respuesta era *eperôtêma* en griego, *stipulatio* en latín.

Pedro está diciendo en realidad que en el bautismo Dios le preguntaba a la persona que llegaba al Cristianismo directamente del paganismo: «¿Aceptas los términos de Mi servicio? ¿Aceptas sus privilegios y promesas, y asumes sus responsabilidades y demandas?» Y en el acto del bautismo, el candidato respondía: «Sí.»

Solemos usar la palabra *sacramento.* La palabra *sacramento* procede del latín *sacramentum,* que era el *juramento de fidelidad del soldado* al entrar en el ejército. Aquí tenemos básicamente el mismo cuadro. No podemos aplicar muy bien esta pregunta y respuesta en el caso del bautismo infantil, a menos que sea a los padres; pero, como hemos dicho, el bautismo en la Iglesia original era de hombres y mujeres adultos que venían a la Iglesia espontáneamente del paganismo. El paralelo moderno es la entrada en la iglesia con plena membresía. Cuando lo hacemos Dios nos pregunta: «¿Aceptas las condiciones de Mi servicio, con todos sus privilegios y responsabilidades, con todas sus promesas y demandas?» Y respondemos: «Sí.» Estaría bien que todos entendiéramos claramente lo que estamos haciendo cuando asumimos la membresía de la iglesia.

(iii) Toda la idea y la eficacia del bautismo depende de la Resurrección de Jesucristo. Es la Gracia del Señor Resucitado lo que nos limpia; Es al Señor Resucitado y Vivo al que nos comprometemos; es al Señor Resucitado y Vivo al que pedimos fuerzas para cumplir la promesa que Le hacemos. Una vez más, cuando se trata del bautismo infantil, debemos tomar estas grandes concepciones y aplicarlas al momento en que se entra en la plena membresía de la iglesia.

LA OBLIGACIÓN DEL CRISTIANO

1 Pedro 4:1-5

Así que, de la misma manera que Cristo sufrió en Su naturaleza humana, vosotros también debéis estar

pertrechados con la misma convicción de que el que ha
sufrido en su propia carne ha terminado para siempre
con el pecado, y en consecuencia su propósito es vivir
lo que le quede de vida en la carne, no ya para obedecer
a las pasiones humanas, sino a la voluntad de Dios.
Porque ya es bastante que hayáis vivido como los pa-
ganos en el pasado, una vida de desmadre, lujuria,
borracheras, juergas, jaranas e idolatría abominable. A
la gente les extraña que ya no corráis a reuniros con
ellos en la misma inundación de vicio, y se burlan de
vosotros por no hacerlo. Pero ellos tendrán que dar
cuenta al Que está dispuesto para juzgar a los que sigan
vivos y a los que ya hayan muerto.

El cristiano se compromete a abandonar los caminos del
paganismo y a vivir como Dios quiere que viva.

Pedro dice: «El que ha sufrido en la carne ha terminado con
el pecado.» ¿Qué quiere decir exactamente eso? Hay tres
posibilidades diferentes.

(i) Hay una línea firme en el pensamiento judío de que el
sufrimiento es en sí un gran purificador. En el *Apocalipsis de
Baruc* el escritor, hablando de las experiencias del pueblo de
Israel dice: «Así que, entonces, fueron castigados para ser
santificados» (13:10). Con referencia a la purificación de los
espíritus humanos, *Enoc* dice: «Y conforme el ardor de su
cuerpo se vaya haciendo más severo, un cambio correspondiente tendrá lugar en su espíritu para siempre jamás; porque
delante del Señor de los espíritus ninguno podrá proferir una
palabra mentirosa» (67:9). Los sufrimientos terribles de aquel
tiempo se describen en *2 Macabeos,* y su autor dice: «Ruego
a todos los que lean este libro que no se desanimen, atemoricen
o vacilen por estas calamidades, sino que juzguen estos castigos, no para su destrucción, sino para la purificación de
nuestra nación. Porque es una señal de Su gran bondad, cuando
a los malhechores no se les permite proseguir en sus caminos
por largo tiempo, sino son castigados pronto. Porque no como

con las otras naciones, a las que el Señor espera pacientemente para castigar hasta que llegue el Día del Juicio y lleguen a la plenitud de sus pecados; así nos trata Él, no sea que, habiendo llegado al colmo del pecado, seguidamente tomara venganza de nosotros. Y aunque Él castigue a los pecadores con adversidad, sin embargo nunca olvida a Su pueblo» (6:12-16). La idea es que el sufrimiento santifica y que el no ser castigado es el mayor castigo que Dios puede imponer a nadie. «Bienaventurado el hombre a quien Tú, Señor, corriges,» dijo el salmista *(Salmo 94:12).* «He aquí, bienaventurado es el hombre a quien Dios castiga,» dijo Elifaz *(Job 5:17).* «Porque el Señor al que ama, disciplina, y azota a todo el que recibe por hijo» *(Hebreos 12:6).*

Si esta es la idea, quiere decir que el que ha sido disciplinado por el sufrimiento se ha curado del pecado. Ese es un gran pensamiento. Nos permite, como dijo Browning, «recibir con agrado toda adversidad que suaviza lo áspero de la tierra.» Nos permite dar gracias a Dios por las experiencias que hieren pero salvan el alma. Pero, aunque éste es un gran pensamiento no es estrictamente pertinente aquí.

(ii) Bigg cree que Pedro está hablando en términos de la experiencia que tuvo su pueblo de sufrir por la fe cristiana. Lo expresa como sigue: «El que ha sufrido en humildad y en temor, el que ha soportado todo lo que la persecución puede producirle antes que asociarse con los malos caminos, se puede confiar que obrará íntegramente; es manifiesto que la tentación no tiene poder sobre él.» La idea es que, si una persona ha soportado la persecución y no ha negado el nombre de Cristo, ha salido por la otra orilla con un carácter tan probado y una fe tan fortalecida que la tentación ya no le puede tocar más.

De nuevo encontramos aquí un gran pensamiento: el de que toda prueba y tentación nos viene para hacernos más fuertes y mejores. Toda tentación resistida nos hace más fácil resistir la siguiente; y cada tentación conquistada nos hace más capaces de vencer el siguiente ataque. Pero aquí también es dudoso que esta idea sea pertinente aquí.

(iii) La tercera explicación es muy probablemente la correcta. Pedro acaba de hablar del Bautismo. Ahora bien, el gran pasaje del Nuevo Testamento sobre el Bautismo es *Romanos 6*. En ese capítulo, Pablo dice que la experiencia del bautismo es como ser sepultados con Cristo en muerte, y resucitados con Él a novedad de vida. Creemos que esto es lo que está pensando Pedro aquí. Ha hablado del bautismo; y ahora dice: «El que en el bautismo ha compartido los sufrimientos y la muerte de Cristo, ha resucitado con Él a tal novedad de vida que el pecado ya no ejerce más dominio sobre él» (v. *Romanos 6:14)*. De nuevo debemos tener presente que éste es el bautismo al que una persona viene voluntariamente del paganismo al Cristianismo. En ese acto del bautismo se identifica con Cristo; comparte sus sufrimientos y hasta su muerte; y comparte su vida de resurrección y poder y es, por tanto, vencedor del pecado.

Cuando ha sucedido esto, la persona le ha dicho adiós a su anterior manera de vivir. El gobierno del placer, el orgullo y la pasión ha desaparecido, y ha empezado el de Dios. Esto no era fácil de ninguna manera. Los anteriores compañeros se reirían de ese nuevo puritanismo que había entrado en su vida. Pero el cristiano sabe muy bien que el juicio de Dios vendrá, cuando se dará la vuelta a los juicios del mundo y los placeres que son eternos compensarán mil veces por los placeres transitorios que tuvo que abandonar en esta vida.

LA ÚLTIMA OPORTUNIDAD

1 Pedro 4:6

Porque para esto se les ha predicado el Evangelio hasta a los muertos: para que, aunque ya han sido juzgados en la naturaleza humana, puedan vivir en el Espíritu con la vida de Dios.

Este pasaje tan difícil acaba con un versículo muy difícil. De nuevo nos encontramos la idea de que el Evangelio les fue predicado a los muertos. Por lo menos tres significados diferentes se han adscrito a *los muertos.* (i) Se ha tomado como refiriéndose a *los muertos en el pecado,* no los que están físicamente muertos. (ii) Se ha tomado como *los que mueran antes de la Segunda Venida de Cristo;* pero que oyeron el Evangelio antes de morir y no se perderán la gloria. (iii) Se ha tomado, sencillamente, por *todos los muertos.* No cabe la menor duda de que este tercer sentido es el correcto; Pedro acaba de hablar del descenso de Jesús al lugar de los muertos, y aquí vuelve a la idea de Cristo predicando a los muertos.

No se le ha encontrado nunca un sentido plenamente satisfactorio a este versículo; pero creemos que la mejor explicación es la siguiente. Para las personas mortales, la muerte es el castigo del pecado, como dijo Pablo: « Como el pecado entró en el mundo por un hombre, y por el pecado la muerte, así la muerte pasó a todos los hombre, por cuanto todos pecaron» *(Romanos 5:12).* La muerte es ya en sí un juicio. Así que Pedro dice que todas las personas ya han sido juzgadas al morir; a pesar de eso, Cristo descendió al mundo de los muertos y predicó allí el Evangelio, dándoles otra oportunidad para vivir en el Espíritu de Dios.

De alguna manera éste es uno de los versículos más maravillosos de la Biblia; porque da una visión conmovedora del Evangelio de la segunda oportunidad.

EL FINAL INMINENTE

1 Pedro 4:7a

El final de todas las cosas se aproxima.

Aquí aparece una nota que suena con frecuencia en todo el Nuevo Testamento. Es el toque de diana de Pablo que ya es hora de que nos despertemos del sueño, porque la noche está en las últimas y el día está al llegar *(Romanos 13:12)*. «El Señor está al llegar,» escribe a los filipenses *(Filipenses 4:5)*. «La venida del Señor está al llegar,» escribe Santiago *(Santiago 5:8)*. Juan dice que los días en que estaban viviendo los suyos era la última hora *(1 Juan 2:18)*. «El tiempo está cerca,» dice Juan en el *Apocalipsis,* y oye testificar al Señor Resucitado: «No os quepa la menor duda de que voy a venir muy pronto» *(Apocalipsis 1:3; 22:20)*.

Tales pasajes constituyen un problema para muchos; porque, si se toman literalmente, los autores del Nuevo Testamento se equivocaron; ya han pasado mil novecientos y pico de años, y el fin no ha llegado todavía. Hay cuatro maneras de considerar estos pasajes.

(i) Podemos mantener que, de hecho, los autores del Nuevo Testamento estaban equivocados. Esperaban la vuelta de Cristo y el fin del mundo en su tiempo y generación; y esos acontecimientos no tuvieron lugar. Lo curioso es que la Iglesia Cristiana siguió manteniendo esas palabras, aunque no habría sido difícil suprimirlas discretamente de los documentos del Nuevo Testamento. No fue hasta avanzado el segundo siglo cuando empezó a dársele al Nuevo Testamento la forma en que lo tenemos hoy; y sin embargo, afirmaciones como estas llegaron a ser parte incuestionable de él. La única conclusión evidente es que los miembros de la Iglesia Primitiva seguían creyendo que estas palabras eran ciertas.

(ii) Hay una línea firme de pensamiento en el Nuevo Testamento que, en efecto, mantiene que el fin *ha* llegado. La consumación de la Historia fue la venida de Jesucristo. Con Él, la eternidad invadió el tiempo. En Él, Dios entró en la situación humana. En Él se cumplieron las profecías. En Él ha llegado el fin. Pablo habla de sí mismo y de su gente como aquellos en los que se ha hecho realidad el fin de las edades *(1 Corintios 10:11)*. Pedro, en su primer sermón, habla de la profecía de Joel acerca del derramamiento del Espíritu Santo y de todo lo que había de suceder en los últimos días, y entonces dice que en ese mismo momento la humanidad estaba viviendo realmente en esos últimos días *(Hechos 2:16-21)*.

Si lo aceptamos así, quiere decir que en Jesucristo ha llegado el final de la Historia. La batalla se ha ganado; no quedan más que escaramuzas con los últimos restos de la oposición. Quiere decir que en este mismo momento estamos viviendo en el tiempo del fin, lo que ha llamado alguien «el epílogo de la Historia.» Ese es un punto de vista bastante frecuente; pero el problema sigue desafiando los hechos. El mal es tan osado como siempre; el mundo sigue sin haber aceptado a Cristo como Rey. Puede que sea «el tiempo del fin,» pero la aurora parece tan distante como siempre.

(iii) Tal vez tengamos que interpretar *cerca* a la luz de la Historia como un proceso de casi inimaginable longitud. Se ha planteado de la siguiente manera. Supongamos que todo el tiempo se representa en una columna de la longitud del obelisco londinense que se conoce popularmente como «La Aguja de Cleopatra», en cuyo extremo colocáramos un sello de correos; pues bien, la longitud de la historia de la humanidad que conocemos estaría representada por el grueso del sello, y la parte del tiempo que la precedió, por la altura de la columna. Cuando pensamos en el tiempo en términos así, *cerca* se convierte en una palabra totalmente relativa. El salmista tenía toda la razón cuando dijo que a la vista de Dios mil años son como una de las vigilias de la noche *(Salmo 90:4)*. En ese caso, *cerca* puede abarcar siglos, y ser sin embargo correcto. Pero es indudable que los autores bíblicos no usaron la palabra *cerca* en ese sentido, porque no tenían ese concepto de la «historia del tiempo.»

(iv) El hecho escueto es que detrás de esto se encuentra una verdad inescapable y sumamente personal. *Para cada uno de nosotros, el tiempo está cerca.* Lo único que podemos decir cada uno es que tenemos que morir. Para cada uno de nosotros el Señor está cerca. No podemos decir el día ni la hora cuando iremos a encontrarnos con Él; y por tanto, toda vida transcurre a la sombra de la eternidad.

«El tiempo del fin está cerca,» decía Pedro. Los primeros pensadores puede que se equivocaran si pensaban que el fin del mundo estaba a la vuelta de la esquina, pero nos dejaron la advertencia de que, para cada uno de nosotros personalmente, el fin está cerca. Y esa advertencia es tan verdadera para nosotros como lo haya sido nunca.

VIVIR A LA SOMBRA DE LA ETERNIDAD

1 Pedro 4:7b-8

> *Así que manteneos firmes y sobrios de mente para poder orar realmente como debéis. Y, sobre todo, abrigaos mutuamente con un amor que sea constante e intenso, porque el amor oculta una multitud de pecados.*

Cuando una persona se da cuenta de la proximidad de Jesucristo, está obligada a adoptar una cierta clase de vida. En vista de esa proximidad Pedro hace cuatro demandas.

(i) Dice que debemos estar firmes en nuestra mente. Podríamos traducirlo: «Mantened vuestra sensatez.» El verbo que utiliza Pedro es *sôfroneîn;* relacionado con ese verbo está el nombre *sôfrosynê,* que los griegos derivaban del verbo *sôzein, mantenerse a salvo,* y el nombre *frónêsis, la mente. Sôfrosynê* es la sabiduría que caracteriza a una persona que es preeminentemente sana; y *sôfroneîn* quiere decir *conservar la sensatez.* La gran característica de la sensatez es que ve las cosas en su propia perspectiva; ve qué cosas son importantes y cuáles no; no se deja arrebatar por un entusiasmo repentino y transitorio; no es propensa ni a un fanatismo desequilibrado ni a una indiferencia irrealista. Es sólo cuando vemos los asuntos terrenales a la luz de la eternidad cuando los vemos en su justa proporción; es cuando Le damos a Dios el lugar que Le corresponde cuando todo se coloca en su lugar adecuado.

(ii) Dice que debemos ser sobrios de mente. Podríamos traducirlo: «Mantened vuestra sobriedad.» El verbo que usa Pedro es *nêfein,* que originalmente quería decir *ser sobrio* en contraposición a *estar borracho,* y luego llegó a querer decir *actuar sobria y sensatamente.* Esto no quiere decir que el cristiano tiene que perderse en una insensibilidad sombría; pero sí quiere decir que su planteamiento de la vida no debe ser frívolo e irresponsable. El tomar las cosas seriamente es darse cuenta de su verdadera importancia y el prestar atención a sus consecuencias en el tiempo y en la eternidad. Es enfrentarse con la vida, no como un juego, sino como un asunto serio del cual tendremos que dar cuenta.

(iii) Dice que debemos hacerlo así a fin de orar como debemos. Podríamos traducirlo: « Preservar vuestra vida de oración.» Cuando una persona tiene la mente desequilibrada y su planteamiento de la vida es frívolo e irresponsable, no puede orar como debe. Aprendemos a orar sólo cuando tomamos la vida tan sabiamente y tan en serio que empezamos a decir en todas las situaciones: «Hágase Tu voluntad.» La primera necesidad de la oración es el sincero deseo de descubrir la voluntad de Dios para nuestra vida.

(iv) Dice que debemos querernos con un amor constante e intenso. Podríamos traducirlo: «Conservad vuestro amor.» La palabra que Pedro usa para describir este amor es *ektenês* que tiene dos significados que hemos incluido en la traducción. Quiere decir *extenso* en el sentido de *consistente;* el nuestro debe ser el amor que nunca falla. También quiere decir que se estira como el corredor hacia la meta. Como C.E.B. Cranfield nos recuerda, describe un caballo a pleno galope y denota «el músculo tenso por el esfuerzo intenso y sostenido, como el de un atleta.» Nuestro amor debe ser vigoroso. Aquí tenemos una verdad cristiana fundamental. El amor cristiano no es una reacción facilona y sensiblera. Demanda todo lo que tiene una persona de energía mental y espiritual. Quiere decir amar lo desamado y lo desamable; quiere decir amar a pesar del insulto y de la injuria; quiere decir amar cuando el amor no se devuelve. Bengel traduce *ektenês* por la palabra latina *vehemens, vehemente.* El amor cristiano es el amor que nunca falla y al que se dirigen todos los átomos de la energía personal.

El cristiano, a la luz de la eternidad, debe conservar la sensatez, la sobriedad, las oraciones y el amor.

EL PODER DEL AMOR

1 Pedro 4:7b-8 (conclusión)

«El amor —dice Pedro— oculta una multitud de pecados.» Hay tres cosas que puede querer decir esta frase; y no tenemos necesidad de rechazar ninguna, porque están las tres aquí.

(i) Puede querer decir que *nuestro* amor puede pasar por alto muchos pecados. «El amor cubrirá todas las faltas,» dice el escritor de *Proverbios* (10:12). Si amamos a una persona, nos es fácil perdonar. No es que el amor es ciego, sino que ama a la persona tal como es. Con amor resulta fácil tener paciencia. Es mucho más fácil tener paciencia con nuestros hijos que con los de los extraños. Si amamos de veras a nuestros semejantes, podemos aceptar sus faltas, y soportar su cortedad, y hasta su descortesía. Es verdad que el amor puede cubrir una multitud de pecados.

(ii) Puede querer decir que, si amamos a otros, Dios pasará por alto una multitud de pecados en nosotros. En la vida nos encontramos con dos clases de personas. Nos encontramos con algunos que no tienen faltas en las que se pueda poner el dedo; son morales, ortodoxos, y supremamente respetables; pero son duros y austeros e incapaces de entender por qué otros hacen equivocaciones y caen en pecado. También nos encontramos con algunos que tienen toda clase de faltas; pero son amables y simpáticos, y rara vez o nunca condenan. Es con la segunda clase de personas con la que uno se siente naturalmente en simpatía; y con toda reverencia podemos decir que así pasa con Dios. El perdonará mucho a la persona que ama a sus semejantes.

(iii) Puede querer decir que el amor *de Dios* cubre la multitud de nuestros pecados. Es bendita y profundamente cierto. Es la maravilla de la Gracia el que, pecadores como somos, Dios nos ama; por eso envió a Su Hijo.

LA RESPONSABILIDAD CRISTIANA

1 Pedro 4:9-10

> *Sed hospitalarios unos con otros sin echarlo en cara nunca. Conforme cada cual haya recibido un don de Dios, que todos los usen en el servicio de los demás como buenos administradores de la gracia de Dios.*

La mente de Pedro está dominada en esta sección por la convicción de que el fin de todas las cosas está cerca. Es sumamente interesante y significativo notar que no usa esa convicción para exhortar a la gente a que se retire del mundo y entre en una especie de campaña privada para salvar su propia alma; la usa para exhortar a entrar en el mundo y servir a nuestros semejantes. Tal como Pedro lo ve una persona será feliz si el final la encuentra, no viviendo como un ermitaño, sino sumergida en el mundo sirviendo a sus semejantes.

(i) En primer lugar, Pedro exhorta a su gente a practicar el deber de la hospitalidad. Sin hospitalidad la Iglesia Primitiva no podría haber existido. Los misioneros ambulantes que extendieron la buena noticia del Evangelio tenían que encontrar algún sitio donde parar, y no podía ser más que en los hogares de los cristianos. Las posadas que había eran imposiblemente caras, asquerosamente sucias y notoriamente inmorales. Así que encontramos a Pedro alojándose con un cierto Simón curtidor *(Hechos 10:6),* y Pablo y su compañía con un cierto Mnasón, de Chipre, uno de los primeros discípulos *(Hechos*

21:16). Muchos hermanos anónimos de la Iglesia Primitiva hicieron posible la obra misionera abriendo la puertas de su hogar.

No eran los misioneros los únicos que necesitaban hospitalidad; las iglesias locales también. Durante doscientos años no hubo tal cosa como edificios de iglesia. La congregación se veía obligada a reunirse en la casa de los que tuvieran habitaciones grandes y estuvieran dispuestos a prestarlas para los cultos. Así leemos de la iglesia que estaba en la casa de Áquila y Prisquilla *(Romanos 16:5; 1 Corintios 16:19)*, y de la iglesia que estaba en la casa de Filemón *(Filemón 2)*. Si no hubiera sido por la hospitalidad de aquellos que estaban dispuestos ofrecer sus hogares la Iglesia original no se habría podido reunir para hacer el culto.

No nos sorprende que una y otra vez se recuerde en el Nuevo Testamento a los cristianos el deber de la hospitalidad. El cristiano debe entregarse a la hospitalidad *(Romanos 12:13)*. El obispo debe practicar la hospitalidad *(1 Timoteo 3:2)*. Las viudas de la iglesia deben haber alojado a extranjeros *(1 Timoteo 5:10)*. El cristiano no debe olvidar acoger a extranjeros y debe recordar que algunos que lo hicieron recibieron en sus casas a ángeles sin darse cuenta *(Hebreos 13:2)*. El obispo debe amar la hospitalidad *(Tito 1:8)*. Y debemos recordar siempre que se les dijo a los de la mano derecha: «Fui extranjero, y me disteis la bienvenida;» mientras que la condenación de los de la izquierda fue, entre otras cosas, porque: «Fui un extranjero y no me disteis la bienvenida» *(Mateo 25: 35, 43)*.

En sus primeros días, la iglesia dependía de la hospitalidad de sus miembros; y hasta el día de hoy, no se puede hace nada mejor que dar la bienvenida en un hogar cristiano a un extranjero en un lugar extraño.

(ii) Los dones que tenga una persona debe ponerlos sin regañadientes al servicio de la comunidad. Esta es también una idea favorita del Nuevo Testamento que Pablo expande en *Romanos 12:3-8* y *1 Corintios 2:12*. La iglesia necesita todos los dones que pueda tener una persona. Puede que sea el de hablar en público, el de la música, el de la habilidad para visitar. Puede ser una habilidad o maña que se puede usar en el servicio práctico de la iglesia. Puede que sea una casa que alguien tenga, o el dinero que ha heredado. No hay dones que no se puedan poner al servicio de Cristo.

El cristiano tiene que considerarse un administrador de Dios. En el mundo antiguo, el administrador era muy importante. Puede que fuera un esclavo, pero tenía en sus manos la hacienda de su amo. Había dos clases principales de administradores: El *dispensator,* el mayordomo que era responsable de todos los asuntos domésticos de la familia y repartía las provisiones de la casa; y el *vilicus,* que estaba a cargo de todos los negocios de su amo y actuaba en su representación con sus arrendatarios. El mayordomo sabía muy bien que ninguna de esas cosas sobre las que ejercía control le pertenecía; todas pertenecían a su amo. Y de todo lo que hacía tenía que dar cuenta a su amo, cuyos intereses debía servir.

El cristiano siempre debe tener la convicción de que nada de lo que posee de bienes materiales o de cualidades personales es suyo propio; todo pertenece a Dios y debe usarlo en el interés de Dios ante Quien siempre es responsable.

LA FUENTE Y EL OBJETIVO
DE TODO ESFUERZO CRISTIANO

1 Pedro 4:11

> *El que tiene el ministerio de la Palabra, que hable comunicando dichos enviados de Dios. El que presta un servicio cualquiera, que lo realice como el que lo ha recibido de la fuerza que Dios suple, de manera que Dios reciba la gloria en todas las cosas que se hacen mediante Jesucristo, a Quien pertenecen la gloria y el poder por siempre jamás. Amén.*

Pedro está pensando en las dos grandes actividades de la iglesia cristiana: la predicación y el servicio cristiano. La palabra que usa para *dichos* es *loguía*. Esta es una palabra con un trasfondo divino. Los paganos la usaban para los oráculos que les venían de sus dioses; los cristianos la usaban para las palabras de la Escritura y de Cristo. Pedro está diciendo: «Si uno tiene el ministerio de la predicación, que no lo ejerza ofreciendo sus opiniones particulares o propagando sus propios prejuicios, sino como el que transmite un mensaje de Dios.» Se dijo de un gran predicador: «Primero escuchaba a Dios, y entonces hablaba a la gente.» Se decía de otro que, de cuando en cuando se paraba, «como para escuchar una voz.» Aquí está el secreto del poder de la predicación.

Pedro sigue diciendo que si un cristiano se ocupa del servicio práctico debe cumplirlo con la fuerza que Dios suple. Es como si dijera: «Cuando te has comprometido a realizar un servicio cristiano, no debes hacerlo como si estuvieras prestando un favor personal o distribuyendo bienes de tu propio almacén, sino siendo consciente de que lo que das lo has recibido tú antes de Dios.» Tal actitud protege al que da, del orgullo, y al que recibe, de la humillación.

La finalidad de todo es que Dios sea glorificado. La predicación no se hace para que el predicador despliegue sus cualidades sino para poner a la gente cara a cara con Dios. El servicio no se otorga para conferir prestigio al dador sino para volver los pensamientos de las personas a Dios. E. G. Selwyn nos recuerda que el lema de la gran orden benedictina son cuatro letras: IOGD, *(ut) in omnibus glorificetur Deus (para que en todas las cosas Dios sea glorificado).* Una nueva gracia y gloria entrarían en la iglesia si todos los miembros dejaran de hacer las cosas por sí mismos y las hicieran para Dios.

LA PERSECUCIÓN INEVITABLE

1 Pedro 4:12-13

Queridos hermanos: No toméis la prueba de fuego que estáis pasando y que os ha sobrevenido para poneros a prueba como nada extraño, como si fuera algo del otro mundo; sino estad contentos de compartir los sufrimientos de Cristo, porque así podréis participar de la felicidad total cuando se revele Su gloria.

Sería natural que la persecución fuera una experiencia mucho más demoledora para los gentiles que para los judíos. Un gentil medio tendría muy poca experiencia de ella; pero los judíos habían sido siempre el pueblo más perseguido de la Tierra. Pedro está escribiendo a cristianos que eran gentiles, y tenía que tratar de ayudarlos mostrándoles la persecución en sus auténticos colores. Nunca es fácil ser cristiano. La vida cristiana conlleva su propio aislamiento, su propia impopularidad, sus propios problemas, sus propios sacrificios y sus propias persecuciones. Conviene, por tanto, tener en mente ciertos grandes principios.

(i) Pedro está convencido de que la persecución es inevitable. Es algo natural en los seres humanos el mirar con suspicacia y rechazar todo y a todos los que son diferentes; el cristiano es necesariamente diferente de la persona del mundo. El impacto particular de la diferencia cristiana hace más agudo este asunto. El cristiano trae al mundo los parámetros de Jesucristo. Eso es lo mismo que decir que es inevitablemente una especie de conciencia para la sociedad en la que se mueve; y muchos eliminarían de buena gana los tics molestos de la conciencia. La misma bondad del Cristianismo puede ser una ofensa para el mundo, en el que la bondad es un obstáculo.

(ii) Pedro está convencido de que la persecución es una prueba, y esto en un doble sentido. La devoción de una persona a un principio se puede medir por su voluntad de sufrir por él; por consiguiente, cualquier clase de persecución es una prueba de la fe de la persona. Pero es igualmente cierto que es solamente el cristiano auténtico el que es perseguido. No se persigue al cristiano que hace componendas con el mundo. En un doble sentido la persecución es la prueba de la autenticidad de la fe.

(iii) Ahora llegamos a cosas que elevan el ánimo. La persecución es estar en solidaridad con los sufrimientos de Jesucristo. Cuando una persona tiene que sufrir por su cristianismo, está andando por el camino que recorrió su Maestro y compartiendo la Cruz que llevó su Maestro. Este es un pensamiento favorito del Nuevo Testamento. Si sufrimos con Él, seremos glorificados con Él *(Romanos 8:17)*. Pablo deseaba estar en solidaridad con los sufrimientos de Cristo *(Filipenses 3:10)*. Si sufrimos con Él, reinaremos con Él *(2 Timoteo 2:12)*. Si tenemos esto presente, cualquier cosa que tengamos que sufrir por causa de Cristo se convertirá en un privilegio y no en un castigo.

(iv) La persecución es el camino a la gloria. La Cruz es el camino a la corona. Jesucristo no quedará en deuda con nadie, y Su gozo y corona esperan a la persona que, contra viento y marea, Le permanece fiel.

LA BIENAVENTURANZA DE SUFRIR POR CRISTO

1 Pedro 4:14-16

> *Si os desprecian e insultan porque lleváis el nombre de Cristo, ¡bienaventurados vosotros!, porque la presencia de la gloria y el Espíritu de Dios reposan sobre vosotros. Que ninguno de vosotros sufra por ser un asesino, o un ladrón, o un malhechor, o un metementodo. Pero si sufre por ser cristiano, que no se avergüence, sino que dé gloria a Dios por serlo.*

Aquí dice Pedro la cosa más grande de todas. Si una persona sufre por Cristo, *la presencia de la gloria* descansa sobre ella. Esta es una frase misteriosa. Creemos que no puede querer decir más que una cosa. Los judíos tenían la concepción de la *Sejiná, el resplandor glorioso de la misma presencia de Dios.* Esta concepción aparece constantemente en el Antiguo Testamento «A la mañana —dijo Moisés— veréis la *gloria* del Señor» *(Éxodo 16:7).* «La *gloria* del Señor reposó sobre el monte Sinaí, y la nube lo cubrió por seis días,» cuando la ley le fue entregada a Moisés *(Éxodo 24:16).* En el tabernáculo Dios se había de reunir con Israel, y había de ser santificado con Su *gloria (Éxodo 29:43).* Cuando el tabernáculo estuvo terminado, «entonces una nube cubrió el tabernáculo de reunión, y la *gloria* del Señor llenó el tabernáculo» *(Éxodo 40:34).* Cuando el arca del pacto se trajo al templo de Salomón, «la nube llenó la casa del Señor. Y los sacerdotes no pudieron permanecer para ministrar por causa de la nube; porque la *gloria* del Señor había llenado la casa del Señor» *(1 Reyes 8:10s).* Esta idea de la *Sejiná,* la gloria luminosa de Dios, ocurre repetidamente en el Antiguo Testamento.

Pedro está convencido de que ese resplandor de gloria descansa sobre la persona que sufre por Cristo. Cuando estaban juzgando a Esteban para condenarle a muerte, «todos los que estaban sentados en el concilio, al fijar los ojos en él, vieron su rostro como el rostro de un ángel» *(Hechos 6:15).*

Pedro pasa a indicar que es como cristiano como uno debe sufrir, y no como malhechor. Las maldades que especifica están suficientemente claras hasta que llegamos a la última. Un cristiano, dice Pedro, no tiene que sufrir por ser un *al.lotriepískopos.* El problema es que esta palabra no aparece en ningún otro texto griego, y puede que Pedro se la inventara. Puede tener tres posibles significados, todos los cuales serían pertinentes. Viene de dos palabras *al.lotrios, perteneciente a otro,* y *epískopos, el que mira sobre* o *el que mira dentro de.* Por tanto, quiere decir literalmente *mirar sobre,* o *dentro de lo que le pertenece a otro.*

(i) El mirar sobre lo de otro puede ser mirarlo con ojos codiciosos. Así es como tanto la biblia latina como Calvino tomaron esta palabra: que el cristiano no debe ser *codicioso*.

(ii) El mirar sobre lo que le pertenece a otro bien puede querer decir estar más interesado de la cuenta en los negocios ajenos y ser un fastidioso metomentodo. Ese es con mucho el sentido más probable. Hay cristianos que hacen un montón de daño con sus intromisiones y críticas erróneas. Esto querría decir que el cristiano no debe ser un *zascandil metomentodo*. Eso tiene sentido y ofrece, creemos, el mejor sentido.

(iii) Hay una tercera posibilidad. *Al.lotrios* quiere decir *lo que pertenece a otro;* es decir, *lo que a uno le es extraño.* Siguiendo esta idea, *al.lotriepískopos* querría decir *supervisar lo que le es extraño a uno.* Lo cual se podría referir a un cristiano que se mete en asuntos que no corresponden a la vida cristiana. Eso querría decir que un cristiano nunca debería inmiscuirse en cosas que son ajenas a la vida que debería vivir.

Aunque los tres sentidos son posibles, creemos que el tercero es el correcto.

La enseñanza de Pedro es que si un cristiano tiene que sufrir por Cristo, debe ser de tal manera que su sufrimiento traiga gloria a Dios y al nombre que lleva. Su vida y conducta deben ser la mejor demostración de que no merece el sufrimiento que le ha sobrevenido, y su actitud hacia él debe honrar el nombre que lleva de cristiano.

DEJAR TODA LA VIDA
EN LAS MANOS DE DIOS

1 Pedro 4:17-19

Porque ya es hora de que empiece el juicio por la casa de Dios. Y, si empieza por nosotros, ¿en qué acabarán los que no hacen caso de la Buena Noticia que nos ha venido de Dios? Y, si el justo se salva por los

pelos, ¿dónde irán a parar el impío y el pecador? Así
que, los que sufran por vivir conforme a la voluntad de
Dios, que Le encomienden sus almas al Que es nuestro
Creador y de Quien podemos depender, y que sigan
haciendo el bien.

Tal como Pedro lo veía, era tanto más necesario el que el
cristiano hiciera lo que es debido por cuanto el juicio estaba
a punto de empezar.

Y empezaría por la casa de Dios. Ezequiel oyó la voz de
Dios proclamando el juicio de Su pueblo: «Y comenzaréis por
Mi santuario» *(Ezequiel 9:6).* Donde se ha tenido el mayor
privilegio, el juicio será el más severo.

Si el juicio ha de recaer sobre la casa de Dios, ¿cuál será
la suerte de los que han sido totalmente desobedientes a la
invitación y al mandamiento de Dios? Pedro confirma esta
llamada con una cita de *Proverbios 11:31:* «Si el justo recibe
su merecido en la tierra, ¡cuánto más el malvado y el pecador!»

Por último, Pedro exhorta a los suyos a confiarle sus vidas
a Dios, el Creador en Quién pueden confiar de veras. La palabra
que usa para confiar es *paratíthesthai,* que es el término técnico
para *depositar dinero con un amigo de confianza.* En la antigüedad no había bancos, y pocos lugares realmente seguros
donde uno pudiera depositar dinero. Así que, antes de emprender un largo viaje, muchos solían dejar su dinero al cuidado
de un amigo de confianza. Tal depósito se consideraba una de
las cosas más sagradas de la vida. El amigo estaba totalmente
comprometido por su honor y su religión a devolver el depósito
intacto.

Heródoto (6:86) cuenta la historia de uno de esos depósi-
tos. Cierto milesio fue a Esparta, porque había oído que los
espartanos cumplían estrictamente con su honor, y le confió su
dinero a un cierto Glauco. Le dijo que a su debido tiempo sus
hijos lo reclamarían, presentando pruebas que identificaran
su identidad sin dejar lugar a dudas. Pasó el tiempo, y los hijos se presentaron. Traicioneramente, Glauco dijo que no se

acordaba de que se le confiara ningún dinero, y dijo que necesitaba cuatro meses para pensárselo. Los milesios partieron, tristes y apesadumbrados. Glauco consultó a los dioses lo que debía hacer, y le advirtieron que tenía que devolver el dinero. Así lo hizo; pero al cabo de no mucho tiempo murió, y toda su familia le siguió, y en los días de Heródoto no quedaba vivo ni un solo miembro de su familia, porque los dioses se habían ofendido de que hubiera contemplado quebrantar la confianza que se había depositado en él. Aun pensar en incumplir tal confianza era un pecado mortal.

Si una persona se encomienda a Dios, Dios no le fallará. Si un depósito así era sagrado para los hombres, ¡cuánto más para Dios! Esta es la misma palabra que usó Jesús cuando dijo en la Cruz: «Padre, en Tus manos encomiendo Mi espíritu» *(Lucas 23:46)*. Jesús no vaciló en confiarle Su vida a Dios, seguro de que no Le fallaría... y nosotros podemos hacer lo mismo. El añejo consejo sigue siendo un buen consejo: «confía en Dios, y obra como es debido.»

LOS ANCIANOS DE LA IGLESIA

1 Pedro 5:1-4

> *Así que, como un anciano más entre vosotros y testigo de los sufrimientos de Cristo y copartícipe de la gloria que se va a revelar, exhorto a los ancianos que hay entre vosotros: Apacentad el rebaño de Dios que está a vuestro cargo, no porque os sentís obligados a hacerlo, sino por vuestra libre elección, que es como Dios quiere que lo hagáis; no por lo que podáis sacar de ello, sino con entusiasmo; no portándoos como tiranuelos de los que han sido asignados a vuestro cuidado, sino cumpliendo con vuestro deber como ejemplos del rebaño. Y cuando aparezca el Mayoral, recibiréis la inmarcesible corona de la gloria.*

Pocos pasajes muestran tan claramente como éste la importancia de los ancianos en la Iglesia Primitiva. La palabra griega que los designa es *presbyteros,* que ha dado la palabra *presbítero* y sus derivados, que en la Iglesia Católica Romana y en general en las episcopales es lo mismo que *sacerdote,* pero que en el Nuevo Testamento se suele traducir por *anciano.* Es a ellos a los que Pedro dirige especialmente su carta; y él, que era el principal de los apóstoles, no duda en llamarse compañero de ministerio de los ancianos. Valdrá la pena ver algo del trasfondo e historia de los ancianos, el ministerio más antiguo e importante de la Iglesia.

(i) Tiene un trasfondo judío. Los judíos trazaban el principio de los ancianos desde los días en que los israelitas viajaban por el desierto hacia la Tierra Prometida. Llegó un momento en que la carga del liderato era demasiado pesada para que Moisés la llevara solo; y, para ayudarle, se separaron setenta ancianos a los que se concedió una participación del espíritu de Dios *(Números 11:16-30).* Desde entonces los ancianos llegaron a ser una característica permanente de la vida judía. Los encontramos como los amigos de los profetas *(2 Reyes 6:32);* como los consejeros de los reyes *(1 Reyes 20:8; 21:11);* como los colaboradores de los príncipes en la administración de los asuntos de la nación *(Esdras 10:8).* Todos los pueblos y ciudades tenían sus ancianos; se reunían a la puerta, y dispensaban justicia al pueblo *(Deuteronomio 25:7).* Los ancianos eran los administradores de la sinagoga; no predicaban, pero eran responsables del buen gobierno y orden de la sinagoga, y ejercían la disciplina sobre sus miembros. Los ancianos formaban una gran sección del sanedrín, el tribunal supremo de los judíos, y se los menciona regularmente con los sumos sacerdotes y los gobernadores y los escribas y los fariseos *(Mateo 16:21; 21:23; 26:3, 57; 27:1, 3; Lucas 7:3; Hechos 4:5; 6:12; 24:1).* En la visión de los lugares celestiales en *Apocalipsis* hay veinticuatro ancianos alrededor del trono. Los ancianos estaban entretejidos en la misma estructura del judaísmo, tanto en los asuntos civiles como en los religiosos.

(ii) El cargo de anciano tenía un trasfondo griego. Especialmente en las comunidades egipcias encontramos que los ancianos eran los líderes de la comunidad y los responsables de la conducta en asuntos públicos, como los concejales hoy en día. Encontramos a una mujer que había sufrido un asalto apelando a los ancianos por justicia. Cuando se recogían los cereales como tributo por la visita de un gobernador, encontramos que «los ancianos de los agricultores» eran los oficiales responsables. Los encontramos en relación con la promulgación de edictos públicos, del alquiler de tierras para pastos, de la recogida de impuestos. En Asia Menor, también, los miembros de los consejos se llamaban ancianos. Aun en las comunidades religiosas del mundo pagano encontramos «ancianos sacerdotes» que eran responsables de la disciplina. En cierto templo encontramos a los ancianos sacerdotes resolviendo el caso de un sacerdote al que se acusaba de dejarse el pelo demasiado largo y de usar ropa de lana —un lujo afeminado del que un sacerdote no debiera haber sido culpable.

Podemos ver que mucho antes que el Cristianismo adoptara el cargo de *anciano* ya era un título de honor tanto en el judaísmo como en el mundo grecorromano.

LOS ANCIANOS DE LA IGLESIA

1 Pedro 5:1-4 (*continuación*)

Cuando volvemos a la Iglesia Cristiana encontramos que el cargo de anciano era su ministerio básico.

Pablo tenía la norma de ordenar ancianos en todas las comunidades en las que predicaba y en todas las iglesias que fundaba. En su primer viaje misionero, ordenó ancianos en todas las iglesias *(Hechos 14:14-23)*. Dejó a Tito en Creta para ordenar ancianos en todas la ciudades *(Tito 1:5)*. Los ancianos estaban a cargo de la administración económica de la iglesia; es a ellos a quienes Pablo y Bernabé entregaron el dinero que se mandaba para aliviar a los pobres de Jerusalén en el tiempo del hambre *(Hechos 11:30)*. Los ancianos eran los consejeros y administradores de la iglesia. Los encontramos asumiendo el papel de líderes en el Concilio de Jerusalén, en el que se decidió abrir de par en par las puertas de la Iglesia a los creyentes gentiles. En ese Concilio se mencionan juntos los ancianos y los apóstoles como las principales autoridades de la Iglesia *(Hechos 15:2; 16:4)*. Cuando llegó Pablo a Jerusalén en su última visita, fue a los ancianos a los que informó, y ellos los que sugirieron el curso de acción a seguir *(Hechos 21:18-25)*. Uno de los pasajes más conmovedores del Nuevo Testamento es el de la despedida de Pablo a los ancianos de Éfeso. Allí encontramos que los ancianos, como él los consideraba, eran los supervisores —*episkopoi*— del rebaño de Dios y los defensores de la fe *(Hechos 20:28s)*. Aprendemos de *Santiago* que los ancianos tenían una función sanadora en la iglesia mediante las oraciones y la unción con aceite *(Santiago 5:14)*. En las Epístolas Pastorales aprendemos que eran gobernantes y maestros, y para entonces ya eran ministros pagados *(1 Timoteo 5:17;* la frase *doble honor* se traduciría mejor por *doble sueldo)*.

Cuando un hombre era elegido anciano no se le confería un honor pequeño, porque entraba en el ministerio religioso más antiguo del mundo, cuya historia se puede trazar por toda la del Cristianismo y judaísmo durante cuatro mil años; y asumía una responsabilidad nada pequeña, porque se le ordenaba pastor del rebaño de Dios y defensor de la fe.

LOS PELIGROS Y PRIVILEGIOS
DE LOS ANCIANOS

1 Pedro 5:1-4 (continuación)

Pedro expone en una serie de contrastes los peligros y los privilegios que conllevaba el cargo de anciano; y todo lo que dice es aplicable, no sólo a la ancianidad, sino también a todos los servicios cristianos dentro y fuera de la iglesia.

El anciano ha de aceptar su cargo, no por obligación, sino voluntariamente. Esto no quiere decir que uno tenga que echar mano del cargo o entrar en él sin autoexamen. Cualquier cristiano tendrá un cierto reparo en aceptar un alto cargo, porque conoce demasiado bien su indignidad e incapacidad. En cierto sentido será por obligación por lo que uno acepte un cargo y entre en el servicio cristiano. «Me es impuesta necesidad —dice Pablo—; y ¡hay de mí si no anunciara el Evangelio! *(1 Corintios 9:16)*. «El amor de Cristo nos constriñe» —decía *(2 Corintios 5:14)*. Pero, por otra parte, se puede aceptar un cargo y cumplir un servicio como si fuera un deber sombrío y desagradable. Puede que uno se someta al cargo de una manera tan desangelada que se estropea toda la acción. Pedro no dice que se debe estar ansioso de cargos orgullosa o irresponsablemente; sino que todo cristiano debe estar dispuesto a prestar el servicio que pueda, aunque plenamente consciente de lo indigno que es para hacerlo.

El anciano ha de aceptar el cargo, no para sacar un provecho vergonzoso, sino con entusiasmo. La palabra para *sacar un provecho vergonzoso* es el adverbio *aisjrokerdês*. El nombre correspondiente es *aisjrokerdeía,* que era una cualidad que a los griegos les repelía. Teofrasto, el gran delineador griego del carácter, hace una caricatura de la *aisjrokerdeía. La mezquindad* —como podríamos traducirlo— es el deseo de ganancia inmoral. El mezquino es el que nunca sirve suficiente comida a sus invitados y que se sirve a sí mismo una ración doble cuando está trinchando la pechuga. Agua el vino; va al teatro sólo cuando le invitan. Nunca tiene bastante dinero para pagar el billete y tiene que pedírselo prestado a los compañeros de viaje. Cuando vende grano usa una medida con el culo hundido hacia arriba, y aun entonces mantiene cuidadosamente el nivel por arriba. Cuenta los medios rábanos que quedan después de la comida no sea que los siervos se coman alguno. Antes que hacer un regalo, no irá a una boda.

La mezquindad es un defecto feo. Está tan claro como el agua que había personas en la iglesia original que acusaban a los predicadores y a los misioneros de mantenerse en el puesto por lo que pudieran sacarle. Pablo declara repetidas veces que no ha codiciado la riqueza de nadie y que ha trabajado con sus manos para subvenir a sus propias necesidades para no serle carga a nadie *(Hechos 20:33; 1 Tesalonicenses 2:9; 1 Corintios 9:12; 2 Corintios 12:14)*. Es seguro que el sueldo que cualquier obrero recibía entonces era lastimosamente pequeño, y las repetidas advertencias acerca de que los obreros no deben ser codiciosos de torpes ganancias descubre que había algunos que querían más *(1 Timoteo 3:3, 8; Tito 1:7, 11)*. Lo que Pedro está tratando de decir —y es siempre válido— es que nadie debe atreverse a aceptar un cargo o prestar un servicio por lo que pueda sacar. Su deseo debe ser siempre dar en vez de recibir.

El anciano ha de aceptar el cargo, no para ser un tiranuelo, sino para ser el pastor y el ejemplo del rebaño. La naturaleza humana es tal que para muchas personas el prestigio y el poder son aún más atractivos que el dinero. Hay algunos a los que les encanta ejercer autoridad, aunque sea en una esfera limitada. El Satanás de Milton prefería reinar en el infierno a servir en el Cielo. Shakespeare hablaba del hombre orgulloso, revestido de una mezquina y breve autoridad, recurriendo a trucos tan fantásticos ante el Cielo que harían llorar a los mismos ángeles. La gran característica del pastor es su cuidado desinteresado y amor sacrificial hacia las ovejas. El que acepta un cargo por deseo de preeminencia no se ha enterado de la misa la media. Jesús les dijo a sus discípulos: «Sabéis que los que son tenidos por gobernantes de las naciones se enseñorean de ellas, y sus grandes ejercen sobre ellas potestad. Pero no será así entre vosotros, sino que el quiera hacerse grande entre vosotros, será vuestro servidor; y el que de vosotros quiera ser el primero, será siervo de todos, porque el Hijo del Hombre no vino para ser servido, sino para servir y para dar Su vida en rescate por todos» *(Marcos 10:42-45)*.

EL IDEAL DE LOS ANCIANOS

1 Pedro 5:1-4 (*continuación*)

Hay una cosa en este pasaje que desafía la traducción y sin embargo es una de las cosas más preciosas y significativas en él, que es lo que hemos traducido por «tiranuelos sobre los que han confiado a vuestro cuidado.» En la frase que hemos traducido por *que os han confiado* es curiosa en griego; es tôn klêrôn, el genitivo plural de *tôn klêros*, una palabra extraordinariamente interesante.

(i) Empieza por significar un *dado* o una *suerte*. De este modo se usa en *Mateo 27:35,* que nos dice que los soldados al pie de la Cruz se jugaron a los dados *(klêroi)* la túnica inconsútil de Jesús.

(ii) En segundo lugar quiere decir un puesto que se obtiene o asigna por *suerte*. Es la palabra que se usa en *Hechos 1:26,* que nos dice que los discípulos echaron a suertes quién había de heredar el puesto de Judas el traidor.

(iii) Luego pasa a significar una heredad que se lega, como en *Colosenses 1:12* para la *heredad* de los santos.

(iv) En griego clásico quiere decir a menudo una asignación pública o parcela de tierra. Estas asignaciones las distribuían las autoridades civiles entre los ciudadanos; y a menudo la distribución se hacía echando a suertes los varios terrenos disponibles para distribución.

Si no hubiéramos de pasar de aquí, esto querría decir que el cargo de anciano y, de hecho, cualquier forma de servicio que se nos ofrece, no se *gana* nunca por méritos propios, sino nos es *asignada* por Dios. No es nunca nada que hayamos merecido sino siempre algo que nos asigna Dios por gracia.

Pero *podemos* ir más lejos con esto. *Klêros* quiere decir algo que se le asigna a una persona. En *Deuteronomio 9:29* leemos que Israel es la *heredad (klêros)* de Dios. Es decir, que Israel es el pueblo que Se ha asignado Dios por propia elección. Israel es el *klêros* de Dios; la congregación es el *klêros* del anciano.

Como Israel Le está asignado a Dios así le son asignados al anciano sus deberes en la congregación. Esto debe querer decir que la actitud global del anciano hacia su pueblo debe ser la misma que la de Dios hacia el Suyo.

Aquí tenemos otra gran idea. En el versículo 2 hay una frase en los mejores manuscritos griegos que no está en la versión Reina-Valera. La hemos traducido: «pastores del rebaño de Dios, que está a cargo de vosotros, no porque se os obligó a ello, sino por vuestra propia libre voluntad *como Dios quería que hicierais.*» *Como Dios quería que hicierais* es en griego *kata Theon,* lo que podría querer decir simplemente *como Dios.* Pedro les dice a los ancianos: «Pastoread a vuestro pueblo *como Dios.*» De la misma manera que Israel es la asignación especial de Dios, las personas que tenemos que servir en la Iglesia o donde sea soɪ nuestra asignación especial; y nuestra actitud hacia ellas debe ser la actitud de Dios.

¡Qué gran ideal! ¡Y que responsabilidad! Nuestro cometido es mostrarle a la gente la paciencia, el perdón, el amor buscador, el servicio ilimitado de Dios. Dios nos ha asignado una tarea y nosotros debemos cumplirla como Él lo haría. Ese es el supremo ideal de servicio en la Iglesia Cristiana.

EL RECUERDO DE JESÚS

1 Pedro 5: 1-4 (conclusión)

Una de las cosas encantadoras de esta pasaje es la actitud de Pedro en todo él. Empieza, como si dijéramos, colocándose en el mismo nivel de sus lectores. «Vuestro compañero en el ministerio de anciano» se llama a sí mismo. No se coloca por encima de ellos, sino comparte la experiencia y los problemas cristianos con ellos. Pero en una cosa es diferente: Pedro tiene recuerdos de Jesús que son lo que colorea todo este pasaje. Hasta cuando está hablando, se le vienen a la mente y se la llenan.

(i) Se describe a sí mismo como testigo de los sufrimientos de Cristo. A primera vista podríamos sentirnos inclinados a cuestionar esa afirmación, porque se nos dice que, después del arresto en el huerto, «todos los discípulos Le abandonaron y huyeron» *(Mateo 26:56)*. Pero si lo pensamos un poco mejor nos damos cuenta que a Pedro se le concedió ver el sufrimiento de Jesús de una manera todavía más entrañable que a ninguna otra persona. Él siguió a Jesús hasta el patio de la casa del sumo sacerdote donde por debilidad negó tres veces a su Maestro. El juicio llegó a su fin y se llevaron a Jesús; y allí encontramos lo que puede muy bien ser la frase más dramática del Nuevo Testamento: «Y el Señor se volvió y miró a Pedro... y Pedro salió y lloró amargamente» *(Lucas 22:61s)*. En aquella mirada vio Pedro el sufrimiento del corazón de un Líder al Que había fallado Su seguidor en la hora de Su más amarga necesidad. Pedro fue el testigo del sufrimiento que tiene Cristo cuando Le negamos; y por eso tenía tanto interés en que su pueblo fuera inconmovible en su lealtad y fiel en su servicio.

(ii) Se describe a sí mismo como participante en la gloria que se va a revelar. Esa afirmación contiene una mirada atrás y adelante. Pedro había tenido ya un atisbo de esa gloria en el monte de la trasfiguración. Allí los tres durmientes habían despertado y, como dice Lucas «Se quedaron despiertos y vieron Su gloria» *(Lucas 9:32)*. Pedro había visto la gloria. Pero también sabía que había una gloria por venir, porque Jesús les había prometido a Sus discípulos una participación en la gloria cuando el Hijo del Hombre viniera a sentarse en Su glorioso trono *(Mateo 19:28)*. Pedro recordaba la experiencia y la promesa de gloria.

(iii) No cabe la menor duda que, cuando Pedro habla de pastorear el rebaño de Dios, está recordando la tarea que Jesús le dio cuando le encargó apacentar Sus ovejas *(Juan 21:15-17)*. El nombramiento de pastor fue una recompensa de amor; y Pedro lo recordaba así.

(iv) Cuando Pedro habla de Jesús como el Mayoral o Pastor Principal debe de haber tenido muchos recuerdos en la mente.

Jesús Se había comparado a Sí mismo con el pastor que busca la oveja perdida a riesgo de su vida *(Mateo 18:12-14; Lucas 15:4-7)*. Había enviado a Sus discípulos a allegar las ovejas perdidas de la casa de Israel *(Mateo 10:6)*. Jesús se había conmovido misericordiosamente al contemplar las multitudes como ovejas sin pastor *(Mateo 9:36; Marcos 6:24)*. Sobre todo, Jesús Se había comparado al Buen Pastor Que estaba dispuesto a dar Su vida por las ovejas *(Juan 10:1-18)*. La imagen de Jesús como el Pastor era especialmente preciosa, y el privilegio de ser pastor del rebaño de Cristo era para Pedro el más grande privilegio que podría disfrutar un siervo de Cristo.

EL MANTO DE LA HUMILDAD

1 Pedro 5:5

Y vosotros los más jóvenes, aplicaos el cuento: manteneos bajo la autoridad de los más ancianos.
Y así todos, en vuestras relaciones recíprocas, no os revistáis más que con el manto de la humildad; porque Dios se opone a los soberbios, pero concede Su gracia a los humildes.

Pedro vuelve de nuevo a la idea de que la negación de uno mismo debe ser la marca característica del cristiano. Confirma su argumento con una cita del Antiguo Testamento: «Ciertamente Él escarnece a los escarnecedores, y da gracia a los humildes» *(Proverbios 3:34)*.

De nuevo es posible que el recuerdo de Jesús esté en el corazón de Pedro y ponga su colorido en todo su pensamiento y lenguaje. Le dice a su gente que deben *revestirse* con el manto de la humildad. La palabra que usa para *revestirse* es poco corriente; es *enkombusthai,* que se deriva de *kombos* que describe cualquier cosa que se ata con un nudo. En relación con esto está *enkombôna,* túnica que se sujeta con un nudo. Se usaba corrientemente como ropa de protección; se usaba para un par de mangas que se ponían encima de la túnica y se ataban por detrás del cuello. También se usaba para el delantal de un esclavo. Hubo una ocasión en que Jesús se lo puso como delantal. En la Última Cena, Juan dice que Jesús tomó una toalla y se la ciñó, y tomó agua y se puso a lavar los pies de Sus discípulos *(Juan 13:4s)*. Jesús se ciñó con el delantal de la humildad y así deben hacer Sus seguidores.

Resulta que el *enkombusthai* se usa de otra clase de ropa. Se usa de ponerse una túnica larga, semejante a una estola, que era señal de honor y preeminencia.

Para completar el cuadro tenemos que poner las dos imágenes juntas. Jesús se puso una vez el delantal del esclavo y se encargó del más humilde de todos los deberes: lavar los pies de Sus discípulos; así que nosotros debemos en todas las situaciones ponernos el delantal de la humildad en el servicio de Cristo y de nuestros semejantes; pero ese mismo delantal de la humildad se convertirá en un atuendo honorable para nosotros, porque es el que se hace siervo de todos el que es el más grande en el Reino del Cielo.

LAS NORMAS DE LA VIDA CRISTIANA (1)

1 Pedro 5:6-11

Así que adoptad una actitud humilde bajo la poderosa mano de Dios para que sea Él Quien os exalte cuando Le parezca bien.

Descargad sobre Él toda vuestra ansiedad; porque Él tiene cuidado de vosotros.

Sed sobrios. Manteneos alerta. Vuestro adversario, el diablo, está merodeando a vuestro alrededor como león rugiente a ver a quién se puede devorar. Hacedle frente, firmes en la fe, sabiendo pagar el tributo del sufrimiento lo mismo que vuestros hermanos que siguen en el mundo.

Y después que hayáis padecido lo vuestro un poco de tiempo, el Dios de todas las gracias Que os llamó a Su gloria eterna por medio de Jesucristo, os restaurará, establecerá, fortalecerá y afirmará.
Suyo sea el dominio para siempre jamás. Amén.

Aquí Pedro habla en imperativos, estableciendo ciertas leyes para la vida cristiana.

(i) Está la ley de la humildad delante de Dios. El cristiano debe mantenerse humilde bajo Su poderosa mano. La frase *la poderosa mano de Dios* es corriente en el Antiguo Testamento; y se usa muy a menudo en relación con la liberación que Dios obró con Su pueblo cuando lo sacó de Egipto. «Con mano poderosa —dijo Moisés— el Señor os sacó de Egipto» *(Éxodo 13:9).* «Señor Dios, Tú has comenzado a mostrar a Tu siervo Tu grandeza y Tu mano poderosa» *(Deuteronomio 3:24).* Dios sacó a Su pueblo de Egipto a la libertad con mano poderosa *(Deuteronomio 9:26).* La idea es que la poderosa mano de Dios está sobre el destino de Su pueblo, si éste acepta Su dirección humilde y fielmente. Después de todas las diversas experiencias de su vida, José pudo decirles a sus hermanos que una vez habían tratado de eliminarle: «Vosotros pensasteis hacerme mal, pero Dios lo encaminó a bien» *(Génesis 50:20).* El cristiano nunca siente resentimiento por las experiencias de la vida, ni se revela contra ellas, porque sabe que la poderosa mano de Dios está al timón de su vida.

(ii) Está la ley de la serenidad cristiana para con Dios. El cristiano debe descargar toda su ansiedad en Dios. «Echa sobre el Señor tu carga y Él te sostendrá» *(Salmo 55:22).* «No os angustiéis por el día de mañana,» dijo Jesús *(Mateo 6:25-34).* La razón por la que podemos hacerlo con confianza es que estamos seguros de que Dios cuida de nosotros. Como decía Pablo, podemos estar seguros de que el Que nos dio a Su Hijo único nos dará también con Él todas las cosas *(Romanos 8:32).* Podemos estar seguros, puesto que Dios cuida de nosotros, de que la vida no está diseñada para deshacernos sino para hacernos; y con esa seguridad podemos aceptar cualquier experiencia que nos venga, sabiendo que en todo Dios obra para el bien de los que Le aman *(Romanos 8:28)*.

(iii) Está la ley del esfuerzo cristiano y de la vigilancia cristiana. Debemos ser sobrios y estar alerta. El hecho de que nos descarguemos en Dios de todo no nos da derecho a sentarnos cómodamente y no hacer nada. Cromwell aconsejaba a sus tropas: «¡Confiad en Dios, y mantened seca la pólvora!» Pedro sabía lo difícil que es esta vigilancia, porque se acordaba de que en Getsemaní se habían dormido sus condiscípulos y él cuando debieran haber estado velando con Jesús. *(Mateo 26:38-46)*. El cristiano es una persona que confía, pero al mismo tiempo aplica todo su esfuerzo y toda su vigilancia al negocio de vivir para Cristo.

(iv) Está la ley de la resistencia cristiana. El diablo siempre está acechando a ver a quién puede arruinar. De nuevo Pedro debe de estar acordándose de cómo el diablo le había vencido para que negara a su Señor. La fe de una persona debe ser como una muralla contra la que se estrellan en vano los ataques del diablo. El diablo, como cualquier agresor, acaba por retirarse cuando se le resiste valientemente con el poder de Jesucristo.

LAS NORMAS DE LA VIDA CRISTIANA (2)

1 Pedro 5:6-11 (conclusión)

(v) Por último, Pedro habla de la ley del sufrimiento cristiano. Dice que, después que el cristiano ha pasado por el sufrimiento, Dios le restaura, establece, fortalece y afirma. Hay todo un cuadro detrás de cada una de las palabras que usa Pedro aquí. Cada una nos dice algo acerca de lo que el sufrimiento está diseñado que haga por la persona.

(*a*) Por medio del sufrimiento Dios *restaura* a una persona. La palabra para *restaurar* es difícil de traducir en este caso.

Es *kartarízein,* que se usa corrientemente para arreglar una fractura, la palabra que se usa en *Marcos 1:19* para remendar las redes. Quiere decir suplir lo que falta, arreglar lo que está roto. Así es que el sufrimiento, si se acepta con humildad, confianza y amor, puede reparar las debilidades de carácter de una persona y suplir la grandeza que todavía no tiene. Se dice que Sir Edward Edgar estaba una vez oyendo cantar a una joven un solo de una de sus composiciones. Tenía una voz con una pureza, claridad y gama excepcionales, y una técnica casi perfecta. Cuando ella acabó, Sir Edward dijo suavemente: «Será realmente grande cuando le suceda algo que le rompa el corazón.» Barrie cuenta cómo perdió su madre a su hijo favorito, y entonces dice: «Así fue como obtuvo mi madre la ternura de sus ojos, que hacía que otras madres acudieran a ella cuando perdían un hijo.» El sufrimiento había hecho algo por ella que no podría haber producido una vida fácil. El sufrimiento está diseñado por Dios para añadir las notas de la gracia a la vida.

(*b*) Por medio del sufrimiento Dios *establece* a una persona. La palabra es *stêrizein,* que quiere decir hacer tan sólido como el granito. El sufrimiento del cuerpo y el dolor del corazón hacen una de estas dos cosas a la persona: o le hacen colapsarse o le dejan con una solidez de carácter tal que nunca habría podido obtener de otra manera. Si se enfrenta con ellos con una constante confianza en Cristo, surge como el acero que ha sido templado al fuego.

(*c*) Por medio del sufrimiento Dios *fortalece* a una persona. La palabra griega es *sthenûn,* que quiere decir *llenar de fuerza.* Aquí se usa con ese sentido. Una vida sin esfuerzo y sin disciplina inevitablemente se vuelve blandengue. No sabemos realmente lo que nuestra fe representa para nosotros hasta que ha sido templada en el horno de la aflicción. Hay algo doblemente precioso en una fe que ha salido victoriosa del dolor y de la aflicción y de la desilusión. El viento extingue una llamita débil, pero atiza una llama fuerte haciéndola una hoguera mayor. Así sucede con la fe.

(*d*) Por medio del sufrimiento Dios afirma a una persona. La palabra griega es *themeliûn,* que quiere decir *echar el cimiento.* Cuando tenemos que enfrentarnos con la aflicción y el sufrimiento, ahondamos hasta el mismo lecho rocoso de la fe. Entonces descubrimos cuáles son las cosas inconmovibles. Es en la hora de la prueba cuando descubrimos las grandes verdades en las que se funda la vida verdadera.

El sufrimiento está lejos de hacer estas cosas preciosas por cualquier persona. Bien puede conducir a una persona a la amargura y a la desesperación; bien puede arrebatarle la fe que tuviera. Pero si se acepta con la confiada seguridad de que la mano de un Padre nunca le produce al hijo una lágrima innecesaria, entonces salen cosas del sufrimiento que no puede sacar a luz nunca una vida fácil.

UN FIEL AYUDANTE DE LOS APÓSTOLES

1 Pedro 5:12

> *Os he escrito esta breve carta con la ayuda de Silvano, al que yo tengo por un fiel hermano, para animaros y atestiguaros que esta es la verdadera Gracia de Dios. Manteneos firmes en ella.*

Pedro da testimonio de que lo que ha escrito es de veras la gracia de Dios, y exhorta a su pueblo a que permanezcan firmes en medio de las dificultades.

Dice que ha escrito *por medio de Silvano.* La frase griega *(dia Siluanu)* quiere decir que Silvano fue su amanuense. Silvano es la forma completa del nombre Silas, y es casi seguro que sea el Silvano de las cartas de Pablo y el Silas de *Hechos.* Cuando recopilamos las referencias a Silas o Silvano, encontramos que fue uno de los pilares de la Iglesia original.

Juntamente con Judas Barsabás, Silvano fue enviado a Antioquía con la decisión que hizo época del Concilio de

Jerusalén de abrir las puertas de la Iglesia a los creyentes gentiles; y en el relato de esa misión, se llama a Silvano y Judas hombres principales entre los hermanos *(Hechos 15:22, 27)*. No se limitaron simplemente a comunicar el mensaje sino que lo expusieron con palabras poderosas como profetas que eran *(Hechos 15:32)*. Durante el primer viaje misionero Marcos dejó a Pablo y Bernabé y se volvió a casa desde Panfilia *(Hechos 13:13)*; al programar el segundo viaje misionero, Pablo se negó a llevar otra vez a Marcos; el resultado fue que Bernabé tomó a Marcos de compañero, y Pablo a Silvano *(Hechos 15:37-40)*. Desde aquel momento Silvano fue mucho tiempo el brazo derecho de Pablo. Estuvo con Pablo en Filipos, donde fueron arrestados y encarcelados *(Hechos 16:19, 25, 29)*. Se reunió con Pablo en Corinto y predicó con él el Evangelio allí *(Hechos 18:5; 2 Corintios 1:19)*. Estuvo relacionado con Pablo tan estrechamente que las dos cartas a los tesalonicenses las mandaron los dos juntos *(1 Tesalonicenses 1:1)*. Esta claro que Silvano fue un hombre notable en la Iglesia original.

Como vimos en la introducción es muy probable que Silvano fuera mucho más que el amanuense que escribió esta carta al dictado de Pedro, y su portador posteriormente. Uno de los problemas de *Primera de Pedro* es la excelencia de su griego. Es un griego con tal calidad clásica que parece imposible que Pedro, el pescador galileo, lo hubiera escrito por sí mismo. Ahora bien, Silvano era no sólo un hombre de peso en la Iglesia original; era también ciudadano romano *(Hechos 16:37)* y habría recibido una educación muy superior a la de Pedro. Es más que probable que hiciera una importante contribución a la composición de esta carta. Se nos dice que en China, cuando un misionero quería enviar un mensaje, lo escribía a menudo lo mejor que pudiera en chino, y luego se lo pasaba a un cristiano chino para que lo corrigiera y pusiera en la forma debida; o podría ser que sencillamente le dijera al cristiano chino lo que quería decir dejándole que lo pusiera en forma literaria para su aprobación. Eso fue muy probablemente lo que hizo Pedro. O bien le dio su carta a Silvano para que puliera su estilo, o bien le dijo a Silvano lo que quería decir y le dejó que lo escribiera él, añadiendo los tres últimos versículos como su saludo personal.

Silvano fue una de esas personas sin las que nunca se puede pasar la iglesia. Estaba contento de ocupar un segundo lugar y de servir casi en el anonimato siempre que fuera para que se hiciera la obra de Dios. Le bastaba con ser el ayudante de Pablo, manteniéndose a su sombra. Le bastaba con ser el amanuense de Pedro, aunque eso sólo le permitiera que figurara su nombre al final de la carta. A pesar de todo no es insignificante el pasar a la Historia como el fiel ayudante de quien tanto Pedro como Pablo dependieron. La Iglesia siempre tiene necesidad de personas como Silvano, y muchos que no pueden ser Pedros o Pablos sí pueden ayudar a los Pedros y Pablos en su trabajo.

SALUDOS

1 Pedro 5:13

> *La que está en Babilonia, que ha sido elegida lo mismo que vosotros, os manda saludos, y mi hijo Marcos igual.*

Aunque parece tan sencillo, éste es un versículo problemático. Nos presenta algunas cuestiones difíciles de resolver.

(i) ¿Quién manda esos saludos? La versión Reina-Valera pone «la iglesia que está en Babilonia, elegida juntamente con vosotros, os saluda.» Pero *«la iglesia que está»* no tiene equivalente en el original, que dice simplemente *«la elegida juntamente con vosotros en Babilonia»* y la frase está en femenino. Hay dos posibilidades.

(*a*) Es perfectamente posible que la Reina-Valera sea correcta. Así lo toma Moffatt cuando traduce «vuestra iglesia hermana en Babilonia.» La frase se podría explicar como una alusión al hecho de que la Iglesia es la Esposa de Cristo, y se puede hablar así de ella. En general el punto de vista más corriente es que se trata de una iglesia.

(*b*) Pero sí hay que recordar que no hay realmente una palabra para *iglesia* en griego, y esta frase femenina también se podría referir a alguna dama cristiana bien conocida. Si es así, con mucho la mejor sugerencia es que hace referencia a la mujer de Pedro. Sabemos que le acompañaba normalmente en sus viajes misioneros *(1 Corintios 9:5)*. Clemente de Alejandría *(Stromateis 7.11.63)* nos dice que ella murió mártir, ejecutada a la vista del mismo Pedro, que la animaba diciéndole: «Acuérdate del Señor.» Está claro que era una figura muy conocida en la Iglesia original.

No querríamos hablar dogmáticamente sobre esta cuestión. Tal vez es más probable que la referencia sea a la iglesia; pero no es imposible que Pedro asociara a su mujer y compañera-evangelista en los saludos que envía.

(ii) ¿Desde dónde se mandó esta carta? Los saludos se mandan de *Babilonia*. Hay tres posibilidades.

(*a*) Había una Babilonia en Egipto, cerca del Cairo. Había sido fundada por refugiados babilónicos venidos de Asiria que la llamaron con el nombre de su ciudad ancestral. Pero para este tiempo era casi exclusivamente un gran campamento militar; y en cualquier caso el nombre de Pedro no se ha conectado nunca con Egipto, así es que hay que descartar esta Babilonia.

(*b*) Estaba la Babilonia oriental a la que habían llevado cautivos a los judíos. Muchos nunca volvieron de allí, y se convirtió en un centro de cultura judía. El gran comentario de la ley judía se llama *Talmud Bablí* o babilónico. Tan importantes eran los judíos de Babilonia que Josefo había hecho una edición especial de sus historias para ellos. No cabe duda de que había una numerosa e importante colonia de judíos allí; y sería perfectamente normal el que Pedro, el apóstol de los judíos, hubiera ido allí a predicar y trabajar. Pero no encontramos nunca el nombre de Pedro en relación con Babilonia, y no hay rastro de que hubiera estado allí. Estudiosos tan grandes como Calvino y Erasmo creyeron que esta Babilonia era la gran ciudad oriental; pero, en general, creemos que la mayor probabilidad está en contra de esta hipótesis.

(*c*) Corrientemente llamaban Babilonia a Roma, tanto los judíos como los cristianos. Ese es sin duda el caso en *Apocalipsis,* donde Babilonia es la gran ramera, ebria de la sangre de los santos y de los mártires (capítulos 17 y 18). La impiedad, concupiscencia y lujo de la antigua Babilonia, como si dijéramos, se habían reencarnado en Roma. No cabe duda que la tradición conecta a Pedro con Roma; y lo más probable es que era allí donde se escribió la carta.

(iii) ¿Quién es el Marcos a quien Pedro llama su hijo y de quien envía saludos? Si consideramos que la señora elegida era la mujer de Pedro, Marcos bien podría ser literalmente su hijo. Pero es mucho más probable que fuera el Marcos que escribió el evangelio. La tradición siempre ha conectado estrechamente a Pedro con Marcos, y ha transmitido la historia de que estuvieron íntimamente relacionados en la producción del evangelio de Marcos. Papías, que vivía a principios del siglo II y fue un gran coleccionista de tradiciones antiguas, describe el evangelio de Marcos de la siguiente manera: «Marcos, que fue intérprete de Pedro, tomó nota cuidadosamente aunque no en orden de todo lo que recordaba de lo que Cristo había dicho o hecho. Porque él no fue uno de los que Le escucharon o siguieron; él fue seguidor de Pedro, como ya he dicho, posteriormente, y Pedro adaptaba sus enseñanzas a las necesidades prácticas, sin intentar dar las palabras del Señor sistemáticamente. Así que Marcos no cometió errores al escribir algunas de las cosas dependiendo de su memoria, porque su única preocupación era no omitir ni falsificar nada que hubiera oído.» Según Papías el evangelio de Marcos no es otra cosa que los materiales de la predicación de Pedro. Con un talante similar, Ireneo dice que después de la muerte de Pedro y Pablo en Roma «Marcos, discípulo e intérprete de Pedro, también nos trasmitió por escrito lo que Pedro había estado predicando.» Es la consecuente tradición que Marcos, el evangelista, fue de veras como un hijo para Pedro, y toda la probabilidad apunta a que estos saludos eran de él.

Así que podemos reunir las posibilidades. «La que está en Babilonia y que ha sido escogida lo mismo que vosotros,» puede ser o la iglesia o la mujer de Pedro, que fue mártir. Babilonia puede ser la Babilonia del Este, pero es más probable que sea la gran y malvada ciudad de Roma. Marcos puede que fuera un hijo de Pedro, de quien no sabríamos nada más; pero es más probable que se trate de Marcos, el autor del evangelio, que fue como un hijo para Pedro.

TODOS EN PAZ CON TODOS

1 Pedro 5:14

> *Saludaos unos a otros de mi parte con un beso de amor. ¡Que la paz sea con todos los que estáis en Cristo!*

Lo más interesante de aquí es el encargo de que se den recíprocamente el beso de amor. Durante siglos esto fue una parte integrante y preciosa de la comunión y el culto cristianos; y su historia y gradual eliminación son del mayor interés.

Entre los judíos era costumbre que el discípulo besara a su rabino en la mejilla poniéndole las manos en los hombros. Eso fue lo que hizo Judas con Jesús *(Marcos 14:44)*. El beso era un saludo de bienvenida y de respeto, y podemos ver cuánto lo valoraba Jesús por Su tristeza cuando no se Le daba *(Lucas 7:45)*. Las cartas de Pablo terminan frecuentemente recordando a sus lectores el deber de saludarse recíprocamente con el beso santo *(Romanos 16:16; 1 Corintios 16:20; 2 Corintios 13:12; 1 Tesalonicenses 5:26)*.

En la Iglesia Primitiva el beso llegó a ser una parte esencial del culto cristiano. «¿Cómo se puede dar por terminada una reunión de oración si se excluye el beso santo? —pregunta Tertuliano—. ¿Qué clase de sacrificio sería uno del que los miembros se retiraran sin la paz?» *(De Oratione 18).* El beso, vemos aquí, se llamaba *la paz.* Era especialmente una parte del culto de comunión. Agustín dice que cuando los cristianos se disponían a comulgar «demostraban su paz interior mediante el beso» *(De Amicitia 6).* Se daba corrientemente después de retirarse los catecúmenos, cuando sólo estaban presentes los miembros comulgantes, y después de la oración que se hacía antes de traer los elementos. Justino Mártir dice: «Cuando hemos acabado de orar, nos saludamos recíprocamente con un beso. Entonces se le trae pan y una copa de vino al presidente» (1:65). Al beso precedía la oración «por el don de la paz y el amor sincero, incontaminado de hipocresía o engaño,» y era la señal de que «nuestras almas están unidas, y han desterrado todo recuerdo de agravios» (Cirilo de Jerusalén, *Sermones catequéticos 25.5.3).* El beso era la señal de que las injurias se habían olvidado, los agravios perdonado, y los que se sentaban a la Mesa del Señor eran una sola cosa en el Señor.

Esta era una costumbre preciosa, y sin embargo está claro que estaba tristemente expuesta a abusos. También dejan claro las frecuentes advertencias que se introducían los abusos. Atenágoras insiste en que el beso debe darse con el máximo cuidado; porque «si va mezclado con la menor contaminación de pensamiento, nos excluye de la vida eterna» *(Legatio Christianis 32).* Orígenes insiste en que el beso de la paz debe ser «santo, casto y sincero,» no como el beso de Judas *(Commentaria in Epistolam B. Pauli ad Romanos 10:33).* Clemente de Alejandría condena el uso desvergonzado del beso, que debe ser místico, porque con el beso «algunas personas hacen retumbar a las iglesias, y así provocan sucias suspicacias e informes vergonzosos» *(Paedagogus 3:11).* Tertuliano menciona el reparo natural del marido pagano al pensar que saludan así a su mujer en la iglesia cristiana *(Ad Uxorem 2:4).*

En la Iglesia de Occidente, estos problemas inevitables provocaron gradualmente el final de esta preciosa costumbre. Para el tiempo de las *Constituciones apostólicas* del siglo IV, el beso estaba confinado entre los del mismo sexo —los clérigos saludaban al obispo, los hombres a los hombres y las mujeres a las mujeres. De esa forma se mantuvo el beso de la paz en la Iglesia de Occidente hasta el siglo XIII. Algunas veces se sustituía por otras cosas. En algunos lugares se usaba una tablita de madera o metal con una representación de la Crucifixión. La besaba primero el sacerdote, y luego se pasaba a la congregación, besándola cada miembro y pasándosela después al de al lado en señal de su mutuo amor a Cristo y en Cristo. En las iglesias orientales sigue la costumbre; no se ha extinguido en la Iglesia Griega; la Iglesia Armenia ha sustituido el beso por una inclinación cortés.

Podemos fijarnos en otros usos del beso en la Iglesia Primitiva. En el bautismo besaban a la persona bautizada, primero el que la había bautizado y luego toda la congregación, en señal de bienvenida a la casa y familia de Cristo. Un obispo recién consagrado recibía «el beso en el Señor.» La ceremonia del matrimonio se ratificaba con un beso, una cosa muy natural que se adoptó del paganismo. Los que estaban muriendo besaban primero la cruz y luego a todos los presentes. Se besaba a los difuntos antes de enterrarlos.

En algunas de nuestras iglesias el beso de la paz parecerá cosa del pasado. Se practicaba cuando la iglesia era realmente una familia, y los miembros se conocían entre sí. Es una tragedia que muchas iglesias modernas, a menudo con numerosos miembros que no se conocen de nada ni lo echan de menos, no podrían usar el beso de la paz como no fuera como un rito. Era una costumbre preciosa que estaba abocada a desaparecer cuando la realidad de la comunión se perdió en la Iglesia.

«La paz sea con todos los que estáis en Cristo» —dice Pedro; y así deja a los suyos en la paz de Dios, que es más poderosa que todos los problemas que pueda haber en el mundo.

INTRODUCCIÓN A LA
SEGUNDA CARTA DE PEDRO

EL LIBRO ARRUMBADO Y SU CONTENIDO

Segunda de Pedro es uno de los libros olvidados del Nuevo Testamento. Pocos pretenderán haberlo leído, y aún menos haberlo estudiado en detalle. E. F. Scott dice: «Es con mucho inferior en todos los respectos a *Primera de Pedro*; es el menos valioso de todos los escritos del Nuevo Testamento.» Tuvo las mayores dificultades para entrar en el Nuevo Testamento, y pasaron muchos años sin que la Iglesia Cristiana pareciera haberse dado cuenta de su existencia. Pero, antes de considerar su historia, echémosle una ojeada a su contenido.

LOS HOMBRES DESPIADADOS

Segunda de Pedro se escribió para combatir las creencias y actividades de ciertas personas que eran una amenaza para la Iglesia. Empieza insistiendo en que los cristianos se han desconectado de la corrupción del mundo (1:4), y deben tener presente siempre que han sido purificados de sus antiguos pecados (1:9). Se les impone el deber de la bondad moral, que culmina en la gran virtud cristiana del amor (1:5-8).

Vamos a reseñar las características de las personas a las que se opone *Segunda de Pedro*. Tergiversan las Escrituras para que estén de acuerdo con sus propios propósitos (1:20; 3:16). Desacreditan la fe cristiana (2:2). Codician ganancias materiales y explotan a sus semejantes (2:3, 14s). Están condenados y compartirán la suerte de los ángeles rebeldes (2:4), de la generación que precedió al diluvio (2:5), de los habitantes de Sodoma y Gomorra (2:6) y del falso profeta Balaam (2:15). Son criaturas bestiales, gobernadas por sus bajos instintos (2:12) y dominadas por la concupiscencia (2:10, 18). Tienen los ojos llenos de adulterio (2:14). Son presuntuosos, soberbios y arrogantes (2:10, 18). Pasan hasta las horas del día en orgías de lujuria incontrolada (2:13). Hablan mucho de libertad, pero lo que llaman libertad es realmente una permisividad sin límites, y ellos mismos son esclavos de sus vicios (2:19). No sólo están engañados, sino que engañan y descarrían a los demás (2:14, 18).

LA NEGACIÓN DE LA SEGUNDA VENIDA

Además, estos hombres malvados negaban la Segunda Venida (3:3s). Discutían que este es un mundo estable en el que las cosas permanecen inalterablemente las mismas y que Dios retrasa las cosas de tal manera que es posible suponer que la Segunda Venida no va a suceder nunca. La respuesta de *Segunda de Pedro* es que este no es un mundo estable; que, de hecho, ya fue destruido por el agua en el diluvio y que será destruido por el fuego en la conflagración final (3:5-7). Lo que aquellos hombres consideraban retraso era de hecho que Dios estaba reteniendo Su mano con paciencia para darle a la humanidad todavía otra oportunidad para que se arrepienta (3:8s). Pero el día de la destrucción está próximo (3:10). Cielos nuevos y una nueva Tierra están a punto de aparecer; por tanto, la bondad es una necesidad absoluta si una persona ha de ser salva el Día del Juicio (3:11-14). Con esto estaba de acuerdo Pablo, aunque sus cartas fueran difíciles de entender, y como quiera que los falsos maestros las malinterpretaran deliberadamente (3:15s). El deber del cristiano es mantenerse firme, inalterablemente fundado en la fe y crecer en la gracia y en el conocimiento de Jesucristo (3:17s).

LAS DUDAS DE LA IGLESIA PRIMITIVA

Tal es el contenido de la carta. Durante mucho tiempo se la miraba con dudas y hasta con una especie de suspicacia. No hay ni rastro de ella hasta después del año 200 d.C. No se la menciona en el *Canon de Muratori* de 170 d.C., que fue la primera lista oficial de los libros del Nuevo Testamento. No existía en la antigua versión latina de las Escrituras; ni en el Nuevo Testamento de la Iglesia Siria primitiva.

Los grandes maestros de Alejandría, o no la conocían o tenían dudas acerca de ella. Clemente de Alejandría, que escribió los resúmenes de los libros de la Escritura, no parece haber incluido *2 Pedro*. Orígenes dice que Pedro nos dejó una epístola que es universalmente aceptada; «tal vez también una segunda, pero esta es una cuestión disputada.» Dídimo el Ciego, siglo IV, la comentó, pero concluyó su libro diciendo: «No se debe olvidar que esta carta es espúrea; se puede leer en público; pero no es parte del canon de la Escritura.»

Eusebio, el gran maestro de Cesarea, que hizo una cuidadosa investigación de la literatura cristiana de su tiempo, llega a la conclusión de que: «De Pedro, una epístola, que se llama su epístola anterior, que todos reconocen; de ella hicieron los antiguos presbíteros un uso frecuente en sus escritos como indiscutiblemente genuina; pero en cuanto a la que circula como su segunda epístola, hemos recibido que no es canónica aunque, puesto que parecía serles útil a muchos, se ha leído diligentemente con las otras escrituras.»

Hasta bien entrado el siglo IV la *Segunda de Pedro* no fue incluida definitivamente en el canon del Nuevo Testamento.

LAS OBJECIONES

Es el parecer casi universal de los estudiosos, tanto antiguos como modernos, que Pedro no fue el autor de *Segunda de Pedro*. Hasta Juan Calvino consideraba imposible el que Pedro pudiera haber hablado de Pablo como *Segunda de Pedro* habla de él (3:15s), aunque estaba dispuesto a creer que alguna otra persona escribió la carta a petición de Pedro. Entonces, ¿cuáles son las razones contra la autoría petrina?

(i) Está la extremada lentitud, y hasta reticencia, de la Iglesia Primitiva para aceptarla. Si hubiera sido verdaderamente de Pedro, no cabe la menor duda que la Iglesia la habría recibido y honrado desde el principio. Pero el caso fue muy diferente. Durante los dos primeros siglos de la Iglesia no se citó nunca de una manera cierta; se la consideraba con dudas y sospechas durante más de otro siglo; y solamente se la aceptó ya avanzado el siglo IV.

(ii) El contenido hace difícil creer que era de Pedro. No hace mención de la Pasión, la Resurrección y la Ascensión de Jesucristo; no menciona la Iglesia como el verdadero Israel; no menciona la fe que es una combinación invencible de la esperanza y la confianza; no menciona al Espíritu Santo, ni la oración ni el Bautismo; y no expone el deseo apasionado de llamar a las personas al supremo ejemplo de Jesucristo. Si uno suprimiera estas grandes verdades de *Primera de Pedro* no quedaría ni mucho ni nada, y sin embargo ninguna de ellas reaparece en *Segunda de Pedro*.

Es totalmente diferente en carácter y estilo de *Primera de Pedro*. Esto se ha reconocido desde los tiempos de Jerónimo, que escribió: «Simón Pedro escribió dos epístolas que se llaman católicas, la autenticidad de la segunda de las cuales niegan muchos por su diferencia de estilo con la primera.» El estilo griego de esta carta es muy difícil. Clogg lo considera ambicioso, artificial y a menudo oscuro, y advierte que es el único libro del Nuevo Testamento que se mejora en las traducciones. El obispo Chase escribe: «La epístola produce la impresión de ser una obra de retórica más bien artificial. Da señales de ser un esfuerzo consciente. El autor parece ser ambicioso al escribir con un estilo que está más allá de su capacidad literaria.» Concluye que es difícil conciliar el carácter literario de esta carta con la suposición de que fue Pedro quien la escribió. Moffatt dice: «*Segunda de Pedro* es más periódica y ambiciosa que *Primera de Pedro,* pero su lingüística y sus esfuerzos estilísticos sólo revelan con su oscuridad farragosa la clara inferioridad de concepción que la separa y distancia de *Primera de Pedro.*»

Se podría proponer, como hizo Jerónimo, que, mientras Pedro usó a Silvano para *Primera de Pedro,* usó a un amanuense distinto para *Segunda de Pedro,* lo cual explicaría el cambio de estilo. Pero J. B. Mayor compara las dos cartas. Cita algunos de los pasajes de *Primera de Pedro,* y entonces dice: «Creo que ninguno que lea estas palabras puede por menos de sentir que, ni aun en Pablo, ni aun en Juan, se puede encontrar una descripción más bella o más viva del secreto del Cristianismo primitivo, de la fuerza que venció al mundo, que en el perfecto cuarteto de fe y esperanza y amor y gozo, que rezuma toda la primera epístola (es decir, *Primera de Pedro).* Nadie podría afirmar lo mismo acerca de *Segunda de Pedro:* Aunque es bien pensada e interesante, le falta esa intensa simpatía, esa llama de amor, que caracterizan a *Primera de Pedro...* Ningún cambio de circunstancias puede justificar el cambio de tono del que somos conscientes al pasar de una epístola a la otra.» La conclusión de ese gran investigador conservador es que ninguna explicación, a no ser la diferencia de autor, puede explicar, no tanto la diferencia de estilo como la de atmósfera entre *Primera* y *Segunda de Pedro.* Es verdad que desde el punto de vista puramente lingüístico hay 369 palabras que aparecen en *Primera de Pedro* que no están en *Segunda de Pedro;* y hay 230 palabras que aparecen en *Segunda de Pedro* y no en *Primera de Pedro.* Pero hay más que una diferencia de estilo. Un autor puede cambiar su estilo y su vocabulario para acercarse a su audiencia en una ocasión determinada. Pero la diferencia entre las dos cartas en atmósfera y actitud es tan amplia que es difícilmente posible que la misma persona pudiera haber escrito las dos.

(iv) Algunas cosas de *Segunda de Pedro* apuntan casi irresistiblemente a una fecha tardía. Ha pasado tanto tiempo que algunas personas han empezado a abandonar la esperanza de la Segunda Venida totalmente (3:4). Se habla de los apóstoles como de figuras del pasado (3:2). Los padres, es decir los fundadores de la fe cristiana, son ahora figuras de un pasado casi difuso y distante; han pasado generaciones entre el origen de la fe cristiana y esta carta (3:4).

Hay referencias que sólo se pueden explicar por el paso del tiempo. La referencia a la próxima muerte de Pedro procede de la profecía de Jesús en *Juan 21:18s,* y el Cuarto Evangelio no estuvo terminado hasta alrededor del año 100 d.C. La afirmación de que Pedro va a dejar algo que continúe su enseñanza después que se haya ido parece una referencia al Evangelio de Marcos (1:12-14).

Y, sobre todo, tenemos la referencia a las cartas de Pablo (3:15s). De ella se deduce claramente que las cartas de Pablo eran conocidas y usadas por toda la Iglesia. Eran propiedad pública y además se las consideraba ya como Escritura y al mismo nivel que «las otras Escrituras» (3:16). Las cartas de Pablo no se coleccionaron y publicaron hasta por lo menos el año 90 d.C., y pasarían bastantes años antes que adquirieran el reconocimiento de Sagrada Escritura. Es prácticamente imposible el que nadie pudiera escribir así hasta mediado el s. II d.C.

Toda la evidencia converge para probar que *Segunda de Pedro* es un libro tardío. No empezó a citarse hasta el siglo III. Los grandes maestros de la Iglesia Primitiva no la consideraban de Pedro, aunque no ponían en duda su utilidad. La carta hace referencias que requieren el paso de los años para explicarse. El gran interés de *Segunda de Pedro* está en el mismo hecho de que sea el último libro del Nuevo Testamento que se escribió y el último que consiguió entrar en el Nuevo Testamento.

EN NOMBRE DE PEDRO

Entonces, ¿cómo llegó a asignársele el nombre de Pedro? La respuesta es que se le asignó *deliberadamente.* Esto puede que nos parezca un proceder extraño, pero en el mundo antiguo era una práctica corriente. Las cartas de Platón no fueron escritas por Platón, sino por un discípulo suyo en el nombre de su maestro. Los judíos usaron este método repetidas veces. Entre el Antiguo y el Nuevo Testamento, se escribieron libros bajo los nombres de Salomón, Isaías, Moisés, Baruc, Esdras, Enoc y otros muchos. Y en los tiempos del Nuevo Testamento hay toda una literatura en torno al nombre de Pedro: El Evangelio de Pedro, la Predicación de Pedro, el Apocalipsis de Pedro.

Un hecho innegable hace este método de escribir todavía más inteligible. Los herejes lo usaron. Publicaron libros confusos y perniciosos bajo los nombres de los grandes apóstoles, pretendiendo que contenían la enseñanza secreta de los grandes fundadores de la Iglesia que les había sido trasmitida oralmente. Al enfrentarse con esto, la Iglesia reaccionó usando el mismo método y publicó libros en los que sus autores expusieron para su propia generación las cosas que estaban totalmente seguros de que los apóstoles habrían dicho si se hubieran encarado con esa nueva situación. No hay nada extraño ni vergonzoso en que un libro fuera publicado bajo el nombre de Pedro, aunque no fuera Pedro su autor. El autor, con toda humildad, estaba adscribiendo el mensaje que le había dado el Espíritu Santo a Pedro porque él consideraba que su propio nombre no era digno de aparecer en el libro.

No encontraremos *Segunda de Pedro* fácil de leer.

Pero es un libro de importancia capital porque se escribió a personas que estaban socavando la ética y la doctrina cristianas y a los que había que parar para que no destruyeran la fe cristiana con su perversión de la verdad.

2 PEDRO

EL HOMBRE QUE ABRÍA PUERTAS

2 Pedro 1:1

> *Simeón Pedro, siervo y apóstol de Jesucristo, os escribe esta carta a los que habéis sido agraciados con una fe igual en honor y privilegio a la nuestra propia por la justicia imparcial de nuestro Dios y Salvador Jesucristo.*

La carta empieza con una alusión muy sutil y hermosa para los que tengan ojos para verla y suficiente conocimiento del Nuevo Testamento para captarla. Pedro escribe a «los que se les ha concedido una fe igual en honor y privilegio a la nuestra» —y se llama a sí mismo *Symeon Pedro.* ¿Quiénes eran los destinatarios? Realmente no puede haber más que una respuesta. Deben de haber sido en el pasado gentiles, a diferencia de los judíos que eran el único pueblo escogido de Dios. Los que no habían sido un pueblo en el pasado son ahora el pueblo escogido de Dios *(1 Pedro 2:10);* antes eran forasteros y extranjeros a la comunidad de Israel, y estaban muy lejos; pero ahora se los ha traído cerca *(Efesios 2:11-13).*

Pedro expresa esto muy gráficamente, usando una palabra que haría vibrar inmediatamente una cuerda en las mentes de los que la oyeran. Su fe era *igual en honor y privilegio.* La palabra griega es *isótimos; isos* quiere decir *igual* y *time* quiere decir *honor.* Esta palabra se usaba especialmente en relación con los extranjeros que tenían una ciudadanía completa igual a la de los nativos. Josefo, por ejemplo, dice que en Antioquía se hizo a los judíos *isotimoi, iguales en honor y privilegio,* a los macedonios y a los griegos que vivían allí. Así que Pedro dirige su carta a los que habían sido anteriormente gentiles despreciables, pero que ahora habían recibido derechos de ciudadanía iguales a los de los judíos, y aun a los de los mismos apóstoles, en el Reino de Dios *(Cp. Efesios 2:19).*

Dos cosas hay que notar acerca de este gran privilegio que se había extendido a los gentiles. (*a*) Se les había *concedido o asignado.* Es decir, no se lo habían ganado; se les había agraciado no por ningún mérito propio, sino como al que le toca un premio en la lotería. En otras palabras su nueva ciudadanía se debía exclusivamente a la Gracia. (*b*) Les había llegado por medio de la justicia imparcial de su Dios y Salvador Jesucristo. Les había venido porque para Dios no hay «una cláusula de nación más favorecida»; Su Gracia y favor alcanzan imparcialmente a todas las naciones de la Tierra.

¿Qué tiene esto que ver con el nombre *Symeon,* que Pedro se llama aquí? En el Nuevo Testamento, se le llama más generalmente Pedro; se le llama a menudo Simón, que era, desde luego, su nombre original antes de que Jesús le diera el nombre de Cefas o Pedro *(Juan 1:41s);* pero solamente una vez en el resto del Nuevo Testamento se le llama *Symeon.* Es en el relato del Concilio de Jerusalén de *Hechos 15* que decidió que había de abrirse de par en par la puerta de la Iglesia a los creyentes gentiles. Allí dijo Santiago: «Simeón ha relatado la manera en que Dios visitó por primera vez a los gentiles para tomar de ellos un pueblo para Su nombre» *(Hechos 15:14).* En esta carta, que empieza con saludos para los gentiles a los que se han concedido, por la gracia de Dios, privilegios de ciudadanía en el Reino iguales a los de los judíos y los apóstoles, Pedro se llama por el nombre de *Symeon;* y la única otra vez que se llama así es cuando aparece como el instrumento principal mediante el cual se concedió ese privilegio.

Simeón Pedro fue el que abrió la puerta a Cornelio, el centurión gentil *(Hechos 10);* y aplicó su autoridad para que se abriera la puerta en el Concilio de Jerusalén *(Hechos 15).*

EL GLORIOSO SERVICIO

2 Pedro 1:1 (conclusión)

Pedro se llama a sí mismo *siervo* de Jesucristo. La palabra original es *dulos,* que quiere decir realmente *esclavo.* Aunque nos parezca extraño, se trata de un título, aparentemente humillante, que los más grandes hombres asumieron como un título del mayor honor. Moisés, el gran líder y legislador, fue el *dulos* de Dios *(Deuteronomio 34:5; Salmo 105:26; Malaquías 4:4).* Josué, el gran general, fue el *dulos* de Dios *(Josué 24:29).* David, el más grande de los reyes, era el *dulos* de Dios *(2 Samuel 3:18; Salmo 78:70).* En el Nuevo Testamento, Pablo es el *dulos* de Jesucristo *(Romanos 1:1; Filipenses 1:1; Tito 1:1),* un título que Santiago *(Santiago 1:1)* y Judas *(Judas 1)* también se aplican. En el Antiguo Testamento, los profetas eran los *duloi* de Dios *(Amós 3:7; Isaías 20:3).* Y en el Nuevo Testamento, los cristianos se llaman frecuentemente *duloi* de Cristo *(Hechos 2:18; 1 Corintios 7:22; Efesios 6:6; Colosenses 4:12; 2 Timoteo 2:24).* Esto tiene un profundo significado.

(i) Llamar al cristiano *dulos* de Dios quiere decir que es Su posesión inalienable. En el mundo antiguo el amo poseía sus esclavos de la misma manera que poseía sus herramientas. Un siervo podía cambiar de amo; pero un esclavo no. El cristiano pertenece inalienablemente a Dios.

(ii) El llamar al cristiano *dulos* de Dios quiere decir que está incondicionalmente a Su disposición. En el mundo antiguo, el amo podía hacer lo que quisiera con su esclavo; tenía hasta poder de vida o muerte sobre él. El cristiano no tiene derechos propios porque Se los ha rendido a Dios.

(iii) El llamar al cristiano *dulos* de Dios quiere decir que debe estar constantemente a Su servicio. En el mundo antiguo el esclavo no tenía literalmente tiempo propio, ni vacaciones, ni ocio. Todo su tiempo pertenecía a su amo. El cristiano no puede, ni deliberada ni inconscientemente, programar su vida con las horas y las actividades que pertenecen a Dios, y las horas y actividades en las que puede hacer lo que quiera. El cristiano es necesariamente una persona cuyos momentos todos está al servicio de Dios.

Notamos otro punto más. Pedro habla de la justicia imparcial de *nuestro Dios y Salvador Jesucristo.* Algunas versiones bíblicas traducen: «La justicia de Dios y de nuestro Salvador Jesucristo,» como refiriéndose a dos personas, Dios y Jesús; pero, como deja ver bien claro la Reina-Valera, en griego se implica que hay una sola persona, y la frase se traduce correctamente *nuestro Dios y Salvador Jesucristo.* Su gran interés está en que en el Nuevo Testamento rara, muy rara vez, se llama a Jesús Dios. El único paralelo verdadero de éste está en el grito de adoración de Tomás: «¡Señor mío y Dios mío!» *(Juan 20:28).* Esta no es una cuestión a discutir; ni siquiera una cuestión de teología; para Pedro y Tomás, el llamar Dios a Jesús no era una cuestión de teología, sino una eclosión de adoración. Era sencillamente que se daban cuenta de que los términos humanos no podían contener a esta Persona que conocían como su Señor.

EL SUPREMO CONOCIMIENTO

2 Pedro 1:2

> *¡Que la gracia y la paz se os multipliquen por el conocimiento de Dios y de nuestro Señor Jesucristo!*

Pedro expresa esto de una manera inusual. La gracia y la paz han de venir del *conocimiento,* el conocimiento de Dios y de Jesucristo, nuestro Señor. ¿Hace depender la experiencia cristiana del conocimiento? ¿O tiene esto algún otro sentido? En primer lugar, veamos la palabra que usa para conocimiento *(epígnôsis).* Se puede interpretar en dos direcciones.

(*a*) Puede querer decir *un conocimiento creciente. Gnôsis,* la palabra griega normal para *conocimiento,* va precedida aquí de la preposición *epi* que quiere decir *hacia, en la dirección de.* *Epígnôsis,* pues, podría interpretarse como un conocimiento que está siempre en movimiento hacia lo que desea conocer. La gracia y la paz se le multiplican al cristiano que llega a conocer a Jesucristo cada vez mejor. Como se ha expresado: «Cuanto más se da cuenta el cristiano de lo que significa Jesucristo, tanto más capta el significado de la gracia y la experiencia de la paz.»

(*b*) *Epígnôsis* tiene un segundo significado. A menudo quiere decir en griego *conocimiento pleno.* Plutarco, por ejemplo, la usa del conocimiento científico de la música en oposición al conocimiento del mero aficionado. Así que puede ser que lo que implica aquí sea que el conocimiento de Jesucristo es lo que podríamos llamar «la ciencia capital de la vida.» Las otras ciencias puede que contribuyan una nueva habilidad, un nuevo conocimiento, nuevas capacidades; pero la ciencia capital, el conocimiento de Jesucristo, es lo único que puede traer a la humanidad la gracia que necesita y la paz que anhela.

Hay todavía más. Pedro tiene una manera de usar palabras que eran corrientes entre los paganos de su tiempo, pero cargándolas con un nuevo significado. El conocimiento era una palabra muy utilizada en el pensamiento religioso pagano de aquellos días en que se escribió esta carta. Para tomar solamente un ejemplo: los griegos definían *sofía, sabiduría,* como el conocimiento de las cosas divinas y humanas. Los buscadores de Dios griegos buscaban ese conocimiento por dos procedimientos principales.

(*a*) Lo buscaban por medio de la especulación filosófica. Trataban de alcanzar a Dios mediante el mero poder del pensamiento humano. Aquí encontraban dificultades previsibles. En primer lugar, Dios es infinito; la mente humana es finita; y lo finito no puede nunca abarcar lo infinito. Mucho tiempo ha, Zofar había preguntado: «¿Descubrirás tú (por especulación) los secretos de Dios?» *(Job 11-7).* Si Dios ha de llegar a ser conocido, debe ser conocido, no porque la mente humana Le descubra, sino porque Él decida revelarse. Además, si la religión se basara en la especulación filosófica, sólo podrían aspirar a alcanzar sus alturas unos pocos, porque no todos podemos ser filósofos. Cualquiera que fuera lo que Pedro entendiera por *conocimiento,* no quería decir eso.

(*b*) Lo buscaban por la experiencia mística de lo divino hasta poder decir: «Yo soy Tú y Tú eres yo.» Este era el camino de las religiones mistéricas. Todas ellas consistían en representaciones de pasión: la historia dramáticamente representada de algún dios que sufría y moría y resucitaba. Se preparaba cuidadosamente al iniciado con la instrucción del sentido íntimo de la historia, y mediante largo ayuno y continencia, y mediante un proceso conducente a la tensión psíquica. El auto se representaba con una liturgia impresionante, una música inspiradora, una iluminación cuidadosamente calculada y el uso de incienso. Lo que se pretendía era que el iniciado, al observarlo, entrara de tal manera en esta experiencia que llegara a identificarse con el dios que sufría, moría y resucitaba eternamente triunfante. También aquí había problemas. Por una parte, no todo el mundo es capaz de tener una experiencia mística. Por otra parte, cualquier experiencia tal es necesariamente pasajera; puede que deje un efecto, pero no puede ser una experiencia continua. La experiencia mística es privilegio de los menos.

(*c*) Si este conocimiento de Jesucristo no se adquiere por especulación filosófica ni por experiencia mística, ¿qué es y cómo viene? En el Nuevo Testamento, el conocimiento es característicamente un conocimiento *personal.* Pablo no dice: «Yo sé lo que he creído;» sino: «Yo sé *en Quién* he creído *(2 Timoteo 1:12).* El conocimiento cristiano de Cristo es una relación personal con Él; es conocerle como se conoce a una persona y entrar día a día en una relación más íntima con Él.

Cuando Pedro habla de la gracia y la paz que nos vienen por medio del conocimiento de Dios y de Jesucristo, no está intelectualizando la religión; esta diciendo que el Cristianismo quiere decir una relación personal cada vez más íntima con Jesucristo.

LA GRANDEZA DE JESUCRISTO PARA LA HUMANIDAD

2 Pedro 1:3-7

> *Como Su poder divino nos ha concedido todas las cosas que son necesarias para la vida verdadera y para la verdadera religión por medio del conocimiento de Aquel Que nos llamó a Su propia gloria y excelencia; y como por medio de estos dones se nos han concedido unas promesas preciosas y grandísimas para que por ellas podamos escapar de la corrupción del mundo causada por los deseos innobles, y llegar a ser partícipes de la naturaleza divina; puesto que todo esto es así, aplicad toda vuestra energía a la tarea de equipar vuestra fe con coraje; vuestro coraje, con conocimiento; vuestro conocimiento, con autodominio; vuestro autodominio, con estabilidad; vuestra estabilidad, con piedad; vuestra piedad, con afecto fraternal; vuestro afecto fraternal, con amor cristiano.*

En los versículos 3 y 4 encontramos una tremenda y comprehensiva descripción de Jesucristo.

(i) Él es el *Cristo de poder.* En Él radica el poder divino que no puede ser derrotado ni frustrado en última instancia. En este mundo, una de las tragedias de la vida es que el amor está con frecuencia tan falto de recursos que no puede dar lo que quiere dar, ni puede hacer lo que quiere hacer; y debe, muy a menudo, mostrarse y quedar impotente mientras la persona amada se enfrenta con el desastre. Pero el amor de Cristo siempre está respaldado por Su poder; y es, por tanto, un amor victorioso.

(ii) Él es el *Cristo de la generosidad.* Él nos otorga todas las cosas necesarias para la vida verdadera y la verdadera religión. La palabra que usa Pedro para religión es *eusébeia,* cuyo sentido característico es *religión práctica.* Pedro está diciendo que Jesucristo nos dice lo que es la vida y entonces nos capacita para vivirla como es debido. Él nos da una religión que no es evasión de la vida sino triunfante implicación o inserción en ella.

(iii) Él es el *Cristo de preciosas y grandísimas promesas.* Eso no quiere decir tanto que Él nos trae grandes y preciosas promesas como que en Él estas promesas se hacen realidad. Pablo expresa la misma idea de manera un poco diferente cuando dice que todas las promesas de Dios son Sí y Amén en Jesucristo *(2 Corintios 1:20).* Eso es decir que Cristo dice: «Sí, así sea,» a estas promesas; Él las confirma y garantiza. Esto se ha expresado también de la siguiente manera: Una vez que conocemos a Jesucristo, siempre que nos encontramos en la Sagrada Escritura una promesa que empieza con las palabras «quienquiera que,» nosotros podemos decirnos inmediatamente: «Ese soy yo.»

(iv) Él es el *Cristo por Quien nos evadimos de la corrupción del mundo.* Pedro tenía que enfrentarse con los antinomistas, que usaban la gracia de Dios como una licencia para pecar. Proclamaban que la gracia era suficientemente amplia para cubrir cualquier pecado; tergiversaban la doctrina evangélica de la justificación del pecador por la fe en Jesucristo convirtiéndola en la justificación del pecado. El que una persona hable así sólo puede significar que *quiere* pecar. Pero Jesucristo es la Persona que puede ayudarnos a vencer la seducción de los deseos del mundo y limpiarnos con Su presencia y poder. Mientras vivamos en este mundo, el pecado no perderá nunca del todo su fascinación sobre nosotros; pero tenemos la defensa contra ella en la presencia de Cristo.

(v) Él es el *Cristo Que nos hace participantes de la naturaleza divina.* Aquí Pedro está usando otra vez una expresión que los pensadores paganos conocían muy bien. Ellos hablaban mucho de participar de la naturaleza divina. Pero había esta diferencia: ellos creían que el hombre tiene una participación en la naturaleza divina en virtud de ser hombre. Todo lo que las personas tienen que hacer es vivir de acuerdo con la naturaleza divina de la que ya participan. El problema es que la experiencia lo contradice abiertamente. Por todas partes vemos amargura, odio, vicio, crimen; por todas partes vemos el fracaso moral, la impotencia y la frustración. El cristianismo dice que la humanidad *puede llegar a* participar de la naturaleza divina. Considera con realismo la condición humana, pero al mismo tiempo no le pone límites a su potencialidad. «Yo he venido —dijo Jesús— para que tenga vida, y la tengan en abundancia» *(Juan 10:10).* Como dijo uno de los primeros grandes padres de la Iglesia: «Él se hizo lo que nosotros somos para hacernos lo que Él es.» El hombre tiene en sí la capacidad para participar de la naturaleza de Dios —pero esa potencialidad sólo se puede hacer realidad en Jesucristo.

PERTRECHOS PARA EL CAMINO

2 Pedro 1:3-7 (continuación)

Pedro dice que debemos aplicar todas nuestras energías *para equiparnos* con una serie de grandes cualidades. La palabra que usa para *equipar* es *epijorêgueîn,* que usa otra vez en el versículo 11 hablando de ser *generosamente agraciados** con el derecho de entrada en el Reino eterno.

Esta es una de las muchas palabras griegas que tienen un trasfondo pictórico. El verbo *epijorêgueîn* viene del nombre *jorêgós,* que quiere decir literalmente *el director de un coro.* Tal vez la mayor contribución que hizo Grecia, y especialmente Atenas, al mundo fueron los grandes dramas de hombres como Esquilo, Sófocles y Eurípides, que todavía figuran entre nuestras más apreciadas posesiones. Todos estos dramas necesitaban coros numerosos y era, por tanto, muy caro montarlos. En los grandes días de Atenas había ciudadanos pudientes y generosos que asumían voluntariamente el deber de reunir, mantener, entrenar y equipar tales coros a sus propias expensas. Estos dramas se representaban en las grandes fiestas religiosas.

Por ejemplo, en la ciudad de Dionysia se ponían tres tragedias, cinco comedias y cinco ditirambos. Había que encontrar personas que proveyeran los coros para todo esto, lo que podía elevarse a 3.000 dracmas. Los que se hacían cargo de esa empresa a costa de su propio bolsillo y por amor a sus ciudades se llamaban *jorêgoi,* y *jorêgueîn* era el verbo que se usaba para designar esa empresa. La palabra sugiere hasta un cierto derroche. No quería decir equipar a lo pobre o miserablemente, sino aportando generosamente todo lo necesario para una representación noble. *Epijorêgueîn* salió al ancho mundo y amplió su significado, no solamente al equipamiento de un coro, sino a asumir responsabilidad por cualquier clase de equipamiento. Puede querer decir equipar a un ejército con las provisiones necesarias; o equipar a un alma con todas las virtudes necesarias para la vida. Pero siempre subyace en ello esta idea de una generosidad desbordante en la provisión que se hace para el equipamiento.

Así es que Pedro exhorta a sus lectores a que equipen sus vidas con todas las virtudes; y ese equipamiento no debe limitarse al mínimo necesario, sino ser abundante y generoso. La misma palabra estimula a no contentarse con nada menos que la vida más preciosa y espléndida.

Pero hay algo más detrás de esto. En los versículos 5 y 6 Pedro sigue diciéndonos que debemos, como dice la versión Reina-Valera, *añadir* nuevas virtudes hasta que todo culmina en el amor cristiano. Detrás de esto hay una idea estoica. Los estoicos insistían en que en la vida debe haber continuamente lo que ellos llamaban *prokopê, progreso moral. Prokopê* se puede usar para *el avance de un ejército hacia su objetivo.* En la vida cristiana tiene que haber un avance moral constante. Moffatt cita un dicho: «La vida cristiana no debe ser un espasmo inicial seguido por una inercia crónica.» Desgraciadamente, eso es lo que es a veces: un momento de entusiasmo, cuando uno se da cuenta de la maravilla del Cristianismo, y luego un fracaso en poner por obra la vida cristiana mediante un progreso continuo.

Esto nos conduce todavía a otra idea básica. Pedro dice a sus lectores que *apliquen toda su energía* a esta empresa. Es decir: En la vida cristiana, el supremo esfuerzo personal debe cooperar con la gracia de Dios. Como dice Pablo: «Ocupaos en vuestra salvación con temor y temblor, porque Dios es el Que en vosotros produce así el querer como el hacer, por Su buena voluntad *(Filipenses 2:12s)*. Es verdad que todo es por fe; pero una fe que no desemboca en vida no es verdadera fe, como Pablo habría admitido cordialmente. La fe no es sólo entrega confiada a las promesas de Cristo; también es entrega obediente a Sus demandas.

Bigg señala que Aristóteles, en su *Ética a Nicómaco,* dice que hay tres teorías sobre el origen de la felicidad. (i) Es algo que se puede obtener mediante la disciplina, la educación y la formación de hábitos correctos. (ii) Es cuestión de asignación divina, don de Dios. (iii) Todo es cuestión de suerte.

La verdad es que, como lo ve el cristiano, la felicidad depende *tanto* del don de Dios *como* de nuestro propio esfuerzo. No nos ganamos la Salvación, pero al mismo tiempo tenemos que aplicar todas nuestras energías para conseguir el objetivo de una vida de amor. Bengel, comentando este pasaje, nos pide que lo comparemos con la parábola de las Diez Vírgenes, cinco de las cuales eran prudentes y cinco insensatas. Escribe: «La llama es lo que Dios nos imparte sin ningún esfuerzo por nuestra parte; pero el aceite es lo que cada persona debe aportar a la vida mediante su propio estudio y esfuerzo fiel, para que la llama se alimente y crezca.»

La fe no nos exime de hacer las obras; la generosidad de Dios no absuelve a la persona del esfuerzo. La vida alcanza su nivel más noble y elevado cuando nuestro esfuerzo coopera con la gracia de Dios para producir el resultado necesario y deseado.

LA ESCALA DE LAS VIRTUDES (1)

2 Pedro 1:3-7 (Continuación)

Consideremos la lista de virtudes que tienen que irse añadiendo las unas a las otras. Vale la pena notar que en el mundo
antiguo tales listas eran muy corrientes. Era un mundo en el
que los libros no eran ni muchos menos tan baratos y fáciles
de adquirir como lo son ahora. La instrucción, por tanto, tenía
que llevarse a cabo en la mente del alumno; y las listas que
se memorizaban fácilmente eran una de las maneras más corrientes de inculcar instrucción. Una forma ingeniosa de ense-
ñarle a un niño los nombres de las virtudes era por medio de
un juego de fichas que se podían ganar o perder, cada una de
las cuales llevaba el nombre de una de las virtudes. Las listas
de virtudes eran corrientes en los primeros escritos cristianos.
Pablo nos da la de los frutos del Espíritu: Amor, gozo, paz,
tolerancia, benignidad, bondad, fidelidad, amabilidad, dominio
propio *(Gálatas 5:22s).* En las Epístolas Pastorales se exhorta
al hombre de Dios a que se proponga la integridad, la piedad,
la fe, el amor, la firmeza, la gentileza *(1 Timoteo 6:11).* En
El Pastor de Hermás (Visiones 3.8.1-7), fe, autodominio, sencillez, inocencia y reverencia, comprensión y amor son hijas
las unas de las otras. En la *Epístola de Bernabé* (2), el temor
y la resistencia son los ayudadores de la fe; la paciencia y el
autodominio son nuestros aliados; y cuando éstos están presentes una persona puede desarrollar y poseer sabiduría, pruden-
cia, comprensión y conocimiento. Miremos ahora una a una las
etapas del crecimiento cristiano que nos da la lista de virtudes
de esta carta.

(i) Empieza por *la fe (pistis);* todo arranca de ella. Para
Pedro la fe es la convicción de que lo que Jesucristo dice es
verdad y que nosotros nos podemos entregar a Sus promesas
y consagrar a Sus demandas. Es de una certeza incuestionable
que el camino a la felicidad y a la paz y a la fuerza en la Tierra
y en el Cielo es aceptar Su palabra.

(ii) A la fe hay que añadir lo que la Reina-Valera llama *virtud*, y nosotros hemos llamado *coraje*. La palabra griega es *aretê;* es muy rara en el Nuevo Testamento, pero es la palabra griega suprema para virtud en cualquier sentido de la palabra. Quiere decir *excelencia*. Tiene dos direcciones especiales en las que se mueve su sentido. (*a*) *aretê* es lo que podríamos llamar *excelencia operativa y eficiente*. Para dar dos ejemplos de su uso tomados de esferas muy diferentes: se puede usar de una tierra que es fértil; y se puede usar de las obras poderosas de los dioses. *Aretê* es la virtud que hace que una persona sea buena ciudadana y amiga; es la virtud que nos hace expertos en la técnica de vivir como es debido. (*b*) *Aretê* quiere decir a menudo *coraje*. Plutarco dice que Dios es una esperanza de *aretê,* no una excusa para la cobardía. En *2 Macabeos 6:31* leemos que Eleazar murió antes que ser falso a las leyes de Dios y de sus padres; y la historia termina con el dicho de que dejó en su muerte un ejemplo de noble coraje *(aretê)* y un memorial de virtud, para los jóvenes y para toda la nación§§.

En este pasaje no es necesario escoger entre los dos sentidos; están los dos ahí. La fe debe conducir, no a la vida retirada del claustro o la celda, sino a una vida efectiva en el servicio de Dios y de la humanidad; y debe conducir al valor de mostrar siempre a Quién se pertenece y sirve.

(iii) Al coraje debe añadirse *conocimiento*. La palabra griega es *gnôsis*. En el lenguaje ético griego hay dos palabras que tienen un significado similar aunque con una diferencia significativa. *Sofía* es sabiduría, en el sentido de «conocimiento de las cosas divinas y humanas y de sus causas.» Es el conocimiento de las primeras causas y de las cosas profundas y últimas. *Gnôsis* es *conocimiento práctico;* es la habilidad de aplicar el conocimiento último que da *sofía* a las situaciones particulares. *Gnôsis* es el conocimiento que le permite a una persona decidir rectamente y actuar honorable y eficazmente en las circunstancias de la vida cotidiana. Así que a la fe hay que añadirle coraje y eficacia; al coraje y la eficacia debe añadírseles la sabiduría práctica para andar por la vida.

LA ESCALA DE LAS VIRTUDES (2)

2 Pedro 1:3-7 (conclusión)

(iv) Al conocimiento práctico hay que añadir *autocontrol* o *dominio propio.* La palabra griega es *enkráteia,* que quiere decir literalmente *la habilidad de tener las riendas de uno mismo.* Ésta es una virtud de la que hablaron y pensaron y escribieron mucho los griegos. Con respecto a la persona y sus pasiones Aristóteles distingue cuatro estados en la vida. Está *sôfrosynê,* en la que la pasión ha sido totalmente sojuzgada a la razón; podríamos llamarla *perfecta templanza.* Está *akolasía,* que es precisamente lo opuesto; es el estado en el que la razón está totalmente sometida a la pasión; podríamos llamarlo *concupiscencia incontrolable.* Entre estos dos estados está *akrasía,* en la que la razón lucha pero la pasión prevalece; podríamos llamarlo *incontinencia.* Está *enkráteia,* en la que la razón lucha contra la pasión y prevalece; lo llamamos *autocontrol,* o *dominio propio.*

Enkráteia es una de las grandes virtudes cristianas; y el lugar que ocupa es un ejemplo del realismo de la ética cristiana. Esa ética no contempla una situación en la que una persona está desposeída de toda pasión, sino una situación en la que las pasiones permanecen, pero están bajo perfecto control y a su servicio, y no como sus tiranas.

(v) Al autodominio debe añadirse *firmeza.* La palabra griega es *hypomonê.* Crisóstomo llamaba a *hypomonê* «la Reina de las Virtudes.» En la Reina-Valera se traduce corrientemente por *paciencia;* pero *paciencia* es una palabra demasiado pasiva. *Hypomonê* siempre tiene un trasfondo de coraje. Cicerón definía *patientia,* su equivalente latino como: «El sufrir voluntario y cotidiano de cosas duras y difíciles por causa del honor y de la utilidad.» Didimo de Alejandría escribe sobre el temple de Job: «No es que el hombre justo no deba tener sentimientos, aunque debe soportar pacientemente todo lo que le aflija; pero es una virtud auténtica cuando una persona siente profundamente las cosas con las que lucha, pero sin embargo desprecia el dolor por causa de Dios.» *Hypomonê* no se limita a aceptar y sufrir; siempre mira hacia delante. Se dice de Jesús, por el autor de *Hebreos,* que por el gozo que tenía por delante, *soportó* la cruz despreciando la vergüenza *(Hebreos 12:2).* Eso es *hypomonê,* la firmeza cristiana. Consiste en aceptar con coraje todo lo que la vida nos pueda hacer, y transformar hasta el peor suceso en otro paso adelante y hacia arriba.

(vi) A la firmeza hay que añadir *piedad.* La palabra griega es *eusébeía,* que es imposible de traducir. Hasta *piedad* es inadecuada, porque conlleva a veces la sugerencia de algo que no es totalmente atractivo: la beatería. La gran característica de *eusébeia* es que mira en dos direcciones. La persona que tiene *eusébeia* siempre adora a Dios correctamente y Le da lo que Le es debido; pero también sirve siempre correctamente a sus semejantes y les da lo que les es debido. La persona que es *eusebês* (el adjetivo correspondiente) está en la debida relación tanto con Dios como con sus semejantes. *Eusébeia* es piedad, pero en su aspecto más práctico.

La mejor manera de ver el significado de esta palabra será considerando al hombre que los griegos tenían como su más prístino ejemplo. Ese hombre era Sócrates, a quien Jenofonte describe como sigue: «Era tan piadoso y devotamente religioso que no daría un paso fuera de la voluntad del Cielo; tan justo y recto que jamás profirió la injuria más insignificante a ningún alma viviente; tan en control de sí mismo, tan templado, que nunca ni en ninguna situación escogió lo más agradable en lugar de lo mejor; tan sensato, tan sabio, y tan prudente que nunca erraba al distinguir lo mejor de lo peor» (Jenofonte: *Memorabilia 1.5.8-11).*

En latín la palabra es *pietas;* y Warde Fowler describe la idea romana del hombre que poseía esa cualidad: «Está por encima de las seducciones de la pasión individual y de la tranquilidad egoísta; *(pietas* es) un sentimiento del deber que nunca abandona a la persona; en primer lugar para con los dioses, después para con el padre y la familia, el hijo y la hija, el pueblo y la nación.»

Eusébeia es la palabra griega más próxima a *religión;* y, cuando empezamos a definirla, vemos el carácter intensamente práctico de la religión cristiana. Cuando una persona se hace cristiana, asume una doble obligación: para con Dios, y para con sus semejantes.

(vii) A la piedad hay que añadir *afecto fraternal.* La palabra original es *filadelfía,* que quiere decir literalmente *el amor de los hermanos.* Su enseñanza es que hay una clase de devoción religiosa que separa a la persona de sus semejantes. Los derechos de sus semejantes se convierten en una intromisión en su vida de oración, de estudio de la Palabra de Dios y meditación. Las demandas ordinarias de las relaciones humanas se hacen molestas. Epicteto, el gran filósofo estoico, no se casó nunca. Decía medio en broma que hacía mucho más por el mundo siendo un filósofo por libre que si hubiera producido «dos o tres mocosos.» «¿Cómo puede el que tiene que enseñar a la humanidad salir corriendo para traer algo con que calentar el agua para el baño de su bebé?» Lo que Pedro está diciendo aquí es que hay algo que no funciona como es debido cuando la religión considera molestas las exigencias de las relaciones personales.

(viii) La escala de las virtudes cristianas debe culminar en el amor cristiano. El afecto a los hermanos no es bastante; el cristiano debe aspirar a un amor que es tan amplio como el amor de Dios, Que hace salir Su sol sobre los justos y los injustos, y envía Su lluvia sobre los malos y los buenos. El cristiano debe mostrar a todas las personas el amor que Dios le ha mostrado a él.

DE CAMINO

2 Pedro 1:8-11

> *Porque, si estas cualidades existen y crecen en vos-*
> *otros, no dejarán que seáis ineficaces ni improductivos*
> *en vuestro progreso hacia el pleno conocimiento de*
> *nuestro Señor Jesucristo. Pero el que no posee estas*
> *cualidades es ciego, corto de vista, y se ha olvidado de*
> *que los pecados de su viaja manera de vivir ya están*
> *borrados.*
> *Así que, hermanos, mostrad el máximo empeño en*
> *confirmar vuestro llamamiento y elección; porque, si*
> *practicáis estas virtudes, no resbalaréis nunca, sino se*
> *os dotará ampliamente con el derecho de entrada al*
> *Reino eterno de nuestro Señor Jesucristo.*

Pedro exhorta seriamente a los suyos a que se esfuercen por ascender esta escala de las virtudes que les ha presentado. Cuanto mejor conocemos cualquier asunto tanto más estamos capacitados para conocer. En todas las esferas de la experiencia es cierto que «al que tiene, se le dará más.» El progreso es un camino que conduce a más progreso. Moffatt dice acerca de nosotros y de Jesucristo: «Aprendemos de Él cuando vivimos con Él y para Él.»

El mantenernos ascendiendo la escala de las virtudes es acercarnos al conocimiento de Jesucristo; y cuanto más escalamos, tanto más podemos escalar.

Por otra parte, si nos resistimos a hacer el esfuerzo de seguir hacia arriba, ciertas cosas sucederán. (*a*) Nos iremos quedando ciegos; nos quedaremos sin la lámpara del conocimiento de Jesucristo que ilumina el camino. Como Pedro lo veía, el caminar sin Cristo es andar en la oscuridad y no poder distinguir el camino. (*b*) Nos volvemos lo que Pedro llama *Myôpazôn*. Esta palabra puede tener uno de dos significados. Puede querer decir *corto de vista* (Cp. español *miope*). Es fácil volverse corto de vista en la vida, ver las cosas sólo como se presentan en el momento y ser incapaz de verlas en la debida perspectiva, tener los ojos tan fijos en la tierra que nunca pensamos en nada más allá. También puede querer decir *guiñar, entornar los ojos.* De nuevo, es fácil en la vida cerrar los ojos a lo que no queremos ver y andar, como si dijéramos, con anteojeras. Caminar sin Cristo es estar en peligro de tener un punto de vista miope o estrecho de miras.

Además, el fallar en la ascensión de la escala de las virtudes es olvidar que los pecados de la antigua manera de vivir se han borrado totalmente. Pedro está pensando en el Bautismo. En aquel tiempo era bautismo de creyentes; era un acto deliberado de decisión personal el dejar la vieja manera de vivir y asumir la nueva. La persona que, después del bautismo, no empieza la escalada hacia la cima ha olvidado, o nunca ha comprendido, el significado de la experiencia por la que ha pasado. Para muchos de nosotros lo correspondiente al bautismo de creyentes en este sentido es la incorporación a la Iglesia Cristiana como miembros. El hacer nuestra entrega y luego seguir exactamente lo mismo es dejar de comprender lo que significa la membresía en la iglesia, porque nuestra entrada en ella debería ser el principio de la ascensión.

En vista de todo esto, Pedro exhorta a los suyos a que hagan todo posible esfuerzo para confirmar su vocación en Dios. Aquí tenemos una demanda sumamente significativa. Por una parte, todo es de Dios; es la llamada de Dios la que nos da entrada en la comunión de Su pueblo; sin Su gracia y Su misericordia no podríamos hacer ni esperar nada. Pero eso no nos absuelve de todo posible esfuerzo.

Tomemos una analogía que, aunque no perfecta, puede ayudarnos a entender. Supongamos que un hombre rico y amable escoge a un pobre chico que no habría podido tener otra oportunidad, y le ofrece el privilegio de una educación universitaria. El benefactor le está dando al chico algo a lo que no habría podido llegar por sí mismo; pero el chico no puede hacer uso de ese privilegio a menos que esté preparado a esforzarse, y cuanto más se esfuerce más entrará en el privilegio que se le ofrece. El gratuito ofrecimiento y el duro esfuerzo personal deben combinarse para que el privilegio sea del todo efectivo.

Así pasa con nosotros y Dios. Dios nos ha llamado en Su gran misericordia y gracia inmerecida; pero al mismo tiempo tenemos que aplicar todo nuestro esfuerzo para proseguir adelante y hacia arriba en el camino.

Si mantenemos la ascensión, dice Pedro, acabaremos siendo agraciados generosamente con el derecho de entrada en el Reino eterno; y no resbalaremos en el camino. Con esto, Pedro no quiere decir que nunca pecaremos. La imagen que tiene en mente es la de una marcha, y quiere decir que nunca nos saldremos del camino ni nos quedaremos atrás. Si tomamos la salida en esta carrera adelante y hacia arriba, el esfuerzo será grande pero la ayuda de Dios también; y a pesar de todo el esfuerzo, Él nos permitirá continuar hasta que lleguemos al final del viaje.

EL CUIDADO DEL PASTOR

2 Pedro 1:12-15

> *Por esa razón es por lo que me propongo recordaros constantemente estas cosas, aunque ya las sabéis y ya estáis firmemente establecidos en la verdad que poseéis. Creo que es justo que, mientras yo continúe en la tienda de campaña del cuerpo, siga recordándooslo todo para animaros; porque sé que se está aproximando mi hora de levantar la tienda, como ya nuestro Señor Jesucristo me ha advertido. Sí; y haré mi cometido el asegurarme de que tengáis un medio de recordar constantemente estas cosas después de mi partida.*

Aquí habla el cuidado del pastor. Pedro nos muestra en este pasaje dos cosas acerca de la predicación y la enseñanza.

Primero, la predicación consiste muchas veces en recordar a las personas lo que ya saben. Es traer a la memoria la verdad que se ha olvidado, o que nos resistimos a ver, o cuyo significado no se ha apreciado debidamente. Segundo, Pedro va a pasar a una reprensión y advertencia abiertas, pero empieza con algo que parece un cumplido. Dice que los suyos ya poseen la verdad y están firmemente establecidos en ella. Siempre conseguirá más un predicador, o un maestro, o un padre animando que regañando. Hacemos más para reformar a la gente y guardarlos a salvo, como si dijéramos, recordándoles sus honores que despellejándolos con acusaciones. A Pedro le sobraba sabiduría para saber que lo más esencial para conseguir que le prestaran atención era demostrarles que creía en ellos.

Pedro miraba con expectación su muerte próxima. Habla de su cuerpo como una tienda de campaña, lo mismo que Pablo *(2 Corintios 5:4)*. Esta era una imagen favorita entre los primeros escritores cristianos. *La Epístola a Diogneto* dice: «El alma inmortal mora en una tienda mortal.» La figura procede de los viajes de los patriarcas en el Antiguo Testamento. No tenían residencia permanente, sino vivían en tiendas porque iban de camino a la Tierra Prometida. El cristiano sabe muy bien que su residencia definitiva no está en este mundo, y que está de camino hacia el mundo más allá. Sacamos la misma idea del versículo 15. Allí Pedro habla de su cercana muerte como su *éxodos,* su partida. *Éxodos* es, por supuesto, la palabra griega que se usa para la salida de los israelitas de Egipto, y su puesta en marcha hacia la Tierra Prometida. Pedro ve la muerte, no como el fin, sino como el tomar la salida hacia la Tierra Prometida de Dios.

Pedro dice que Jesucristo le ha dicho que para él el final llegará pronto. Esto puede ser una referencia a la profecía de *Juan 21:18s,* donde Jesús anuncia que llegará un día en que también Pedro extenderá sus brazos sobre una cruz. El momento está para llegar.

Pedro dice que tomará medidas para que, cuando él ya falte, lo que él tiene que decirles se les mantendrá en la memoria.

Eso bien puede ser una referencia al Evangelio según san Marcos. La tradición insiste en que contiene los materiales de la predicación de Pedro. Ireneo dice que, después de la muerte de Pedro y Pablo, Marcos, que había sido su discípulo e intérprete, dejo por escrito las cosas que Pedro acostumbraba predicar. Papías, que vivió a principios del siglo II y coleccionó muchas tradiciones acerca de los primeros días de la Iglesia, pasó la misma tradición acerca del evangelio de Marcos: «Marcos, que fue intérprete de Pedro, tomó nota exactamente, aunque no por orden, de todo lo que recordaba de lo que Cristo había dicho y hecho. Porque él no escuchó al Señor, ni fue Su seguidor; lo fue de Pedro, como ya he dicho, en una fecha posterior; y Pedro adaptaba su enseñanza a las necesidades prácticas, sin tratar nunca de transmitir las palabras del Señor sistemáticamente. Así que Marcos no se equivocó al escribir algunas cosas de esta manera de memoria, porque lo único que le concernía era no omitir ni falsear nada de lo que había oído.» La referencia de este versículo bien puede querer decir que la enseñanza de Pedro estaría a disposición de su pueblo en el evangelio de Marcos después de su muerte.

En cualquier caso, el propósito del pastor era llevarle a su pueblo la verdad de Dios durante su vida y tomar medidas para que no la olvidaran después de su muerte. Escribió, no para que se conservara su propio nombre, sino el nombre de Jesucristo.

EL MENSAJE Y EL DERECHO A DARLO

2 Pedro 1:16-18

Porque no eran fábulas inventadas artificiosamente las que seguíamos cuando os dimos a conocer el poder y la venida de nuestro Señor Jesucristo, sino que lo hicimos como testigos presenciales de Su majestad que habíamos sido constituidos. Eso nos sucedió en aquella ocasión en que Él recibió honor y gloria de Dios Padre, cuando esta voz Le llegó desde la Gloria majestuosa: «Este es Mi Hijo, el Amado, en Quien Me complazco totalmente.» Esta fue la voz que oímos, venida del Cielo, cuando estábamos con Él en el monte santo.

Pedro llega al mensaje que había sido su principal propósito traerle a su pueblo, relativo al «poder y la venida de nuestro Señor Jesucristo.» Como veremos con toda claridad en lo sucesivo, el gran propósito de esta carta era recordarles a los creyentes la seguridad de la Segunda Venida de Jesucristo. Los herejes a los que Pedro ataca ya no creían en ella; se había retrasado tanto que la gente había empezado a creer que no sucedería nunca.

Tal, pues, era el mensaje de Pedro. Después de enunciarlo, pasa a hablar de su derecho a exponerlo; y hace algo que es, por lo menos a primera vista, sorprendente. Su derecho a hablar es que él estuvo con Jesús en el Monte de la Transfiguración y que allí vio la gloria y el honor que se Le dieron y oyó la voz de Dios que Le hablaba. Es decir: Pedro usa la historia de la Transfiguración, no como un adelanto de la Resurrección de Jesús, como se suele considerar, sino como un adelanto de la gloria triunfal de la Segunda Venida. La historia de la Transfiguración se nos cuenta en *Mateo 17:1-8; Marcos 9:2-8; Lucas 9:28-36.* ¿Estaba Pedro en lo cierto al ver en ella un adelanto y anuncio de la Segunda Venida más bien que de la Resurrección?

Hay algo particularmente significativo acerca de la historia de la Transfiguración. En los tres evangelios sigue inmediatamente a la profecía de Jesús que dijo que algunos de los que estaban allí no pasarían de este mundo hasta que hubieran visto al Hijo del Hombre viniendo en Su Reino *(Mateo 16:29; Marcos 9:1; Lucas 9:27).* Eso parece indicar que había alguna relación entre la Transfiguración y la Segunda Venida.

Dígase lo que se diga, una cosa por lo menos es segura: que el gran interés de Pedro al escribir esta carta fue recordarle a su pueblo la fe viva en la Segunda Venida de Cristo, y que basa su derecho a hacerlo en lo que vio en el Monte de la Transfiguración.

En el versículo 16 hay una palabra interesante. Pedro dice: «nos convertimos en *testigos presenciales* de Su majestad.» La palabra que usa para *testigos presenciales* es *epóptês*. En el uso del griego de los días de Pedro, éste era un término técnico. Ya hemos hablado de las religiones mistéricas. Consistían en una especie de autos de pasión, en los que se representaba la historia de un dios que había vivido, sufrido, muerto y resucitado. Al adorador se le permitía estar presente en el auto de pasión y se le ofrecía la experiencia de identificarse con el dios que moría y resucitaba, solamente después de un largo curso de instrucción y preparación. Cuando llegaba a ese punto, era un iniciado y la palabra técnica que le describía era *epóptês;* era un testigo presencial privilegiado de las experiencias del dios. Así que Pedro dice que el cristiano es un testigo presencial de los sufrimientos de Cristo porque ha visto la Cruz con los ojos de la fe; ha muerto con Cristo al pecado y resucitado a la justicia en el acto del bautismo. Su fe le ha hecho uno con Jesucristo en Su muerte y en Su vida resucitada y poderosa.

LAS PALABRAS DE LOS PROFETAS

2 Pedro 1:19-21

Así es que esto hace que la palabra de los profetas sea todavía más cierta para nosotros; y vosotros haréis bien en prestarle atención cuando relumbra como una lámpara en un lugar tenebroso, hasta que amanezca el día y salga la Estrella de la Mañana en nuestros corazones. Porque debéis daros cuenta, primero y principalmente, que ninguna profecía de la Escritura es cosa de interpretación privada; porque ninguna profecía se nos ha comunicado por voluntad humana a secas, sino que los profetas hablaban de parte de Dios y movidos por el Espíritu Santo.

Este es un pasaje particularmente difícil, porque en sus dos mitades el griego puede querer decir cosas bastante diferentes. Vamos a ver estas posibilidades, y en cada caso consideraremos en primer lugar la menos probable.

(i) La primera frase puede querer decir: «En la profecía tenemos una garantía aún más segura, es decir, de la Segunda Venida.» Si esto es lo que dijo Pedro, quería decir que las palabras de los profetas son una garantía aún más segura de la realidad de la Segunda Venida que su propia experiencia en el Monte de la Transfiguración.

Por muy poco probable que nos parezca, no es ni mucho menos imposible que fuera esto lo que dijera. Cuando escribió esta carta había un interés tremendo en las palabras de profecía cuyo cumplimiento en el Cristianismo se veía como una prue-§ba de su verdad. Tenemos un caso tras otro de personas que se convirtieron en los días de la Iglesia Primitiva leyendo los libros del Antiguo Testamento y viendo que sus profecías se habían cumplido en Jesús. Estaría de acuerdo con esa actitud el declarar que la demostración más convincente de la Segunda Venida estaba en que los profetas la habían anunciado.

(ii) Pero creemos que ha de preferirse la segunda posibilidad: «Lo que vimos en el Monte de la Transfiguración hace aún más seguro que lo que se anunció en los profetas acerca de la Segunda Venida tiene que ser verdad.»

Como quiera que lo tomemos, el sentido es que la gloria de Jesús en la cima de la montaña y las visiones de los profetas se combinan para certificar que la Segunda Venida es una realidad viviente que la humanidad debe esperar y para la cual se debe preparar.

También hay una doble posibilidad acerca de la segunda parte de este pasaje. «Ninguna profecía de la Escritura es de interpretación privada,» como dice la Reina-Valera.

(i) Muchos de los primeros estudiosos interpretaron que esto quería decir: «Cuando cualquiera de los profetas interpretaba una situación histórica o decía cómo se iba a desarrollar la Historia, no estaba expresando una opinión privada suya propia, sino comunicando una revelación que Dios le había dado.» Este es un sentido perfectamente posible. En el Antiguo Testamento, la señal de que un profeta era falso era que hablaba *por sí mismo,* como si dijéramos, *privadamente,* y no diciendo lo que Dios le había dicho que dijera. Jeremías condena a los falsos profetas: «Hablan visión de su propio corazón, no de la boca del Señor» *(Jeremías 23:16).* Ezequiel dice: «¡Ay de los profetas insensatos que andan en pos de su propio espíritu y que nada han visto!» *(Ezequiel 13:3).* Hipólito describe así cómo venían las palabras de los verdaderos profetas: «No hablaban por su propia capacidad, ni proclamaban lo que ellos mismos deseaban que sucediera; sino, primero, se les daba recta comprensión por la Palabra, y luego eran instruidos mediante visiones.»

Según este punto de vista, el mensaje de los profetas no era su opinión particular; era una revelación de Dios y, por tanto, hay que prestar suma atención a sus palabras.

(ii) La segunda manera de tomar este pasaje es con relación a *nuestra* interpretación de los profetas. Pedro se enfrentaba con que los herejes y los malvados estaban interpretando en su propio interés a los profetas. Según esta opinión, con la que estamos de acuerdo, Pedro está diciendo: «Nadie puede ir a la Escritura e interpretarla como le convenga.»

Esto tiene una importancia práctica de primera. Pedro está diciendo que nadie tiene derecho a interpretar la Escritura, para usar su propia palabra *privadamente.* Entonces, ¿cómo hay que interpretarla? Para contestar a esa pregunta debemos hacernos otra: ¿Cómo recibían los profetas su mensaje? Lo recibían del Espíritu. Alguna vez hasta se ha dicho que el Espíritu de Dios usaba a los profetas como un escritor usa la pluma o un músico su instrumento. En cualquier caso, el Espíritu le daba al profeta Su mensaje. La conclusión obvia es que solamente con la ayuda de ese mismo Espíritu se puede comprender el mensaje profético. Como ya había dicho Pablo, las cosas espirituales se han de discernir espiritualmente *(1 Corintios 2:14s)*. Los judíos consideraban que el Espíritu Santo tenía dos funciones: Traía la verdad de Dios a los hombres, *y* les permitía entender esa verdad cuando se la comunicaba. Así que la Escritura no se ha de interpretar con inteligencia o prejuicios privados, sino con la ayuda del Espíritu Santo Que la dio.

Prácticamente esto quiere decir dos cosas.

(*a*) A lo largo de todas las edades el Espíritu ha estado obrando en personas estudiosas y consagradas que, bajo la dirección de Dios, han abierto las Escrituras a la humanidad. Así que, si queremos interpretar la Escritura, no debemos nunca insistir arrogantemente en que nuestra propia interpretación debe ser correcta; debemos ir humildemente a las obras de los estudiosos para aprender lo que pueden enseñarnos porque el Espíritu les ha enseñado a ellos.

(*b*) Hay más que esto. El único lugar en que el Espíritu mora y opera de una manera especial es la Iglesia; y, por tanto, la Escritura debe interpretarse a la luz de la enseñanza, la fe y la tradición de la Iglesia. Dios es nuestro Padre en la fe, pero la Iglesia es nuestra madre en la fe. Si una persona encuentra que su interpretación de la Escritura no esta de acuerdo con la enseñanza de la Iglesia, debe examinarse humildemente a sí misma y preguntarse si su dirección no habrá venido de sus propios deseos más que del Espíritu Santo.

Pedro insiste en que la Escritura no consiste en las opiniones privadas de nadie, sino en la revelación de Dios por medio de Su Espíritu; y que, por tanto, su interpretación no debe depender de las opiniones privadas de nadie sino siempre ser guiada por el mismo Espíritu Que sigue siendo especialmente operativo dentro de la Iglesia.

LOS FALSOS PROFETAS

2 Pedro 2:1

> *A veces surgían falsos profetas de entre el pueblo,*
> *lo mismo que habrá entre vosotros falsos maestros,*
> *hombres que introducirán insidiosamente herejías*
> *destructivas y negarán al Señor que los compró; al*
> *obrar así atraerán sobre sí mismos una pronta des-*
> *trucción.*

El que surgieran falsos profetas en la Iglesia era algo que se podía esperar, porque en todas las generaciones había habido falsos profetas en Israel, responsables de haber descarriado al pueblo de Dios y de que vinieran desastres a la nación. Vale la pena estudiar la historia de los falsos profetas del Antiguo Testamento, porque sus características recurrían otra vez en tiempo de Pedro y siguen recurriendo todavía hoy.

(i) Los falsos profetas estaban más interesados en hacerse populares que en decir la verdad. Su política era decirle al pueblo lo que este quería oír. Los falsos profetas decían: «"Paz, paz," ¡pero no hay paz!» *(Jeremías 6:14)*. Veían visiones de paz cuando el Señor Dios decía que no había paz *(Ezequiel 13:16)*. En los días de Josafat, Sedequías, el falso profeta, se puso sus cuernos de hierro y dijo que Israel acornearía a los sirios quitándolos de en medio como él lo hacía gráficamente; Miqueas, el profeta verdadero, predecía desastre si Josafat iba a la guerra. Por supuesto que Sedequías era popular y se aceptaba su mensaje; pero Josafat fue a la guerra con los sirios y pereció trágicamente *(1 Reyes 22)*. En los días de Jeremías, Hananías profetizó el repentino fin del poder de Babilonia, mientras que Jeremías profetizaba que Israel la serviría; y de nuevo el profeta que le decía a la gente lo que quería oír era el más popular *(Jeremías 28)*. Diógenes, el gran filósofo cínico, hablaba de los falsos maestros de su tiempo cuyo método consistía en seguir lo que condujera al aplauso de la multitud.

Una de las primeras características del falso profeta es que le dice a la gente lo que esta quiere oír y no la verdad que necesita oír.

(ii) Los falsos profetas iban tras la ganancia personal. Como dijo Miqueas: «Sus sacerdotes enseñan por precio, sus profetas adivinan por dinero» *(Miqueas 3:11)*. Enseñan por ganancia deshonesta *(Tito 1:11)*, e identifican la bondad con la ganancia, convirtiendo la religión en un negocio sucio *(1 Timoteo 6:5)*. Podemos ver a estos explotadores de la obra en la Iglesia Primitiva. En *La Didajê, La Enseñanza de los Doce Apóstoles,* que es lo que podríamos llamar el primer reglamento de la Iglesia, se establece que el profeta que pide dinero o que le pongan la mesa es un falso profeta. «Traficantes de Cristo» llama a los tales *La Didajê* (II). El falso profeta es un tipo codicioso que ve en las personas presas que puede explotar para sus propios fines.

(iii) Los falsos profetas eran disolutos en su vida personal. Isaías escribe: «El sacerdote y el profeta erraron por la sidra, fueron trastornados por el vino» *(Isaías 28:7)*. Jeremías dice: «En los profetas de Jerusalén he visto cosas terribles: cometen adulterios, andan con mentiras y fortalecen las manos de los malos... hacen errar a mi pueblo con sus mentiras y con sus lisonjas» *(Jeremías 23:14-32)*. El falso profeta es en sí mismo una seducción al mal en vez de una inspiración al bien.

(iv) El falso profeta era sobre todo un hombre que apartaba a las personas más y más de Dios en lugar de acercarlas a Él. El profeta que invita al pueblo a ir tras dioses ajenos debe ser destruido sin piedad *(Deuteronomio 13:1-5;18-20)*. El falso profeta se lleva a la gente en una dirección errónea.

Estas eran las características de los falsos profetas en la antigüedad y en los días de Pedro; y continúan siendo sus características.

LOS PECADOS DE LOS FALSOS PROFETAS Y CÓMO ACABAN ESTOS

2 Pedro 2:1 (conclusión)

En este versículo Pedro tiene algunas cosas que decir acerca de estos falsos profetas y sus acciones.

(i) Introducen insidiosamente herejías destructivas. La palabra griega para *herejía* es *haíresis*. Viene del verbo *haireîsthai,* que quiere decir *escoger;* y fue en su origen una palabra perfectamente respetable. Quería decir sencillamente una línea de fe y acción que una persona había escogido para sí. En el Nuevo Testamento se mencionan las *hairéseis* de los saduceos, los fariseos y los nazarenos *(Hechos 5:17; 15:5; 24:5).* Se podía hablar perfectamente de la *haíresis* de Platón sin querer decir por ello nada más que lo que pensaban los platonistas. Era perfectamente posible hablar de un grupo de médicos que practicaban un cierto método de tratamiento como una *haíresis.* Pero esta palabra cambió muy pronto de sentido en la Iglesia Cristiana. En el pensamiento de Pablo, las herejías y los cismas iban juntos como cosas condenables *(1 Corintios 11:18s); hairéseis* son parte de las obras de la carne; al hereje hay que advertirle y aun darle una segunda oportunidad, pero luego rechazarle *(Tito 3:10).*

¿Por qué este cambio? La razón es que antes de la venida de Jesús, Que es el camino, la verdad y la vida, no había tal cosa como una verdad definitiva y dada por Dios. A uno se le presentaba un número de alternativas, cada una de las cuales se era perfectamente libre para escoger creer. Pero con la venida de Jesús vino la verdad de Dios a la humanidad, que la puede aceptar o rechazar. Un hereje, entonces, llegó a ser una persona que creía lo que *ella* quería creer en vez de aceptar la verdad de Dios que debería creer.

Lo que estaba sucediendo en el caso de los lectores de Pedro era que algunos autodesignados profetas estaban persuadiendo insidiosamente a la gente a creer lo que ellos querían que fuera

verdad, más bien que lo que Dios ha revelado como verdad.
No se presentaban como enemigos del Cristianismo. Lejos de
ello. Se presentaban como los mejores exponentes del pensamiento cristiano; y era así como, gradual y sutilmente, seducían
a la gente apartándola de la verdad de Dios y llevándola a las
opiniones privadas de otros, que es lo que es la herejía.

(ii) Estas personas negaban al Señor que los había comprado. Esta idea de que Cristo se comprara personas para Sí
mismo se extiende por todo el Nuevo Testamento. Viene de
Su propia palabra de que había venido para dar su vida en
rescate por muchos *(Marcos 10:45)*. La idea es que esas personas eran esclavas del pecado y Jesús las compró para Sí al
precio de Su vida, para hacerlas libres. «Por precio fuisteis
comprados,» dice Pablo *(1 Corintios 7:23)*. «Cristo nos redi-
mió (nos compró) de la maldición de la ley» *(Gálatas 3:13)*.
En el nuevo cántico del *Apocalipsis* la multitud del Cielo dice
que Jesucristo los compró con Su sangre de todo linaje, lengua,
pueblo y nación *(Apocalipsis 5:9)*. Está claro que esto quiere
decir dos cosas. Quiere decir que el cristiano, por derecho de
compra, pertenece absolutamente a Cristo; y quiere decir que
una vida que costó tanto no se puede malgastar en el pecado
o en cosas sin valor.

Los herejes de la carta de Pedro estaban *negando* al Señor
que los había comprado. Eso puede querer decir que estaban
diciendo que no conocían a Cristo; y puede querer decir que
estaban negando Su autoridad. Pero no es tan sencillo; se
podría decir que no es tan honrado. Hemos visto que esas
personas pretendían ser cristianas; más: pretendían ser los cristianos más sabios y avanzados. Tomemos una analogía humana. Supongamos que un hombre dice que ama a su mujer,
y sin embargo le es continuamente infiel. Con sus acciones de
infidelidad niega, da el mentís, a sus palabras de amor. Supongamos que un hombre proclama tener una amistad eterna con
otro, y sin embargo le es desleal sistemáticamente. Sus acciones niegan, dan el mentís a sus protestas de amistad. Lo que
estas personas que le hacían la vida imposible a los lectores

de Pedro estaban haciendo era decir que amaban y servían a Cristo, mientras las cosas que enseñaban y hacían eran una clara negación de Él.

(iii) El fin de estas malas personas sería la destrucción. Estaban introduciendo insidiosamente herejías destructivas, pero estas herejías acabarían por destruirlos a ellos. No hay un camino más seguro a la condenación final que el enseñar a otros a pecar.

LA OBRA DE LA FALSEDAD

2 Pedro 2:2-3

> *Y habrá muchos que sigan el sendero de sus desvergonzadas inmoralidades, trayendo descrédito al verdadero Camino. En su perversa ambición, los falsos maestros os explotarán con razonamientos forjados con astucia. Su sentencia ya está dictada desde antaño y sigue vigente, así que su destrucción no se duerme.*

En este breve pasaje vemos cuatro cosas acerca de los falsos maestros y su enseñanza.

(i) Vemos la *causa* de la falsa enseñanza: la *mala ambición.* La palabra griega es *pleonexía; pleon* quiere decir *más* y *exía* viene del verbo *éjein,* que quiere decir *tener. Pleonexía* es *el deseo de poseer más,* pero adquiere un cierto sabor. El desear poseer más no es un pecado ni mucho menos siempre; se dan muchos casos en los que es un deseo perfectamente honorable, como en el caso de la virtud, del conocimiento, o de la habilidad. Pero *pleonexía* viene a significar el deseo de poseer lo que uno no tiene derecho a desear, y mucho menos a apropiarse. Así que puede querer decir un deseo codicioso del dinero o las cosas de otras personas; el deseo concupiscente de alguna persona; la ambición diabólica de prestigio y poder. La falsa enseñanza viene del deseo de poner las ideas propias en lugar de la verdad de Jesucristo; el falso maestro es culpable de nada menos que de usurpar el lugar de Cristo.

(ii) Vemos el *método* de la enseñanza falsa. Es usar astutamente razonamientos forjados. La falsedad se resiste fácilmente cuando se presenta como falsedad; es cuando se disfraza de verdad cuando se hace más peligrosa. No hay más que una piedra de toque. La enseñanza de cualquier maestro debe resistir la prueba de las palabras y la presencia del mismo Jesucristo.

(iii) Vemos el *efecto* de la falsa doctrina. Era doble. Animaba a la gente a seguir el camino de una inmoralidad desvergonzada. La palabra griega es *asélgueía,* que describe la actitud de la persona que ha perdido totalmente la vergüenza y no le importa el juicio ni de Dios ni de los hombres. Debemos recordar lo que había detrás de esta falsa doctrina. Era la perversión de la Gracia de Dios como justificación, no del pecador, sino del pecado mismo. Los falsos maestros le decían a la gente que la gracia es inagotable y que, por tanto, eran libres para pecar todo lo que quisieran porque para eso estaba la Gracia.

Esta falsa enseñanza tenía un segundo efecto. Desacreditaba el Cristianismo. En los primeros tiempos, exactamente como ahora, todo cristiano era un anuncio bueno o malo del Cristianismo y de la Iglesia Cristiana. Pablo acusaba a los judíos de que habían traído descredito sobre el nombre de Dios con sus actitudes y obras *(Romanos 2:24).* En las Epístolas Pastorales se exhorta a las mujeres más jóvenes a que se comporten modesta y castamente para que la Iglesia no caiga en descrédito *(Tito 2:5).* Cualquier enseñanza que repela a las personas del Cristianismo en lugar de atraerlas es una doctrina falsa y la obra de los enemigos de Cristo.

(iv) Vemos que el *fin último* de la enseñanza falsa es que conduce a la destrucción. Se dictó sentencia contra los falsos profetas mucho tiempo atrás; el Antiguo Testamento pronunció su condenación *(Deuteronomio 13:1-5).* Podría parecer que esa sentencia había quedado inoperante o latente, pero era todavía válida y llegaría el día cuando los falsos maestros pagaran el terrible precio de su falsedad. Nadie que guíe a otros por el camino del error escapará a su propio juicio.

LA SUERTE DE LOS MALVADOS
Y EL RESCATE DE LOS ÍNTEGROS

2 Pedro 2:4-11

Si Dios no dejó impunes ni siquiera a los ángeles que habían pecado, sino los condenó a lo más profundo del infierno y los entregó a los pozos de las tinieblas donde permanecen a la espera del juicio; y si no dejó impune al mundo antiguo, pero mantuvo a salvo a Noé, el predicador de la justicia, con otros siete, cuando desató el diluvio sobre un mundo de gente impía; y si redujo a cenizas a las ciudades de Sodoma y Gomorra cuando las sentenció a destrucción, dando así un ejemplo de lo que les sucedería a los que hubieran de actuar impíamente en cualquier tiempo, pero rescató al justo Lot, que se angustiaba por la conducta desvergonzadamente inmoral de la gente sin ley, porque era de tal manera íntegro en todo lo que oía y veía, que era una tortura para su alma íntegra el vivir día a día entre tal gente y tales acciones inmorales...

Si así sucedió entonces, podéis estar seguros de que el Señor sabe rescatar de la prueba a los que son sinceramente religiosos, y mantener a los injustos a la espera del castigo hasta que llegue el Día del Juicio, y especialmente a aquellos que tienen la vida dominada por los deseos que contaminan la carne y que desprecian los poderes celestiales. Son hombres osados y ególatras; no se privan de hablar mal de las glorias angélicas, cuando los ángeles, que les son superiores en fuerza y poder, no profieren acusaciones contra ellas en la presencia del Señor.

Aquí tenemos un pasaje que nos presenta un poder indudable y una oscuridad no menos indudable. El rojo vivo de su intensidad retórica reverbera a través de él hasta nuestros días; pero suscita alusiones que serían aterradoramente eficaces para aquellos que las escucharan por primera vez, aunque ya han dejado de sernos familiares. Cita tres notorios ejemplos de pecado y su destrucción; y en dos de ellos muestra como, cuando fue obliterado el pecado, los íntegros fueron rescatados y preservados por la misericordia y la gracia de Dios. Veamos esos ejemplos uno a uno.

1. EL PECADO DE LOS ÁNGELES

Antes de referir la historia que subyace bajo esto en la leyenda judía hay dos palabras independientes que debemos considerar.

Pedro dice que Dios condenó a los ángeles rebeldes a las profundidades más bajas del infierno. Literalmente, el griego dice que Dios *condenó* a los ángeles al *tártaro (tartarûn).* Tártaro no era una concepción hebrea, sino griega. En la mitología griega, el tártaro era el infierno más bajo; estaba tan por debajo del hades como el Cielo por encima de la Tierra. En particular era el lugar al que habían sido lanzados los titanes que se habían rebelado contra Zeus, el padre de los dioses y de los hombres.

La segunda palabra es la que nos habla de los *pozos* de oscuridad. Aquí hay una duda. Hay dos palabras griegas, ambas bastante infrecuentes, que se mezclan en este pasaje. Una es *siros* o *seiros,* que quería decir originalmente un gran cántaro de arcilla para guardar grano. Luego pasó a significar los grandes pozos subterráneos en los que se guardaba el grano y que servían como graneros. *Siros* ha dado en español por vía del provenzal la palabra *silo,* que todavía describe las torres en las que se almacena el grano. Todavía más tarde la palabra pasó a significar un pozo que era una trampa para lobos u otras fieras. Si creemos que ésta es la palabra que usa Pedro, lo que confirman los mejores manuscritos, esto quiere decir que los ángeles malvados fueron arrojados a grandes pozos subterráneos donde permanecen en la oscuridad como castigo. Esto está de acuerdo con la idea de un tártaro muy por debajo del hades.

Pero hay una palabra muy parecida, *seira,* que quiere decir una *cadena.* Ésta es la traducción que se adoptaba en las ediciones antiguas de la Reina-Valera (versículo 4, «cadenas de oscuridad»). Los manuscritos griegos de *Segunda de Pedro* varían entre *seiroi,* pozos y *seirai,* cadenas. Pero los mejores manuscritos tienen *seiroi,* y *pozos de oscuridad* hace mejor sentido que *cadenas de oscuridad;* así que estamos de acuerdo con la Reina-Valera desde la revisión de 1960.

La historia de la caída de los ángeles está profundamente arraigada en el pensamiento hebreo y experimentó mucho desarrollo con el paso de los años. La historia original se encuentra en *Génesis 6:1-5.* Allí se llama a los ángeles *los hijos de Dios,* como es corriente en el Antiguo Testamento. En *Job, los hijos de Dios* vienen a presentarse delante del Señor, y Satanás está entre ellos *(Job 1:6; 2:1; 38:7).* El salmista habla de los hijos de los dioses *(Salmo 89:6).* Estos ángeles vinieron a la Tierra y sedujeron a las mujeres mortales. El fruto de estas extrañas uniones fue la raza de los gigantes; y por medio de ellos se introdujo en la Tierra la maldad. Está claro que esta es una antigua, antigua historia, que pertenece a la infancia de la raza.

Esta historia estaba ya considerablemente desarrollada en el *Libro de Enoc,* de donde Pedro extrajo sus alusiones, porque en sus días ese era un libro que conocía todo el mundo. En *Enoc* se llama a los ángeles *Los Guardianes.* El líder de su rebelión fue Semyaza o Azazel. Instigados por él descendieron al Monte Hermón en los días de Jared, el padre de Enoc. Tomaron esposas mortales a las que instruyeron en la magia y en artes que les daban poder. Originaron la raza de los gigantes, y los gigantes a los *nefil.lîm,* los gigantes que habitaban la tierra de Canaán y a los que los israelitas les tenían miedo *(Números 13:33).*

Estos gigantes se volvieron caníbales, y fueron culpables de toda clase de malos deseos y crímenes, y especialmente de una arrogancia insolente con Dios y con los hombres. La literatura judía hace muchas referencias a ellos y a su orgullo. *Sabiduría 14:6* dice cómo perecieron los orgullosos gigantes. *Eclesiástico 16:7* cuenta cómo cayeron por la misma fuerza de su estupidez. No tenían sabiduría y perecieron en su necedad *(Baruc 3:26-28).* Josefo dice que eran arrogantes y despectivos con todo lo bueno y sólo confiaban en su propia fuerza *(Antigüedades 1.3.1).* Job dice que Dios acusó a sus ángeles de necedad *(Job 4:18).*

Esta antigua historia hace una extraña y fugaz aparición en las cartas de Pablo. En *1 Corintios 11:10,* Pablo dice que las mujeres deben llevar la cabeza cubierta en la iglesia *por causa de los ángeles.* Detrás de este dicho extraño se encuentra la antigua creencia de que fue el encanto del pelo largo de las mujeres de la antigüedad lo que despertó el deseo de los ángeles; Pablo quiere evitar que se repita la historia.

Por último, hasta los ángeles se quejaron del dolor y la miseria que habían traído al mundo aquellos gigantes por medio del pecado de los ángeles. En consecuencia, Dios envió a Sus arcángeles. Rafael ató de pies y manos a Azazel y le encerró en las tinieblas; Gabriel mató a los gigantes; y los Guardianes, los ángeles rebeldes, fueron encerrados en los abismos de oscuridad por debajo de las montañas durante setenta generaciones y luego confinados para siempre en el fuego eterno. Esta es la historia que Pedro tenía en mente, y que sus lectores conocían muy bien. Los ángeles habían pecado y Dios había enviado su destrucción, y fueron encerrados para siempre en los pozos de oscuridad y en las profundidades del infierno. A eso conduce el pecado de la rebelión.

La historia no se detuvo ahí; reaparece en otra de sus formas en este pasaje de *Segunda de Pedro.* En el versículo 10, Pedro habla de los que llevan vidas dominadas por deseos contaminantes de la carne y que desprecian los *poderes celestiales.* La palabra original es *kyriotês,* que es el nombre de uno de los rangos de ángeles. Hablan mal de las *glorias angélicas.* La palabra original es *doxai,* que también designa a uno de los rangos de ángeles. Se burlan de los ángeles y los ponen en ridículo.

Aquí es donde se introduce el segundo plano de la historia. Está claro que esta historia de los ángeles es muy primitiva y, con el paso del tiempo, llegó a ser una historia peregrina y embarazosa por atribuir a los ángeles concupiscencia. Así que en el pensamiento posterior judío y cristiano se desarrollaron dos líneas. La primera, se negó que la historia implicara en absoluto a los ángeles. Los hijos de Dios se dijo que eran hombres buenos que pertenecían a los descendientes de Set, y las hijas de los hombres se dice que eran las malas mujeres descendientes de Caín que corrompieron a los hombres buenos. No hay la menor evidencia escritural para esta distinción y esta salida de emergencia. En segundo lugar, se alegorizó toda la historia. Sugirieron, por ejemplo Filón, que nunca se pretendió que se tomara literalmente, que describía la caída del alma humana bajo el ataque de las seducciones de los placeres sensuales. Agustín declaraba que no se podía tomar esta historia literalmente ni hablar así de los ángeles. Cirilo de Alejandría dijo que no se podía tomar literalmente porque, ¿no dijo Jesús que en la otra vida las personas serían como los ángeles y no se casarían? *(Mateo 22:30).* Crisóstomo dice que si la historia se tomara literalmente, no estaría lejos de ser blasfemia. Y Cirilo llegó a decir que la historia no era otra cosa que un incentivo al pecado si se tomaba como literalmente cierta.

Está claro que se empezó a ver que esta era una historia bastante peligrosa. Aquí tenemos la clave de lo que Pedro quiere decir cuando habla de las personas que desprecian los poderes celestiales y traen descrédito sobre las glorias angélicas hablando despectivamente de ellas. Los hombres a los que Pedro combatía estaban convirtiendo su religión en una excusa para la inmoralidad desbordada. Cirilo de Alejandría deja muy claro que en su tiempo la historia se podía usar como un incentivo al pecado. Muy probablemente eso era lo que estaba sucediendo con los hombres malvados en tiempos de Pedro que citaban el ejemplo de los ángeles como una justificación para su propio pecado. Estaban diciendo: «Si los ángeles vinieron del Cielo y tomaron mujeres mortales, ¿por qué no nosotros?» Estaban haciendo la conducta de los ángeles una excusa para su propio pecado.

Tenemos que seguir adelante con este pasaje. Acaba muy oscuramente en el versículo 11. Dice que los ángeles, que son más grandes en fuerza y en poder que nosotros, no pronunciaron una acusación despectiva contra ellos en la presencia de Dios. Una vez más Pedro está aludiendo a cosas que serían suficientemente claras para los de su tiempo pero que son oscuras para nosotros. Su referencia puede ser a una de dos historias.

(*a*) Puede que se estuviera refiriendo a la misma historia que Judas en *Judas 9;* que al arcángel Miguel se le encargó el entierro del cuerpo de Moisés. Satán reclamaba el cuerpo sobre la base de que eso le correspondía a él ya que Moisés había matado una vez a un Egipcio. Miguel no alegó un cargo de calumnia contra Satanás; todo lo que dijo fue: «Que el Señor te reprenda.» La enseñanza es que hasta un ángel tan grande como Miguel no proferiría una acusación contra un ángel tan oscuro como Satanás. Le dejó el asunto a Dios. Si Miguel se retrajo de reprender a un ángel malo, ¿cómo pueden algunos hacer acusaciones denigrantes contra los ángeles de Dios?

(*b*) Puede que estuviera haciendo referencia a un desarrollo posterior de la historia de *Enoc. Enoc* cuenta que cuando la conducta de los gigantes se hizo intolerable en la Tierra, los hombres presentaron sus quejas a los arcángeles Miguel, Uriel, Gabriel y Rafael. Los arcángeles llevaron esta queja a Dios; Pero ellos no se volvieron contra los ángeles malos que eran los responsables de todo; simplemente elevaron el caso a Dios para que Él decidiera *(Enoc 9).*

Por lo que podemos ver ahora, la situación tras las alusiones de Pedro es que los hombres malvados que eran esclavos de la concupiscencia pretendían que los ángeles habían sido sus ejemplos y su justificación, y así los calumniaban; Pedro les recuerda que ni siquiera los arcángeles se atrevieron a hablar despectivamente de otros ángeles, y les preguntaba cómo podían atreverse a hacerlo los hombres.

Este es un pasaje difícil y extraño; pero el sentido está claro. Aun los ángeles, cuando pecaron, fueron castigados. ¡Cuánto más los seres humanos! Los ángeles no se podían rebelar contra Dios y evadir las consecuencias. ¿Cómo las podrán evitar los hombres? Y estos no tienen por qué buscar la manera de echarles la culpa a otros, ni siquiera a los ángeles; lo único que es responsable de su pecado es su propia rebeldía.

2. LA GENTE DEL DILUVIO Y EL RESCATE DE NOÉ

La segunda ilustración de destrucción de malvados que escoge Pedro podría decirse que procede de la primera. El pecado que introdujeron en el mundo los ángeles rebeldes condujo a aquella situación intolerable que acabó con la destrucción del diluvio *(Génesis 6:5).* En medio de la destrucción, Dios no se olvidó de los que estaban de Su parte. Noé se salvó con otros siete: Su mujer; sus hijos, Sem, Cam y Jafet, y las mujeres de estos. Noé ocupaba un lugar muy especial en la tradición judía. No sólo se le consideraba el único que se había salvado; también como el predicador que había hecho todo lo posible para apartar a los hombres de sus malos caminos. Josefo dice: «Muchos ángeles de Dios yacieron con mujeres y engendraron hijos, que fueron violentos y despreciaron todo bien, por culpa de confiar en su propia fuerza... Pero Noé, disgustado y apenado por el comportamiento de ellos, trató de inducirlos a cambiar y mejorar sus actitudes y conducta» *(Antigüedades 1.3.1).*

En este pasaje, la atención se concentra, no tanto en los que fueron destruidos como en el hombre que se salvó. Noé se presenta como el tipo de los que, en medio de la destrucción de los malvados, reciben la salvación de Dios. Sus cualidades sobresalientes son dos.

(i) En medio de una generación pecadora, él permaneció fiel a Dios. Más tarde Pablo había de exhortar a los suyos a no conformarse al mundo sino transformarse en algo distinto *(Romanos 12:2)*. Bien podría decirse que a menudo el pecado más peligroso de todos es la conformidad. El ser como todo el mundo es siempre fácil; y el ser diferente, difícil. Pero desde los días de Noé hasta ahora, el que quiera ser un siervo de Dios debe estar preparado a ser diferente del mundo.

(ii) La leyenda posterior escogió otra característica de Noé. Fue predicador de la integridad. La palabra para predicador que se usa aquí es *kêryx,* que quiere decir literalmente *un heraldo.* Epicteto llamaba al filósofo el *kêryx* de los dioses. El predicador es el que trae a los demás un anuncio de parte de Dios. Aquí hay algo de un sentido muy considerable. El que es bueno se preocupa no sólo de salvar su propia alma sino igualmente de salvar las almas de los demás. Para preservar su propia pureza, no vive aparte de los demás. Se preocupa de traerles el mensaje de Dios. Uno no debiera nunca guardarse para sí la gracia que ha recibido. Siempre es nuestro deber llevar la luz a los que están en tinieblas, guiar al descarriado y advertir a todos los que van por mal camino.

3. LA DESTRUCCIÓN DE SODOMA Y GOMORRA Y EL RESCATE DE LOT

El tercer ejemplo es la destrucción de Sodoma y Gomorra y el rescate de Lot.

Esta terrible y dramática historia se nos cuenta en *Génesis 18 y 19.* Empieza con la intercesión de Abraham para que Dios no destruya a los íntegros con los culpables y su petición de que, aunque no haya más que diez justos en las ciudades, éstas sean libradas *(Génesis 18:16-33).* A esto sigue uno de los relatos más sombríos del Antiguo Testamento.

Los visitantes angélicos vinieron a Lot y él los persuadió para que pararan en su casa; pero los hombres de Sodoma rodearon la casa exigiendo que les sacaran a esos extranjeros para satisfacer en ellos su concupiscencia antinatural *(Génesis 19:1-11).* Con aquella acción terrible —al mismo tiempo violación de la hospitalidad, ofensa a los ángeles y furia del vicio contra natura— quedó sellada la condenación de aquellas ciudades. Lot y su familia quedaron a salvo de la destrucción del Cielo excepto su esposa, que se quedó atrás volviendo la vista con añoranza y se convirtió en un pilar de sal *(Génesis 19:12-26).* «Así, cuando Dios destruyó las ciudades de la llanura, se acordó de Abraham, y sacó a Lot de en medio de la destrucción con que asoló las ciudades donde Lot estaba» *(Génesis 19:29).* Aquí tenemos de nuevo una historia de la destrucción por el pecado y del rescate de los íntegros. Como en el caso de Noé, vemos en Lot las características de un hombre íntegro.

(i) Lot vivía en medio del mal, cuya mera contemplación era una aflicción para él. Moffatt nos recuerda el dicho de Newman: «Nuestra gran seguridad contra el pecado consiste en que nos escandaliza.» Aquí tenemos algo muy significativo. Sucede a menudo que, cuando los males surgen por primera vez, la gente se escandaliza; pero, con el paso del tiempo, dejan de escandalizarse de ellos y los aceptan como cosa normal. Hay muchas cosas de las que deberíamos escandalizarnos. En nuestra propia generación hay problemas de prostitución y promiscuidad, de alcoholismo y drogadicción, de una extraordinaria fiebre de juego que tiene al país en sus garras, la rotura del vínculo matrimonial, violencia, vandalismo y crimen, terrorismo, muerte en las carreteras, chabolismo y otras miserias que siguen esperando solución.

En muchos casos, lo trágico es que estas cosas han dejado de escandalizarnos y se aceptan como parte del orden normal de las cosas. Para bien del mundo y de nuestras almas debemos mantener alerta la sensibilidad que se escandaliza del pecado.

(ii) Lot vivía en medio del mal, y sin embargo escapó a su contagio. En medio del pecado de Sodoma él permaneció fiel a Dios. Si no se olvida, se tiene en la gracia de Dios un antiséptico que preserva de la infección del pecado. No se tiene por qué ser esclavo del entorno en que uno se encuentra.

(iii) Cuando las cosas llegaron a sus peores consecuencias, Lot estuvo dispuesto a cortar por lo sano con su entorno. Estuvo dispuesto, por mucho que no quisiera hacerlo, a dejarlo para siempre. Fue porque su esposa no estaba tan dispuesta a cortar definitivamente con la situación por lo que pereció. Hay un versículo extraño en la historia del Antiguo Testamento. Dice que, como Lot se demoraba, los seres angélicos los asieron de la mano *(Génesis 19:16)*. Hay veces en que la influencia del Cielo trata de obligarnos a salir de una situación mala. Puede pasarle a cualquier persona esto de tener que escoger entre la seguridad y empezar de nuevo; y hay veces en que una persona sólo puede salvar su alma desasiéndose totalmente de su situación presente y empezando otra vez a partir de cero. Fue precisamente así como Lot encontró su salvación; y fue al fracasar en hacerlo cómo su mujer perdió la suya.

RETRATO DE UN MALVADO

2 Pedro 2:4-11 (conclusión)

Los versículos 9-11 nos presentan el retrato del malvado. Pedro, con unos pocos trazos rápidos y enérgicos de su pluma nos describe las características sobresalientes del que merece ser tenido por una mala persona.

(i) Es una *persona dominada por el deseo.* Su vida está bajo el control de los deseos de la carne. Tal persona es culpable de dos pecados.

(*a*) La naturaleza de una persona tiene dos lados. Tiene un lado físico: instintos, pasiones e impulsos que comparte con la creación animal. Estos instintos son buenos —*si se mantienen en su propio lugar.* Son incluso necesarios para preservar la vida individual y la continuación de la raza. La palabra *temperamento* quiere decir literalmente una *mezcla*. El cuadro que hay detrás es que la naturaleza humana consiste en una gran variedad de ingredientes, todos mezclados y revueltos. Está claro que la eficacia de cualquier mezcla depende de que cada ingrediente se halle en su debida proporción. Cuando se hallan en exceso o en defecto, la mezcla no es como es debido. La persona humana tiene una naturaleza física y también una naturaleza espiritual; y su humanidad depende de la correcta mezcla de las dos. La persona dominada por el deseo ha permitido que su naturaleza animal usurpe un lugar que no le corresponde; ha dejado que los ingredientes se salgan de su justa proporción, y la receta de su humanidad se ha desquiciado.

(*b*) Hay una razón para esta falta de proporción: *el egoísmo*. El mal raíz de la vida dominada por la concupiscencia es que parte de la suposición de que nada importa más que la gratificación de sus propios deseos y la expresión de sus propios sentimientos. Ha dejado de tener en cuenta o respetar a los demás. El egoísmo y el deseo van de la mano.

Una persona mala es la que ha permitido que un lado de su naturaleza ocupe un lugar mucho mayor de lo que debería, y esto porque es esencialmente egoísta.

(ii) Es una *persona osada*. El término griego es *tolmetes*, del verbo *tolmân, osar*. Hay dos maneras de ser atrevido. Hay una audacia noble, característica del verdadero coraje. Y hay una osadía desvergonzada, que se complace en lanzarse a hacer cosas que ofenden la decencia y el derecho. Como decía un personaje de Shakespeare: «Oso hacer todo lo que corresponde a un hombre. El que pretende hacer más, no lo es.» La mala persona es la que tiene la osadía de desafiar lo que sabe que es la voluntad de Dios.

(iii) Es una *persona para la que no cuenta más que su voluntad*. Ésta no es realmente una traducción adecuada. La palabra original es *authádês*, derivada de *autós, el yo*, y *hedomai, agradar*, y se usa de una persona que no tiene idea de nada más que de agradarse a sí misma. En ella hay siempre un elemento de obstinación. Si una persona es *authádês*, no habrá lógica ni sentido común, ni apelación, ni sentido de la decencia que le impida hacer lo que quiere. Como dice R. C. Trench: «Al mantener obstinadamente su propia opinión, o insistir en sus propios derechos, pasa por encima de los derechos, opiniones e intereses de los demás.» El que es *authádês* se empeña tozuda y arrogante y hasta brutalmente en seguir su propio camino. Los malos son los que no tienen consideración ni para la apelación humana ni para la dirección divina.

(iv) Es una *persona que desprecia a los ángeles*. Ya hemos visto que esto se retrotrae a alusiones a la tradición hebrea que nos resultan oscuras. Pero tiene un sentido más amplio. El malo insiste en vivir en un solo mundo. Para él no existe el mundo espiritual, y nunca escucha las voces del más allá. Es de la Tierra, terrenal. Ha olvidado que hay Cielo, y está ciego y sordo a las señales y sonidos del Cielo que se abren paso hasta él.

ENGAÑARSE A UNO MISMO Y A OTROS

2 Pedro 2:12-14

> *Pero éstos, como bestias salvajes que no reconocen más ley que la de sus instintos, nacidas para ser apresadas y destruidas, hablan mal de lo que no saben; su propia corrupción los destruirá a ellos; y llegarán a sentirse defraudados, perdiendo hasta la recompensa que se prometían con su iniquidad. Consideran un placer el libertinaje a la luz del día. Son manchas y defectos, regodeándose en sus disipaciones, andando de parranda con sus camarillas entre vosotros. Tienen los ojos repletos de adulterio, insaciables de contemplar el pecado. Atrapan las almas que no están firmemente cimentadas en la fe. Tienen corazones entrenados para*

la ambición a rienda suelta de cosas que no tienen
derecho a tener. Son criaturas malditas.

Pedro se lanza a una invectiva imponente que reverbera un
ardor feroz y una indignación moral llameante.

Los malvados son como bestias brutas, esclavos de sus
instintos animales. Pero la bestia nace para la cautividad y la
muerte, dice Pedro; no puede tener otro destino. Aún así hay
algo autodestructivo en el placer carnal. El hacer de tal placer
el todo y la finalidad de la vida es una táctica suicida y, a fin
de cuentas, hasta el placer se pierde. La enseñanza de Pedro
aquí es esta, y es eternamente válida. Si una persona se dedica
a estos placeres carnales, acaba por destruirse en su salud física y en su carácter intelectual y espiritual, pero ni siquiera a
ese precio puede disfrutar. El glotón acaba por destruir su
apetito, el borracho su salud, el sensual su cuerpo, el autoper-
misivo su carácter y paz mental.

Estas personas se refocilan en las orgías a plena luz del día,
en las jaranas disolutas y en el libertinaje desmadrado. Son
manchas en la comunidad cristiana; son como los defectos de
los animales, que los descalifican para ser ofrecidos a Dios.
Una vez más debemos notar que lo que Pedro está diciendo
no es solamente verdad religiosa sino también sano sentido
común. Los placeres del cuerpo está demostrado que están
sujetos a la ley de rendimientos decrecientes. Por sí mismos
pierden su emoción de tal manera que con el paso del tiempo
se vuelven menos y menos gratificantes. El lujo tiene que
volverse más y más lujoso; el vino tiene que fluir más y más
abundante; hay que llegar a todo para hacer la emoción más
aguda e intensa. Además uno se hace menos y menos capaz
de gozar esos placeres. Se ha entregado a una vida que no tiene
futuro y a un placer que acaba en dolor.

Pedro prosigue. En el versículo 14 usa una frase extraordinaria que estrictamente no se puede traducir. La hemos
traducido: «Tienen ojos llenos de adulterio.» La traducción

literal sería: «Tienen ojos que están llenos de una adúltera.» El sentido más probable es que ven a una posible adúltera en cualquier mujer, planteándose cómo pueden persuadirla para gratificar sus deseos. «La mano y el ojo —dicen los maestros judíos— son los agentes de bolsa del pecado.» Como dijo Jesús, tales personas miran para codiciar *(Mateo 5:28)*. Han llegado a tal punto que no pueden mirar a nadie sin una incitación lujuriosa.

Como Pedro lo expresa, hay en todo esto una deliberación terrible. Tienen *corazones entrenados en una ambición a rienda suelta para cosas que no tienen derecho a poseer.* Nos ha requerido toda una frase el traducir una sola palabra, *pleonexía,* que quiere decir el deseo de tener más de las cosas que uno no tiene derecho ni a desear, menos aún de tener. El cuadro es terrible. La palabra que usa para *entrenado* se usa de los atletas que se ejercitan para los juegos. Aquellas personas han entrenado sus mentes de hecho para que no se concentren más que en deseos prohibidos. Han peleado deliberadamente con su conciencia hasta destruirla; han luchado intencionadamente con sus mejores sentimientos hasta conseguir estrangularlos.

Todavía queda en este pasaje una acusación más. Ya sería bastante malo el que estas personas se engañaran a sí mismas; todavía es peor el que engañen a los demás. Atrapan las almas que no están fundadas firmemente en la fe. La palabra que se usa para *atrapar* es *deleázein,* que quiere decir *pescar con cebo.* Una persona llega a ser realmente mala cuando se propone hacer igualmente malos a los demás. Cada persona debe cargar con la responsabilidad de sus propios pecados; pero el añadirse la responsabilidad por los pecados de otros es asumir una carga insoportable.

POR MAL CAMINO

2 Pedro 2:15-16

Han dejado el buen camino y van a la deriva siguiéndole los pasos a Balaam hijo de Beor, al que le encantaba la ganancia que produce la injusticia, y que estaba convicto de rebeldía. Una acémila muda le habló con voz humana, dándole el alto a la locura del profeta.

Pedro compara a las personas malas de su tiempo con el profeta Balaam. En la mente popular judía, Balaam había llegado a representar a todos los falsos profetas. Su historia se nos cuenta en *Números 22-24.* Balac, rey de Moab estaba alarmado ante el avance continuo y aparentemente irresistible de los israelitas. Intentando controlarlo mandó buscar a Balaam para que viniera y le maldijera a los israelitas, ofreciéndole grandes recompensas. Balaam se negó a ello todo lo que pudo; pero su corazón codicioso anhelaba las ricas recompensas que le ofrecía Balac. A petición renovada de éste, Balaam jugó con fuego y estuvo dispuesto a encontrarse con él. En el camino, su burra se paró viendo al ángel del Señor que estaba cerrándole el paso, y reprendió a Balaam.

Es verdad que Balaam no sucumbió al soborno de Balac; pero si ha habido alguna vez un hombre que haya querido aceptar soborno, ese hombre era él. En *Números 25* sigue otra historia. Nos dice que los israelitas fueron seducidos para dar culto a Baal y fornicar con las mujeres moabitas. Los judíos creían que Balaam había sido el responsable de aquello; y cuando llegaron a poseer la tierra, «También mataron a espada a Balaam hijo de Beor» *(Números 31:8).* En vista de todo esto, Balaam se convirtió cada vez más en el prototipo del falso profeta. Tenía dos características que se repetían en los malvados de tiempos de Pedro.

(i) Balaam era *codicioso.* La historia de *Números* nos hace ver cómo le picaban los dedos por coger el oro de Balac. Es verdad que no lo tomó; pero lo deseaba. Los malvados del tiempo de Pedro eran codiciosos; dispuestos a apropiarse lo que pudieran y a explotar su membresía en la iglesia para obtener ganancias.

(ii) Balaam *enseñó a pecar a Israel.* Sacó al pueblo del camino derecho al camino tortuoso. Persuadió a los israelitas a olvidarse de lo que Le habían prometido a Dios. Los malvados de tiempos de Pedro seducían a los cristianos a salir del camino cristiano y les hacían quebrantar las promesas de lealtad que Le habían hecho a Jesucristo.

La persona que ama la ganancia y que seduce a otros al mal queda condenada para siempre.

LOS PELIGROS DE LA RECAÍDA

2 Pedro 2:17-22

Esa gente no son más que fuentes sin agua, nieblas que disipa el turbión, a las que está reservada una densísima oscuridad que no se levanta nunca. Con una charla a la vez arrogante y vacía, enredan con sus invitaciones a la desvergüenza las pasiones sensuales de los que acaban de apartarse de la compañía de los que viven en el error, prometiéndoles la libertad, aunque ellos mismos están esclavizados a la corrupción moral; porque una persona se encuentra en un estado de esclavitud en las garras de todo lo que la reduce a la impotencia.

Si habían escapado de la corrupción del mundo por el conocimiento del Señor y Salvador Jesucristo, y se dejan enredar otra vez en todo lo anterior quedando reducidos por ello a la impotencia moral, acaban todavía peor de como estaban en un principio. Más cuenta les habría traído no haber conocido el camino de la integridad, que el haberlo conocido y luego volverse atrás de lo que habían recibido como lo que Dios manda. En ellos se cumple el refrán: «El perro vuelve a su vómito,» y «La puerca lavada vuelve a revolcarse en la ciénaga.»

Pedro sigue profiriendo sus tremendas denuncias a los malvados.

Halagan sólo para engañar. Son como pozos sin agua y como nieblas que barre y disipa el viento. Pensemos en un viajero por el desierto al que se dice que hay una fuente más adelante en la que puede calmar la sed, y que cuando llega allí se la encuentra seca. Pensemos en un labrador que anhela la lluvia para sus cosechas resecas, y ve que el viento le arrebata la nube que prometía lluvia. Como dice Bigg: «Un maestro que no tiene conocimiento es como una fuente sin agua.» Estos hombres son como los pastores de Milton, cuyas «hambrientas ovejas levantan la vista pero no son apacentadas.» Prometen un evangelio, pero a fin de cuentas no tienen nada que ofrecer al alma sedienta.

Su enseñanza es una combinación de arrogancia y futilidad. La libertad cristiana siempre conlleva peligro. Pablo les dice a los suyos que es de veras que han sido llamados a la libertad, pero que no deben usarla como una oportunidad para la carne *(Gálatas 5:13).* Pedro les dice a los suyos que es de veras que son libres, pero que no deben usar su libertad como «cobertura de malicia» *(1 Pedro 6:16,* antigua R-V). Estos falsos maestros ofrecían la libertad, pero era la libertad para pecar todo lo que quisieran. No apelaban a lo mejor de la persona, sino a lo peor. Pedro tenía muy claro que lo hacían porque eran esclavos de sus propias concupiscencias. Séneca decía: «El estar esclavizado a uno mismo es la más onerosa de todas las esclavitudes.» Persio hablaba de las concupiscencias disolutas de su tiempo como «los amos que crecen dentro de ese pecho enfermo vuestro.» Estos maestros estaban ofreciendo la libertad cuando ellos mismos eran esclavos, y la libertad que ofrecían era la libertad de hacerse esclavos de la sensualidad. Su mensaje era *arrogante* porque era la contradicción del mensaje de Cristo;

era *fútil* porque el que lo siguiera se encontraría en la esclavitud. Aquí tenemos otra vez en el trasfondo la herejía fundamental que convierte la gracia en una justificación del pecado en vez de un poder y una llamada a la nobleza.

Si habían llegado a conocer el verdadero camino de Cristo y habían recaído en esto, estaban peor que nunca. Eran como el hombre de la parábola cuyo estado postrero era peor que el primero *(Mateo 12:45; Lucas 11:26)*. Si uno no ha conocido nunca el buen camino, no se le puede condenar por no seguirlo; pero, si lo ha conocido, y después ha tomado otro deliberadamente, ha pecado contra la luz; mejor le hubiera sido no haber conocido nunca la verdad, porque su conocimiento de ella se ha convertido en su condenación. Una persona no debería olvidar nunca la responsabilidad que conlleva el conocimiento.

Pedro termina despectivamente. Esos malvados son como los perros que vuelven a comerse lo que han vomitado *(Proverbios 26:11)*, o como la puerca que han cepillado bien y que vuelve a revolcarse en el cieno. Han visto a Cristo, pero están tan degenerados moralmente por su propia elección que prefieren refocilarse en las honduras del pecado antes que ascender a las cimas de la virtud. Es una advertencia terrible el que una persona pueda llegar a tal estado que ya no se pueda desenredar de los tentáculos del pecado que la oprimen, y la virtud haya perdido para ella todo su encanto.

LOS PRINCIPIOS DE LA PREDICACIÓN

2 Pedro 3:1-2

> *Queridos hermanos, esta es ya la segunda carta que os escribo, y mi propósito en ambas ha sido suscitar con el recuerdo vuestra pura inteligencia para que tengáis presentes las cosas que hablaron los profetas de tiempo antiguo y el mandamiento del Señor y Salvador que os transmitieron vuestros apóstoles.*

En este pasaje se nos presentan claramente los principios de la predicación que Pedro cumplía.

(i) Creía en el valor de *la repetición.* Sabía que es necesario que se diga una cosa una y otra vez hasta que penetre en la mente. Cuando Pablo estaba escribiendo a los filipenses, dijo que el repetir lo mismo una y otra vez a él no le cansaba, y para ellos era lo más seguro *(Filipenses 3:1).* Es por una continua repetición como se introducen y asientan en la mente del niño los rudimentos del conocimiento. Aquí hay algo significativo. Bien puede ser que a veces estemos demasiado interesados en las novedades, demasiado ansiosos de decir cosas nuevas, cuando lo que se necesita es una repetición de las verdades eternas que la gente olvida tan rápidamente y cuyo significado muy a menudo se resisten a ver. Hay ciertos alimentos de los que uno no se cansa nunca; son necesarios para su sustento diario, y se le presentan todos los días. Hablamos a menudo de nuestro *pan cotidiano.* Y hay ciertas grandes verdades cristianas que hay que repetir una y otra vez y que nunca se deben arrumbar por un deseo de novedad.

(ii) Creía en *la necesidad de recordar.* Una y otra vez el Nuevo Testamento deja bien claro que la predicación y la enseñanza consisten muy a menudo no en introducir nuevas verdades, sino en recordar lo que ya se sabe. Moffatt cita un dicho del doctor Johnson: «No se tiene presente suficientemente que la gente necesita a menudo, más que se le recuerde, que que se la informe.» Los griegos hablaban del «tiempo que enjuga todas las cosas,» como si la mente humana fuera una pizarra y el tiempo una esponja que pasa por ella borrando las huellas del pasado. A menudo nos encontramos en una situación en que lo que necesitamos no es tanto que se nos enseñe como que se nos recuerde lo que ya sabemos.

(iii) Creía en *el valor de un elogio.* Su intención era suscitar *su mente pura.* La palabra que usa para puro es *eilikrinês,* que puede tener uno de dos sentidos. Puede que quiera decir lo que se ha cribado para no dejarle ninguna mezcla de paja; o puede querer decir lo que está tan libre de faltas que se puede exponer a la luz del sol. Platón usa la misma frase —*eilikrinês diánoia*— en el mismo sentido de *razón pura, la que no ha sido afectada por la influencia seductora de los sentidos.* Al usar esta frase Pedro apela a su pueblo para que tengan mentes que no estén contaminadas por la herejía. Es como si les dijera: «Vosotros sois de veras buenas personas... si lo recordarais simplemente.» El enfoque del predicador debería ser a menudo no tratar a sus oyentes como si fueran criaturas despreciables que merecen condenarse, sino criaturas espléndidas que deben salvarse. No son como la basura, con la que no se puede hacer más que quemarla, sino como joyas que hay que rescatar del cieno en el que han caído. Donald Hankey cuenta del «querido capitán» cuyos hombres estaban dispuestos a seguirle adonde fuera. Los miraba, y ellos le miraban a él y se llenaban de decisión y determinación de ser lo que él creía que eran. Solemos sacar más de personas en las que creemos que de las que despreciamos.

(iv) Creía en *la unidad de la Escritura.* Descubría un plan en la Escritura; La Biblia era un libro centrado en Cristo. El Antiguo Testamento anuncia a Cristo; los Evangelios cuentan de Jesucristo; los Apóstoles traen el mensaje de Cristo a la humanidad.

LA NEGACIÓN DE LA SEGUNDA VENIDA

2 Pedro 3:3-4

> *Para empezar, ya estáis advertidos de que en los últimos días vendrán burladores haciendo de las suyas, guiando sus pasos por la sola ley de su propia sensualidad y diciendo: «¿Qué ha sido de la promesa de Su Venida? Porque desde el día que durmieron nuestros padres el sueño de la muerte todo sigue igual que ha estado desde la creación del mundo.»*

La característica de los herejes que más preocupaba a Pedro era el que negaran la Segunda Venida de Jesús. Literalmente, su pregunta era: «¿Dónde está la promesa de Su Venida?» Esa era una expresión hebrea que implicaba que lo que se preguntaba no existía en absoluto. «¿Dónde está el Dios de justicia?» Preguntaban los malvados en tiempos de Malaquías *(Malaquías 2:17).* «¿Dónde esta vuestro Dios?» le preguntaban los paganos al salmista *(Salmo 42:3; 79:10).* «¿Dónde está la palabra del Señor?» le preguntaban a Jeremías sus enemigos *(Jeremías 17:15).* En todos estos casos la pregunta implica que la cosa o la persona por la que se pregunta no existe. Los herejes del tiempo de Pedro negaban que Jesucristo hubiera de volver otra vez. Será mejor que aquí resumamos el argumento de ellos y la respuesta que Pedro les da.

El razonamiento de los oponentes de Pedro era doble (versículo 4). «¿Qué ha pasado —preguntaban— con la promesa de Su Segunda Venida?» Su primer argumento era que la promesa se había atrasado tanto que lo más seguro era considerar que no se cumpliría nunca. Su segunda afirmación era que sus padres habían muerto y el mundo seguía exactamente como siempre. Su argumento era que éste es característicamente un universo estable, y que cataclismos convulsivos como la Segunda Venida no sucedían en tal universo.

La respuesta de Pedro es también doble. Trata del segundo argumento en primer lugar (versículos 5-7). Su argumento es que, de hecho, éste no es un universo estable, ya que fue destruido una primera vez por agua en el tiempo del diluvio, y una segunda destrucción, esta vez por fuego, está para producirse.

La segunda parte de su respuesta está en los versículos 8 y 9. Sus oponentes hablaban de un retraso tan prolongado que se podía suponer que la Segunda Venida no iba a tener lugar jamás. La respuesta de Pedro es doble. (*a*) Debemos ver el tiempo como Dios lo ve. Para Él un día es como mil años y mil años como un día. «Dios no paga todos los viernes por la tarde.» (*b*) En cualquier caso, la aparente lentitud de Dios para actuar no es una mera tardanza. Es, de hecho, misericordia. Dios contiene Su mano a fin de darles a los pecadores otra oportunidad para arrepentirse y salvarse.

Pedro llega a la conclusión (versículo 10). La Segunda Venida está para producirse y vendrá con un terror repentino y una destrucción que disolverá el universo con un fuego que lo fundirá.

Por último llega su demanda práctica en vista de todo esto. Si estamos viviendo en un universo al que Jesucristo va a descender y que se apresura hacia la destrucción de los malvados, sin duda nos corresponde vivir en santidad para poder librarnos cuando llegue ese día terrible. La Segunda Venida se usaba como una seria advertencia para la enmienda moral para que todos se prepararan para encontrarse con Dios.

Tal, pues, es el esquema general de este capítulo, y ahora podemos estudiarlo sección por sección.

LA DESTRUCCIÓN POR EL DILUVIO

2 Pedro 3:5-6

> *Lo que no quieren ver aposta es que hace mucho tiempo se crearon los cielos y se compuso la tierra saliendo del agua y manteniéndose mediante el agua; y fue por medio de esas mismas aguas como pereció el mundo antiguo cuando se anegó en las aguas del diluvio.*

El primer argumento de Pedro es que el mundo no es eternamente estable. Lo que está tratando de decir es que el mundo antiguo fue destruido por agua, exactamente como el mundo presente va a ser destruido por fuego. El detalle de este pasaje es difícil sin embargo.

Dice que la Tierra se formó del agua y a través del agua. Según la narración del *Génesis,* en el principio había una especie de caos acuático. «El Espíritu de Dios se movía sobre la superficie de las aguas... Dios dijo: Que haya un firmamento en medio de las aguas, que separe las aguas de las aguas» *(Génesis 1:2,6).* El mundo surgió de ese caos acuoso. Además, es el agua lo que sostiene el mundo, porque la vida se mantiene por medio de la lluvia que desciende de los cielos. Lo que Pedro quiere decir es que el mundo fue formado del agua y se sostiene por el agua; y fue este mismo elemento el que destruyó el mundo antiguo.

Además, para clarificar este pasaje, tenemos que advertir que la leyenda del diluvio se fue desarrollando. Como en otros casos en *Segunda de Pedro* y en *Judas,* el cuadro que sirve de trasfondo aquí no viene directamente del Antiguo Testamento sino del *Libro de Enoc.* En *Enoc 83:3-5,* Enoc tiene una visión: «Vi en una visión como se colapsaban los cielos y caían sobre la tierra y, donde caían a la tierra, vi cómo un gran abismo se tragaba la tierra.» En leyendas más tardías el diluvio supuso no solamente la destrucción de los pecadores sino la de los cielos y la Tierra. Según eso, la advertencia que Pedro trasmite se podría expresar diciendo: «Vosotros decís que tal como son las cosas han sido siempre y seguirán siendo siempre. Vosotros edificáis vuestras esperanzas sobre la idea de que éste es un universo inalterable. Estáis equivocados porque el mundo antiguo fue formado del agua y sostenido por el agua, pero pereció en el diluvio.»

Podríamos decir que esto no es más que una vieja leyenda más que medio enterrada en las antigüedades del pasado. Pero no podemos decir que un pasaje como éste no tiene ningún sentido para nosotros. Cuando lo despojamos de los elementos de la antigua leyenda judía y su desarrollo posterior, aún nos quedamos con la verdad permanente de que el que lea la Historia con los ojos abiertos podrá descubrir en ella la ley moral en acción y la manera que tiene Dios de tratar con la humanidad. Froude, el gran historiador, decía que la Historia es una voz que resuena a través de los siglos diciendo que a fin de cuentas siempre les va mal a los malvados y bien a los buenos. Cuando Oliver Cromwell estaba organizando la educación de su hijo Richard dijo: «Querría que supiera un poco de Historia.» De hecho, la lección de la Historia es que hay un orden moral en el universo y que el que lo desafía lo hace a su propio riesgo.

LA DESTRUCCIÓN POR EL FUEGO

2 Pedro 3:7

> *Pero por la misma Palabra, los cielos y la tierra del presente se están reservando para el fuego del Día del Juicio y de la destrucción de los impíos.*

Pedro estaba convencido de que, como el mundo antiguo fue destruido por agua, el mundo presente sería destruido por fuego. Dice que eso está establecido por la misma Palabra. Lo que quiere decir es que el Antiguo Testamento cuenta la historia del diluvio en el pasado y advierte de la destrucción por fuego en el futuro. Hay muchos pasajes de los profetas que él tomaría literalmente y que habrán estado en su mente. Joel previó un tiempo en que Dios haría ver sangre, y fuego, y columnas de humo *(Joel 2:30)*. El salmista presenta un cuadro en el que, cuando Dios venga, un fuego devorador Le precederá *(Salmo 50:3)*. Isaías habla de una llama de fuego devorador *(Isaías 29:6; 30:30)*. El Señor vendrá con fuego; con el fuego y con Su espada tratará el Señor con toda carne *(Isaías 66:15s)*. Nahum dice que las colinas se derretirán y la tierra se quemará ante Su presencia; Su furia será derramada como fuego *(Nahum 1:5s)*. En el cuadro de Malaquías, el Día del Señor arderá como un horno *(Malaquías 4:1)*. Si las antiguas figuras se toman literalmente, Pedro tiene abundantes materiales para su profecía.

Los estoicos también tenían una doctrina de la destrucción del mundo por fuego; era algo tenebroso. Mantenían que el universo completaba un ciclo; que las llamas lo consumían; y que todo empezaba entonces de nuevo exactamente como había sido. Tenían la extraña idea de que al final del ciclo los planetas estaban exactamente en la misma posición que cuando empezó el mundo. «Esto produce la conflagración y destrucción de todo lo que existe —dice Crisipo. Entonces el universo es restaurado de nuevo otra vez con una organización precisamente similar a la anterior... Sócrates y Platón y todos los individuos vivirán otra vez, con los mismos amigos y compatriotas. Pasarán por las mismas experiencias y emprenderán las mismas actividades. Todas las ciudades y aldeas y campos serán restaurados, exactamente como fueron antes. Y esta restauración del universo tiene lugar, no una vez, sino una y otra vez, por toda eternidad, sin fin... porque nunca habrá nada nuevo y distinto de lo que ha sido antes, sino todo se repite hasta en sus más mínimos detalles.» La Historia como un eterno molino; la recurrencia incesante de los pecados, los dolores y las equivocaciones de los hombres... ese es uno de los conceptos más tenebrosos de la Historia que la mente humana haya concebido jamás.

Hay que recordar siempre que, como los profetas judíos lo vieron y Pedro también, este mundo será destruido con la conflagración de Dios, pero el resultado no será la obliteración y la sombría repetición de lo que ha sido antes; el resultado será un nuevo Cielo y una nueva Tierra. Según el punto de vista bíblico del mundo hay algo más allá de la destrucción; hay una nueva creación de Dios. Lo peor que el profeta puede concebir no es la muerte agónica del viejo mundo sino los dolores del parto de una nueva era.

LA MISERICORDIA DEL RETRASO DIVINO

2 Pedro 3:8-9

> *Queridos hermanos: No debéis cerrar los ojos al hecho de que, para el Señor, un día es como mil años,*

*y mil años como un día. No es que Dios se retrase en
el cumplimiento de Su promesa, como algunos Le atri-
buyen; sino que, por causa de vosotros, retiene Su mano
porque no quiere que ninguno se pierda, sino que todos
se encaminen al arrepentimiento.*

Hay en este pasaje tres grandes verdades que alimentan la
mente y traen descanso al corazón.

(i) El tiempo no es lo mismo para Dios y para las personas.
Como decía el salmista: «Mil años delante de Tus ojos son el
día de ayer, que pasó, y como una de las vigilias de la noche»
(Salmo 90:4). Cuando pensamos en los centenares de miles de
años de existencia del mundo, nos sentimos reducidos a la
insignificancia de enanos; cuando pensamos en la lentitud del
progreso humano, es fácil desanimarse y volverse pesimista.
Hay consuelo en pensar en un Dios que tiene toda la eternidad
para hacer Su obra. Solamente cuando consideramos las cosas
en el trasfondo de la eternidad aparecen en sus debidas proporciones y asumen su valor real.

(ii) También podemos ver en este pasaje que el tiempo debe
considerarse siempre como una oportunidad. Como Pedro lo
veía, los años que Dios le dio al mundo fueron una nueva
oportunidad para que las personas se arrepintieran y se volvieran a Él. Cada nuevo día es un don de la misericordia de Dios.
Es una oportunidad para desarrollarnos; para prestar algún
servicio a nuestros semejantes; para dar un paso que nos acer-
que más a Dios.

(iii) Por último, hay otro eco de una verdad que subyace
muy a menudo bajo el pensamiento del Nuevo Testamento.
Dios, dice Pedro, no quiere que nadie se pierda. Dios, dice
Pablo, ha encerrado a todos juntos en la incredulidad para
poder tener misericordia de todos *(Romanos 11:32).* Le dice
a Timoteo en una frase estupenda que Dios quiere que todos
los hombres se salven *(1 Timoteo 2:4).* Ezequiel oye preguntar
a Dios: «¿Acaso quiero yo la muerte del impío, y no más bien
que se vuelva de su camino y viva?» *(Ezequiel 18:23).*

Una y otra vez ilumina en la Escritura el destello de una esperanza más amplia. No se nos prohíbe creer que, de alguna manera y en algún momento, el Dios que ama al mundo de tal manera lo atraerá a Sí.

EL DÍA TEMIDO

2 Pedro 3:10

> *Pero cuando venga, el Día del Señor llegará por sorpresa como un ladrón, y en él los cielos se desvanecerán con un rugido estrepitoso; las estrellas se inflamarán y fundirán, y la Tierra y todas sus obras desaparecerán.*

Es inevitable y sucede siempre que una persona tiene que pensar y hablar en los términos que conoce. Eso es lo que Pedro está haciendo aquí. Está hablando de la doctrina novotestamentaria de la Segunda Venida de Jesucristo, pero está describiéndola en términos de la doctrina veterotestamentaria del Día del Señor.

El Día del Señor es una concepción que recorre todos los libros proféticos del Antiguo Testamento. Los judíos concebían el tiempo en términos de dos edades: *Esta edad presente,* que es totalmente mala e irremediable; y *la edad por venir,* que sería la edad de oro de Dios. ¿Cómo había que pasarse de la una a la otra? El cambio no podría suceder por esfuerzo humano o por un proceso de desarrollo, porque el mundo estaba abocado a la destrucción. Como lo veían los judíos, había solamente una manera para que el cambio tuviera lugar: había de ser por la directa intervención de Dios. Al tiempo de esa intervención llamaban el Día del Señor. Había de venir sin advertencia. Había de ser un tiempo en el que se sacudieran los mismos cimientos del universo. Había de ser un tiempo cuando tuviera lugar el juicio y la destrucción de los pecadores y por tanto sería un tiempo de terror. «He aquí el Día del Señor viene: Día terrible, de indignación y ardor de ira, para convertir la tierra en soledad y raer de ella a sus pecadores» *(Isaías 13:9)*. «Viene el Día del Señor, está cercano: Día de tinieblas y de oscuridad, Día de nube y de sombra» *(Joel 2:1s)*. «Día de ira aquel día, día de angustia y de aprieto, día de alboroto y de asolamiento, día de tiniebla y de oscuridad, día de nublado y de entenebrecimiento» *(Sofonías 1:14-18)*. «El sol se convertirá en tinieblas y la luna en sangre, antes que venga el Día, grande y espantoso, del Señor» *(Joel 2:30s)*. «Las estrellas de los cielos y sus luceros no darán su luz; el sol se oscurecerá al nacer, y la luna no dará su resplandor... Porque haré estremecer los cielos y la tierra se moverá de su lugar por la indignación del Señor de los ejércitos, en el día del ardor de su ira» *(Isaías 13:10-13)*.

Lo que hicieron Pedro y muchos de los autores de Nuevo Testamento fue identificar las imágenes del Día del Señor del Antiguo Testamento con la concepción de la Segunda Venida de Jesucristo del Nuevo Testamento. El cuadro de la Segunda Venida de Jesús que nos pinta aquí Pedro reproduce los colores del Día del Señor del Antiguo Testamento.

Usa una frase muy gráfica. Dice que los cielos se desvanecerán con un crujido terrible *(roizêdón)*. Esa palabra se aplica al batir de las alas de un ave, o al silbido de una flecha al pasar por el aire, o al crepitar de las llamas en un fuego del bosque.

No tenemos por qué tomar estos detalles con un literalismo crudo. Bástenos notar que Pedro ve la Segunda Venida como un tiempo de terror para los enemigos de Cristo.

Una cosa tenemos que conservar en la memoria. Toda la concepción de la Segunda Venida está henchida de dificultad. Pero una cosa es segura: Hay un día en que Dios irrumpe en todas las vidas, porque llega el día en que tenemos que morir; y tenemos que estar preparados para ese día. Puede que digamos que consideramos la Segunda Venida de Cristo como un acontecimiento del futuro distante; puede que la consideremos una doctrina que podemos dejar de lado; pero no podemos eludir el encuentro con Dios.

LA DINÁMICA MORAL

2 Pedro 3:11-14

> *Puesto que todas estas cosas se van a disolver así, ¿qué clase de personas debéis ser, llevando una vida de constante santidad y piedad auténtica, vosotros los que estáis esperándolo ansiosamente y haciendo todo lo posible para acelerar la llegada del Día del Señor, ante cuyo efecto los cielos arderán y se desharán, y las estrellas se inflamarán y derretirán? Porque son los nuevos cielos y la nueva Tierra los que esperamos, como nos ha prometido, en los cuales tiene su hogar la justicia. Así pues, queridos hermanos, puesto que estas son las cosas que esperáis impacientemente, esforzaos para que os hallen en paz y sin mancha ni defecto.*

La única cosa en la que Pedro está supremamente interesado es la dinámica moral de la Segunda Venida. Si estas cosas van a suceder y el mundo se precipita al juicio, es obvio que debemos vivir una vida de piedad y de santidad. Si va a haber nuevos cielos y una nueva Tierra y si esos cielos y Tierra van a ser el hogar de la justicia, está claro que una persona debe tratar con toda su mente y corazón y alma y fuerzas de estar preparada para morar en ese nuevo mundo. Para Pedro, como lo expresaba Moffatt, «era imposible renunciar a la esperanza del advenimiento sin que se produjera un deterioro ético.» Pedro tenía razón. Si no hay nada en la naturaleza de una Segunda Venida, nada en la naturaleza de un objetivo hacia el que se mueve toda la creación, entonces la vida no se dirige a ninguna parte. Esa, de hecho, era la posición pagana. Si no hay meta ni para el mundo ni para la vida individual más que la extinción, ciertas actitudes ante la vida llegan a ser casi inevitables. Estas actitudes surgen en epitafios paganos.

(i) Si no hay nada por venir, una persona puede muy bien decidir disfrutar lo más posible de los placeres de este mundo.

Así llegamos a un epitafio como éste: «Yo no era nada: No soy nada. Así es que tú que todavía estás vivo, come, bebe, y pásatelo bien.»

(ii) Si no hay nada por lo que vivir, una persona puede ser totalmente indiferente. Nada importa gran cosa si el final de todo es la extinción, en la que una persona ni siquiera se dará cuenta de que se ha extinguido. Así es que encontramos un epitafio que dice: «Una vez yo tenía existencia; ahora no la tengo. No me doy cuenta de ello. No me concierne.»

(iii) Si no hay nada por lo que vivir más que la extinción, y el mundo no va a ninguna parte, puede entrar en la vida una especie de sentimiento de perdición. La persona deja de ser en ningún sentido un peregrino, porque no hay ningún sitio al que uno pueda ir en peregrinación. No le queda más que dejarse llevar a la deriva en una situación de perdición, no viniendo de ningún sitio ni encontrándose de camino a ningún sitio. Así que nos encontramos con un epitafio en ese sentido en Calímaco: «"Caridas, ¿qué hay abajo?" "Una profunda oscuridad." "Pero, ¿que hay de los senderos hacia arriba?" "Todo era una mentira" "¿Y Plutón?" (El dios del mundo subterráneo). "Cosa de palabras" "Entonces estamos perdidos".» Hasta los paganos se daban cuenta de que una vida sin objetivo tiene una casi intolerable cualidad.

Cuando hemos despojado a la doctrina de la Segunda Venida de toda su imaginería temporal y local, la tremenda verdad que conserva es que la vida se dirige a algo —y sin esa convicción no hay nada por lo que valga la pena vivir.

APRESURANDO EL DÍA

2 Pedro 3:11-14 (*conclusión*)

Todavía nos queda en este pasaje una gran concepción. Pedro habla del cristiano como no solamente esperando impaciente la venida de Cristo sino también apresurándola. El

Nuevo Testamento nos habla de algunas maneras en que esto puede hacerse.

(i) Se puede hacer por *la oración*. Jesús nos enseñó a pedir: «Venga tu Reino» *(Mateo 6:10)*. La ferviente oración del corazón cristiano apresura la venida del Reino. Aunque no fuera de otra manera, lo hace de ésta: el que ora le abre su propio corazón a la llegada del Rey.

(ii) Se puede hacer mediante *la predicación*. Mateo nos dice que Jesús dijo: «Y este Evangelio del Reino será predicado por todo el mundo como testimonio a todas las naciones; y entonces llegará el final» *(Mateo 24:14)*. Todas las personas deben tener la oportunidad de conocer y amar a Jesucristo antes que se alcance el fin de la creación. La actividad misionera de la Iglesia acelera la venida del Rey.

(iii) Se puede hacer mediante *el arrepentimiento* y *la obediencia*. Entre todos los medios, éste sería el que estuviera más cerca de la mente y el corazón de Pedro. Los rabinos tenían dos dichos: «Son los pecados del pueblo los que impiden la venida del Mesías. Si los judíos se arrepintieran auténticamente un sólo día, el Mesías vendría.» La otra forma del dicho quiere decir lo mismo: «Si Israel cumpliera perfectamente la Ley un solo día el Mesías vendría.» Con un verdadero arrepentimiento y una obediencia sincera una persona le abre el corazón a la venida del Rey y la acerca a todo el mundo. Haremos bien en recordar que nuestra frialdad de corazón y nuestra desobediencia retrasan la venida del Rey.

LOS QUE TERGIVERSAN LAS ESCRITURAS

2 Pedro 3:15-16

Considerad el que el Señor esté dispuesto a esperar como una oportunidad para la salvación, como nuestro querido hermano Pablo os ha escrito con la sabiduría que se le ha concedido, y como dice en todas sus cartas

*cuando toca este tema, cartas que contienen algunas
cosas difíciles de entender, que tergiversan los que no
tienen conocimiento ni un firme cimiento en su fe, como
lo hacen también con el resto de las Escrituras, para su
propia destrucción.*

Pedro cita aquí a Pablo aludiendo a que enseñaba las mismas cosas que él mismo. Puede ser que la cita se refiera a que Pablo estaba de acuerdo en que una vida piadosa y santa es necesaria a la vista de la proximidad de la Segunda Venida del Señor. Pero más probablemente cita a Pablo, que estaba de acuerdo en que el que Dios retuviera Su mano no se debía considerar como indiferencia de parte de Dios, sino como oportunidad para arrepentirse y aceptar a Jesucristo. Pablo habla de los que rechazan las riquezas de la bondad y la paciencia de Dios, olvidando que Su amabilidad tiene el propósito de conducirnos al arrepentimiento *(Romanos 2:4)*. Más de una vez, Pablo hace hincapié en la tolerancia y la paciencia de Dios *(Romanos 3:25; 9:22)*. Pedro y Pablo estaban de acuerdo en que el hecho de que Dios contenga Su mano no se debe usar nunca como una excusa para pecar, sino siempre como una invitación al arrepentimiento y una oportunidad para la enmienda.

Por su referencia a Pablo, con cierto tono de crítica, éste es uno de los pasajes más intrigantes del Nuevo Testamento. Fue este pasaje lo que hizo que Juan Calvino estuviera seguro de que Pedro no escribió *Segunda de Pedro,* porque dice que Pedro nunca habría hablado así de Pablo. ¿Qué podemos aprender de todo esto?

(i) Aprendemos que por entonces las cartas de Pablo se conocían y usaban en toda la Iglesia. Se hace referencia a ellas de una manera que deja claro que se habían coleccionado y publicado, y que estaban disponibles y se leían ampliamente. Estamos bastante seguros de que fue hacia el año 90 d.C. cuando se recogieron y publicaron en Éfeso las cartas de Pablo. Esto quiere decir que *Segunda de Pedro* no puede haberse escrito antes y, por lo tanto, no puede ser obra de Pedro, que sufrió el martirio a mediados de los años sesenta del primer siglo.

(ii) Nos dice que las cartas de Pablo se consideraban Escritura. Los que estaban causando problemas las tergiversaban de la misma manera que hacían con las otras Escrituras. También esto contribuye a demostrar que *Segunda de Pedro* debe de haber surgido en un tiempo más avanzado de la historia de la Iglesia Primitiva, porque requeriría varias generaciones el que las cartas de Pablo se colocaran al mismo nivel que las Escrituras del Antiguo Testamento.

(iii) Es un poco difícil determinar con precisión la actitud a Pablo que refleja este pasaje. Escribía «con la sabiduría que se le había dado.» ¡Bigg dice claramente que esta frase se puede tomar lo mismo como una recomendación que como una advertencia! La verdad es que Pablo sufrió la suerte de todos los hombres extraordinarios. Tuvo y tiene sus críticos. Sufrió la suerte de todos los que se enfrentan sin miedo con la verdad y sin miedo la declaran. Algunos le consideraban grande pero peligroso.

(iv) Hay cosas en las cartas de Pablo que son difíciles de entender y que los ignorantes tergiversan para su propia ruina. La palabra que usa para *difíciles de entender* es *dysnóêtos,* que se usaba de los pronunciamientos de los oráculos. Éstos eran a menudo ambiguos. Tenemos el ejemplo clásico del rey que estaba a punto de ir a la guerra y que consultó al oráculo en Delfos y recibió esta respuesta: «Si vas a la guerra, destruirás una gran nación.» Él la tomó como una profecía de que destruiría a sus enemigos; pero lo que sucedió fue que sufrió tal derrota que su propio país quedó destruido. Esto era típico de la peligrosa ambigüedad de los antiguos oráculos. Esa es la palabra que usa Pedro refiriéndose a los escritos de Pablo. Hay en ellos cosas que son tan difíciles de entender como los antiguos pronunciamientos de un oráculo. No sólo, dice Pedro, hay cosas en la escritos de Pablo que son difíciles de entender; también hay cosas que uno puede tergiversar para su propia destrucción. Tres cosas acuden inmediatamente a nuestra mente. La doctrina de Pablo de *la gracia* se tergiversó convirtiéndola en una excusa y aún razón para pecar *(Romanos 6)*. La doctrina de Pablo sobre *la libertad* cristiana fue tergiversada convirtiéndola en una excusa para un libertinaje que no tenía nada de cristiano *(Gálatas 5:13)*. La doctrina de Pablo de *la justificación por la fe* fue tergiversada para demostrar que la acción cristiana no tenía ninguna importancia, como vemos en *Santiago* (2:14-26).

G. K. Chesterton dijo una vez que la ortodoxia era como andar entre riscos: Un paso hacia cualquiera de los lados provocaría un desastre. Jesús es Dios y hombre; Dios es amor y santidad; el Cristianismo es gracia y moralidad; el cristiano vive en este mundo y también en el mundo de la eternidad. El exagerar cualquier lado en estas verdades dobles produce una herejía destructiva. Una de las cosas más trágicas de la vida es tergiversar la verdad cristiana y la Sagrada Escritura convirtiéndolas en una excusa y aún razón para hacer lo que se quiere en lugar de tomarlas como guías para hacer lo que Dios quiere que hagamos.

UN CIMIENTO FIRME
Y UN CRECIMIENTO CONSTANTE

2 Pedro 3:17-18

> *Pero, por lo que se refiere a vosotros, queridos hermanos, ya estabais advertidos de antemano. Por tanto debéis estar alerta para que no os sorprenda el error de los malvados, cayendo así de vuestra firme posición; más bien debéis procurar crecer en la gracia y en el conocimiento de nuestro Señor y Salvador Jesucristo.*
>
> *¡A Él sea la gloria ahora y hasta el día de la eternidad! Amén.*

Como conclusión Pedro nos dice ciertas cosas acerca de la vida cristiana.

(i) El cristiano es una persona que ha sido advertida. Es decir, no puede alegar ignorancia. Sabe cuál es el verdadero camino y sus recompensas; conoce el camino erróneo y sus desastres. No tiene derecho a esperar un camino fácil, porque se le ha dicho que Cristianismo quiere decir Cruz, y se le ha advertido que siempre habrá personas dispuestas a atacar y a pervertir la fe. Ser advertido es estar prevenido; pero es también una grave responsabilidad, porque el que conoce el bien y hace el mal merece una doble condenación.

(ii) El cristiano es una persona con una base en su vida. Debe estar arraigada y cimentada en la fe. Hay ciertas cosas de las que puede estar absolutamente seguro. James Agate declaró una vez que su mente no era una cama que se pudiera hacer y deshacer una y otra vez, sino que en ciertas cosas estaba hecha definitivamente. Hay una cierta inflexibilidad en la vida cristiana; hay una cierta base de fe que nunca cambia. El cristiano no dejará nunca de creer que «Jesucristo es Señor» *(Filipenses 2:11);* y nunca dejará de ser consciente de que se le impone el deber de hacer que su vida armonice con su fe.

(iii) El cristiano es una persona con una vida en desarrollo. La inflexibilidad de la vida cristiana no es la rigidez de la muerte. El cristiano tiene que experimentar diariamente la maravilla de la gracia, y crecer diariamente en los dones que esa gracia puede producir; y debe penetrar diariamente más y más en la maravilla que es Jesucristo. Un gran edificio tiene que tener un fundamento firme y sólido para elevarse en el aire; y sólo cuando tiene raíces profundas puede un gran árbol remontarse con sus ramas hacia el cielo. La vida cristiana es al mismo tiempo una vida con un fundamento firme y con un crecimiento constante hacia fuera y hacia arriba.

Y así termina la carta, dando gloria a Cristo, tanto ahora como por toda la eternidad.

PALABRAS HEBREAS, GRIEGAS Y LATINAS
que se explican en el texto

En letra normal las griegas, *cursiva* las latinas y **negrita** las hebreas.

adelfós,	30s	ektenês,	291
adiákritos,	118	éleos,	117
ádolos,	224	émfytos,	73
áfthartos,	204	enkombûsthai <kombos,	
agathós,	235	enkombôna,	311s
ágrafon,	198	enkráteia,	346
aisjrokerdês, -kerdeía,	306	eperôtêma,	282
akolasía,	346	epieikês,	116, 148
akrasía,	346	epifáneia,	145
alazoneía,	137	epígnôsis (<epi+gnôsis),	336ss
al.lotriepískopos, <al.lotrios		epijorêgueîn (<jorêgós),	341
y epískopos,	299s	epikaléisthai,	84
amárantos,	205	epipotheîn,	225
amíantos, <miaínein,	204	epískopos, -oi,	166, 251, 305
anastrofê,	235	epóptês,	355
anypókritos,	118	eritheía,	111
apatheía,	93	euloguêtós, euloguía,	109
apokálypsis,	145	eupeithês,	116s
apothesthai,	222	eusébeia, eusebês,	339s, 347
aretê,	345	éxodos,	352
authádês (<autós+hêdomai),		filadelfía,	348
	375	frónêsis,	290
deleázein,	378	frureîn,	205
doxa, pl. doxai,	369	fthonos,	223
diakrithête,	82	gnôsis,	336s, 345
dípsyjos,	61	hagnós,	115
dispensator,	295	haguios,	220, 232
dokímion,	58	haireîsthai, haíresis,	361
dolos, -oi (pl.),	222	hamartôlós, pl. -oi,	129
dûlos, -oi (pl.),	49, 245, 335	holóklêros,	59
dysnóêtos,		*honestus,*	235
eilikrinês,	383	hyperêfanos,	127
eirênê,	118	hypókrisis, -itês,-ínesthai,	222
eirênikós,	115s	hypomonê,	58, 149, 346
ekklêsía,	36, 40	*ingens multitudo,*	176
eklektós,	197		

NOMBRES Y TEMAS QUE APARECEN EN EL TEXTO

Abreviaturas: s, detrás de un número de versículo o de página, indica que el tema sigue en el/la siguiente; **ss,** en los/ las siguientes; **v,** véase; **cp,** compárese. Sólo llevan mayúscula los nombres propios. Los títulos en *cursiva* corresponden a libros o documentos. Seguimos en la medida de lo posible las transcripciones de los nombres antiguos de la Gran Enciclopedia Larousse de la Editorial Planeta. Recuérdese que *1 Pedro* empieza en la pág. 163, y *2 Pedro* en la pág. 333.

Made in the USA
San Bernardino, CA
27 August 2013